上海政法学院

SHANGHAI UNIVERSITY OF POLITICAL SCIENCE AND LAW

上海政法学院学术文库

"丝绸之路经济带"倡议对中国地区经济发展差距的影响

张　健◎著

中国政法大学出版社

2023·北京

图书在版编目（ＣＩＰ）数据

"丝绸之路经济带"倡议对中国地区经济发展差距的影响/张健著. —北京：中国政法大学出版社，2023.1

　　ISBN 978-7-5764-0466-1

　　Ⅰ.①丝… Ⅱ.①张… Ⅲ. ①丝绸之路－经济带－影响－区域经济发展－区域差异－研究－中国 Ⅳ.①F127

中国版本图书馆 CIP 数据核字(2022)第 097365 号

出　版　者	中国政法大学出版社
地　　　址	北京市海淀区西土城路 25 号
邮寄地址	北京 100088 信箱 8034 分箱　邮编 100088
网　　　址	http://www.cuplpress.com（网络实名：中国政法大学出版社）
电　　　话	010-58908285(总编室) 58908433 （编辑部） 58908334(邮购部)
承　　　印	北京九州迅驰传媒文化有限公司
开　　　本	720mm×960mm　1/16
印　　　张	23
字　　　数	350 千字
版　　　次	2023 年 1 月第 1 版
印　　　次	2023 年 1 月第 1 次印刷
定　　　价	105.00 元

上海政法学院学术著作编审委员会

序

　　大学者，大学问也。唯有博大学问之追求，才不负大学之谓；唯有学问之厚实精深，方不负大师之名。学术研究作为大学与生俱来的功能，也是衡量大学办学成效的重要标准之一。上海政法学院自建校以来，以培养人才、服务社会为己任，坚持教学与科研并重，专业与学科并举，不断推进学术创新和学科发展，逐渐形成了自身的办学特色。

　　学科为学术之基。我校学科门类经历了一个从单一性向多科性发展的过程。法学作为我校优势学科，上海市一流学科、高原学科，积数十年之功，枝繁叶茂，先后建立了法学理论、行政法学、刑法学、监狱学、民商法学、国际法学、经济法学、环境与资源保护法学、诉讼法学等一批二级学科。2016年获批法学一级学科硕士点，为法学学科建设的又一标志性成果，法学学科群日渐完备，学科特色日益彰显。以法学学科发端，历经数轮布局调整，又生政治学、社会学、经济学、管理学、文学、哲学，再生教育学、艺术学等诸学科，目前已形成以法学为主干，多学科协调发展的学科体系，学科布局日臻完善，学科交叉日趋活跃。正是学科的不断拓展与提升，为学术科研提供了重要的基础和支撑，促进了学术研究的兴旺与繁荣。

　　学术为学科之核。学校支持和鼓励教师特别是青年教师钻研学术，从事研究。如建立科研激励机制，资助学术著作出版，设立青年教师科研基金，创建创新性学科团队，等等。再者，学校积极服务国家战略和地方建设，先后获批建立了中国-上海合作组织国际司法交流合作培训基地、最高人民法院民四庭"一带一路"司法研究基地、司法部中国-上海合作组织法律服务委员会合作交流基地、上海市"一带一路"安全合作与中国海外利益保护协同创新中心、上海教育立法咨询与服务研究基地等，为学术研究提供了一系列重要平台。以这些平台为依托，以问题为导向，以学术资源优化整合为举措，涌现了一批学术骨干，取得了一批研究成果，亦促进了学科的不断发展与深化。在巩固传统学科优势的基础上，在国家安全、国际政治、国际司法、国际贸易、海洋法、人工智能法、教育法、体育法等领域开疆辟土，崭露头角，获得了一定的学术影响力和知名度。

学校坚持改革创新、开放包容、追求卓越之上政精神，形成了百舸争流、百花齐放之学术氛围，产生了一批又一批科研成果和学术精品，为人才培养、社会服务和文化传承与创新提供了有力的支撑。上者，高也。学术之高，在于挺立学术前沿，引领学术方向。"论天下之精微，理万物之是非"。潜心学术，孜孜以求，探索不止，才能产出精品力作，流传于世，惠及于民。政者，正也。学术之正，在于有正气，守正道。从事学术研究，需坚守大学使命，锤炼学术品格，胸怀天下，崇真向美，耐得住寂寞，守得住清贫，久久为功，方能有所成就。

好花还须绿叶扶。为了更好地推动学术创新和学术繁荣，展示上政学者的学术风采，促进上政学者的学术成长，我们特设立上海政法学院学术文库，旨在资助有学术价值、学术创新和学术积淀的学术著作公开出版，以褒作者，以飨读者。我们期望借助上海政法学院学术文库这一学术平台，引领上政学者在人类灿烂的知识宝库里探索奥秘、追求真理和实现梦想。

3000 年前有哲人说：头脑不是被填充的容器，而是需要被点燃的火把。那么，就让上海政法学院学术文库成为点燃上政人学术智慧的火种，让上政学术传统薪火相传，让上政精神通过一代一代学人从佘山脚下启程，走向中国，走向世界！

愿上海政法学院学术文库的光辉照亮上政人的学术之路！

上海政法学院校长　刘晓红

内容简介

　　本书根据中华人民共和国成立后所表现出来的地区人均产出的较大差距及差距的持久性这两方面特征，遵循由理论出发，到实证检验，再到原因分析这一严谨的逻辑分析思路，探讨了借助建设"丝绸之路经济带"扩大中国同中亚、南亚和西亚国家的合作，通过大规模国家投资、深化市场改革、加大西部对外开放是否能够促进东、西部地区平衡发展，中央政府需要如何制定并协调各地方政府的发展政策和产业布局才能够有效地达到缩小地区经济发展差距的目的。全书由 12 章构成，按照研究内容的逻辑关系可以划归为三个部分。

　　第一部分涵盖第 1 章，主要介绍"丝绸之路经济带"倡议的概况。内容包括："丝绸之路经济带"倡议提出的背景、内涵、目标和意义，"丝绸之路经济带"的空间范围，建设"丝绸之路经济带"过程中可能面对的风险以及相应的对策建议（第 1 章）。

　　第二部分涵盖第 2、3 章，主要介绍研究中国地区经济发展差距问题的理论依据、实证方法和检验结果。

　　理论方面（第 2 章），认真梳理了经济增长理论中经济发展水平趋于收敛和发散的理论支撑和内涵机制。其一，介绍了 Solow 新古典增长理论及其模型，从模型的假设到经验结论，分析了新古典增长理论中导致经济收敛的原因，由于新古典增长理论将人均产出的长期增长率归结为技术水平的增长率，而技术增长率被视为外生不变的，所以这一理论并不能解释现实中不同国家或地区之间长期增长率的差异，但是能得到不同国家或地区间的经济发展水平趋于收敛这一结论；其二，介绍了内生增长理论（新增长理论）的产生、发展脉络、研究思想等基本内涵，以及研究与开发模型和人力资本模型等两个主要模型，分析了内生增长理论中导致经济发散的原因，内生增长理论继承了新古典增长理论关于技术进步决定经济长期增长率的假设，所不同的是，内生增长理论假设影响经济长期增长率的技术进步是由经济系统"内生决定"的，从而使得经济体之间可能具有不同的技术水平和技术增长率，并由此产生了不同的长期经济增长率，进而得到不同国家或地区间的经济发展水平趋于发散的结论。

实证方法方面（第2章），对近40年来已有的各检验经济发展差距敛散性的方法进行了归纳和总结。按照研究方法的时间发展顺序可以分为传统方法和新方法两大类，传统方法包括最初由Solow模型推导出的横截面β检验和一些统计指标方法，新方法包括时间序列协整法、固定效应面板数据β收敛及面板单位根法。在详细介绍各种方法的检验原理后，从数据类型、依据的经济学理论和计量方法等三方面比较分析了各方法检验经济收敛、发散的适用性。

实证检验方面（第3章），将地区经济发展差距缩小和扩大的理论机制及检验方法相结合，从四大区域、省级行政单位和城乡三个维度对中国的地区经济发展差距及其变化趋势进行了分析，并对中国地区经济发展差异的形成原因进行了初步探索。研究认为：中国四大区域人均生产总值的绝对差距在扩大；1952~1978年中国各省份之间经济发展差距在缩小，而1978~2016年期间，中国各省份之间的经济发展差距不断扩大；从2009年开始，城乡居民收入的比值开始下降，城乡居民收入差距不断缩小；认为生产率差异、地理位置差异、政策差异、产业结构差异、基础设施差异、人力资本差异、投资差异等是导致中国地区经济发展差距不断扩大的主要原因。

第三部分涵盖本书余下的9章内容，主要是针对第3章得到的中国地区经济发展差距的结论进行更细致地探讨，从贸易（第4、5、6、7章）、产业结构（第8、9章）、基础设施（第10章）、能源（第11章）、投资（第12章）等五个方面研究"丝绸之路经济带"对中国经济的影响。

贸易对经济增长的影响最终体现在生产率方面，利用中国30个省份的面板数据，通过估计带有贸易溢出效应的生产函数，发现各地区贸易的溢出效应对产出的增长有显著的正向作用，溢出效应系数在各省份之间存在较大的差异，这表明各省份的贸易溢出效应的生产函数是规模报酬递增的，各省份经济的长期增长率差异是持久的，即 1978 年改革开放后中国各省份经济发展水平之间是一组非平行的内生增长路径。在明确了贸易对中国地区经济发展差异影响的重要性后，进一步探讨了共建"丝绸之路经济带"倡议给中国对外贸易带来的机遇和挑战，计算了"丝绸之路经济带"沿线国家与中国之间的贸易互补性和贸易竞争性指数，实证分析了"丝绸之路经济带"沿线国家贸易便利化程度对中国贸易潜力的影响，以及服务贸易自由化对中国制造业生产率的影响。研究认为：双边贸易流量与 GDP、贸易便利化综合指数、领土是否接壤、是否共同属于某一国际组织之间都成正相关，与贸易伙伴国人口数量、两国首都间的直线距离呈负相关；"丝绸之路经济带"核心区国家都是潜力再造型和潜力开拓型，相对的贸易阻力较小，"丝绸之路经济带"拓展区国家都是潜力巨大型和潜力开拓型，贸易发展的潜力很大，"丝绸之路经济带"辐射区的贸易潜力值趋于多样性；服务贸易自由化确实提高了中国制造业企业的生产效率。

在总结中国产业结构和空间布局历史演变的基础上，从需求、供给和国际贸易等三个角度探讨中国产业结构的变动原因，认为"丝绸之路经济带"建设主要通过中国国内基础设施方面的发展带动产业的结构升级和空间转移。特别的，"丝绸之路经济带"建设还从生态环境、人力资本、对外开放等角度对中国西部地区产业分工产生影响。

在介绍基础设施建设投资和能源价格对经济增长的作用和传导机制之后，进一步实证分析了基础设施投资与能源价格对中国经济增长的影响效果，结合"丝绸之路经济带"建设，在探讨基础设施建设与对外能源合作方面存在的问题基础上，提出促进中国基础设施发展和与"丝绸之路经济带"沿线国家能源合作的政策建议。最后，特别分析了中国对"丝绸之路经济带"沿线国家直接投资可能面对的外部和内部风险，并有针对性地提出了相关政策建议。

目 录 / CONTENTS

CHAPTER 1

"丝绸之路经济带"倡议概述

从 20 世纪 90 年代以来，中国开始建造"新亚欧大陆桥"，并在 20 世纪末提出了"新丝绸之路"这一构想。在进入 21 世纪之后，该构想快速地推动了在能源、交通走廊和贸易通道方面的建设。中国国家主席习近平在 2013 年出访中亚国家时发表重要讲话，正式提出了"丝绸之路经济带"这一共建倡议。中国表示，"丝绸之路经济带"的建设是一种"创新合作模式"，应把"加强五通"作为一个大方向去做，以点带面、从线到片的方式，一步一步逐渐构成区域大合作。

1.1 "丝绸之路经济带"倡议提出的背景

习近平总书记提出共建"丝绸之路经济带"这一倡议有着深刻的国际与国内两方面的背景。从国际方面来看，冷战后世界经济格局正发生着复杂而又深刻的变化。2008 年的国际金融危机暴发后，全球各国的经济都受到了严重的冲击，国际金融危机的各种深层次的影响也不断显现，各国面临着严峻的发展形势。一方面由于受到美国次贷危机和欧洲债务危机等因素的影响，世界经济处于持续低迷状态，复苏乏力，经济恢复缓慢。另一方面因为越来越多国家将经济贸易的重心转移到东亚地区，东亚国家在经济合作方面得到了全面的加强，保持着良好的经济发展势头，是拉动世界经济增长的主要力量，已成为全球经济发展中的一大亮点的东亚经济圈的崛起势在必行。当前，全球经济格局和多边经贸规则处于调整时期，共建"丝绸之路经济带"倡议顺应了当今经济全球化、文化多样化、社会信息化的时代潮流，以包容的、共赢的、开放的态度，致力于把欧亚国家打造成一个互惠互利的利益共同体和共同发展的命运共同体。这将会成为世界经济发展新的增长点，深刻影响着世界经济版图，并有利于构建一个和谐的、全面发展的世界经济新格局。从国内角度来讲，这是中国新时期推行的全方位对外开放最新举措。中国于1978 年首先对沿海地区进行了改革开放，经过了多年的对外开放，中国东部沿海地区经济发展水平显著提高，而内陆沿边地区尤其是中西部地区的经济发展水平明显相对落后。因此，促进内陆沿边开放和经济增长，平衡东西部发展差异是国内一项重要的任务。中国在未来将继续保持全方位、多层次、宽领域的发展战略，以追求东西两翼张开，海陆并举的全新开放格局。"丝绸之路经济带"倡议的提出将使得中国西部地区途经中亚、西亚，通过陆路交通与欧洲国家相连接，发挥各个国家资金、资源、技术、信息等的互补优势，将中国西部地区打造为经济开放的新窗口，携手沿线国家共同发展。从 2011年到 2014 年，中国沿边七省份的经济合作逐渐活跃（见表 1.1），进出口贸易总额都处于增长状态，占全国比重也有上升趋势。

表 1.1　2011–2015 年沿边七省份进出口贸易总额情况表（单位：亿美元）

沿边七省份	2011 年	2012 年	2013 年	2014 年	2015 年
新疆	217	251.7	275.6	276.7	270.7
吉林	220.5	245.7	258.3	263.8	200.3
黑龙江	385.1	378.2	388.8	389	163.1
云南	160.5	210.1	253.0	296.2	190.2
广西	233.3	294.7	328.4	405.5	464
内蒙古	108	112.6	119.9	145.5	139.2
西藏	13.6	34.2	33.2	22.5	6.7
合计	1338	1527.2	1662.7	1799.2	1434.2
全国	36421	38667.8	41588.9	43030.4	39569
占全国比重（%）	3.674	3.950	3.997	4.181	3.625

1.2 "丝绸之路经济带"倡议的提出和内涵

1.2.1 "丝绸之路经济带"倡议的提出

2013 年 9 月，国家主席习近平在哈萨克斯坦的纳扎尔巴耶夫大学发表了题目为《弘扬人民友谊 共创美好未来》的演说，提出了一个伟大设想，那就是共建"丝绸之路经济带"，其呈现了新模式下的区域经济合作，引发各国的高度关注。习近平主席在演说中提到，对该倡议的实际实施应从政策沟通、道路联通、贸易畅通、货币流通和民心相通五方面，以点、面、线、片相结合，促进区域间的大合作。2013 年中共十八届三中全会特别强调"推进'丝绸之路经济带'和'21 世纪海上丝绸之路'建设，形成全方位开放新格局"，这表明其在国家进一步对外开放、促进经济增长方面的重要地位。2014 年于上海发表的《中俄关于全面战略协作伙伴关系新阶段的联合声明》中，俄罗斯对中国提出的共建"丝绸之路经济带"倡议给予了高度赞扬，俄方表明愿意积极配合中方探求"丝绸之路经济带"项目和即将设立的"欧亚经济联盟"之间可行的契合点。

丝绸之路，古已有之，历史悠久。历史上的丝绸之路起始于古代中国，是一条横穿亚洲、非洲、欧洲的重要贸易道路，更是一条东方与西方之间经济、政治、文化进行交流的重要通道，沿途的不同国家、不同民族、不同宗教之间和平交往、相互贸易、文化交流、和谐相处。李希霍芬[1]于 1877 年在他的著作中，把在两汉时期[2]，中国与中亚、中东乃至东欧间以丝绸贸易为媒介的西域交通道路命名为"丝绸之路"。到了 20 世纪初，德国的历史学家郝尔曼在其出版的《中国与叙利亚之间的古代丝绸之路》一书中，把丝绸之路的范围延伸到地中海西岸及小亚细亚地区，并把从古代中国途经中亚、南亚、西亚以及欧洲、北非的陆上贸易交往的通道定义为丝绸之路。随着经济的发展，丝绸之路扩展成为古代中国与西方所有政治及经济文化往来通道的统称。陆上丝绸之路、海上丝绸之路和草原丝绸之路共同形成了古代丝绸

---

　　[1] 李希霍芬（Richthofen, Ferdinand von, 1833~1905 年），德国地理学家，地质学家。多次到中国考察地质和地理。

　　[2] 此处指从公元前 114 年至公元 127 年间。

之路。古代丝绸之路的发源地是古都长安（今中国西安），终点站是罗马。这条 6440 公里的通路被公认为是古代东西方文明的亚洲和欧洲之间的纽带，因为在陆上贸易的丝绸是最具代表性的商品，因此它被称为"丝绸之路"。

如今，中国倡议的"丝绸之路经济带"是在古丝绸之路的概念基础上添加新的时代气息和内涵而形成的现代经贸合作升级版，旨在实现沿途国家的共同发展、共同昌盛，续写丝绸之路造福于沿线广大人民的美丽篇章。"丝绸之路经济带"，是基于原有的古代"丝绸之路"所形成的一个新的经济发展区域。新时代背景下的"丝绸之路经济带"，东临太平洋经济圈，西接发达的欧洲经济圈，可以说是当今世界上拥有最大潜力的经济走廊。在信息高速发展、全球化日益普及的今天，加强推进"丝绸之路经济带"沿线的区域经济合作，既是一种历史文化的继承也是对暗藏千年的无限潜能的开拓创新。

"丝绸之路经济带"以国际大通道为基础，在沿线各个中心城市开展贸易园区的合作平台，实现共同建设国际经济合作走廊。"丝绸之路经济带"打破了传统区域经济合作模式，是一种创新合作模式，以开放包容的姿态接纳各个国家的参与，实现各国之间经济大合作。首先，要强调的是这是一个经济带。在经济地理学意义上，"经济带"是指依托一定的交通运输脉络、地理位置、自然环境等为发展轴，以轴上一个或几个经济发达城市为中心，以发挥产业聚集和辐射功能，带动周围其他城市的发展，从而形成点状密集、面状辐射、线状延伸的经济走廊。其特点是具有较高的灵活性和开放性，既可以双边又可以多边，自主选择，自愿参与，共同努力。并且在内容方面也很丰富，不仅仅局限于某一领域或者单一项目上的经济合作，而是注重多领域、多项目的合作。其次，还要强调"路"这个关键字，这里的"路"已超越了普通的道路含义，是对古丝绸之路的复兴与发展，是一个横跨亚欧大陆的利用高速公路、高速铁路、油气管道、航空、通信网络以及输电线路等当代科学技术铺设的多维、多向的综合性立体互相连通的交通网络，覆盖的区域极为广阔。最后，从本质上讲，所谓的"丝绸之路经济带"是从中国出发，沿着丝绸之路途经的国家以及丝绸之路两侧附近的国家，从亚洲一直延伸到欧洲，从而形成目前世界上距离最长、市场规模最大、最具有潜力的经济大走廊，这将是区域大合作、大协调的重要舞台。

1.2.2 "丝绸之路经济带"倡议的内涵

以古丝绸之路为基础，对"丝绸之路经济带"进行共建，使其东牵繁盛的亚太经济圈，西系发达的欧洲经济圈，将其打造成充满活力的陆地经济贸易的发展区域。"丝绸之路经济带"的地域广阔，其自然资源、矿产资源、能源资源、土地资源和旅游资源非常丰富，称之为 21 世纪全球重要的能源和资源基地一点也不为过。在当今全球交通、经济和信息高速发展的背景之下，该倡议的提出既秉承了历史文化的积淀，也将极大开发其巨大的潜能。

据初步估计，"丝绸之路经济带"涵盖的区域占全球经济总量约为 63%，这些地区的人口占世界总人口的比重接近 70%，已探明的能源储量为世界能源总量的 75%。该线路一旦建成，从中国连云港到荷兰鹿特丹，运输距离将比海运缩短 9000 多公里，时间减少近 1 个月，运费也节省近 25%。该倡议提升了中国在国际上的地位，促进中国更积极地参与到国际事务中，使中国将外交和内政由内而外地有效融合，体现了其划时代的意义。

从中国国内方面来说，处于经济发展新常态下，中央政府正大力推进城镇化、开发西部地区、振兴东北地区以及致力于进一步对内对外开放，而共建"丝绸之路经济带"倡议的提出正与上述发展策略的步伐一致。

在全球经济高度相关的今天，世界上最具发展潜力的经济走廊莫过于"丝绸之路经济带"了。中国提出了以进一步开放中国西部地区为目的的新贸易渠道的思路。通过建设"丝绸之路经济带"，加强中国大陆，特别是西部地区与欧洲大陆的联系，为中国经济发展寻求新的机遇。中国发展的背景主要有以下几点：

第一，经济增长遇到了瓶颈。改革开放以来，中国的国内资源正在减少，经济增长方式需要转变，急需新的经济增长点。

第二，工业结构亟待调整。随着老年人的比例逐渐增高，中国的人口红利[1]正逐渐消失，许多劳动密集型企业发生了用工荒。人口老龄化也会增加社会养老负担，产业升级和转型迫在眉睫。

第三，产能过剩。在某些行业，例如钢铁行业，都面临着巨大的产能过

---

[1] 人口红利是指一个国家的劳动年龄人口占总人口比重较大，抚养率比较低，为经济发展创造了有利的人口条件，整个国家的经济呈高储蓄、高投资和高增长的局面。

剩问题，急需找到新的途径消化。

第四，缺乏有效的国内需求。目前中国正在推进供给侧结构性改革，[1]但更大的问题是中国缺乏有效的需求。[2]许多人都在经济压力下减少了住房贷款和汽车贷款支出。同时，还有一个资金流动的问题，人们都更愿意在银行存钱。低消费率加上投资意愿的缺乏意味着中国的家庭储蓄率仍然偏高。

第五，地区发展不平衡。中国大多数的产业发展和完备的基础设施都密集于东部沿海地区，如果遇到了外部打击，则很容易失去核心设施。"丝绸之路经济带"理念体现于新时期西部大开发，实施了"升级版"向西部开放，展示"中国经济走廊""丝绸之路经济带"在推进亚欧区域经济与贸易发展的新诉求，推动中国自贸区战略蓝图和新举措。

第六，油气、矿产能源对外依存度高。中国的石油、天然气资源和矿产资源内部供应不足，这给中国经济发展带来了一些安全风险。"丝绸之路经济带"将经过俄罗斯、西亚、波斯湾等富含石油和天然气资源以及矿产的国家和地区。我们可以和这些国家合作来寻求资源上的突破。

共建"丝绸之路经济带"倡议并不是简单的纸上谈兵或者华而不实的理论，它是要去扎扎实实地做，是要逐步积累才能结出现实成果的，是肩负起了众多重要具体工作任务的，这也意味着它必然要被付诸实践。该倡议的实现可以促进开发西部的进程，尤其是为国内段沿线省市包括陕西、宁夏、甘肃等提供了强有力的支撑，扩大了中国地理上将新疆作为西部地区终端的界定，使中国更好地与欧亚大陆进行对接，有着长远的意义。

作为一项国际合作的倡议，"丝绸之路经济带"需以物质基础即经济地理为前提，这同时也决定了该倡议未来的基本走向。建设好"丝绸之路经济带"的根本方法，就是让中国倡议的和平合作、互利共赢精神，得到沿线国家的尊重和积极配合。该倡议的基本保障是交通基础设施的建设发展以及在经贸合作中逐渐形成的区域合作机制。

共建"丝绸之路经济带"倡议的重要意义不仅局限于经济领域，在国际

---

〔1〕 供给侧结构性改革，就是从提高供给质量出发，用改革的办法推进结构调整，矫正要素配置扭曲，扩大有效供给，提高供给结构对需求变化的适应性和灵活性，提高全要素生产率，更好满足广大人民群众的需要，促进经济社会持续健康发展。

〔2〕 有效需求是指预期可给雇主（企业）带来最大利润量的社会总需求相等从而处于均衡状态的社会总需求。社会有效需求不足则存在产生经济危机的可能。

社会中，中国要想一如既往走和平发展的道路，同时还要应对国际上各种复杂的环境和形势，只有依靠在经济贸易基础上的政治互信、文化交流、安全合作，也因此该倡议的意义更重要而迫切。

1.3 "丝绸之路经济带"倡议的建设目标

从习近平总书记的讲话中以及纵观以往文献，可以总结出共建"丝绸之路经济带"倡议应从政策沟通、道路联通、贸易畅通、货币流通和民心相通去加强，以这五个方向为实施目标，互相结合，更有利于促进对"丝绸之路经济带"倡议的建设进而推进区域间的大合作。

1.3.1 加强政策沟通

政策沟通主要涉及国家、地区、城市间政治友好交往关系的建立，合作意愿达成，政策与发展规划制定，经济、贸易、旅游文化市场信息互通，法律法规衔接以及互通便利机制创建等多方面内容。

由于中亚地区政治文化、民族宗教较为复杂，又是大国利益的交汇地区，存在着多种区域经济合作方案，包括美国倡导的"新丝绸之路计划"、俄罗斯主导的"欧亚经济联盟"、欧盟提出的"新中亚战略"等。这些国家为了自身利益，都在以多种形式的"政策沟通"对该地区经济社会改革和政府决策施加影响。如美国政府利用本国基金会、友好协会、科研机构等非政府组织与中亚国家开展各种研究项目、政策咨询，实施学术和专业交流计划，旨在通过"政策沟通"，逐步渗透美国的价值观念，输出美国的经济社会发展模式，扩大其影响力和控制力。

综合上述情况，为切实保障中国的正当利益，减少地缘政治对"丝绸之路经济带"建设的不利影响，迫切需要深化与沿线国家的政策沟通，扩大中国所倡导的"互利共赢"的合作理念和相关政策的影响力，这对保障"丝绸之路经济带"倡议的实现具有更加深远的重要意义。

对于政策上来说，要构建有效的协调机制，加强西部地区各省市之间以及沿线国家和地区之间的政策沟通，将其做深做细，充分统筹兼顾各方利益，协商制定区域合作的规划和措施，再循序渐进地推进区域内关税互惠、交通运输等领域的合作，形成合力。[1]

"丝绸之路经济带"倡议作为一个政治敏感性比较强的国际大合作构想，其中，既有沿线国家的地区冲突、观念上的分歧、宗教上的敏感性，也有着大国之间的外交摩擦。[2]那么对政治政策上的各项措施都要进行更加完善的布局和规划，在此之前更需要对地区和国家之间的沟通进行很大程度上的加强，中国虽一直致力于友好邦交，但还需更进一步。

目前已有的"政策沟通"方式对于推动深层次的政策沟通，作用十分有限。在未来的"丝绸之路经济带"建设过程中，有必要在政策沟通的组织形式上进一步创新和多元化。一是要重视发挥学术机构和非政府组织的作用。可针对相关国家经济社会发展存在的突出问题和其本国人民的发展需求，在经济改革、社会建设、教育、民生、科技等领域，开展多种形式的研究合作交流，在政策研究过程中深化沟通；二是政策沟通的组织形式要多元化，除了已有的论坛、协商会议等形式，还可更多采用联合研究、人员交流培训、技术培训、高等教育合作等形式，构建多层次的政策沟通渠道，以进一步扩大中国的影响力，增强政策协调能力，为"丝绸之路经济带"建设创造良好环境，促进"丝绸之路经济带"的长远发展。

1.3.2　加强道路联通

在社会生产方面，使生产、分配、交换、消费等方方面面能够顺利运行的桥梁和纽带就是交通运输，它也是社会经济发展中的重要基础设施，推动着国民经济的发展。影响社会经济的发展状况最重要的一个条件就是交通运输的发展水平，如果没有可靠的交通系统作为支撑和保障，那么即使有再多的资源，现实利益也很难被转化。目前"丝绸之路经济带"交通基础设施欠发达的主要地区是中亚国家，在此将着重分析中亚地区的交通基础建设。

1.3.2.1　中国与中亚国家铁路发展现状

中国不断引进新兴高铁技术并以此为借鉴自主创新，目前，中国高铁的

---

〔1〕　参见王海运等："'丝绸之路经济带'构想的背景、潜在挑战和未来走势"，载《欧亚经济》2014年第4期。

〔2〕　参见刘万华："论'丝绸之路经济带'建设的目标定位与实施步骤"，载《内蒙古社会科学（汉文版）》2014年第6期。

质量已经有了质的飞跃，成为中国走向世界进行外交的新标志。铁路的优点结合中国新疆在中亚具有得天独厚的地缘优势，加上"丝绸之路经济带"倡议的推动，中国将高速铁路修建到中亚地区就是顺势而为的事了。同时，中国与中亚国家的进出口贸易往来频繁，在资源商品上互相取长补短，中国向其采购大量石油天然气等矿产资源，而中亚国家则需要中国的劳动密集型以及机电类商品。这些大宗商品的运输，较之以往的公路运输，显然更适合于铁路运输。

目前在中国同中亚国家的铁路合作项目中，最主要的便是"新亚欧大陆桥"和"渝新欧"国际铁路。至此，在中亚地区，中国的铁路建设蓝图已经慢慢展开。自共建"丝绸之路经济带"倡议提出以后，中国加快了在中亚国家的铁路建设的步伐。2009 年，中国成功开通了精伊霍铁路，与哈萨克斯坦接轨，"霍尔果斯—阿腾科里"线路正式投入运营。2012 年，霍尔果斯铁路口岸正式开通。霍尔果斯的通车将大大提升中国与哈萨克斯坦的输货量，从中国与中亚国家的贸易总额来说，中哈的贸易额在其中占比很大。同时，目前还有历经了近 20 年的讨论、规划和准备的中吉乌铁路。这些都将极大地缩短中国到达中亚国家的时间，不管是对中国还是对中亚甚至全世界都将产生深远的影响。

1.3.2.2 中国在中亚修建铁路的有利条件

"丝绸之路经济带"倡议上传下达，严格遵循国家上层的决策，实施的内在动力之强前所未有。习近平和李克强两位领导人也为此频繁出访世界各国，倡导共建"丝绸之路经济带"，推销中国的高铁，打消一些国家因误解所产生的疑虑，凸显了中国政府对该倡议的高度重视和超强的执行力。国际方面，"丝绸之路经济带"倡议得到了有关国家和地区的热烈反响。国内方面，相关省份纷纷颁布措施努力贯彻这一倡议的顺利进行。各相关省份都结合自身特点和优势，制定相关的计划，推进该倡议的开展，塑造了一个良好的实施平台。当然，要想"丝绸之路经济带"倡议顺利进行，相关建设和发展所需的资金必不可少。目前，由中国发起并主导或在其所在国际组织的协作帮助下，先后成立了金砖国家新开发银行、亚洲基础设施投资银行和丝路基金，为一系列"丝绸之路经济带"建设项目的贯彻落实提供资金保证和统一决策制定。

随着中国城镇化进程的加快，中国的铁路技术也在不断地成熟。2000 年，高铁技术引入中国,在借鉴引进国外顶尖技术的条件下,中国以令人惊讶的速度自主研发出时速高达350公里的铁路系统。在过去的十几年,中国的高铁在质与量上都有了巨大的突破,已经有其特有的优势,成本仅仅是国际同等水平的1/3,运营里程发展到了全球的48%,它的技术设备逐步走向领先,不仅满足国内高铁的需要,还满足了国外高铁的需求。"高铁外交"使得中国制造走向国际翻开了新的篇章。

1.3.3 加强贸易畅通

中国有句古话,"无农不稳,无工不富,无商不活"。"丝绸之路经济带"建设的传统领域即是贸易和投资合作,它们的重要性非常之大,对于国家来说,深化经济联系的重要方式就是贸易畅通。贸易的畅通,需要中国与"丝绸之路经济带"沿线国家和地区的共同努力,共同促进贸易互动,在针对贸易投资便利化的问题上作出应答,从而逐渐形成具有规模效应的贸易,与此同时积极改善贸易结构,在消除种种有形和无形的贸易和投资壁垒中创建有利于发展营商创业的良好环境,实现互利双赢,而其中最主要的抓手就是贸易便利化。

落后国家为了自己国家的利益诉求去保护国内的幼年产业,推行一些政策去保护贸易,发达国家亦是如此,他们打着贸易自由化的口号,实际上却是为了实行贸易保护,尽最大能力去维护国内市场上的价格垄断以及尽可能多地占领国外的市场。特别是自从2008年暴发全球金融危机以来,反倾销、反补贴以及其他贸易保护的旗帜愈加被高挂在世界各国的贸易投资领域中,全球贸易规模的扩大和世界经济的复苏被极大地限制了。正是在这样的背景下,贸易便利化逐渐受到人们的重视。冷战结束以来,随着WTO的创建,让各国瞩目的贸易自由化渐渐被便利化所取代。我们要重视贸易便利化,挖潜、革新和改造贸易的环境,对于贸易的技术、程序和管理等方面要尽力去减少对其有影响的障碍,从而获得更大的贸易收益。同时,在此种内部挖潜的方法下,越大的全球贸易量,带来越显著的效果。

因此,"丝绸之路经济带"倡议下的贸易畅通可以在此基础上,通过扫除程序、技术和管理等方面的阻碍,以贸易便利化为主要推手,构建包容开放的营商环境,激发释放"丝绸之路经济带"国家的贸易活力,以造福于世界各国人民。

1.3.4 加强货币流通

货币流通是对外贸易以外经济联系深化的又一具体表现，不管是要使基础设施互相联通还是使经济贸易之间的合作畅通无阻，这些都需要大量的货币流转和资金融通。因为"丝绸之路经济带"的建设，中国与沿线其他国家和地区将会面对更加广阔的投资空间。国家之间要增进金融领域的合作，促进其在经常项目和资本项目下实现本币间的快捷支付，降低货币在流通中的成本，增强抵御金融风险的能力。[1]

据亚洲开发银行测算，未来 10 年内，亚洲仅基础设施建设这一项就需要投入 8 万亿美元资金，且每年需要在 8000 亿美元左右维持目前的基建增长水平。同时，根据公开信息的统计，中国各地方"丝绸之路经济带"拟建、在建基础设施规模已达到 1.04 万亿元人民币，跨国投资规模约 524 亿美元，因此资金融通是推进"丝绸之路经济带"倡议的强有力支撑，是该倡议实现所需的第一要素。[2] 决定该倡议的建设顺利推行的关键是能不能在全球进行大面积的融资，以此获得尽可能多的资金供给。但是要推动该倡议的资金融通并不是纸上谈兵那么简单，需要结合域内域外国家的共同利益，做好各项工作，给"丝绸之路经济带"建设一个重要支撑。

金融系统化最为首要的任务就是要求在"丝绸之路经济带"沿线地区实现货币流通，所以加强货币流通是第一关键。货币的大规模流通，必然被大规模的基础设施建设和频繁的贸易流动所伴随，若是不能使货币币值稳定下来，或在经贸往来的过程中因为没有办法及时结算货币导致不能支付，就会不可避免地增加合作的成本，在投资和贸易中的风险也会随之上升。"丝绸之路经济带"沿线的国家众多，相应的也会存在多种货币，大规模支付要想被实现在这众多货币的篮子中，必须建立专业化的发达货币流通系统。对此，欧盟国家的经验是将欧洲所有的银行和信贷机构的转账支付业务，都要与国内业务一视同仁，从而将欧洲所有银行和金融机构有机地统一起来，这方便

---

〔1〕 参见王海运等："'丝绸之路经济带'构想的背景、潜在挑战和未来走势"，载《欧亚经济》2014 年第 4 期。

〔2〕 参见管清友："万亿基建大戏渐入高潮"，载《施工企业管理》2015 年第 6 期。

了客户和银行在欧洲的经济交易。虽然在短时间内，"丝绸之路经济带"沿线国家暂时无法达到像欧洲那么高的一体化程度，但是可以通过探索一些其他领域，比如本币互换结算、发行债券和银团合作等方式，努力创造更好的条件去推动货币的顺利流通。

中国作为区域内的最大经济体，需要相应承担更大的责任。人民币国际化是"丝绸之路经济带"金融系统化的核心，这是由于人民币巨大经济体量的承载所决定的。要让"丝绸之路经济带"沿线地区保障货币的流通，只有通过金融系统化一步步地使人民币覆盖沿线地区。但是人民币国际化是一个非常复杂而又敏感的过程，因为人民币国际化涉及国际货币体系改革的问题。[1]人民币国际化从本质上讲，涉及各国货币之间的关系，是一个政治问题，如果处置不当，可能会引发"丝绸之路经济带"沿线国家的误会和怀疑，反倒不利于开展"丝绸之路经济带"建设的工作。因此，推进人民币国际化，眼光要放长远，稳步前进。

1.3.5 加强民心相通

张骞在两千多年前两次出使西域，之后中原与西域之间更加频繁地往来，人类文明的里程碑上就此镌刻下这连接欧亚大陆的丝绸之路。许多年过去，已无法估量到底有多少人从这条路上走过，但是有一点值得肯定，那就是人们世代都向往民族的友好繁盛，憧憬生活的美好未来。丝绸之路承载着人心向善、人心向和的精神，永不改变。而在崭新的当下，"丝绸之路经济带"将继续传承这份美好的精神，各民族、各国家互相打开自己的怀抱，增进彼此的交流，以和平发展的理念一起努力、一起合作，搭建起那友好协作的桥梁。但是想要在互利共赢的基础上谋求发展，就要依靠有效的文化交流，才能产生心与心之间的碰撞，才能渐渐地让彼此的心靠得更近，合作发展也能更加畅通。古代丝绸之路汇聚了线路上国家共同的文化印记和历史记忆，促进了东西方之间的彼此交流，这就是"以文化先行带动民心相通，从而夯实各国的心理基础"。但事实上，要实现"以文化先行带动民心相通"并不是一件容易的事。"丝绸之路经济带"倡议之所以得到了各国的高度响应，究其原因还

---

〔1〕 参见宁定琴："人民币国际化刍议"，载《西安建筑科技大学学报（社会科学版）》2006年第4期。

是抓住了各国的心，因为大家都有着共同的利益诉求和共同发展的愿望，但也还有很长的路要走。如果单纯靠贸易，经济的发展并不一定长久，只有和文化联系在了一起，这条路才能长久地走下去。中国在古代的丝绸之路上输出了瓷器、茶叶等商品，而佛教等的精神文明流入中国并传播开来。如此看来丝绸之路亦是文化之路、民族之路、宗教之路，是一条心之路。"丝绸之路经济带"不仅是经济带，也是文化带。历史凝结了文化，文化诉说了历史，归根结底即是要民心相通。

世界的历史是人民创造的，财富是人民造就的。在与"丝绸之路经济带"沿线国家的互动交流中，统一目标，寻求最后的双赢，这样就能使得民心相通，国家地区之间的经济交往也能得到更好地发展，所以这两者同样也是互相依赖，不可分割的。从软环境角度着手，去共建"丝绸之路经济带"，加强彼此间的沟通，提高彼此的信任度，特别要关注人民在文化和价值观上的理解和交融。

1.4 "丝绸之路经济带"的空间范围

1.4.1 "丝绸之路经济带"的国际范围

"丝绸之路经济带"一边牵着经济快速发展的亚太经济圈，另一边系着经济发达的欧洲经济圈，中间则是处于"经济凹陷地带"的中亚地区。这条经济带长达1万多公里，途经近40个国家，总人口约30亿，市场规模独一无二，合作潜力巨大。

迄今为止"一带一路"沿线共涵盖了65个国家，"丝绸之路经济带"并没有一个确定的文件规定其具体包含的国家范围。西汉时期，汉武帝派张骞出使西域，以西安为起点，途经中国新疆，至中亚、西亚，该贸易路线被称为古丝绸之路（陆上丝绸之路）。"丝绸之路经济带"与古丝绸之路不可混为一谈，其连接东亚、中亚、西亚及海湾各国，辐射亚太、欧洲、非洲经济圈，被称为"世界上最长、最具有发展潜力的经济大走廊"[1]。本书参考张晴宇

---

〔1〕 惠宁、杨世迪："丝绸之路经济带的内涵界定、合作内容及实现路径"，载《延安大学学报（社会科学版）》2014年第4期。

（2018）对于"丝绸之路经济带"沿线主要国家的归纳，其中核心区为中亚五国，拓展区为西亚、南亚、高加索地区，辐射区为东欧、北非地区，如表1.2 所示：

表 1.2 "丝绸之路经济带"区域划分

区域划分	国家
核心区	哈萨克斯坦、吉尔吉斯斯坦、塔吉克斯坦、土库曼斯坦、乌兹别克斯坦
拓展区	蒙古国、印度、巴基斯坦、孟加拉国、缅甸、阿富汗、伊朗、伊拉克、阿塞拜疆、格鲁吉亚、亚美尼亚、土耳其、沙特阿拉伯、俄罗斯、乌克兰、白俄罗斯、约旦
辐射区	法国、德国、意大利、比利时、荷兰、卢森堡、英国、波兰、爱尔兰、丹麦、希腊、西班牙、葡萄牙、瑞典、芬兰、奥地利、塞浦路斯、捷克、爱沙尼亚、匈牙利、拉脱维亚、立陶宛、马耳他、波兰、斯洛伐克、斯洛文尼亚、罗马尼亚、保加利亚、克罗地亚、埃及、利比亚、阿尔及利亚

从表 1.2 中可以发现，"丝绸之路经济带"辐射区中很多国家并未出现在官方的合作国名单中，随着"丝绸之路经济带"倡议的不断向西推进，东欧经济的发展迎来了新的契机，法国、德国等国家政府层面也已经越来越认可该倡议。"丝绸之路经济带"的版图并不是一个固定的、密封的、静态的范围，相反是变化的、开放的、动态的，以中国为起点向周围扩散，道路四通八达。"丝绸之路经济带"的三层区域的划分并没有绝对的边界，不是绝对的层层递进过程，而是在倡议布局和合作方式上的有所侧重，是包含与被包含的关系，是一种多点多线的共进。[1]

"丝绸之路经济带"主要有三个走向，从中国出发，一是经过中亚、俄罗斯到达欧洲；二是途经中亚、西亚到达波斯湾、地中海；三是中国到东南亚、南亚、印度洋（详见表 1.3）。这样就在空间走向上初步形成以欧亚大陆桥为主的北线、以石油天然气管道为主的中线、以跨国公路为主的南线三条线。建设"丝绸之路经济带"需要三个方向并重，整体推进。

---

　　〔1〕 参见张晴宇："丝绸之路经济带贸易便利化对中国贸易潜力的影响研究"，安徽大学 2018 年硕士学位论文。

表 1.3　"丝绸之路经济带"三大线路具体走向

线路	线路具体走向
北线	京津唐地区（环渤海经济圈）—呼和浩特—额济纳旗—伊吾—将军庙—富蕴—吉木乃—哈萨克斯坦厄齐克门—俄罗斯莫斯科—圣彼得堡—芬兰赫尔辛基（波罗的海沿岸）
中线	上海—徐州—兰州-哈密—乌鲁木齐—精河—霍尔果斯—哈萨克斯坦阿拉木图—乌兹别克斯坦塔什干—土库曼斯坦捷詹—伊朗马什哈德—德黑兰（支线自德黑兰通波斯湾沿岸霍梅尼港）—土耳其安卡拉—德国慕尼黑—法国巴黎—加来（大西洋沿岸）
南线	广州—长沙—怀化—重庆—成都—阿坝—格尔木—若羌—和田—喀什—巴基斯坦伊斯兰堡—瓜达尔（印度洋沿岸）

此外，"丝绸之路经济带"在空间上从东到西划分为四段，并相应形成四个区（见表 1.4）。"丝绸之路经济带"范围广阔，在其构建过程中，客观困难较多，阻力不小，要分段进行，逐步地推进，逐一突破，最终实现这一宏伟工程的完竣。

表 1.4　"丝绸之路经济带"的分段和分区

	分段	分区	范围
一段	起始段	始发区	中国新疆以东各省区市、东亚
二段	中心段	核心区	中国新疆、中亚各国、俄罗斯
三段	过渡段	拓展区	西亚、南亚、欧洲各地区
四段	外围段	延伸区	北部非洲

1.4.2　"丝绸之路经济带"的国内范围及功能定位

"丝绸之路经济带"的倡议提出之后得到了国内各省市的积极的响应，大家都把这一新世纪共建倡议认为是加快经济和社会发展的重大机遇，并积极将其纳入地方治理之中。不过，中国政府尚没有公布"丝绸之路经济带"所规划的国内范围。习惯上认为西北五省份涉及"丝绸之路经济带"，五个东部省份涉及海上丝绸之路。比如在西南四个省、自治区、直辖市和南洋关系更密切，可能会更加适合参与"21世纪海上丝绸之路"的建设，陕西提出打造

"丝绸之路经济带"一个新的起点，促进内陆地区的发展。此外，部分未出席国家发展和改革委员会和外交部论坛的省份，也表示积极对接、参与或进入"丝绸之路经济带"，声称要抓住甚至抢占"丝绸之路经济带"的机会。这些省份构成了中国实施和推进"丝绸之路经济带"经济区建设的基础，"丝绸之路经济带"国内段的核心区域是西北地区（陕西、甘肃、青海、宁夏）和新疆地区以及西南地区（四川、重庆），支撑区域为西南地区（云南和广西）和中部地区（河南）以及东部地区（江苏、浙江、上海、福建和广东）。核心区和支撑区周围的省、市、区为辐射区（见表1.5）。

表 1.5　"丝绸之路经济带"国内的分段和分区

	分区	范围
一段	核心区	西北地区（陕西、甘肃、青海、宁夏）和新疆地区以及西南地区（四川、重庆）
二段	支撑区	西南地区（云南和广西）和中部地区（河南）以及东部地区（江苏、浙江、上海、福建和广东）
三段	辐射区	核心区和支撑区周围的省、市、区

进一步的研究，可以将那些把"丝绸之路经济带"纳入政府工作事项的地区分为三类。第一类，"丝绸之路经济带"已被列为地方政府对外开放和交流的主要或重要部分，而且它有一个相对明确的地方规划和项目安排的整体策略。这些省份包括陕西、新疆、甘肃和宁夏。例如，新疆致力于建设成为"丝绸之路经济带"的交通运输、商贸物流中心、金融中心、文化科技中心和医疗服务中心的重要枢纽。甘肃将"丝绸之路经济带"甘肃段经济区建设作为"西部大开发"的重中之重，计划在经济、技术、教育、文化、卫生、旅游等领域加强合作与交流。第二类则是以"丝绸之路经济带"纳入原本已经有的区域发展规划之中，继续发挥着不同的综合协同的作用。这些省级地区有重庆、青海、云南、四川、山西、浙江、江苏、山东及湖北等。例如，青海注重"丝绸之路经济带"倡议和贫困地区的扶贫和中西部地区实现城市化的协同。第三类的省份则是通过具体项目或发展方向和"丝绸之路经济带"倡议进行对接，包括福建、河南、贵州和西藏。其中，福建希望通过"丝绸之路经济带"建设鼓励符合条件的企业加快走出去步伐，培育一批跨国公司；

河南强调利用郑州到欧洲国际铁路货运列车的引领作用，推动河南丝绸之路经济发展一体化；贵州和西藏分别利用新的欧洲—重庆铁路和依托海军工业园区进入"丝绸之路经济带"。但随着"丝绸之路经济带"的发展，第二、三类的省份、自治区、直辖市也可能因为后续规划项目跟进而转入第一类（见表1.6）。

表1.6　"丝绸之路经济带"各省市区的目标

省、市、区	对"丝绸之路经济带"的目标
陕西	打造"丝绸之路经济带"新起点、排头兵，加快建设内陆开发开放高地，成为支点、商贸中心、文化交流中心
甘肃	把甘肃打造成"丝绸之路经济带"黄金段、开创河西新走廊
宁夏	打造"丝绸之路经济带"的重要支点、内陆开放型经济实验区，构建西部金融中心，实现与阿拉伯国家金融对接
青海	"丝绸之路经济带"的基地和重要支点
新疆	"丝绸之路经济带"的桥头堡、排头兵、主力军、核心区，紧紧围绕建设"丝绸之路经济带"核心区推进全方位开放
重庆	把身处在交汇点的重庆发展成城乡一体化综合配套改革试验区，希望中央把重庆定位为"丝绸之路经济带"的起点
云南	更自觉主动地把云南的开放发展融入国家"一带一路"倡议
四川	抓住国家建设"丝绸之路经济带"的机遇
山西	积极对接"丝绸之路经济带"
浙江	积极参与"丝绸之路经济带"的建设
江苏	抓住并用好建设"丝绸之路经济带"的机会，依托长江建设中国经济新支点
山东	积极参与"丝绸之路经济带"和"21世纪海上丝绸之路"建设
湖北	抢抓国家建设"丝绸之路经济带"机遇
福建	抓住国家建设"丝绸之路经济带""21世纪海上丝绸之路"的机遇，积极融入"丝绸之路经济带"
西藏	抓住新时代的机遇，积极融入"丝绸之路经济带"建设
河南	融入丝绸之路经济带发展、积极参与"丝绸之路经济带"建设

1.5 共建"丝绸之路经济带"倡议的重要意义

"丝绸之路经济带"倡议是开放、包容的，这有利于中国在国际合作的舞台上发挥更重要的引领作用，同时也是中国与沿线国家实现全新对外开放的大手笔，是开启各国经济发展的新引擎。"丝绸之路经济带"的构建对于中国以及沿线的各个国家具有着重要的意义，同时兼顾了国际与国内两方面的需求。

1.5.1 "丝绸之路经济带"倡议的国际意义

1.5.1.1 实现共同发展

从经济发展的角度看，"丝绸之路经济带"整个区域呈现出"两边高，中间低"的现象，类似于"哑铃"形状，两端是国际经济活跃的两大引擎：亚太经济圈和欧洲经济圈，中间是"经济塌陷地带"。中国、中亚国家与两大经济圈中的发达国家相比，人均 GDP 相差甚远。在经济带凹陷区域多为发展中国家，经济发展水平相对较低，迫切希望能加快经济发展、追求美好生活。实际上，这些国家具有巨大的后发潜力与优势，但由于各国国内的交通基础设施受到经济发展水平的影响而供给量严重不足，想要实现进一步的快速发展实为困难。中国是世界第二大经济体、对外投资大国，近几年来，对外投资的规模在不断扩大。2014 年，中国对外投资规模达 1231 亿美元。"经济塌陷地带"有发展经济的强烈愿望，急需大量的资金投入，可以成为中国对外投资的重点对象。帮助沿线国家进行基础设施建设，完善区域的交通运输网线，加强各国多方面的合作，实现各国的经济发展。经济带建设将紧紧围绕经济合作，坚持共商、共建、共享原则，充分利用现有合作机制与平台，照顾各方利益关切，寻求合作最大公约数。据中国商务部新闻发布，2015 年，中国企业在"一带一路"相关国家新签对外承包工程项目合同达 3987 份，新签合同额共 926.4 亿美元，占同期中国对外承包工程新签合同额的 44.1%，同比增长 7.4%。在"丝绸之路经济带"倡议下，中国与沿线国家在经济方面的合作将不断强化，共同实现经济发展。

1.5.1.2 维护地区稳定

在"丝绸之路经济带"的构建中，与中国内陆接壤的中亚地区是关键纽带。中国与中亚地区紧密联系，两者的关系在维护地区稳定方面有着非常重要的意义。中国与中亚地区共享的国境线长达3000多公里，并且中国的边疆地区在经贸、文化、宗教、安全等方面都受到中亚地区以及周边国家的影响。在"丝绸之路经济带"倡议的推动下，在上述方面进行合作，有利于促进地区的安全稳定。此外，中亚地区的"三股势力"[1]活动较为频繁，中国新疆等地区常受其影响，当地人民的生命财产安全受到严重损害。一系列的恐怖主义活动对中亚各国和中国的安全构成了严重威胁，使得地区安全形势更为严峻。"丝绸之路经济带"的构建，可以进一步强化中国与中亚国家合作打击恐怖主义的力度，改善安全局势，保障地区的稳定。

1.5.1.3 开创国际货币体系新格局

"丝绸之路经济带"倡议的提出在带给沿线国家经贸协作新机遇的同时，也将推动人民币国际化。在当前全球经济波动加大且牵连性广、美元不稳定的情况下，同时存在满足世界经济新秩序被构建的需求，这些都将促使人民币加速国际化。当然，当前中国的经济规模稳步快速上升且拥有庞大的市场及发展空间，利用人民币结算的需求提高，人民币国际化具备迎来新的机遇的条件。

对于人民币国际化，是国际货币体系改革的内在需求，这绝不是中国的一厢情愿。正是"丝绸之路经济带"的建设，为人民币国际化提供了历史性的推动契机。贸易结算对人民币的需求随着双边贸易规模的增长而进一步扩大，这为人民币国际化的建立奠定了坚实的基础。虽然人民币的国际使用范围在扩大，但人民币成为国际货币主体之一的目标仍有一定的距离。需要抓住"丝绸之路经济带"建设这样的有利窗口期，有助于推进人民币国际化的进程。采用人民币作为外汇结算货币后，可以统一"丝绸之路经济带"沿线各国的对外贸易货币单位，货币单位的统一使得沿线国家的贸易往来更加顺畅，同时也保障了贸易的公平以及确保了贸易的收益。在人民币国际化加速发展的背景下，此时"丝绸之路经济带"沿线的国家将人民币作为结算货币

---

[1] 所谓三股势力是指暴力恐怖势力、民族分裂势力、宗教极端势力。

已是必然之选择。

总之，"丝绸之路经济带"将扩大人民币的影响力，推动人民币国际化，有利于实现人民币的跨境直接结算，降低了交易的成本，避免国际贸易因美元的剧烈波动而产生损失，促进双边以及多边贸易的协调发展，开创了国际货币体系的新格局。

1.5.1.4　拓展国际发展空间

"丝绸之路经济带"的建设，有利于开拓国家的纵深，可以将国内市场、国内规则、国际资源的潜在优势最大限度地发挥，打造中国对外开放升级版的新引擎，中国经济进入发展新常态并继续向世界分享中国的发展红利。"丝绸之路经济带"倡议对于中国来说的确是意义重大，它使国家的布局从东南沿海向内陆以及边沿地区延伸，形成了东西双向开放的格局，有助于深化中国与他国的互动协作，促进中国经济贸易的稳定增长，实现与其他国之间的可持续发展。

其一，"丝绸之路经济带"倡议释放了对中国经济社会发展的约束力，帮助中国将能源、资源的利用空间进一步提升。最近几年，中国正处于城镇化发展的关键时期，发展的速度也相对较快，但非常依赖其他国家的能源资源，消耗量比较大，特别是能源安全运输的隐患突出，尤其表现为对马六甲海峡的依赖。"丝绸之路经济带"倡议有助于开拓对能源、资源的引进通道，不但表现在地域差别上，而且之前中国单一地依靠海洋运输的瓶颈可能会有所改变。

其二，"丝绸之路经济带"倡议便于中国将优势产品和产能推广到周边及沿线国家。中国让世人看到了瞩目的成绩，然而产业结构仍然存在问题——产能严重过剩。"丝绸之路经济带"倡议可以利用中国与周边国家之间的贸易差距，将具有优势的产能推广出去，服务沿线的地区，加深中国与周边国家的贸易往来，亦能推进中国经济结构调整，优化产业结构。

"丝绸之路经济带"的建设，是中国在国际国内形势发生深刻变化的历史条件下，以崭新的理念推动国内外的相互经济合作，促进对内对外开放，更好地利用两种资源和两个市场，拓展国际发展空间，释放其未来潜力的契机。

1.5.2 "丝绸之路经济带"倡议的国内意义

1.5.2.1 进一步推动西部地区发展

首先，"丝绸之路经济带"国内段的建设是"西部大开发"的升级版。[1] 2000 年正式启动的"西部大开发"战略加快了西部地区的基础设施建设，加强了当地生态环境的保护，并为当地发展特色优势产业提供了帮助，使西部的经济以及社会的发展水平有了显著的进步。但与此同时，西部的整体发展水平与东部的发达地区仍有着较大的差距，这不仅阻碍中国区域经济的协调发展，而且对于中国整体经济增长造成了消极的影响。"丝绸之路经济带"的建设对全面提升西北地区的对外开放水平以及经济发展水平有积极的影响。西部各省份可以借着"丝绸之路经济带"建设的东风，大力发展外向型经济，加强对科技的发展，推动经济区的建立，使西部地区迎来新一轮的经济增长点和对外开放的新高点。建设"丝绸之路经济带"国内段的同时，必然会随之带动相关地区的铁路、公路、航空、电信、电网、能源管道的互联互通网络，并加强西部地区与国外的资金流、物流、人流和信息流等方面的合作。由此可见，"丝绸之路经济带"国内段必将通过基础设施的互联互通，促进中西部地区经济一体化进程。

长期以来，在自然、历史和社会等因素的影响下，中国西部地区开放水平较低，经济发展相对较落后。2014 年，中国还有 4000 多万的贫困人口，其中中西部地区所占比重超过 90%。从图 1.1 可以看出，东部地区居民人均可支配收入是中国最高的，西部地区则是最低的，东部地区是西部地区的 1.7 倍左右，两者的差距达到 10 578 元。如果西部地区经济发展水平相对落后的状况持续下去，东西部差距进一步扩大，这将会对国家的社会安定带来严重的威胁。"丝绸之路经济带"倡议的提出，为西部地区提供了历史性的发展机遇。在"丝绸之路经济带"建设过程中，西部地区将会获得大量的资金注入，成为最新的开放前沿。目前，陕西已经提出要打造"丝绸之路经济带"的"新起点"，新疆也提出要成为"丝绸之路经济带"的"桥头堡"。"丝绸之路经济带"的建设，将促进西部地区经济快速发展，有利于中国国内东西部发

---

〔1〕 西部大开发是中华人民共和国中央政府的一项政策，目的是把东部沿海地区的剩余经济发展能力，用以提高西部地区的经济和社会发展水平、巩固国防。

展不平衡问题的解决，全面实现中国国内全方位开放和经济均衡发展。

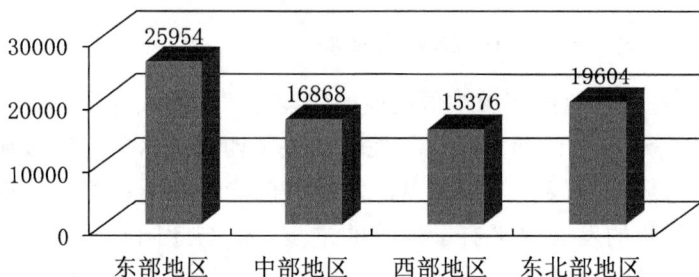

图 1.1　2014 年各地区居民人均可支配收入（单位：元）

1.5.2.2　保障能源安全

在国际形势日益复杂化的情况下，南海争端问题尚未解决，能源安全问题已上升到国家战略的高度。中国是一个能源消费大国，中国经济发展所需要的原油、天然气等能源已无法自给自足，需要大量从其他国家进口。目前，中国能源安全形势较为严峻，近 10 年来，中国原油进口量在持续增长，对外依存度也在节节攀升（见图 1.2）。2014 年，中国原油进口量突破 3 亿吨，原油对外依存度 [1] 接近于 60%。据国际原子能机构预测，2020 年中国石油对外依存度将达到 68%。目前，中国从拉美、非洲和中东地区进口的石油依靠海上运输，运输线路和运输时间较长，而且几乎都要经过马六甲海峡，在此经过的石油占中国进口的 80%（见图 1.3）。马六甲海峡，是十分重要的交通要道，而这个海峡处在美国、印度等大国的监视与控制下，中国面临着"马六甲之困"，在未来中国的能源咽管随时可能会被掐断，这对于中国来说是一种致命的威胁。因此，寻找安全可靠的能源供应是中国的迫切任务。"丝绸之路经济带"沿线的中亚地区，拥有着丰富的油气资源，是能源出口的强大市场，并且可以通过更安全更低廉的地下管道进行输送。在"丝绸之路经济带"这一创新合作模式下，中国可以通过能源合作与中亚国家互惠互利，各取所需，实现中国能源供应多元化和稳定化，保证中国能源安全。

---

〔1〕　原油对外依存度是指一个国家原油净进口量占本国石油消费量的比例，体现了一国石油消费对国外石油的依赖程度。

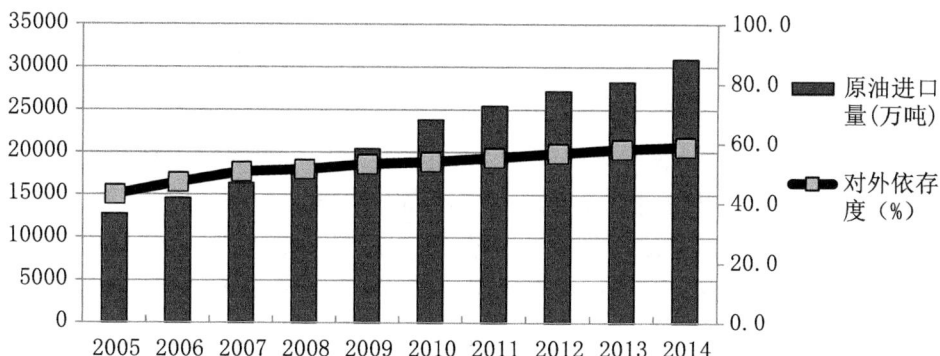

图1.2 2005-2014年中国原油进口量和对外依存度

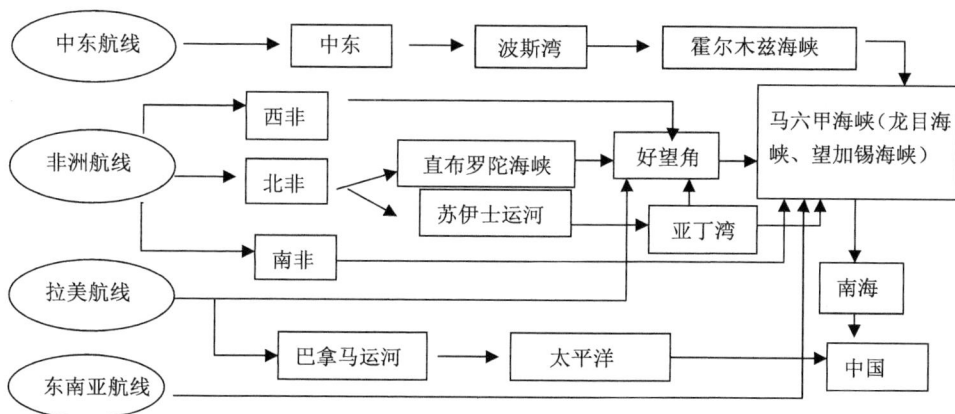

图1.3 中国石油进口主要海上运输通道示意图

1.5.2.3 缓解国际战略压力

随着中国经济的快速发展，中国的综合实力在不断增强。2010年，中国的经济总量超过日本，成为世界第二大经济实体，此外在2012年中国对外贸易额超过美国3.87万亿美元，成为世界第一大货物贸易体。美国将中国的快速崛起看作是一种极大的威胁，加快了对华遏制战略的步伐。美国主张"重返亚太"，推行"亚太再平衡"战略。此外，美国与日本筹建的TPP，[1]美

---

〔1〕 TPP，跨太平洋伙伴关系协定（Trans-Pacific Partnership Agreement），也被称作"经济北约"。

国—欧洲主导的 TTIP[1] 等贸易自由化组织，均没有考虑中国的参与，将中国孤立在外，想遏制住中国发展的意图十分明显。这对中国形成了不利的外部环境，对于中国的经济发展将是前所未有的挑战。面对美国的封锁，中国需要采取反制的措施，破解困局，寻求新的贸易市场。"丝绸之路经济带"可以成为这样的一个突破口，建设"丝绸之路经济带"，打造联通东亚、南亚、西亚的交通运输通道，进而取道中亚挺进中东、欧洲大市场。这不仅解决了中国发展的周边困局，更为中国开辟了一个更大的更具潜力的贸易市场。

1.5.2.4 优化国内城市及人口的分布、均衡国内发展水平

一方面，"丝绸之路经济带"国内段在提升西北地区经济发展水平的同时可以缩小其与东部发达地区的差距，促进中国区域经济协调发展；另一方面可以弥补东部地区经济增长乏力所造成的缺口，保持中国经济较快发展，推动中国经济重心西移。

从均衡发展的角度看，中国目前的地区经济发展很不平衡。东部沿海经济发达与西部内陆省份发展缓慢形成鲜明对比。在多年的"西部大开发"战略的实施下，国家对西部地区投入了大量的人力物力使西部的基础设施建设和经济社会发展水平方面取得了显著的进步。但是，西部地区总体发展水平和东部发达地区仍存在较大差距，西部地区对外贸易长期处于较低水平，是中国区域经济协调发展的拦路虎，也拖累了中国整体经济快速的增长。"丝绸之路经济带"国内段的建设可以形成东部和西部之间的横向对外经济走廊，有助于提高西部地区对外开放和经济发展水平。

除此之外，"丝绸之路经济带"对于国内来说，还起到优化人口布局和经济重心转移的作用。随着中国特别是西部地区与东南亚国家的经贸合作的加快，西南地区正经历着前所未有的开放与发展。"丝绸之路经济带"的发展有助于提高西部的城镇化水平，使人口实现从东部发达地区向西部转移。人口与资源不再一味集中在东部沿海城市，而是慢慢有向西迁移的趋势。比起拥有更多资源和人才的东部地区，西部地区也正在渐渐吸引更多的人才和资金。随着基础设施的不断完善以及"丝绸之路经济带"所带来的越来越多的福利，中国的经济重心将趋于平衡，人口也将随着经济重心的转移而移动。人口的

---

〔1〕 TTIP，跨大西洋贸易与投资伙伴协议（Transatlantic Trade and Investment Partnership）。

转移也将有助于提升城镇化水平，促进大城市和城市群的培育，尤其是西部城市群的发展。因此，"丝绸之路经济带"国内段的发展对解决中国城市和人口布局的优化、城市与人口分布的不平衡的问题具有十分重要的意义。

1.5.2.5 加快经济转型发展、产生新的经济增长点

在 2008 年美国次贷危机之后，全球经济萎靡不振，中国的经济增长虽不像欧美遭受严重衰退但也暴露出不少问题。具体分析中国在发展经济过程中遇到的状况，其中产能过剩的问题日渐凸显，生态环境也日趋恶化，区域协调发展缓慢，局部风险日趋明显，这一系列的迹象均表明，中国经济必将走向新的常态，即由高速经济增长向中高速增长转型。然而，要想保持中高速的经济增长也必须找到新的经济增长点，实现经济转型，淘汰一些夕阳产业和环境不友好的行业，使产业结构得到升级。"丝绸之路经济带"国内段的建设无疑是一个使我们寻找新的经济增长点的良好的机会，并在发展的过程中加快经济转型的步伐。在建设国内段"丝绸之路经济带"的过程中，经济区和城镇群的建成会形成新的经济增长极，通过新兴产业培育促进产业结构调整和升级，继而使得"丝绸之路经济带"国内段沿线地区由"经济凹地"变为"经济高地"。新的经济增长极将从长三角、珠三角转移到西北城市群。

"丝绸之路经济带"已经成为中国经济发展和对外开放的重要倡议，标志着中国区域对外开放的格局已经逐渐走向成熟和平衡，是国际区域经济合作的新尝试。对中国而言，"丝绸之路经济带"建设有助于中国国际形象和地区影响力的提升、有助于扩大国际影响力。中国的"丝绸之路经济带"倡议具有兼容性，无论哪个国家或地区只要愿意都可以参与到该倡议的建设中，一起收获发展的硕果。有效对接"丝绸之路经济带"与"欧亚经济联盟"，更好地给予该倡议发展的空间，携手亚太和欧洲的国家，一起打造欧亚这个大市场，开辟亚欧大陆经济新格局，使得欧亚经济一体化，加速欧亚经济的发展，推进全球政经新秩序的形成。

中国要走好"丝绸之路经济带"建设这条路须坚持以下几点：第一，与其他国家之间的贸易往来不应局限于单一资源和原材料的合作方式；第二，对沿线地区的经济投入加大力度，尤其是官方的援助力度，在自己利益不受损害的前提下，尽可能地为其他国家提供更多的公共产品和服务；第三，必

须注意避免排他性，强调兼容性，发扬合作共赢的精神；第四，在建设软环境方面，要注重发展文化旅游业以及提高交易双方信任度，大家都得到利益了，就会促进企业之间的互动，而增加教育学术方面的交流也可以更好地促进人才之间的流动和互通；第五，要尽可能地减少贸易壁垒，实现贸易便利化。从整体来看，"丝绸之路经济带"建设的前景比较广阔。中国需要采取平等互利、统筹兼顾、循序渐进与"走出去"等策略，积极采取应对措施，构造有益"丝绸之路经济带"发展的格局。

1.6 "丝绸之路经济带"建设过程中存在的风险

"丝绸之路经济带"是一项艰巨而又伟大的系统工程，在其建设过程中，在所难免会遭遇各种潜在风险，对潜在风险进行探析，主要集中在认知、政治、经济、社会与文化、技术这五个方面上。只有对风险进行仔细分析，才能提出具有指导性的应对策略。

1.6.1 国内外在认知上存在偏差风险

在中国提出"丝绸之路经济带"倡议后，引起了各方面的高度关注，同时也遭到了许多的猜疑和误解，甚至是曲解。在国内和国际方面都存在着理解误区。

其一是来自国内方面的误解。自习近平总书记提出构建"丝绸之路经济带"这一伟大倡议以来，国内各省份反应十分强烈，这种热情固然可贵，然而却出现了一些错误的、不切实际的想法，有的认为这将是新一轮的争项目和"分蛋糕"，都过分强调自身在"丝绸之路经济带"建设过程中的优势和重要性，纷纷提出各种关于"丝绸之路经济带"相关的口号，如陕西省将自身定位为"'丝绸之路经济带'的桥头堡"，甘肃省致力于将本省打造为"'丝绸之路经济带'的咽喉要道"，新疆则要将自身打造为"'丝绸之路经济带'的主力军"，有的甚至还为"丝绸之路经济带"的起点究竟是西安还是洛阳而起了争执，等等。这些只顾虑到自身局部地区的发展，而忽略了建设"丝绸之路经济带"的根本目的，不但加剧了各省份在资源和优惠政策方面的竞争，而且不利于各省份在"丝绸之路经济带"建设过程中有效的协调合作。

此外，还有很多部门对"丝绸之路经济带"倡议的理解过于简单化、表面化，甚至在舆论上呈现出势在必得和叫好的一边倒现象，根本没有采取实质性的行动，这对于"丝绸之路经济带"的顺利推进也毫无助益。正所谓打铁还需自身硬，要实现"丝绸之路经济带"倡议，必须首先纠正国内各方面的误解。

其二是来自国际方面的疑虑。中国的共建"丝绸之路经济带"倡议一经提出后，国际上议论纷纷，虽然有积极响应的，但更多的是疑虑和不安。目前，美国方面一些学者将"丝绸之路经济带"倡议与美国历史上的"马歇尔计划"联系起来，认为"丝绸之路经济带"倡议是"中国版马歇尔计划"。沿线各国对"丝绸之路经济带"的建设也存在着一定的担心和猜疑。有的国家认为"丝绸之路经济带"是中国的扩张主义政策，心怀芥蒂。有的国家虽然在口头上表示赞同支持，但实际参与上却是非常的谨慎。来自国际方面的不同猜疑，将会是"丝绸之路经济带"实施过程中的一大阻力，要尽快消除这些疑虑，从而保证沿途各国对共建经济带的积极性。

1.6.2　沿线国家政局和安全不稳定风险

在建设"丝绸之路经济带"过程中，来自政治方面的影响是最大的障碍，如此大规模的经济合作是离不开友好的政治关系作为基础的。"丝绸之路经济带"沿线国家众多、涉及地域广阔，各国的发展水平参差不齐，各国的政治环境也各有迥异，协调的难度大，对各国之间的合作存在着不容忽视的影响。

1.6.2.1　"丝绸之路经济带"沿线部分国家国内政局不稳定

"丝绸之路经济带"沿线涉及的国家多为发展中国家，国内政局并不稳定，这是影响国家经济快速稳定发展的重要因素之一。就作为"丝绸之路经济带"核心区域的中亚地区而言，有些国家政局动荡呈现出一定的持续性，对各项经济活动带来了许多的不确定性。例如，吉尔吉斯斯坦国内政治发展进程一波三折，自 2005 年的"颜色革命"[1]以来国家政局一直处于动荡中，

---

〔1〕　颜色革命（Colour Revolution），又称花朵革命，是指以政治社会总危机为契机，以中心城市为平台，以突发和快速集结为特征，以和平非暴力的街头抗争为手段，以政权更迭为目标的新型政治革命形式。

其中有因为经济极度贫困，也有因为当权者腐败、独裁，而引起政权更迭。目前，其国内南北分歧和民族仇视的问题尚未解决，矛盾依旧尖锐，政府仍面临着重重的考验。此外，阿富汗的国内政局也处在不稳定的状态，对周边地区的安全与稳定仍是一种潜在威胁。尽管美国和北约已撤出阿富汗，阿富汗政府是否能够对国内政局进行有效控制，其政局的走势前景仍不明朗。位于经济带边缘地区的西亚、北非等地，也有个别国家政局局势处于动荡中。近年来，叙利亚局势持续紧张中，由教派冲突和外国势力干涉引发的战况不断，民不聊生。埃及、土耳其国内局势近几年来也处于持续动乱中。"丝绸之路经济带"沿线以及周边国家政局的不稳定是"丝绸之路经济带"建设过程中的重大障碍，是一道阻碍各国之间的合作交流的"屏障"。

1.6.2.2 "三股势力"活动和毒品走私犯罪的猖獗

"丝绸之路经济带"所覆盖的中亚地区是世界上多种文化、思想、宗教相互交汇、相互碰撞的地区。冷战后，中亚各国、阿富汗以及巴基斯坦成为了"三股势力"的盘踞地，特别是中亚素有"火药桶"之称的费尔干纳盆地，位于乌兹别克斯坦、塔吉克斯坦和吉尔吉斯斯坦三国的交界处，在这里有近百个大大小小的民族与部落，民族情况十分复杂，民族分裂主义发展的趋势正旺。近年来，宗教极端和暴力恐怖势力活动仍然存在，一些非法的极端组织通过恐怖袭击、劫持人质、制造爆炸事件等暴力手段来破坏地区的安全、稳定，给"丝绸之路经济带"核心地区的安全造成了严重的威胁。此外，由于美国军事占领阿富汗后，阿富汗的经济结构畸形化，导致阿富汗毒品走私犯罪活动极其猖獗，"毒品经济"与中亚宗教极端势力相结合，对中亚各国的安全稳定造成了严重的负面影响。目前，每年有大量的阿富汗毒品途经中亚国家转运到欧洲和俄罗斯。其中塔吉克斯坦是中亚国家毒品重灾区。可见，"三股势力"和毒品走私犯罪已成为影响"丝绸之路经济带"沿线各国顺利实现"五通"[1]的一大"毒瘤"。

1.6.3 经济合作落实环境差风险

在"丝绸之路经济带"倡议中，经济合作方面是其中至关重要的一项

---

〔1〕 习近平总书记提出建设"丝绸之路经济带"倡议的主攻方向是"五通"，即政策沟通、道路联通、贸易畅通、货币流通、民心相通。

内容。然而，由于各国在配套法律法规、财政金融政策以及基础设施等方面的不同步、不协调，不可避免地给经济带在构建过程中造成了一定的经济风险。

一是各国普遍认同的多边经贸合作制度和程序迄今尚未出台。各国间进行多边经贸合作需要有规范的法律制度作为保障，同时，良好的国际市场秩序也需要有完善的法律法规进行维护。尽管"丝绸之路经济带"沿线各国都有制定关于国内自身的经济政策与法律，但由于各国经贸法律差异甚大，法律法规种类繁多又杂乱，想要协调好各国的经济制度实为艰难。再加上"丝绸之路经济带"的倡议目前处在起步阶段，沿线各国的国情不尽相同，每个国家都有自己的诉求和利益，虽然说总体上该倡议构想符合各国的利益，但也会有局部难以契合，因此各国之间还没有达成一致的共识，各国间的经贸协调还需要在经贸活动中进行不断地沟通和磨合。在当前情况下，要尽快制定和出台"丝绸之路经济带"倡议中关于国家多边经济合作的专门性法律文件，以此作为各国共同认可并承诺遵守的行动准则。这不仅为双边经贸合作奠定了法律基础，也将为"丝绸之路经济带"提供法律制度保障。

二是个别国家财政、金融和产业政策以及法律相对薄弱，政策连贯性以及确定性较差。就目前阶段而言，中亚和西亚地区的国家迫切希望有外来的投资来刺激国内的经济发展。但由于自身国家内的投资法律环境存在缺失的情况，相关的政治、经济、法律制度也有待进一步的改善，尤其是政策的连贯性将会受到未来国内局势的影响。例如，在中亚，国家常以总统令、内阁文件来代替法律法规的实施，调整其国内经济活动。这些文件的滞后性以及政策、法律的多变性和不稳定性会给他国的投资和经贸活动带来很大的潜在风险，对未来可能进入的资金也是一种严重威胁。随着"丝绸之路经济带"的逐步推进，中国大量的企业将会不断"走出去"，参与其中的发展。由于外资的输入势必会对一个国家的经济造成一定的影响，因此国内的资金贸然输出可能会受到沿线国家的排斥。在这样的情况下，当地的政府可能为了保护国内企业的利益而调整政策，在投资方面对外资规定严格的审批制度，设置各种市场准入障碍以及经营上的苛刻条件，如价格控制、税收歧视以及严格的外汇管制等措施，外国企业将面临较大的投资风险。

三是部分国家的基础设施相对落后，项目耗资大，面临着较大的违约风险。"丝绸之路经济带"沿线国家中多为发展中国家，经济发展水平较低，其中特别是中亚、西亚和南亚的中小国家，资金较为匮乏，用于基础设施建设的财政投入极少，再加上战乱的影响，国内的基础设施遭到破坏且水平较低，严重制约着国家经济的发展。若要保证"丝绸之路经济带""五通"中的道路联通这一内容得以实现，就需要大量的外来资金投入到基础设施的建设上。显然，这在一定程度上为中国进行投资提供了良好的机会，并且基础设施的完善有利于国家多边经贸合作，使"丝绸之路经济带"倡议向前迈进一大步。但是，也必须看到基础设施建设存在着资金投入大、投资周期长、收益不确定因素较多等问题。在一些比较落后的地区，铁路、港口等大型基础设施的建设在短时间内是很难见到效益的，甚至在很长的一段时间里将面临亏损运营的局面。可见，其投资回报率不容乐观，很可能其中部分投资会成为坏账，企业投资将面临较大的违约风险。此外，外国企业能够投入的资源也是相对有限的，投入资金是否能被有效地管理和利用，是否会被违规挪用于其他的方面，也还待进一步探讨。

1.6.4　社会与文化差异显著风险

"丝绸之路经济带"涉及的国家众多，每个国家和地区都有着各自不同的社会风情、文化背景以及信仰等。随着"丝绸之路经济带"倡议的逐步推进，派驻到各国的组织、人员以及大量投资企业，要与当地的社会文化进行交流融合，在这过程中避免不了有着这样或者那样的摩擦和冲突，这就要求我们必须充分考虑到各种社会文化因素，加强人文合作，实现"民心相通"。

一是沿途国家在宗教信仰和社会习俗方面与东方文化的差异甚大。在"丝绸之路经济带"沿线的国家多为伊斯兰国家，信奉伊斯兰教，在宗教信仰和社会习俗方面与东方和西方文化存在着较大的差异，而且在绝大多数文化中都存在着一种民族中心主义倾向，因此可能会造成族群矛盾的产生。如果不能够及时对种族隔阂进行疏导和化解，随着时间的积累，最终会导致各种社会冲突的暴发，这必然会给"丝绸之路经济带"的建设带来不容忽视的阻力。这就要求走出去的中国企业以及各组织人员要入乡随俗，尽快融入他们的生活中，要学会尊重当地的宗教信仰和风俗习惯，如果对当地文化传统习惯和宗教了解、尊重不够，可能会引起当地的恐华、排华情绪。例如，在2014

年6月份，吉尔吉斯斯坦200多辆车在中吉边境附近堵路，阻挠中国人员和商品过境。这将会对"丝绸之路经济带"的建设造成一定的阻碍。

二是要统筹兼顾经济效益与社会公益两方面，避免因策略失误而引发的社会风险。在不久的将来，将会有越来越多的中国企业走出国门到"丝绸之路经济带"沿线各个国家进行各种投资，中国劳动移民输出的数量也势必增加，有可能会影响到当地民众的就业和福利，引起当地居民的反感，甚至将其视为是一种"中国扩张"，这导致各种经济合作即使在热火朝天地开展着，却也不被当地人民信赖、认可。这些跨国投资企业会在一定程度上影响当地的社会状况，因此要在经营过程中格外注意当地的就业、民生以及社会公益等各个方面，要解决好与当地人民的劳务关系，积极参与到当地的公益事业中，扩大企业自身的影响力，从而保证在当地的立足之地。同时还要谨慎地决定策略，如果策略失当，就会产生一些新的矛盾与问题，极可能会引发起当地公众的敌意，从而引起罢工游行的社会风险，甚至是大范围的骚乱。就现阶段而言，最重要的是要考虑到在进行"丝绸之路经济带"沿线基础设施建设时各种可能存在的潜在社会风险。比如在进行公路、铁路或其它大型工程项目建设时出现的征地拆迁、移民补偿等突出问题，这些问题的解决都直接关系到民心相通这一环节，必须要提前加以考核，积极进行应对。

1.6.5　高端技术薄弱风险

构建"丝绸之路经济带"不仅仅是恢复、修建一条或者几条新铁路这么简单，而是要通过投资、开发形成覆盖欧亚大陆的便捷国际经济交通网络，这是一项巨大且艰巨的任务。在逐步推进"丝绸之路经济带"建设过程中，方方面面都考验着技术的可行性。在"丝绸之路经济带"所经过的区域，自然环境较为复杂，而且中亚地区多沙漠、多山区。复杂的地理环境使交通基础设施的施工难度加大，与此同时还要对维护河流水源、保护生态进行规划，这带来了一定的技术风险。另一方面，"丝绸之路经济带"涉及数十个国家，各国在技术标准上各不相同。例如，铁路轨距统一面临着困难，中国铁路采用的轨距是1435毫米的标准轨，然而中亚的塔吉克斯坦、土库曼斯坦、乌兹别克斯坦等国家采用的轨距是1520毫米的宽轨。因此，中国与中亚之间的货运列车运输，必须要在沿途的换车厂进行更换车轴、车轮才能实现，这不仅延长运输的时间，还推高了贸易运输的成本，如何解决这一个问题成为了一个艰难的挑战。目前，高端技术仍是中国的一大薄弱的环节，尤其是在与欧美大国的同台竞争下，劣势就更加明显了。因此，这就要求中国企业要尽快加大技术研发与创新，保证"丝绸之路经济带"的构建畅通无阻地进行。

1.6.6　国内竞争和重复建设的风险

在广阔的"丝绸之路经济带"上遍布着各类丰富的资源，例如矿产资源、土地资源和能源资源等。毫不夸张地说，"丝绸之路经济带"就是新世纪的资源宝地。但缺乏交通便利和自然环境的局限性使得该地区的经济发展水平极其失衡，整个地区存在"高、中、低"的现象。"丝绸之路经济带"虽然能为经济发展带来许多机遇，但在建设的过程中也会面临一些挑战和困难。例如随着"丝绸之路经济带"国内段的不断延伸，省份与省份之间的竞争会愈加激烈，"丝绸之路经济带"带来的前所未有的历史机遇，也会一定程度上加剧区域之间对资源的竞争，具体的例子有自由贸易区和经济特区这些政策资源的竞争。在"丝绸之路经济带"的建设过程中，尤其是西北地区的一些内陆省份，当地长期落后的经济发展，致使该地区很难争取到一些大型的或是优质的企业落户，相关的人才也很难往当地引流。人才和资金的缺乏可能是阻碍当地经济发展的一个最大的因素。解决这个问题需要地方政府积极出台优惠政策，国家应继续加大扶持力度。

1.7　"丝绸之路经济带"构建过程中的风险应对策略

在对"丝绸之路经济带"建设过程中面临的各种风险进行较为全面地梳理分析后，在此基础上提出针对各种风险的应对策略，做到防范于未然，避免未来可能出现的损失。

1.7.1　在认知方面的调整

一是调整国内思想，做好自身准备工作。正所谓"打铁还需自身硬"，想要实现"丝绸之路经济带"构想必须要落实好中国国内自身的准备工作。目前，中国各个省份、各个部门都积极参与到"丝绸之路经济带"的构建中，都提出了各自的规划方案。然而，这些方案存在着定位重合、项目投入重复等现象，而且，各参与方大多是以"争项目、拿投资"的心态思想来参与该项倡议。因此，我们在建设"丝绸之路经济带"过程中，要对倡议的目的和内容进行全面理解和正确解读，要求国内各省份、各部门形成一致的认识，避免各行其是。与此同时，要做好国内统筹工作，理顺中央与地方的关系，仔细考量各方面的优势和不足，进行合理的分工，进行有效的配置，充分利用好国内的资源，为与"丝绸之路经济带"沿线国家开展各方面合作提供安全可靠的对接平台。中国国内准备工作的落实可以为"丝绸之路经济带"建设打下坚实的基础。

二是加大宣传力度，消除各国误解。"丝绸之路经济带"这一倡议被提出后，在国际上遭到了诸多的误读和误解，对"丝绸之路经济带"的建设造成了一定的负面影响，且正在持续发酵中。良好的国际舆论环境将会是"丝绸之路经济带"建设过程中的一大助力。因此，要做好宣传工作，加强力度宣传关于"丝绸之路经济带"的建设原则、框架思路、对沿线国家的意义和价值等，消除各个国家的疑虑和担心，以及国际上负面宣传造成的消极影响，变被动为主动，化消极为积极，让更多沿线国家真正了解并且支持"丝绸之路经济带"倡议，使得沿线国家积极参与到"丝绸之路经济带"建设的行列中，成为其中的利益相关者和坚定支持者。

1.7.2　在政治方面的应对

一是加强国别风险评估和应对。参与"丝绸之路经济带"建设的国家众多，这些国家的国情各不相同，风险也不尽相同，"一刀切"的风险防范措施是行不通的。所以，进行深入的、具有很强针对性的国别风险评估是非常必要的。建立一个专业的政治风险评级机制，通过密切关注沿线各国的政治、社会具体状况，对各国各类风险进行科学的、全面的评估，并根据可靠资料数据对可能存在的风险进行分类并确定级别。根据风险评估结果，针对各类风险制定出有效的、切合实际的应对方案，提前做好项目实施前的投保工作。此外，国内要加强与沿线国家风险管理的合作交流和沟通，提高对各类政治风险的共同应对能力，共同维护"丝绸之路经济带"沿线各国的稳定，为

"丝绸之路经济带"的顺利建设打下坚实的基础。

　　二是坚决打击"三股势力"和毒品走私犯罪活动。"丝绸之路经济带"核心区域的"三股势力"和毒品走私犯罪活动极为猖獗，危害严重，必须要发动沿途各国共同合作，提前预防，共同打击，为"丝绸之路经济带"的建设铲除障碍，营造和平、稳定、安全的环境。在这方面上，可以充分利用好上海合作组织[1]这一区域安全合作平台，因为其成员国、观察员国和对话伙伴国几乎覆盖了整个"丝绸之路经济带"的核心区域。2001年，为解决区域边界争端和加强边境军事信任而建立的上海合作组织，经过多年的发展，逐步形成以反恐为中心，兼顾打击毒品走私犯罪等多元一体的安全合作体制，在维护地区安全方面发挥了重要作用。目前，中国已同俄罗斯、中亚各国签订了关于共同打击"三股势力"的多边协议，例如上海合作组织《打击恐怖主义、分裂主义和极端主义上海公约》，各国在共同打击"三股势力"以及毒品走私犯罪活动方面已经展开了卓有成效的合作，为建设"丝绸之路经济带"提供了相对和平稳定的环境。

　　三是协调好大国关系，增强合作共识。从大国之间的地缘政治博弈战场可以看出，"丝绸之路经济带"的构建的重大障碍和关键环节并不是在国内，而是在国外，中亚地区就是现阶段合作的核心地区，也是"丝绸之路经济带"建设的关键环节。中亚对于俄罗斯、美国等大国都有着不可代替的意义，成了大国之间角力的舞台。中国提出的共建"丝绸之路经济带"倡议与俄罗斯提出的"欧亚经济联盟"以及美国主导的"新丝绸之路计划"有着本质上的不同，"丝绸之路经济带"不具有排他性，强调包容性，欢迎任何国家参与"丝绸之路经济带"的建设，共享发展的成果。然而，从中亚地区复杂的国家关系来看，中亚国家不是"亲俄派"，就是"亲美派"，需要面对的客观事实是，这两个大国在中亚的控制力和影响力始终是存在的，两方的态度能够对"丝绸之路经济带"的建设产生重大影响。因此，要妥善协调好与大国之间的关系，加强对话和沟通，增进共识，欢迎大国的参与，积极争取合作的机会，

---

　　〔1〕 上海合作组织（Shanghai Cooperation Organization, SCO），简称上合组织，这是中国首次在其境内成立国际性组织，并以此城市命名，宣称以"上海精神"以解决各成员国间的边境问题。成员国：中国、俄罗斯、哈萨克斯坦、吉尔吉斯斯坦、塔吉克斯坦、乌兹别克斯坦、巴基斯坦和印度；观察员：伊朗、阿富汗、白俄罗斯和蒙古国；对话伙伴：斯里兰卡、阿塞拜疆、亚美尼亚、柬埔寨、尼泊尔和土耳其。

使"丝绸之路经济带""欧亚经济联盟""新丝绸之路计划"进行有效对接，实现各国的互惠共赢。相信在各个大国的共同努力下，中亚地区势必会成为"丝绸之路经济带"建设成功的第一环，为其他沿线国家带来示范作用。

1.7.3 在经济方面的准备

一是在统一框架下进一步完善多边经济贸易合作协议。正所谓"没有规矩不能成方圆"，"丝绸之路经济带"沿线各国想要顺利稳定地进行多边经贸合作，就需要一个完善的多边经贸法律制度作为指导准则。在 2007 年 8 月 16 日，中国与俄罗斯以及中亚国家签署了《上海合作组织成员国长期睦邻友好合作条约》文件，缔约各国在平等互利的基础上加强经济合作。目前，"丝绸之路经济带"倡议以中亚地区为合作重点，可以在这一框架下调整现有的各项多边合作条约或协议，进一步完善和细化在经贸、投资、能源以及产业等合作方面的多边协议内容，为各国开展各项经济活动提供程序依据和法律保障。到条件成熟时，就可吸纳更多的国家加入其中，加强经济政策对接，扩大多边经贸合作协议的覆盖范围，共同制定推进经济合作的法律制度，使其成为各国在进行经济带构建活动时共同遵守的游戏规则，协力推动经济合作的步伐，共同打造互利共赢的利益共同体。

二是积极发挥保险作为风险转移机制的重要作用。随着"丝绸之路经济带"倡议的逐步推进，中国"走出去"的企业的数量势必会大幅度增加，这些中国企业将面临各种各样的投资风险，保险的保驾护航就显得至关重要。保险作为市场经济条件下风险控制的基本手段，在深化"丝绸之路经济带"合作过程中可以发挥独特的风险转移作用，尤其是在跨国投资和经贸活动等方面，可以起到很好的"止损"作用。例如，中国出口信用保险公司[1]就是国家专门为降低"走出去"企业风险损失而成立的政策性保险公司。由于中国企业将置身在一个全新的、陌生的运作环境和规则中，这就需要国内各大保险公司因地制宜、量身定制有效的保险方案，充分做好风险防范和转移

---

〔1〕 中国出口信用保险公司，其主要任务是积极配合国家外交、外贸、产业、财政、金融等政策，通过政策性出口信用保险手段，支持货物、技术和服务等出口，支持中国企业向海外投资，为企业开拓海外市场提供收汇风险保障，并在出口融资、信息咨询、应收账款管理等方面对对外经贸企业提供快捷、完善的服务。

的准备，加强对中国企业走出国门的支持力度，解除后顾之忧。同时，国内的保险公司还应与沿线国家的保险公司加强沟通与合作，共同为"丝绸之路经济带"建设提供重要保障。

三是加强沿线国家基础设施投资项目风险评估，拓展多元化融资供给途径。在"丝绸之路经济带"建设过程中，沿线国家的基础设施建设迫在眉睫。因此，对"丝绸之路经济带"沿线国家基础设施投资项目进行风险评估是重要且必要的，特别是对那些投资周期长且收益回报不确定的基础设施项目，必须要加强真实性调查以及审查，做好投资项目的风险与收益预算。对沿线国家经济、金融、投资政策等情况进行深入研究分析，与沿线国家政府部门进行密切沟通，做到合理控制投入资金的额度，确保资金流向基础设施建设项目上。此外，"丝绸之路经济带"沿线国家基础设施建设的投入量是十分巨大的。目前，中国已经设立 400 亿美元的丝路基金，但仅靠中国的这个基金规模远远无法满足"丝绸之路经济带"巨大的基础设施建设资金需求。所以，必须要吸纳其他更多的成员加入"丝绸之路经济带"融资机制行列，同时要加强与亚洲基础设施投资银行、[1]金砖国家新开发银行、[2]亚洲开发银行以及世界银行等国际多边金融机构之间的合作和协调，为"丝绸之路经济带"的大型投资项目提供融资支持，满足"丝绸之路经济带"沿线国家基础设施建设项目所需要的庞大资金需求。

1.7.4　在社会与文化方面的交融

一是加强沿线各国间的文化交流。"丝绸之路经济带"沿线各国之间的文化、社会习俗各不相同，是构建"丝绸之路经济带"的"民心相通"这一环节的难点，这一环节直接影响建设"丝绸之路经济带"的成败。中国想要与沿线国家进一步发展合作关系，必须要加强各国文化的交流，逐步化解隔阂，互相之间增进信任。中国政府一直很重视不同文化之间的交流与融合，曾经多次与法国、西班牙、俄罗斯、英国、意大利等国家互相举办"文化年"。因

---

〔1〕　亚洲基础设施投资银行（Asian Infrastructure Investment Bank，AIIB）是一个政府间性质的亚洲区域多边开发机构，重点支持基础设施建设，总部设在北京，法定资本 1000 亿美元。

〔2〕　金砖国家新开发银行，是在 2012 年提出的，目的是金融危机以来，金砖国家为避免在下一轮金融危机中受到货币不稳定的影响，计划构筑的一个共同的金融安全网，可以借助这个资金池兑换一部分外汇用来应急。

此，中国可以通过"文化年"的形式与"丝绸之路经济带"沿线国家展开文化交流，一方面展示自身悠久的历史文化以及当代文化风貌，另一方面吸收其他国家的先进文化，加深两国人民对彼此的了解与认识，化解文化冲突，发展国家间的友好关系。此外，还要继续巩固和加强孔子学院的建设，深化多边教育合作。经过多年的努力，中国在中亚国家设立的孔子学院取得了一定的效果。建设"丝绸之路经济带"要利用好孔子学院这一文化传播平台，一方面吸引更多的沿线国家学生来中国学习，另一方面鼓励中国学生去沿线国家深入学习了解当地的文化以及风土人情。通过与沿线国家教育方面的合作，消除与各国间的误解和分歧，缩小认知差异，克服跨文化交流障碍，为推动"丝绸之路经济带"建设注入新鲜血液。

二是提升对沿线国家社会民生和公益事业的关注度，履行企业社会责任。越来越多的中国企业走出去，会对当地的社会造成一定的影响。"走出去"的企业在获取自身利益的同时，要关照到沿线各国社会发展需求，关注当地民生和文化建设问题，加强对当地社会的人文关怀，积极参与当地的公益事业，贡献自身的绵薄之力，使得"走出去"的中国企业在当地能够站住脚。同时中国企业可以吸纳当地国有或民间资本进行共同经营，接纳当地民众参与就业并且保障劳工合法权益，在一定程度上帮助当地解决就业问题，消除当地民众的排华情绪。经济的快速发展往往是以污染环境作为代价的，因此"走出去"的中国企业要提高环保意识，履行保护环境的社会责任，投资合作项目的实施必须得到当地政府在环保方面的许可，实现自身盈利与环境保护双赢，只有这样才可促进"丝绸之路经济带"的可持续的、健康的发展。

1.7.5 在技术方面的建议

要加快技术创新，加强各国技术交流。在"丝绸之路经济带"的建设过程中，方方面面都涉及技术。目前，中国的高速铁路技术已经能够整体出口，形成的技术体系被许多其他国家认可。在网络通信方面，如今4G技术方兴未艾，中国不少企业机构却已经开始布局5G了。目前中国在铁路和网络通信方面的技术已经达到世界领先程度，一方面要利用自身技术优势大力加强与沿线国家互联互通的建设，另一方面要进行不断创新，才能与时俱进，毕竟"丝绸之路经济带"的建设不是一朝一夕的事情，需要经历一个长期过程，要保证技术走在最前沿。在"丝绸之路经济带"建设过程中碰到技术难题的种类以及数量都是不可预测的，只凭借中国的技术并不能完全应付，应与沿线国家以及其他大国建立一个技术讨论组，聚集各国各方面技术的专家，专门对"丝绸之路经济带"建设过程中的技术难题进行探讨分析和技术交流，寻求最好最适宜的解决方案，使得建设"丝绸之路经济带"畅通无阻。

1.7.6　对"丝绸之路经济带"国内段的发展建议

"丝绸之路经济带"国内段建设是中国现阶段经济发展的重中之重，发展国内段"丝绸之路经济带"主要可以注意以下三个方面。

1.7.6.1　合理的产业空间布局

在产业空间布局时要处理好各节点城市、各省市与"丝绸之路经济带"整体间的关系。"丝绸之路经济带"国内段内重要的节点城市应当发挥其有利条件，积极打造具有优势产业[1]的节点城市群，如果没有产业及城市群的支撑，沿线城市只能作为"丝绸之路经济带"的通道，带状经济难以形成。所以，"丝绸之路经济带"国内段沿线的节点城市还应该充分发挥自身的产业优势，增进区域产业的交流与合作，对产业进行合理布局，形成城市群，这样节点城市的辐射作用才能充分发挥。节点城市在认识到建设"丝绸之路经济带"带来的机遇的同时，还应当认识到将面临的挑战，立足自身优势产业和良好的区位条件，加强城市间产业的合作，将重要节点城市打造成为"丝绸之路经济带"国内段的能源加工、仓储物流、金融服务以及特色旅游为一体的产业链条，进而实现"丝绸之路经济带"产业间合作布局与协调发展。

"丝绸之路经济带"国内段的重点区域西北五省份和西南四省份大都具有丰富的资源条件，但当地的自然条件较为复杂，生态环境相对比较脆弱，同时经济发展起步较晚，从产业结构角度来说，多以石油化工、煤炭开采、有色金属冶炼及机械制造业为主，第二产业发展是区域经济发展的主要支撑，第三产业发展较为缓慢，产业结构趋同现象较为严重，同时资源优势尚未充分发挥。东部五省份相对西部九省份来说，经济发展速度较快，产业结构较为合理，第三产业占经济发展的比重较大，其经济梯度较高，具有向外进行

---

〔1〕　优势产业是指具有较强的比较优势和竞争优势的产业，是比较优势和竞争优势的综合体现。

产业转移的有利条件。因此,"丝绸之路经济带"沿线的 14 个省份可以充分利用各地的优势条件,形成优势互补的产业梯度推进格局。

1.7.6.2 建立必要的常设机构

常设机构的建立对"丝绸之路经济带"国内段的发展也是十分重要的。常设机构应首先吸纳"丝绸之路经济带"核心区的成员,然后逐步吸收支持区和辐射区的成员。其主要的职责是:共同协商和解决区域之间的矛盾、保护"丝绸之路经济带"的生态环境、"丝绸之路经济带"的城镇功能群划分、设计和建造立体交通、能源合作等基础设施的建设、设计和实施对内对外政策方针、对古丝绸之路文化和文明的保护、传承和创新等。这些常设机构将主要起到开发政策的制定及监管的作用,帮助"丝绸之路经济带"国内段在更规范的环境下建设。

1.7.6.3 注重交通建设

要作好交通上的准备,尤其是在铁路建设方面,冲破国家界线的"欧亚铁路网计划"[1]也会刺激铁路建设的发展。据不完全的统计,当前有意向的铁路工程已达到 0.5 万公里,与欧亚铁路网的 8.1 万公里规划目标相比还有巨大的提升空间。中国依靠压倒性技术和成本优势,将成为铁路建设的最大受益方。在"丝绸之路经济带"的建设中应该首先发展交通运输业,加快提升中国交通基础设施的互联互通水平,并形成区域交通运输一体化。亚欧运输大通道的建成将直接使得交通运输业受益,公路、铁路、民航、海运等多种运输方式的互联互通,会使货物的吞吐量明显提升,这将为区域经济发展创造有利条件。立体交通网[2]的完善也将加快内陆地区经济的发展。

构建"丝绸之路经济带"是中国当前重要的国家发展机遇,也是全球经济一体化进程中的大事件。虽然"丝绸之路经济带"的建设有着光明前途,但也是一项庞大的系统工程,是前所未有的大胆挑战,在构建过程中任重而道远。目前,"丝绸之路经济带"更多的还在初步尝试阶段,有必要对其内

---

〔1〕 中国正在与 17 个国家协商关于建设亚欧高速铁路网络事宜,计划在十年内修建三条高铁贯穿南北,连通欧亚。届时,乘坐时速超过 320 公里的火车,从伦敦到北京只需要两天时间。

〔2〕 立体交通网是由多种交通方式,如地铁,公交,轻轨,火车,飞机等组成,形成立体化综合运输网络格局,提高交通运输效率,降低交通能耗,可以减少环境污染。

涵、空间范围、提出背景以及意义进行深层次挖掘和拓展，这是共建"丝绸之路经济带"的必要前提和基础。构建"丝绸之路经济带"的过程必然不是一帆风顺的，会受到各个方面的制约和影响，因此必须要提前做好风险考核和识别，主要在认知、政治、经济、社会和文化、技术这五个方面上，通过逐一对每个方面的风险进行充分细致分析，提出具有针对性的风险应对策略，做好风险防范措施，做到未雨绸缪：在认识方面，一要调整国内思想，做好自身准备工作；二要加大宣传力度，消除各国误解。在政治方面，一要加强国别风险评估和应对；二要坚决打击"三股势力"和毒品走私犯罪活动；三要协调好大国关系，增强合作共识。在经济方面，一要在统一框架下进一步完善双边经济贸易合作协议；二要积极发挥保险作为风险转移机制的重要作用；三要加强沿线国家基础设施投资项目风险评估，拓展多元化融资供给途径。在社会和文化方面，一要加强沿线各国间的文化交流；二要提升对沿线国家社会民生和公益事业的关注度，企业要履行社会责任。在技术方面，要加快技术创新，加强各国技术交流。只有面面俱到，为开展各项合作扫清障碍，打下坚实基础，才能保证"丝绸之路经济带"的建设快速、稳定、顺利地推进。

CHAPTER 2

地区经济发展差距缩小和扩大的理论及检验方法

2.1 地区经济发展差距缩小和扩大的理论

地区经济发展差距的变化趋势分为两种，一种是收敛，即随着时间的推移，各地区间经济发展水平之比趋于1；另一种是发散，即随着时间的增长，各地区间经济发展水平之比趋于无穷。

地区间经济发展的差距最终是会消失还是不断扩大是近30年来国内外学术界探讨的热点问题之一。在过去的半个多世纪中，现代经济增长理论的发展经历了由外生增长到内生增长的演进道路。20世纪50年代中期，罗伯特·索洛（Robert Solow）构造了第一个新古典增长模型，突出了技术进步的重要性，并把技术进步看作是保持经济持续增长的最终驱动力。新古典增长理论将人均产出的长期增长率归结为技术水平的增长率，因此不同经济的长期增长差异应来自技术进步的差异。但是由于新古典增长理论将技术增长率视为外生不变的，所以这一理论并不包含对长期增长率差异的解释。特别是当假设技术是一种全球范围内的公共物品时，不同的国家面临着相同的技术选择机会和相同的技术增长率，因此新古典增长理论预示着经济发展差距的缩小肯定会发生。

经济发展差距缩小的思想源于索洛（Solow，1956）所建立的长期经济增长模型[1]。在这篇具有开创性意义的论文中，索洛突破了哈罗德—多马模型

---

[1] 索洛（Solow）模型又称索洛—斯旺模型（Solow-Swan Model），它由罗伯特·索洛（Solow，1956年）和斯旺（Swan，1956年）提出。

（Harrod-Domar model）中资本—产出比不变的假设，演绎了储蓄率给定时新古典经济增长的模式。其后的经济学者在其模型的基础上，发现了其中的经济增长收敛性特征。Solow 模型的一个经验含义就是所谓的经济发展差距缩小：真实人均 GDP 的起始水平相对于长期或稳态位置越低，增长率越快。这一经济发展差距缩小的概念对各国和各地区之间的经济增长有着相当大的解释能力。

新增长理论（内生增长理论）继承了新古典增长理论关于技术进步决定经济长期增长率的假设，所不同的是，新增长理论假设技术进步是由经济系统"内生决定"的，从而使得经济之间可能具有不同的技术水平和技术增长率，并由此产生了不同的长期经济增长率。

下面将对经济发展差距缩小和扩大的理论基础——Solow 新古典增长理论和新增长理论——分别进行梳理，为后面对中国地区经济发展差距变动的实证检验和分析提供理论上的支持。

2.1.1　新古典增长理论模型的假设及结论

2.1.1.1　Solow 模型的假设及经验推导

Solow 模型的关键特征是其新古典形式的生产函数，它假设了投入要素规模报酬不变，每种投入要素的边际产出递减，以及投入之间某种正的且平滑的替代弹性。这种生产函数与不变储蓄率规则结合起来，产生了一个极为简单的均衡经济模型。Solow 模型几乎是所有增长问题研究的出发点，甚至于那些从根本上不同于 Solow 模型的理论通常也需在与 Solow 模型的比较中才能得到最好的理解，同时基于 Solow 模型的各种假设探索出经济增长的差距缩小特征。因此，要理解各种增长理论及经济增长差距缩小特征就得首先理解 Solow 模型。

Solow 模型包含四个变量：产出（Y），资本（K），劳动（L）和"知识"或"劳动的有效性"（A）。在任一时间，经济中有一定量的资本、劳动和知识，而这些被结合起来生产产品。生产函数的形式为：

$$Y(t) = F[K(t), A(t)L(t)] = K(t)^{\alpha}[A(t)L(t)]^{1-\alpha} \qquad (2.1)$$

其中 t 表示时间，α 为介于 0 与 1 之间的常数。

该生产函数的两个特点值得注意。首先，时间并不直接进入生产函数，

只是通过 K, L 和 A 进入。这就是说，仅在生产投入变化时，产出才随时间变化。具体而言，从一定的资本和劳动量中得到的产出量随时间增加——有技术进步——的唯一前提是知识量增加。

第二，A 和 L 以相乘形式进入。AL 被称为有效劳动，而以此种形式进入生产函数的技术进步被称为劳动增进型或哈罗德中性的技术进步[1]。对 A 进入生产函数的这种设定方式与该模型的其他假定一起综合考量，将意味着资本-产出比 K/Y 最终将稳定下来。实际上，就较长期限来看，资本-产出比并未表现出任何明显的向上或向下的趋势。另外，在建立模型时，若能使这一比例最终不变，将使得分析更为简单。因此，假定 A 与 L 相乘是很方便的。

Solow 模型的核心假定涉及生产函数的性质和三种生产投入（资本、劳动和知识）随时间的变动。如果（2.1）式满足以下三个性质，就称生产函数是新古典的。

第一，对所有 $K > 0$ 和 $L > 0$，$F(\cdot)$ 呈现出对每一种投入的正且递减的边际产出：

$$\frac{\partial F}{\partial K} > 0, \quad \frac{\partial^2 F}{\partial K^2} < 0 \qquad \frac{\partial F}{\partial L} > 0, \quad \frac{\partial^2 F}{\partial L^2} < 0 \qquad (2.2)$$

第二，随着资本（或劳动）趋于零，资本（或劳动）的边际产出趋于无穷大；随着资本（或劳动）趋于无穷大，资本（或劳动）的边际产出趋于零：

$$\lim_{K \to 0}(F_K) = \lim_{L \to 0}(F_L) = \infty \qquad \lim_{K \to \infty}(F_K) = \lim_{L \to \infty}(F_L) = 0 \qquad (2.3)$$

这条性质被称为稻田条件（Inada Conditions），得名自稻田献一（1963）。

第三，关于生产函数的假定：该生产函数对于其两个自变量资本和有效劳动是规模报酬不变的。也就是说，如果资本和有效劳动的数量加倍（例如，K 和 L 加倍而 A 不变），则产出加倍。更为一般的说，对两个自变量同乘以任意非负常数 c 将使产出同比例变动：

$$F(cK, cAL) = cF(K, AL)，对于所有的 c \geq 0 \qquad (2.4)$$

规模报酬不变的假设可被认为是两个假设的结合：第一个是经济规模足够大，以至从专业化中可得的收益已被全部利用。在一个规模很小的经济中，

---

　　[1] 如果知识进入的形式为 $Y = F(AK, L)$，则此技术进步是资本增进型的，如果形为 $Y = AF(K, L)$，此技术进步为希克斯中性的。

会存在进一步专业化的充分可能性，使得资本和劳动数量增加一倍，而产出的增加大于一倍。然而，Solow 模型假设经济是充分大的，从而在资本和劳动增加一倍时，对新投入品的使用方式实际上与对已有投入品的使用方式一样，因而产出也增加一倍。第二个假设是，资本、劳动和知识以外的投入是相对不重要的。特别地，该模型忽视了土地和其他自然资源。如果自然资源是重要的，那么资本和劳动增加一倍可能使产出增加少于一倍。然而，实践中，自然资源的可得性对于增长似乎不是一个主要的约束。因此，假设仅对资本和劳动规模报酬不变看来就是一个合理的近似。

规模报酬不变的假定使得可以使用密集形式的生产函数。在（2.4）式中，令 $c = 1/AL$，得：

$$F(K/AL,\ 1) = (1/AL) \cdot F(K,\ AL) \tag{2.5}$$

K/AL 是每单位有效劳动的平均资本数量，而 $F(K,\ AL)/AL$ 就是 Y/AL，即每单位有效劳动的平均产出。定义 $\tilde{k} = K/AL$，$\tilde{y} = Y/AL$，$f(\tilde{k}) = F(\tilde{k},\ 1)$。那么可将（2.5）式写为：

$$\tilde{y} = f(\tilde{k}) = \tilde{k}^{\alpha} \tag{2.6}$$

也就是说，可以把每单位有效劳动的平均产出写成每单位有效劳动的平均资本存量的函数。

Solow 模型有以下关于生产投入变动的假定：

（1）涉及劳动、知识和资本三个存量随时间的变动。在该模型中，时间是连续的；也就是说，该模型中的各个变量均定义于每一时点上。

（2）资本、劳动和知识的初始水平被看作是既定的。劳动和知识以不变速度增长：

$$\dot{L}(t) = nL(t),\ \dot{A}(t) = gA(t) \tag{2.7}$$

其中，n 和 g 为外生参数，一个变量上加一点表示其对时间的导数。（2.7）式意味着 L 和 A 在时间变动上呈指数增长。也就是说，如果 $L(0)$ 和 $A(0)$ 表示其在 $t=0$ 时的值，则（2.7）式意味着：

$$L(t) = L(0)e^{nt},\ A(t) = A(0)e^{gt}$$

（3）产出分为消费和投资。产出中用于投资的比例 s 是外生且不变的。用于投资的一单位产品产生一单位新资本。另外，现存资本的折旧为 δ。这样：

$$\dot{K}(t) = sY(t) - \delta K(t) \tag{2.8}$$

（4）尽管对 n、g 和 δ 没有单独给予约束，但三者之和被假定为正。这就完成了对该模型的描述。

2.1.1.2　Solow 模型的结论

Solow 模型被以多种方式简化过。这里仅给出几个例子：只有一种产品；没有政府；就业的波动被忽略；用一个只有三种投入的总量生产函数描述生产过程；储蓄率、折旧率、人口增长率和技术进步率均外生不变。

因为三种投入中的两个，即劳动和知识的变动是外生的。这样，为描述该经济的行为特征，就必须分析第三个投入即资本的行为。

由于经济可能随时间增长，那么着重考虑每单位有效劳动的平均资本存量 $\tilde{k}$，而非未经调整的资本存量 K 就更为容易些。由于 $\tilde{k}$ 是 K，L 和 A 的一个函数，其中每一个是 t 的函数，那么就有：

$$\dot{\tilde{k}} = \frac{\partial \tilde{k}}{\partial K}\dot{K} - \frac{\partial \tilde{k}}{\partial L}\dot{L} - \frac{\partial \tilde{k}}{\partial A}\dot{A}$$

即
$$\dot{\tilde{k}} = \frac{\dot{K}(t)}{A(t)L(t)} - \frac{\dot{K}(t)}{[A(t)L(t)]^2}[A(t)\dot{L}(t) + L(t)\dot{A}(t)]$$

$$= \frac{\dot{K}(t)}{A(t)L(t)} - \frac{\dot{K}(t)}{A(t)L(t)}\frac{\dot{L}(t)}{L(t)} - \frac{\dot{K}(t)}{A(t)L(t)}\frac{\dot{A}(t)}{A(t)}$$

（2.9）

K/AL 正是 $\tilde{k}$。由（2.7）式可知，$\dot{L}/L$ 和 $\dot{A}/A$ 等于 n 和 g。$\dot{K}$ 由（2.8）式给定。将这些情况代入（2.9）式得到：

$$\dot{\tilde{k}} = \frac{sY(t) - \delta K(t)}{A(t)L(t)} - \tilde{k}(t)n - \tilde{k}(t)g$$

$$= sf(\tilde{k}(t)) - (n + g + \delta)\tilde{k}(t)$$

（2.10）

（2.10）式是 Solow 模型的关键方程。它表明，每单位有效劳动的平均资本存量的变动率是两项之差。第一项 $sf(\tilde{k})$ 是每单位有效劳动的平均实际投资：每单位有效劳动的平均产出为 $f(\tilde{k})$，该产出中用于投资的比例为 s。第二项是持平投资 $(n + g + \delta)\tilde{k}$，即为使 $\tilde{k}$ 保持在其现有水平上所必须的投资量。为防止 $\tilde{k}$ 下降，必须进行一些投资。其原因有二。第一，现有资本的折旧；这一部分资本必须予以补足以防止资本存量下降。这就是（2.10）式中的 $\delta\tilde{k}$ 项。第二，有效劳动的数量是增长的。这样，恰好足以使得资本存量 K 不变的投资并不足以保持每单位有效劳动的平均资本存量 $\tilde{k}$ 不变。相反，由于有效劳动的数量以 $n+g$ 增长，资本存量也必须以 $n+g$ 增长以保持 $\tilde{k}$ 稳定。这是（2.10）式中的 $(n+g)\tilde{k}$ 项。

如果每单位有效劳动的平均实际投资大于所需的持平投资，则 $\tilde{k}$ 上升。如果实际投资低于持平投资，则 $\tilde{k}$ 下降。如果二者相等则 $\tilde{k}$ 不变。

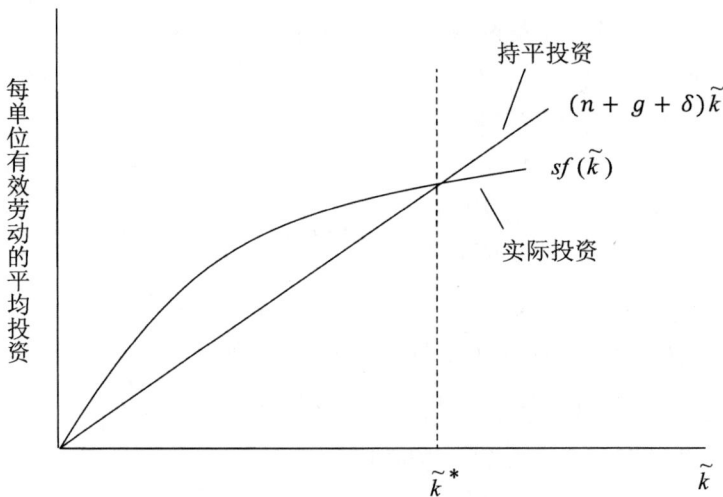

图 2.1 实际投资与持平投资

图 2.1 将 $\tilde{k}$ 的表达式中的两项表示为 $\tilde{k}$ 的函数。持平投资 $(n+g+\delta)\tilde{k}$ 与 $\tilde{k}$ 成正比。实际投资 $sf(\tilde{k})$ 等于一个常数乘以每单位有效劳动产出。

由于 $f(0)=0$，因此，当 $\tilde{k}=0$ 时，实际投资与持平投资相等。稻田条件意味着当 $\tilde{k}=0$ 时，$f(\tilde{k})$ 很大，因而曲线 $sf(\tilde{k})$ 比 $(n+g+\delta)\tilde{k}$ 线更陡。这样，如果 k 的值较小，则实际投资大于持平投资。稻田条件也意味着随着 $\tilde{k}$

变大, $f'(\tilde{k})$ 下降直至为零。在某一点上，实际投资线的斜率将低于持平投资线的斜率。随着 $sf(\tilde{k})$ 线变得比 $(n+g+\delta)\tilde{k}$ 线平坦，这两条线最终将相交。最后, $f'(\tilde{k}) < 0$ 的事实意味着，对于 $\tilde{k} > 0$，这两条线只相交一次。用 $\tilde{k}^*$ 表示当实际投资与持平投资相等时的 $\tilde{k}$ 的值。

根据（2.6）式和（2.10）式可以得到稳态的每单位有效劳动资本 k^* 和每单位有效劳动产出 y^*：

$$k^* = \left(\frac{s}{n+g+\delta}\right)^{\frac{1}{1-\alpha}} \qquad y^* = \left(\frac{s}{n+g+\delta}\right)^{\frac{\alpha}{1-\alpha}} \qquad (2.11)$$

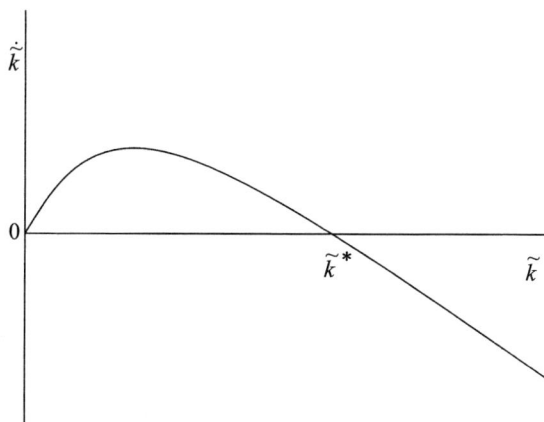

图 2.2　Solow 模型中的 $\tilde{k}$ 的相图

图 2.2 以相图的形式对此作了总结。在相图中, $\dot{\tilde{k}}$ 被表示为 $\tilde{k}$ 的一个函数，如果 $\tilde{k}$ 最初小于 $\tilde{k}^*$，实际投资大于持平投资，因而 $\dot{\tilde{k}}$ 为正——也就是说, $\tilde{k}$ 在增加。如果 $\tilde{k}$ 大于 $\tilde{k}^*$, $\dot{\tilde{k}}$ 是负的。最后，如果 $\tilde{k}$ 等于 $\tilde{k}^*$, $\dot{\tilde{k}}$ 为零。因此，不管 $\tilde{k}$ 从何处开始，它都向 $\tilde{k}^*$ 收敛[1]。

---

〔1〕 如果 $\tilde{k}$ 最初为 0，它就会停留在那里不动。

由于 $\tilde{k}$ 向 $\tilde{k}^{*}$ 收敛, 当 $\tilde{k} = \tilde{k}^{*}$ 时, 依据假设, 劳动与知识分别以 n 和 g 增长。资本存量 $K = AL\tilde{k}$, 由于 $\tilde{k}$ 在 $\tilde{k}^{*}$ 处不变, 因此 K 以速率 $n+g$ 增长 (也就是说, $\dot{K}/K = n + g$)。由于资本和有效劳动二者均以 $n+g$ 增长, 规模报酬不变的假定意味着产出 Y 也以这一速率增长。最后, 人均资本 K/L 和人均产出 Y/L 以速率 g 增长。

因此, Solow 模型意味着: 不管起始点在何处, 经济总会收敛于一个平衡增长路径, 在平衡增长路径上, 该模型中的每个变量的增长率都是常数。在该路径上, 人均产出的增长率仅仅决定于外生的技术进步率。

2.1.2　经济发展差距缩小的理论支撑及内涵机制

在对经济增长的研究中, 人们基于三个原因提出一个问题: 穷国是否比富国倾向于更快的增长。第一, Solow 模型预言, 各国经济收敛于其平衡增长路径。因此, 人均产出的不同源于各国对其平衡增长路径的相对位置的不同, 因此可以期望穷国将赶上富国。第二, Solow 模型意味着, 在人均资本更高的国家, 资本报酬率也更低。这样就有了资本从富国向穷国流动的激励, 这也将倾向于导致经济发展差距缩小。第三, 如果在知识扩散方面存在滞后, 由于有些国家尚未使用现有的最好的技术, 经济差别就可能出现, 随着穷国得到最新的生产方法, 这些差别倾向于缩小。

威廉·鲍莫尔 (William Baumol, 1986) 出于对经济史学家分析的怀疑, 首先提出国家间经济发展差距变化的统计资料。鲍莫尔提供的第一份资料显示 16 个工业化国家 1870~1994 年的人均 GDP 数值差距的缩小; 1960~1990 年 OECD 国家初始人均 GDP 和增长率之间也表现出明显的负相关关系。但是, 鲍莫尔同时宣布了一个发现: 通过大量的不同国家的数据显示, 没有任何迹象表明穷国比富国有更快的经济增长率。穷国在人均 GDP 上也没有缩小与富国之间的差距。

那么, 为什么理论上国家之间的经济发展差距趋于缩小, 而在世界范围内却缺乏这种现象呢? 新古典增长理论对这些发现提供了一个重要的解释。考虑新古典增长模型的主要微分方程, 即 (2.10) 式, 它可以被改写为:

$$\gamma_{\tilde{k}} = \frac{\dot{\tilde{k}}}{\tilde{k}} = s\frac{\tilde{y}}{\tilde{k}} - (n + g + \delta) = s\tilde{k}^{(\alpha-1)} - (n + g + \delta) \qquad (2.12)$$

由于 $\alpha - 1 < 0$，所以随着 $\tilde{k}$ 增加，$\gamma_{\tilde{k}}$ 是降低的。这也表明新古典模型中资本累积收益率是递减的。于是一个重要问题油然而生：这一结果是不是意味着有更低的每工人有效资本的经济趋于在每工人有效项上更快地增长？换言之，是否存在各经济之间发展差距缩小？

为了回答这个问题，考虑一个封闭经济的集团（譬如说相互隔绝的一些地区或国家），从它们有同样的技术水平、技术进步率、折旧率、投资率、人口增长率及相同的生产函数 $f(\cdot)$ 的意义上，它们是结构相似的。于是这些经济有着相同的稳态值 $\tilde{k}^*$ 和 $\tilde{y}^*$。设想它们之间唯一的差别是每工人有效资本的初始数量 $\tilde{k}(0)$。初始值上的这些差异可以反映出如战争或对生产函数的暂时冲击之类的过去的扰动。则模型意味着欠发达经济——有更低的 $\tilde{k}(0)$ 和 $\tilde{y}(0)$ 值——有着更高的 $\tilde{k}$ 的增长率。在落后经济中 $\tilde{y}$ 的增长率一般也更高。

可以用一个简单的图形来分析（2.12）式，见图 2.3。图中的两条曲线分别表示（2.12）式右边的两项，这样，这两条曲线之间的差距即是 $\tilde{k}$ 的增长率。注意到 $\tilde{y}$ 的增长率与 $\tilde{k}$ 的增长率成比例。另外，由于技术增长率为常数，则 $\tilde{k}$ 和 $\tilde{y}$ 增长率上的任何变化必将导致人均资本 k 增长率以及人均产出 y 的增长率的相应变化。

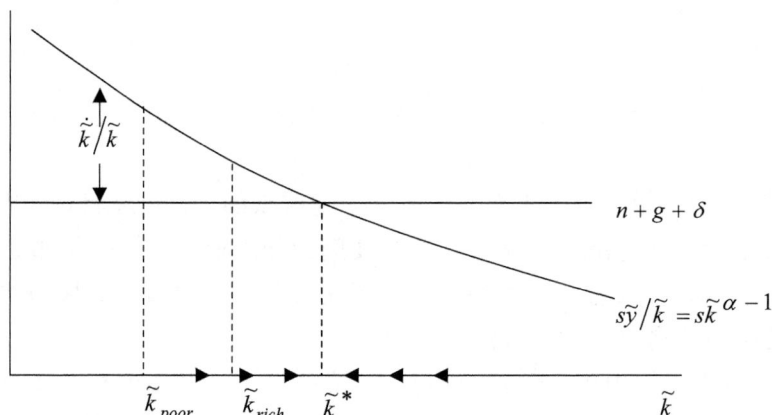

图 2.3 新古典模型的转移动态

假定初始落后国家的经济以图 2.3 所示的每单位有效劳动平均资本 $\tilde{k}_{poor}$ 起步，而邻近的初始先进国家以更高的每单位有效劳动平均资本 $\tilde{k}_{rich}$ 起步。如果这两个国家有同样的技术水平，同样的折旧率，同样的投资率以及同样的人口增长率和技术增长率，那么，初始落后国家将暂时以比初始先进国家更高的增长率增长。两个国家之间的每单位有效劳动平均产出将会逐步缩小，直至两国同时到达相同的稳定状态。新古典增长模型一个很重要的预测是：国家间将有相同的稳态，即穷国将以比富国更高的增长率增长。

在人均量上穷国趋于比富国增长更快的假说——不以经济的任何其他特征为条件——被称为经济发展差距绝对缩小。

对于 OECD 成员或工业化国家，假定这些国家有同样的技术水平、折旧率、投资率以及人口增长率是行得通的。同样的道理也可以解释世界各国总体上缺乏经济发展趋同的原因。事实上，国家间经济水平的差异极大地反映出稳定状态的差异。因为国家间并不是都有同样的投资率、人口增长率以及技术水平，所以他们不能被期望向同样的稳态发展。

如果容许各经济之间的异质性，特别是如果放弃所有经济都有相同的参数从而有相同稳态位置的假设，就可以使有关经济发展差距缩小的理论和经验观察吻合起来。如果稳态相异，就不得不进行分析修正，因此得到转移动态原理，即经济发展差距依条件缩小：经济体距离其稳态值越远，将会增长越快；经济体距离其稳态值越近，将会增长更慢。

2.1.3 内生增长模型的基本理论

新增长理论也称内生增长理论，是产生于 20 世纪 80 年代中期的一个西方宏观经济理论分支。学术界通常以保罗·罗默（Paul Romer）1986 年的论文《递增收益与长期增长》和卢卡斯（Lucas）1988 年的论文《论经济发展机制》的发表作为新增长理论产生的标志。内生增长理论的观点是，经济增长不是外生因素作用的结果，而是由经济系统的内生变量决定的。一个经济系统要产生持续的增长，就必须要克服边际报酬递减，实现要素回报的递增，而要实现这一点，就必须寻找到一个可持续的发动机。内生增长理论正是在定义这样一个发动机，以及维持其运转所需的成本方面取得了突破。其认为增长的关键决定因素是内生于模型的。长期增长是在模型之内而非被一些诸如未加解释的技术进步之类的外生增长变量所决定，这是内生增长得名的原因所在。

描述经济发展差距扩大的理论基础是内生增长模型。内生增长理论内生化经济增长率的努力大致沿着两个方向展开：一部分的文献突出了由于"干中学"获得的知识资本以及人力资本的外溢效应产生的内生增长推动力。在此类模型中，一般认为在广义概念上，资本的边际报酬是非递减的，因而经济的长期增长并不受制于资本边际报酬递减的限制，从而对增长趋同性产生了怀疑。对于包含了人力资本和物质资本的广义资本概念而言，他们认为不存在递减报酬：无论是体现在经过教育和在职培训，因而劳动者素质提高而增加的人力资本，还是包含在更加先进的设备中的知识资本，都会在相当大的程度上弥补简单物质资本投入的递减效应，而且知识和技术所具有的外溢效应产生了规模经济。这些都使得投资收益不会出现递减的报酬倾向，从而经济增长的趋同性消失。

另一部分的文献则试图将技术进步归结为有目的的研究与开发活动，由此将垄断均衡引入经济增长的分析框架，从而也给经济发展差距是否缩小问题的研究带来重要启示。

2.1.3.1 内生增长理论的产生

在新增长理论产生之前，西方经济学界长期占据正统地位的是新古典增长理论。新古典增长理论认为：在没有外部力量推动时，经济系统无法实现持续的增长。当存在无法解释的外生的技术进步或人口增长时，经济才能保持持续的增长。

从实践的角度看，由于传统的新古典主义经济增长理论强调资本积累的作用，把储蓄率和投资率对经济起飞的影响看得极为重要。在经典的 Solow 模型中，只要保证资本的积累，所有国家无论其初始的人均产出存在多大差异，都最终会趋于相同水平。受这一思想的影响，二战后传统发展经济学中五花八门的发展战略的倡导者，以及推行形形色色赶超战略的实践者们，都把促进资本积累作为发展经济的首要任务。在实践中，往往追求重工业优先发展战略或进口替代战略。为了提升产业结构和技术结构，这些国家或地区高度动员有限的资源，人为地扶持一两个资本密集型产业的优先发展。但几乎所有实行赶超战略的经济体，后来大都陷入日益加深的城乡贫困化、旷日持久的高通货膨胀，以及经济结构失衡和国有企业效率低下的困境之中，部分国家直至今日仍陷于无经济体制的桎梏之中而无法自拔。

新古典增长理论的缺陷是：第一，新古典增长理论将技术进步看作经济增长的决定性因素，同时又假定技术进步是外生的而无法将其形成原因纳入模型，这就使得该理论无法解释经济保持增长的最重要的因素；第二，新古典增长理论认为不同经济体所采取的任何经济政策对经济的长期增长没有影响，但是现实世界所表现出的情形否定了这一说法；第三，新古典增长理论认为落后经济体的经济增长率将高于发达经济体，而现实中各经济体的经济长期增长率却存在持久的差异；第四，新古典增长理论以规模报酬不变为前提，许多经济学家认为，这是不符合现实的。他们认为，规模报酬递增已经成为现代经济增长的一个显著特征。

在理论和现实的双重困境的夹击下，传统的经济增长理论和发展经济学似乎走进了死胡同。但是，这并不等于发展问题也不复存在。事实上，随着20世纪七八十年代一部分新型工业化国家和地区的出现，不仅发达国家和发展中国家的差距没有得到完全消除，就是发展中国家内部也开始出现明显的分化，这些情况对于经济学家来说是严峻的挑战。

1962 年，阿罗（Arrow）在《经济研究评论》杂志上发表了《干中学的经济含义》一文。这篇论文的发表被经济学界看作是技术内生化经济增长理论的先导。阿罗认为，尽管索洛在经济增长理论方面做了不少分析，并把技术进步看作是经济增长的源泉，但索洛把技术进步当作外生变量的处理方法却说明不了经济增长的动力和过程。阿罗指出，人们通过学习而获得知识，技术进步是知识的产物、学习的结果，而学习又是经验的不断积累，经验的总结和积累就体现于技术进步过程中。假定把经济增长过程中的要素投入分为有形的投入与无形投入两类，学习与经验本应是无形的要素投入，阿罗模型把学习与经验用累积总投资来表述，于是学习与经验这些意味着技术进步的无形要素投入就以有形要素投入表现出来，技术进步于是得以内生化。

但是，阿罗模型存在三个缺陷：第一，该模型中的技术进步只是一个渐进的过程，而实际技术进步有时也是突变的、跃进式的；第二，"从干中学"只能反映经验积累或学习的一部分。经验积累应是多方面的，比如说，在产品使用过程中积累经验，不断改进产品的设计与生产，也对技术进步起着推动作用；第三，技术研究包括应用部分的研究和基础性的研究，应用部分的研究有递增的收益，而基础性研究的收益是递减的。企业增加投资，只考虑到收益递增，而不考虑收益递减，但对技术进步有重要作用的是基础性研究。因此，阿罗模型中企业的技术进步的内生化，只不过是整个技术内生化的一部分而已。

从 20 世纪 80 年代中后期开始，由于分析技术的进步和经济思想的创新，经济增长理论和发展经济学开始走出了困境。就经济增长理论而言，随着罗默（Romer，1986）和卢卡斯（Lucas，1988）所做出的开创性贡献，一大批新经济增长的文献兴起了。这些文献将规模报酬递增、不完全竞争，以及人力资本等因素引入增长模型，对不同国家不同发展阶段经济发展绩效的差异，给出了符合主流经济学分析水平的解释，从而使经济增长理论在理论的严格性和对现实世界的解释力方面前进了一大步。

新经济增长理论将经济增长看作是经济系统内部因素共同作用的结果，而不像新古典增长理论那样把稳态增长率当作是外部产生的。新增长理论认为，技术是理论知识和实际经验的一种混合。技术进步是现有技术的进一步发展。技术进步的推动力是个人对人力资本和实物资本形成的决策、对研究和开发以及对产品和生产方法的决策。对持续增长有决定意义的是促进研究和开发，因此促进技术进步不是靠不断增加技术的存量，因为可累积要素的边际收益是不变的。如果可累积要素，如计算机，同不可累积的生产要素，如人的劳动，二者结合起来，那么，整个经济的生产函数就表现出规模收益递增。引起规模报酬递增的有两个重要的机制，即积极的外部效应和不完全的竞争。

需要一种怎样的内生机制方能保证经济增长的可持续性呢？按照对此问题的不同理解，可以将新经济增长理论中颇具影响力的观点大致上分成三类：第一类是策略性互补和需求外溢模型，代表性的人物如 Murphy、Shleifer 和 Vishny（1989a，1989b）；第二类是边干边学和技术扩散模型，作为对阿罗（1962）的贡献的继承，此类讨论多集中于贸易与经济增长理论的文献中，如 Young（1991）；第三类是内生的技术进步与回报递增模型，此类模型在内生增长模型中占据主导地位，具体讲又可再细分为三种不同的研究思路：（1）罗默（1986，1990）的工作，强调生产要素外溢效应；（2）卢卡斯（1988）的人力资本积累理论；（3）垄断竞争与 R&D 理论，如 Grossman 和 Helpman（1991）提出的横向创新模型（Horizontal Innovation），以及 Aghion 和 Howitt（1992）提出的纵向创新模型（Vertical Innovation）。

2.1.3.2 内生增长理论的发展脉络

以罗默（Romer，1986）和卢卡斯（Lucas，1988）为代表的内生增长理论模型在总体上远远比新古典增长理论模型复杂得多。可以认为内生增长理论是沿着两条完全不同的线索同时展开系统研究的，这两条线索不仅影响到内生增长理论的模型思路，同时对于经验研究也产生了相当深远的影响。

罗默曾经指出，无论是哪一种线索都是来自 Solow 模型对技术进步的处理。一种线索认为 Solow 模型将技术进步处理为一种公共产品，但是这不符合技术的真实状态。技术在某种程度上应该是一种受到私人控制的准公共产品——这意味着技术具有某种程度的竞争性和排他性。因此，按照罗默的这种解释，可以将内生增长理论分成两类。一类是强调技术的公共产品性质的模型，这类理论以 AK 模型、人力资本模型为代表；另一类理论指出了技术所具有的私人产品性质。

另一种线索主要从内生增长理论在生产函数上如何对技术水平 A 的具体化上可将内生增长理论分为两类。第一类观点认为导致经济增长的主要源泉是知识积累，将技术转化为知识。这一观点与 Solow 模型都认为资本积累不是增长的关键。其区别在于：这类观点将劳动的有效性明确解释为知识，且正规地为其随时间的变动建立了模型。这样的知识又可以细分成两种类型，一种是阿罗（Arrow，1962）提出的"干中学"思想，主要强调经验的学习效应，由于不满意新古典增长理论将技术看成是外生变量，阿罗假定技术进步或生产率的提高是资本不断积累的附加产品，即资本形成的溢出效应，不仅积累资本的厂商可以通过生产经验的不断积累而提高生产率，其他厂商也可以通过"学习"而提高生产率，因此，阿罗将技术进步看成是由经济系统内所决定的变量，而这种思想后来被保罗·罗默（Paul Romer）进一步发展了；另一种是由 Aghion 和 Howitt 提出的研究与开发模型，主要强调通过研究和开发部门专门研究新的技术并加以实际应用。第二类观点与 Solow 模型相左，认为资本是增长的关键，将技术界定为资本。理论中对资本采取了更为宽泛的观点——最重要的是对资本的范围予以扩展，使其包括人力资本。如卢卡斯的人力资本模型，认为技术进步来源于人力资本的积累。

2.1.3.3　内生增长理论模型的分类

内生增长理论大致可以分为三类模型。

（1）*AK* 模型

新古典增长模型之所以不能产生内生增长的动力，最重要的原因就是资本收益递减规律的存在。一种不存在资本收益递减的最简单的生产函数是：$y = Ak$，其中 y 表示人均产出，k 表示人均资本，$A > 0$ 是反映技术水平的常数。*AK* 模型的称谓由此而来。从函数形式可以看出，*AK* 模型对应于资本的产出弹性 $\alpha = 1$ 时的 Cobb-Douglas 生产函数。假定人均资本的增量方程为与（2.10）式同形式，即 $\Delta k = sy - (n + g + \delta)k$，由生产函数和人均资本增量方程结合在一起有 $\Delta y / y = \Delta k / k = sA - (n + g + \delta)$，即人均产出和人均资本的增长率为 $sA - (n + g + \delta)$。因此，只要 $sA > n + g + \delta$，经济就可以持续的增长。从 *AK* 模型中可以看出，即使不存在人口增长和外生的技术进步，人均产出也可以产生内生增长。

AK 模型揭示了放弃资本收益递减规律如何能够导致内生增长。但是，此模型也存在着明显的缺陷：其一，该模型过于简单，直接放弃了资本收益递减规律似乎不符合现实；其二，该模型不能预测各国经济表现出的绝对缩小或条件缩小，而条件缩小在现实得到了数据的支持。如果不是将 *K* 仅仅视作物质资本，而是将 *K* 理解为包括人力资本在内的更加广义的资本，则资本不存在收益递减勉强可以接受。此外，*AK* 模型直接放弃资本收益递减规律似乎过于牵强，但是内生增长模型中的外部性模型在很大程度上都可以归结为 *AK*

模型的形式。在这些模型中，虽然在个体水平上存在收益递减，但由于外部性或溢出效应的存在，总量水平上则表现出不变收益或递增收益。AK 模型虽然简单，但有助于我们理解后续更重要的内生增长模型。

（2）外部性模型

既不放弃资本收益递减假定和完全竞争，又能产生内生增长的经济增长模型，是以外部性和知识溢出为基础的增长模型。它在经济增长理论中具有较长的研究传统，也是第一轮内生增长模型的核心，在增长理论文献中占有重要的位置。这类增长模型的基本特征是：其一，技术进步、知识积累或人力资本积累是其他经济活动的副产品，因而不需要补偿并可维持完全竞争的分析框架；其二，个别厂商的生产函数表现为不变规模收益，但就整个经济而言表现为规模收益递增；其三，上述两个特征决定了这类模型具有不同于新古典增长理论的政策含义，即政府政策不仅具有水平效应，而且具有增长效应。根据外部性来源的不同，这类模型有多种构造方式，如罗默的知识溢出模型、卢卡斯的人力资本模型和巴罗的公共品模型等，阿罗及其后继者提出的"干中学"模型则是这类模型的重要先驱。此类模型主要有两个：

第一个是阿罗（1962）和罗默（1986）的干中学模型和知识外溢模型。针对新古典增长理论外生技术进步的假定，阿罗试图提出一个"知识积累的内生增长理论"并以此解释技术进步现象。阿罗认为，知识的获得即"学习"是"经验的产物"，而不仅仅是时间的函数。企业在进行投资和生产的过程中会逐步积累起生产经验和更有效的生产知识，而这些知识能够提高企业的生产效率；由于一个企业获得的生产经验和生产知识也能够被其他企业所利用，因此一个企业的生产率可以视为整个经济总投资的函数。也就是说，知识的创造是投资的"副产品"（即干中学），知识的溢出导致了整个经济生产率的提高（即溢出效应）。也就是说，从整个经济来看，生产过程因生产率的提高而表现出递增收益。不过，由于知识的创造是投资的"副产品"，不需要进行补偿，因此仍可以维持完全竞争的分析框架。同时，由于生产率的提高是企业投资的"副产品"，个别厂商并没有考虑到其投资活动对这个经济生产率的影响，而是将它视为外生变量，因此，它的行为仍然像新古典模型中的厂商一样。于是，通过干中学和溢出效应（或投资的外部性），可以在完全竞争的框架下得到内生的技术进步和经济增长。

在引起广泛关注并重新焕发人们对增长问题兴趣的罗默的经典论文中，

罗默以阿罗的"干中学"概念为基础，提出了以知识生产和知识溢出为基础的知识溢出模型。这个模型表明，虽然经济中每个厂商处于规模报酬不变的技术状态，但是一个厂商的投资行为所创造的新知识又可以产生出乎意料的外溢效应。所以，这些由个体投资行为带来的"外部性"使整个经济社会作为一个整体的知识水平得以提高。

罗默指出：许多一般私人商品是使用竞争性的和占有排他性的，而知识则具有极不相同的性质。其一，使用上的非竞争性，知识一旦创造出，任何具有相关知识的人都可以使用它。其二，具有占有上的排他性，至少部分地具有这种特点。由于这两方面的特殊性，就产生了两个重要的结果：第一，使用上非竞争性的商品可以无界期地累积增长；第二，由于不完全的排他性和不完全的独占性，从而知识可以产生溢出效应。最终，一个创新的经济具有长期的收益递增。

第二个是卢卡斯（1988）的人力资本模型。在论述经济增长的经典论文《论经济发展的机制》中，卢卡斯提出和比较了三个模型：基于物质资本积累和技术进步的新古典增长模型、通过教育积累人力资本的内生增长模型和通过"干中学"积累特定人力资本的增长模型。其中，第二个模型是该文的核心模型，并被人们称为 Lucas 模型。其核心假定是：其一，人力资本的增长率是人们用于积累人力资本的时间比例的线性函数（这与纯粹的"干中学"模型有所不同），从而引入了人力资本生产部门；其二，工人的人力资本水平不仅影响自身的生产率，而且能够对整个社会的生产率产生影响（每一经济个体在进行决策时不考虑这部分影响），这是该模型能够产生递增规模收益（整个经济水平）和政府政策增长效应的基础。由此可以看出，除了第一个假定在性质上基本介于外部性模型和 R&D 模型之间外，Lucas 模型与"干中学"模型和罗默的知识外溢模型并没有本质的不同。

卢卡斯认为，人力资本对经济增长的贡献比物质资本重要得多。因为人力资本的积累——通过教育投资的方式——会产生外部性，从而导致规模报酬递增。Lucas 模型是把资本区分为有形资本与人力资本两种形式的，并将劳动划分为原生劳动和专业化的人力资本，认为人力资本才是促进经济增长的真正动力。这就将技术变革、人力资本进一步具体化、微观化，使增长因素的分析更为深入、细致，使经济增长的计量更为便捷，从而为经济增长的国际比较提供了理论依据和方法手段。正是借助这一模型，卢卡斯较好地回答了为什么不同国家间收入水平和增长率会长期存在差异，为什么国际贸易并没有导致国家间最初不同的资本-劳动比和要素价格趋于相等，为什么资本没有从富裕国家流向贫穷国家等问题。

（3）R&D 模型

罗默（1990），Grossman 和 Helpman（1991）、Aghion 和 Howitt（1992）发展了研究与开发模型。有意识的投资、创新和发明的内生技术进步是经济增长的源泉。同时，由于知识和人力资本具有外溢效应，投资与资本收益率可以是知识存量和资本存量的递增函数，一国既有的知识存量越大，则其投资与资本收益率越高，经济增长率也就越大。这不仅表明了经济长期增长的可能性，而且表明了既有的知识存量的差异决定了各国投资与资本收益率的差异，进而决定了各国长期经济增长的不同。

罗默是新增长理论的主要创始人之一，他继承了亚当·斯密、马歇尔和艾林·扬等人的收益递增思想，运用并扩展了阿罗等人的动态分析框架，结合外在性、产出的收益递增与新知识或创意的生产收益递减等因素，系统地建立了内生增长模型。罗默的内生增长思想主要体现在 1986 年发表的《递增收益与长期增长》和 1990 年发表的《内生技术进步》两篇文章中。罗默的增长模型有三个基本前提或假定：第一，技术进步是经济增长的核心，所谓技术就是将投入转换成产出的方式；第二，大部分技术进步是出于市场激励而致的有意识行为的结果，亦即，技术进步是内生的，创意或知识改进了生产技术，因为一种创意将会使给定投入产生更多或更好的产品；第三，创新能使知识成为商品。

以 R&D 为基础的增长模型主要有两类：一类是将技术进步理解为产品种类的增加（例如新行业的开辟），如罗默（1990）的知识驱动模型；一类是将技术进步理解为产品质量的改进（例如同类产品的升级换代），如 Grossman 和 Helpman（1991）的产品质量升级型增长模型、Aghion 和 Howitt（1992）的创造性破坏技术变化增长模型。这两类模型的主要区别在于后者引入了熊彼特的"创造性破坏性"概念，即新产品的出现往往意味着旧产品的被淘汰。

这些模型最重要的特点是构建了一个专门用于进行研究与开发的部门，从而知识的积累是独立于资本和劳动要素之外的一项重要活动。这类模型假定企业面临着这样一种决策：在研究与开发领域投资多少？而研究与开发反过来又会发明新产品或实现技术改进，研究与开发的效益是出售产生的新产品、新技术所取得的利润。显然，这一决策取决于研究与开发的效益、成本分析。因此，该模型隐含着一系列有关市场条件和技术转让、新产品出售所涉及的知识产权的假设，最终是为了说明企业具有稳定的需求条件。研究与开发的成本取决于劳动力成本以及企业获取的知识，企业获得的知识越多，研究开发活动的成本就越低，每个企业都可以从其它企业所从事的研究与开发活动中受益，故研究与开发同时也具有完全的外溢效应。

2.1.3.4 内生增长理论的思想

不同的内生增长理论对技术进步或经济增长的动力来源的解释虽然不同，但是，在经济增长的思想上，这两种模型几乎是完全一致的。而且从内生增长理论对经济增长主题的回答上，明显可以发现它们与新古典增长理论的不同。内生增长理论首次突破了新古典增长理论有关完全竞争和规模收益不变的假定，论证了垄断竞争条件下带有外部经济影响的一般均衡的存在。这一工作进展无论对于发达国家还是发展中国家的政府政策的制订，都具有十分重要的影响。

（1）内生增长理论在对经济增长的动力来源上几乎都强调技术进步的影响。正如罗默指出的，技术进步的意义在于产生了规模报酬递增的现象，只有这样，经济增长的动力来源才永远不会减弱。问题只是在于经济学家们对导致规模报酬递增的来源有不同的解释。

（2）内生增长理论的另一个重要意义在于提供了对经济增长趋同性的不同解释。内生增长理论认为，由于技术进步在国家之间的差异性，各国经济增长完全可能是长期存在差异的。内生增长理论可以解释发达国家与发展中国家经济增长上的差异。

在内生增长理论看来，知识如同资本、劳动一样是一个生产要素，它是"内生的"，源于厂商利润极大化的投资决策的努力。因此，尽管某些特定的技术突破（或知识的出现）或许是随机的，但技术（或知识）的全面增加是与人们为其贡献的资源成比例的。内生增长理论还认为，存在一个投资刺激知识积累、而知识积累反过来促进投资的良性物质环，因为知识可以提高投资的收益，具有递增的边际生产率。这不仅解释了为什么发达国家能够保持强劲的持续的增长率而不会碰到新古典增长理论所预测的这些国家的投资报酬递减的情况，还意味着持续的投资可以持续地提高一国的长期增长率。技术水平是体现在设备投资之中的，大规模的技术改造需要与之相适应的资金投入，新技术思想的产生要依靠 R&D 投资，把新技术引入生产系统则要依靠设备投资。从这个意义上讲，技术进步是资本积累的结果而不是原因。内生经济增长还反映了经济组织的效率对经济增长的影响，专业化经济的存在，使资源配置这个微观经济问题更具有增长意义。学习效应的存在也使产业组织与经济增长密切相关。收益的存在还会导致非完全竞争市场，比较优势和最优增长配置之间也会出现差异，如何平衡竞争效率与收益递增的增长潜力，在现实中将有重大的政策意义。因此，内生增长理论对于发展中国家政府制订经济政策具有重要的指导意义：

第一，必须重视发展教育和科技投入。罗默内生增长模型表明：知识进步是累积性的，人力资本存量是一国长期重视教育、发展教育和培养人才的结果，技术水平的提高也是累积性的。这要求，一国若要取得经济增长的成就，就必须重视知识的进步与知识的累积。发达国家在经济增长方面之所以比不发达国家具有优势，正因为那里的人力资本存量和技术水平的存量大大超过不发达国家。因此，对于发展中国家而言，国家在教育和科技投入方面具有十分重大的责任和努力的巨大空间。

第二，必须注重不断的制度创新，形成一个良好的激励机制。Romer 模型也表明：技术进步需要有激励机制，知识的累积也需要有激励机制，从而激励的改变可以保护较高的持续增长。只有在所有权得到明确界定并取得支持时，市场才能充分发挥其分配机制的作用。这一点对于知识品市场的适用程度绝不亚于其他商品市场。专利权、版权和商标都是确保知识产权的手段。如果没有这些知识产权的保护，就没有更多的人愿意从事创新和发明，因为任何人都可以随意模仿创新。这样，创新的好处可能主要从外部取得，发明新的东西就没有了动力，而且许多根本就不会得到实现。反之，如果创新者拥有所有权，即使出现高通货膨胀也不会侵蚀其靠创新获得的收益。当然，运用新思想，仿效其他人的好想法，进行知识销售，从而对扩散创新作出贡献。由此，又引出了一个"最佳"专利权问题，即设计一种在激励和扩散创新之间保持一种平衡的最佳时限的专利制度。

2.1.3.5 研究与开发模型

研究与开发模型通过对 Solow 模型进行扩展，为 A 的增长建立模型，而不是将 A 看作是外生给定的。认为在其他条件相同的情况下，向研究中投入更多资源将会导致更多新发现。模型包括两个重要假定：第一，研究和开发生产函数与产品生产函数均被假定为一般化的 Cobb-Douglas 生产函数；第二，将储蓄率 s、人口增长率 n、劳动力中用于研究和开发部门的比例和资本中用于研究和开发的比例看作是外生不变的。

模型包括两个部门，一个是产品生产部门，它生产产品；另一个是研究和开发部门，它使知识存量增加。劳动力中的 a_L 比例被用于研究和开发部门，$1 - a_L$ 比例被用于产品生产部门；同样，资本存量的 a_K 比例被用于研究和开发部门，$1 - a_K$ 比例被用于产品部门。两个部门均利用全部知识存量 A：因为一种思想或一种知识在一个场合的使用并不影响他在其他场合的使用，所以无需考虑知识存量在两个部门之间的分割。

因此，t 时刻的产品生产函数为：

$$Y(t) = \left[(1 - a_K)K(t) \right]^{\alpha} \left[A(t)(1 - a_L)L(t) \right]^{1-\alpha}, 0 < \alpha < 1 \quad (2.13)$$

除了 $1 - a_K$ 和 $1 - a_L$ 两项以及对 Cobb-Douglas 函数形式的限制之外，这一生产函数与 Solow 模型中的生产函数相同。资本和劳动的规模报酬仍然是不变的。

新思想的生产取决于用于研究的资本和劳动的数量以及技术水平：

$$\dot{A}(t) = G(a_K K(t), a_L L(t), A(t)) \quad (2.14)$$

由于假定生产函数为一般化的 Cobb-Douglas 生产函数，所以（2.14）式变为：

$$\dot{A}(t) = B \left[a_K K(t) \right]^{\varphi} \left[a_L L(t) \right]^{\varphi} A(t)^{\theta}, B > 0, \varphi \geq 0, \varphi \geq 0 \quad (2.15)$$

其中 B 为转移参数。$\theta > 0$ 表明研究效率随着现有知识存量的增加而得到提高；$\theta < 0$ 表明知识的增加越来越困难；$\theta = 0$ 表示前两者的作用正好相互抵消，即研究效率与知识存量无关。$A(t)^{\theta}$ 的存在对于个体来说是外部性的。考虑当 $\theta > 0$ 时的情况，这反映了在研究中的一个正的知识溢出效应。

（2.15）式并未假定知识生产函数对资本和劳动的规模报酬不变。标准观点认为生产函数至少是规模报酬不变的。这一观点是"复制论"，即如果投入品翻倍，则由于新投入品可发挥与原有投入品完全相同的作用，故产出翻倍。但在知识生产中，完全复制现有投入品的活动将使同一组发现被进行两次，从而 $\dot{A}$ 不变。因此，在研究和开发中可能存在规模报酬递减。同时，研究人员之间的相互作用、固定的基本设施成本等，在研究和开发中可能十分重要，以至于资本和劳动的投入翻倍后，产出会比翻倍还多。因此研究和开发中还可能存在规模报酬递增。

资本积累的表达式为：

$$\dot{K}(t) = sY(t) - \delta K(t)$$
$$= s\left[{}^{(}1 - a_K)K(t)\right]\alpha\left[{}^{A}(t)(1 - a_L)L(t)\right]1 - \alpha - \delta K(t) \tag{2.16}$$

其中 δ 为折旧率，则资本的增长率为：

$$\gamma_K = \frac{\dot{K}(t)}{K(t)} = s(1 - a_K)^\alpha (1 - a_L)^{1-\alpha}\left[\frac{A(t)L(t)}{K(t)}\right]^{1-\alpha} - \delta \tag{2.17}$$

$\dot{\gamma}_K = (1 - \alpha)(\gamma_A + n - \gamma_K)\gamma_K$，因此，$\gamma_K$ 随时间如何变化取决于 AL/K 的变动。如果 $\gamma_A + n - \gamma_K$ 为正，则 γ_K 上升，如果 $\gamma_A + n - \gamma_K$ 为负，则 γ_K 下降，如果 $\gamma_A + n - \gamma_K$ 为零，则 γ_K 不变。

由（2.15）式得到技术的增长率：

$$\gamma_A = \frac{\dot{A}(t)}{A(t)} = Ba_K{}^\varphi a_L{}^\varphi K(t)^\varphi L(t)^\varphi A(t)^{\theta-1} \tag{2.18}$$

由于 B、a_K 和 a_L 不变，所以 γ_A 是上升、下降还是不变就取决于 $K(t)^\varphi L(t)^\varphi A(t)^{\theta-1}$ 的行为。

$$\dot{\gamma}_A = \left[\varphi\gamma_K + \varphi n + (\theta - 1)\gamma_A\right]\gamma_A \tag{2.19}$$

因此，如果 $\varphi\gamma_K + \varphi n + (\theta - 1)\gamma_A$ 为正，则 γ_A 上升，如果 $\varphi\gamma_K + \varphi n + (\theta - 1)\gamma_A$ 为负，则 γ_A 下降，如果 $\varphi\gamma_K + \varphi n + (\theta - 1)\gamma_A$ 为零，γ_A 不变。

在产品生产函数中，对两种生产要素——资本和知识——的规模报酬是不变的。因此，这两种要素的规模报酬总的来说是递增、递减还是不变，取决于其在知识生产函数中的规模报酬情况。如（2.15）式所示，在知识中，K 和 A 的规模报酬度为 $\varphi + \theta$。

当 γ_A 不变时，解（2.19）式，得到 γ_A 和 γ_K 的关系：

$$\gamma_K = -\frac{\varphi n}{\varphi} + \frac{1 - \theta}{\varphi}\gamma_A$$

将 γ_A 和 γ_K 组成一个坐标平面。γ_K 为纵轴，γ_A 为横轴。

当 $\varphi + \theta < 1$ 时，则 $(1 - \theta)/\varphi > 1$。$\dot{\gamma}_A = 0$ 的斜率大于 $\dot{\gamma}_K = 0$ 的斜率，$\dot{\gamma}_A = $

0 的截距小于 $\overset{.}{\gamma}_K = 0$ 的截距，两条线相交。得到均衡条件：

$\gamma_A^* + n + \gamma_K^* = 0$ 和 $\varphi\gamma_K^* + \varphi n + (\theta - 1)\gamma_A^* = 0$

进而得到：

$$\gamma_A^* = \frac{\varphi + \varphi}{1 - (\varphi + \theta)} n$$

由上面的论述可知，γ_K^* 就是 $\gamma_A^* + n$。因此（2.13）式表明当 A 和 K 分别以速率 γ_A^* 和 γ_K^* 增长时，产出的增长率为 γ_K^*。因而人均产出的增长率为 γ_A^*。经济的长期增长率是内生的，且长期增长率是人口增长率的增函数，如果人口增长率为 0，则长期经济增长率也为 0。另外，值得指出的是，用于研究与开发的劳动与资本的投入份额 a_L 和 a_K 与储蓄率 s 一样，对长期经济增长没有任何影响。这似乎让人难以理解，因为从上面的分析中知道，长期经济增长决定于知识积累，那么从直观上看，用于生产知识的研究与开发活动的投入的多少应该能影响到长期经济增长。产生这一结果的原因在于知识的生产表现为规模报酬递减（$\varphi + \theta < 1$），当 a_L 和 a_K 增加或减少时，可暂时性地提高或降低知识积累速度 γ_A，但由于规模收益递减，γ_A 将逐渐回落到原来的稳定均衡状态。

当 $\varphi + \theta > 1$ 时，$\overset{.}{\gamma}_A = 0$ 的斜率小于 $\overset{.}{\gamma}_K = 0$ 的斜率，$\overset{.}{\gamma}_A = 0$ 的截距小于 $\overset{.}{\gamma}_K = 0$ 的截距，两条线的距离越来越大。这时，A、K 和产出的增长率都将随时间而不断提高，即经济系统的增长路径是发散的。储蓄率 s、人口增长率 n 和研究与开发活动中的要素投入份额 a_L 和 a_K 都将影响经济增长率。

当 $\varphi + \theta = 1$ 时，$\overset{.}{\gamma}_A = 0$ 的斜率等于 $\overset{.}{\gamma}_K = 0$ 的斜率，$\overset{.}{\gamma}_A = 0$ 的截距小于 $\overset{.}{\gamma}_K = 0$ 的截距，两条线平行。经济的动态学与 $\varphi + \theta > 1$ 的情形相似，即经济增长路径是不断扩大的。

2.1.3.6 人力资本模型

人力资本指除了基本的劳动能力之外，人类后天获得的有用的能力。它和技术或知识的概念既不相同又有密切的联系，相对于抽象的知识而言，人力资本包括劳动者的技能和一些凝聚在特定人身上的知识。基于人力资本的内生增长理论模型认为，经济增长的内在机制体现在人力资本积累方面。

考虑一个由竞争市场构成的封闭经济，该市场由同质的理性的经济行为人构成，具有不变的技术报酬。第 t 期有 $L(t)$ 的工人数或相等的工时数参与生产，$L(t)$ 的增长率外生不变为 n。人均真实消费为流量 $c(t)$，$t \geq 0$，$c(t)$ 代表单种商品的消费数。对消费流的人均偏好如下：

$$\int_0^\infty e^{-\rho t} \frac{1}{1-\sigma} [c(t)^{1-\sigma} - 1] L(t) dt \qquad (2.20)$$

贴现率 ρ 和相对风险规避系数 σ 都为正。

人力资本是指个体的一般技术水平。因此一个人力资本为 $h(t)$ 的工人的生产力相当于两个人力资本分别为 $\frac{1}{2} h(t)$ 的工人。人力资本关注如下事实：个人对当期各种投资活动的时间分配方式将影响其未来的生产率，或 $h(t)$ 水平。

假设共有 L 名工人，他们的技术水平 h 从零到无穷不等。令技术为 h 的工人数量为 $L(h)$，故 $L = \int_0^\infty L(h) dh$。设技术为 h 的工人将其非闲暇时间的 $u(h)$ 部分用于生产，$1 - u(h)$ 用于人力资本积累，则生产中的有效劳动力为参与当期生产的以技术为权数的工时数之和 $L^e = \int_0^\infty u(h) L(h) h dh$。

个体人力资本除对其自身生产率的效应外——人力资本的内部效应——还应考虑其外部效应。具体而言，令平均技术水平或者说平均人力资本由下式定义：

$$h_a = \frac{\int_0^\infty h L(h) dh}{\int_0^\infty L(h) dh}$$

这一平均指标对生产中所有因素的效率都会产生作用。称 h_a 为效应外溢，因为虽然人人的生产率都从中受益，但个人人力资本积累的决策对 h_a 的影响是微不足道的，故没有人会在决定时间分配时考虑这一因素。

含人力资本外溢效应的生产函数为：

$$Y(t) = A(t) K(t)^\alpha [u(t) h(t) L(t)]^{1-\alpha} h_a^\gamma$$

其中 $K(t)$ 表示物质资本存量，$u(t) h(t) L(t)$ 表示有效劳动力，$A(t)$ 为技术水平。单个商品的人均产出被划分为消费 $c(t)$ 和资本积累。如果用 $\dot{K}(t)$ 表示物质资本存量的变动，则总产出为 $L(t) c(t) + \dot{K}(t)$ ——此处 $\dot{K}(t)$ 是净投资，总产出 $L(t)c(t) + \dot{K}(t)$ 与国民净产值相等：

$$L(t)c(t) + \dot{K}(t) = AK(t)^\alpha \left[u(t)h(t)L(t) \right]^{1-\alpha} h_a(t)^\gamma \tag{2.21}$$

$h_a(t)^\gamma$ 反映了人力资本的外部效应，技术水平 A 现在假设为不变。

为使模型完整，必须将用于人力资本积累的份额 $1 - u(t)$ 与人力资本水平 $h(t)$ 的变化率联系起来。假设人力资本的增长 $h(t)$ 与其既有水平及用于积累的时间分配有线性关系，即：

$$\dot{h}(t) = \omega(1 - u(t))h(t) \tag{2.22}$$

根据（2.22）式，若不进行积累（$u(t) = 1$），则积累量为零。若全部时间用于积累（$u(t) = 0$），则 $h(t)$ 达到最大增长率 ω。在这两个极端之间，不存在 $h(t)$ 的收益递减，$h(t)$ 每一给定百分比的增长都需要付出相同多的努力，而不管 $h(t)$ 的既有水平多高。

当存在外部效应 $h_a(t)^\gamma$ 时，假设 $h_a(t)$ 的路径是给定的，就像 Solow 模型中的外生技术路径 $A(t)$。给定 $h_a(t)$，考虑一个由原子型的家庭和厂商构成的私人部门。假设每一经济行为人都预期人力资本的平均水平服从路径 $h_a(t)$，则私人部门问题有解。也就是说，将 $h_a(t)$ 视作外生给定的，在（2.21）式和（2.22）式的约束下，选择 $h(t)$、$K(t)$、$c(t)$ 及 $u(t)$ 以最大化效用函数（2.13）式。当路径 $h(t)$ 与 $h_a(t)$ 一致时——因此真实行为和预期行为相同——系统达到了均衡。

"影子价格" $\theta_1(t)$ 和 $\theta_2(t)$ 分别被用来对物质资本和人力资本的增长估价，求解最优路径的当期值汉密尔顿函数为：

$$H(K, h, \theta_1, \theta_2, c, u, t) = \frac{L}{1-\sigma}[c^{1-\sigma} - 1] + \theta_1 \left[AK^\alpha (uLh)^{1-\alpha} h^\gamma - Lc \right] + \theta_2 [\omega h(1-u)]$$

此模型中有两个决策变量——消费 $c(t)$ 和用于生产的时间 $u(t)$。通过选择这两个变量（用最优规划法）以最大化 H。一阶条件为：

$$c^{-\sigma} = \theta_1 \tag{2.23}$$

及

$$\theta_1(1 - \alpha) AK^\alpha (uLh)^{-\alpha} L h^{1+\gamma} = \theta_2 \omega h \tag{2.24}$$

商品的两种用途——消费及资本积累——边际价值必须相等，即（2.23）式；时间的两种用途——生产及资本积累——边际价值也必须相等，即

（2.24）式。

两种资本的影子价格 θ_1 和 θ_2 的变动如下：

$$\dot{\theta}_1 = \rho \theta_1 - \theta_1 \alpha A K^{\alpha-1} (uLh)^{1-\alpha} h^{\gamma} \tag{2.25}$$

$$\dot{\theta}_2 = \rho \theta_2 - \theta_1 (1-\alpha) A K^{\alpha} (uL)^{1-\alpha} h^{-\alpha} h_a^{\gamma} - \theta_2 \omega(1-u) \tag{2.26}$$

由于市场出清表明在任何 t 期都有 $h(t) = h_a(t)$，因此（2.26）式可被写为：

$$\dot{\theta}_2 = \rho \theta_2 - \theta_1 (1-\alpha) A K^{\alpha} (uL)^{1-\alpha} h^{-\alpha+\gamma} - \theta_2 \omega(1-u) \tag{2.27}$$

用 g_c 表示 $\dot{c}(t)/c(t)$，则（2.23）式和（2.25）式隐含地决定了资本条件的边际生产率：

$$\alpha A K(t)^{\alpha-1} (u(t)h(t)L(t))^{1-\alpha} h(t)^{\gamma} = \rho + \sigma g_c \tag{2.28}$$

在平衡路径上令 $g_h^* = \dot{h}(t)/h(t)$，则显然由（2.22）式可得：

$$g_h^* = \omega(1-u) \tag{2.29}$$

对（2.28）式微分，可得到消费和人均资本的共同增长率 g_k^*：

$$g_k^* = \left(\frac{1-\alpha+\gamma}{1-\alpha}\right) g_h^* \tag{2.30}$$

现在考虑人力资本增长率 g_h^* 的决定因素，通过对一阶条件（2.23）式和（2.24）式微分，并消去 $\dot{\theta}_1(t)/\theta_1(t)$，得到：

$$\frac{\dot{\theta}_2}{\theta_2} = (\alpha - \sigma) g_k - (\alpha - \gamma) g_h + n \tag{2.31}$$

由（2.27）式和（2.24）式可得：

$$\frac{\dot{\theta}_2}{\theta_2} = \rho - \omega \tag{2.32}$$

由（2.31）式和（2.32）式消去 $\dot{\theta}_2(t)/\theta_2(t)$，并将 g_k^* 写成由 g_h^* 表达的形式，最后通过与（2.30）式联立，消去 g_k^* 而解出人力资本的均衡增长率 g_h^*：

$$g_h^* = \frac{(1-\alpha)(\omega - \rho + n)}{\sigma(1-\alpha+\gamma) - \gamma} \tag{2.33}$$

增长随着人力资本投资效率 σ 的上升而上升，随着贴现率 ρ 的上升而下降。不管外部效应 γ 是否为正，都有持续增长。若 $\gamma = 0$，$g_k^* = g_h^*$，特别当

$\gamma > 0$，$g_k^* > g_h^*$ 时，外部效应导致物质资本比人力资本更快地增长。

2.1.4 经济发展差距扩大的理论支撑及内涵机制

自亚当·斯密（Adam Smith，1776）以来，整个经济学界围绕着驱动经济增长的因素争论了长达两百多年，最终形成的比较一致的观点是：一个相当长的时期里，一国的经济增长主要取决于下列三个要素（Tanzi and Zee，1997）：（1）随着时间的推移，生产性资源的积累；（2）在一国的技术知识既定的情况下，现在资源存量的使用效率；（3）技术进步。但是，20 世纪 60 年代以来最流行的新古典经济增长理论，依据以劳动投入量和物质资本投入量为自变量的 Cobb-Douglas 生产函数建立的增长模型，把技术进步等作为外生因素来解释经济增长，因此就得到了当要素收益出现递减时长期经济增长停止的结论。可是，20 世纪 90 年代初期形成的"新经济学"即内生增长理论则认为，长期增长率是由内生因素解释的，也就是说，在劳动投入过程中包含着因正规教育、培训、在职学习而形成的人力资本，在物质资本积累过程中包含着因研究与开发、发明、创新等活动而形成的技术进步，从而把技术进步等要素内生化，得到因技术进步的存在，要素收益会递增而长期增长率为正的结论。

现实经济中，经济落后的国家和地区始终处于落后地位的一个重要原因就在于，技术水平处于原始状态以及不当的政策导致的制度效率低下。因而，对经济发展差距是否缩小问题的考虑就自然地转向了对技术水平和制度效率演进机制的分析。但是很显然，关于这个问题新古典增长理论并没有给出一个令人满意的回答。

新增长理论认为，由知识积累或人力资本积累所引起的内生性技术进步是经济长期保持增长的源泉。全球社会发展步入知识经济时期，经济的增长和发展对知识和人力资本以及 R&D 提升的依赖性日益加强。内生增长理论的经济学者引入了知识和人力资本的因素，从而内生化技术水平和制度效率的演进机制。对于包含了人力资本和物质资本的广义资本概念而言，他们认为不存在递减报酬：无论是体现在经过教育和在职培训，因而劳动者素质提高而增加的人力资本，还是包含在更加先进的设备中的知识资本，都会在相当大的程度上弥补简单物质资本投入的递减效应，而且，知识、技术所具有的外溢效应产生了规模经济。这些都使得投资收益不会出现递减的报酬倾向，从而经济增长差距缩小的情况趋于消失。新增长理论关于知识、人力资本以及有目的的 R&D 活动推进经济增长的描述，在一定程度上，向模拟更看重知识资本的后工业社会的经济增长迈出了重要的一步。他们通过将知识技术的进步内生化模型，向坐等经济增长趋同性的人们敲响了警钟。内生增长理论同时也部分地解答了我们的困惑：为什么经济增长差异总体上并没有出现明显的缩小，为什么最发达的经济集团增长得更快，而部分落后的国家经济反而徘徊不前。

内生增长理论为增长率差异提供了新的解释，这些解释包括：技术路径依赖、规模效应、储蓄率、政策和生产函数形式。

路径依赖是指系统当前的状态受到历史因素的影响，不同国家当前的人均产出水平差异来自于它们初始状态的不同。富国之所以富，是由于在现代经济增长开始时它就是富国；穷国之所以穷，则是由于在现代经济增长开始时它就是穷国。内生增长理论中存在着技术上的路径依赖，分为两种情况：第一种情况，当知识存在较强的外部性时，产出对 K 与 A 规模收益递增，将会出现技术增长率加速（不存在稳态增长率），这就是说高技术水平导致高技术增长率，高技术增长率又进一步提高技术水平，在这种情况下，技术领先的国家的增长率将永远高于技术落后国家的增长率；第二种情况，假使存在稳态增长率，内生增长模型中也存在路径依赖，注意到增长率趋同只是经济发展差距缩小的必要条件，当技术增长率相同时，经济发展差距是否缩小取决于初始技术水平是否一致，如果各个经济的初始技术水平不同，尽管技术增长率相同，但技术水平并不会趋同。路径依赖意味着穷国与富国间的人均产出差距将永远扩大下去。

内生增长理论一个重要的结论就是稳态增长率是由经济系统参数决定的，这些参数的差异导致了增长率的差异，从而使得经济发展差距不会缩小。人口规模和储蓄率影响着稳态增长率。增长规模效应的存在，意味着大规模的经济应有较高的增长率，以及正的人口增长率，会导致增长率的不断上升。

储蓄率影响着稳态增长率是内生增长理论中最有意义的结论，它不仅有水平效应，而且有增长效应。储蓄率的增长效应是内生增长理论中收益递增效应的体现，较高的储蓄率将有利于提高经济增长率。

此外，政府对研究活动的补贴政策的差异可以产生经济增长率的差异，因此可以用政府对技术进步支持的差异来解释经济增长的差异。

最后，生产函数对稳态增长率的影响实际上是对生产效率的影响。将生产函数简化为 AK 的形式，因此生产函数的差异就是效率参数 A 的差异。设储蓄率为 s，则 $K = sY = sAK$，因此经济增长率为 $Y/Y = K/K = sA$。当 A 不同时，产出的增长率不同。

2.2　经济敛散性检验的方法

对经济增长趋同的分析方法按照研究方法的时间发展顺序可分为传统方法和新方法两大类。传统方法包括最初由 Solow 模型推导出的横截面 β 检验和一些统计指标方法。新方法包括时间序列协整法、固定效应面板数据 β 收敛及面板单位根法。

在经验研究中，是否会出现经济收敛以及如何检验经济收敛主要依赖于以 Solow 新古典增长模型为基础演绎得出的经济收敛的定义。

考虑 Cobb–Douglas 生产函数每单位有效劳动平均资本的变化率：

$$\gamma_{\tilde{k}} = \frac{\dot{\tilde{k}}}{\tilde{k}} = s\frac{\tilde{y}}{\tilde{k}} - (n + g + \delta) = s\tilde{k}^{(\alpha-1)} - (n + g + \delta) \qquad (2.34)$$

将（4.34）式中的 $\gamma_{\tilde{k}}$ 在稳态处一阶 Taylor 展开：

$$\gamma_{\tilde{k}} \approx \left(\frac{\partial \gamma_{\tilde{k}}}{\partial \ln\tilde{k}}\big|_{\ln\tilde{k}=\ln\tilde{k}^*}\right)(\ln\tilde{k} - \ln\tilde{k}^*) \qquad (2.35)$$

$$= -(1 - \alpha)se^{-(1-\alpha)\ln\tilde{k}}(\ln\tilde{k} - \ln\tilde{k}^*)$$

因为在稳态的时候有：

$$se^{-(1-\alpha)\ln\tilde{k}} = (n + g + \delta) \qquad (2.36)$$

将（2.36）式代入（2.35）式，得到稳态附近的 $\gamma_{\tilde{k}}$ 的近似值：

$$\gamma_{\tilde{k}} \approx -\beta(\ln\tilde{k} - \ln\tilde{k}^*) \qquad (2.37)$$

这里 $\beta = (1 - \alpha)(n + g + \delta)$。（2.37）式是关于收敛速度的表达式，它表示出每单位有效劳动平均资本逼近其稳态值的速度。解（2.37）式得：

$$\ln\tilde{k}(t_2) = (1 - e^{-\beta\tau})\ln\tilde{k}^* + e^{-\beta\tau}\ln\tilde{k}(t_1) \qquad (2.38)$$

这里 $\tau = (t_2 - t_1)$。（2.38）式两边同时减去 $\ln \tilde{k}(t_1)$ 得到资本的动态调整机制：

$$\ln \tilde{k}(t_2) - \ln \tilde{k}(t_1) = (1 - e^{-\beta \tau})(\ln \tilde{k}^* - \ln \tilde{k}(t_1)) \tag{2.39}$$

将 $\gamma_{\tilde{y}} = \alpha \gamma_{\tilde{k}}$ 和 $(\ln \tilde{y} - \ln \tilde{y}^*) = \alpha(\log \tilde{k} - \log \tilde{k}^*)$ 代入（2.37）式，得到 $\gamma_{\tilde{y}}$ 的近似值：

$$\gamma_{\tilde{y}} \approx -\beta(\ln \tilde{y} - \ln \tilde{y}^*) \tag{2.40}$$

进一步得到产出的动态调整机制：

$$\ln \tilde{y}(t_2) - \ln \tilde{y}(t_1) = (1 - e^{-\beta \tau})(\ln \tilde{y}^* - \ln \tilde{y}(t_1)) \tag{2.41}$$

（2.41）式是关于每单位有效劳动平均产出的方程，而在实际应用中通常使用的是人均产出，因此本书中需要将（2.41）式转化为人均产出的方程。每单位有效劳动平均产出可表示为：

$$
\begin{aligned}
\ln \tilde{y}(t_2) &= \ln\left(\frac{Y(t_2)}{A(t_2)L(t_2)}\right) = \ln\left(\frac{Y(t_2)}{A(t_1)e^{g\tau}L(t_2)}\right) \\
&= \ln\left(\frac{Y(t_2)}{L(t_2)}\right) - \ln A(t_1) - g\tau \\
\ln \tilde{y}(t_1) &= \ln\left(\frac{Y(t_1)}{A(t_1)L(t_1)}\right) = \ln\left(\frac{Y(t_1)}{L(t_1)}\right) - \ln A(t_1) \\
&= \ln\left(\frac{Y(t_1)}{L(t_1)}\right) - \ln A(0) - g t_1
\end{aligned}
\tag{2.42}
$$

稳定状态下可解得 $\ln \tilde{k}^* = \left(\frac{1}{1-\alpha}\right)(\ln s - \ln(n + g + \delta))$，将其与生产函数联立得到：

$$\ln \tilde{y}^* = \left(\frac{\alpha}{1-\alpha}\right)(\ln s - \ln(n + g + \delta)) \tag{2.43}$$

将（2.42）式与（2.43）式同时代入（2.41）式，得到关于人均产出的动态方程：

$$\ln y(t_2) - \ln y(t_1) = -(1 - e^{-\beta\tau})\ln y(t_1)$$

$$+ (1 - e^{-\beta\tau})\ln A(0) + g(t_2 - e^{-\beta\tau}t_1) \tag{2.44}$$

$$+ (1 - e^{-\beta\tau})\frac{\alpha}{1-\alpha}(\ln s - \ln(n + g + \delta))$$

这里 $y(t) = \dfrac{Y(t)}{L(t)}$ 表示人均产出。设 $b = -(1 - e^{-\beta\tau})$,则收敛速度为:

$$\beta = -\frac{\ln(b + 1)}{\tau} \tag{2.45}$$

由于 $\ln y(t_1)$ 的系数小于 1, 收敛并不足以消除 $\ln y(t)$ 的序列相关。若不存在随机冲击,向稳态的收敛就是直接的且不会有震荡或过度调整。从而对于两个经济系统,在未来的任一时刻,后出发的就总是落后。这种以 Solow 新古典增长模型为基础,假设资本的边际报酬率递减,地区间的技术进步一致,将经济体的经济增长与其稳态相联系,如果经济的增长率与经济的初始水平负相关,称其为 β 收敛。如果 $-1 < \beta < 0$, 则 β 收敛成立。

β 收敛可分为 β 绝对收敛和 β 条件收敛。在 Solow 增长理论框架下, β 绝对收敛意味着对于不同地区,储蓄率 s、人口增长率 n、技术进步率 g、折旧率 δ 和技术初始水平 $A(0)$ 都相等。 β 条件收敛是对绝对收敛模型形式上的扩展,通过控制 (2.44) 式中不同的人口增长率和投资率允许不同地区具有相异的稳态。

2.2.1 横截面 β 检验法

通常文献中所描述的对经济收敛的 β 检验法是指以 Solow 新古典增长理论为基础,假设资本的边际报酬率递减,地区间的技术进步一致,地区经济平均增长率与其初始水平负相关的横截面回归。根据回归中是否加入控制变量可分别检验绝对收敛和条件收敛。

对绝对收敛的 β 检验方法暂时假定仅有两个时点 0 和 T 上的观测值。这样可以将 (2.44) 式改写为不同经济体在 0 到 T 区间上的平均增长率与其初始经济水平之间的关系,将这种关系写成离散形式,并加入扰动项:

$$(1/T)(\log y_i(T) - \log y_i(0)) = a + \beta \log y_i(0) + u_i \tag{2.46}$$

这里 y 表示人均产出, $i = 1, \cdots, N$ 表示经济体, $-1 < \beta < 0$ 意味着 β 收敛,即人均产出的增长速度与其初始水平负相关。一个绝对值更高的系数 β

对应于一个更强的收敛趋势。（4.46）式中的扰动项包含了对生产函数、储蓄率等的暂时冲击。假定对所有经济而言 u_i 的均值为 0，方差相同都为 σ_u^2，且在各经济之间和时间进程中独立。不同的初始条件影响收敛于稳态的速度。基于（2.44）式可以将 a 写为：

$$a = (1 - e^{-\beta\tau})\ln A(0) + g(t_2 - e^{-\beta\tau}t_1)$$

$$+ (1 - e^{-\beta\tau})\frac{\alpha}{1-\alpha}(\ln s - \ln(n + g + \delta)) \tag{2.47}$$

可以看出截距项 a 是不同地区间五个同质项之和：初始技术水平、技术进步率、投资率、人口增长率和折旧率。

对条件收敛的 β 检验方法是对绝对收敛模型形式上的扩展，通过控制（2.47）式中不同的人口增长率、投资率和折旧率允许不同地区具有相异的稳态。将（4.47）式改写为：

$$(1/T)(\log y_i(T) - \log y_i(0)) = a + \beta\log y_i(0) + cx_i + u_i \tag{2.48}$$

这里 x_i 是一个向量，包括 $\ln s_i$ 和 $\ln(n_i + g + \delta_i)$，c 是 x_i 的系数。截距项 a 现在可写为：

$$a = (1 - e^{-\beta\tau})\ln A(0) + g(t_2 - e^{-\beta\tau}t_1) \tag{2.49}$$

2.2.2 统计指标法

统计指标法是通过描述地区经济增长差异的不平等指数对地区经济差距进行数量描述和分解分析。主要的统计指数包括 σ 指数、变异系数、基尼系数和 GE 指标中的泰尔（Theil）指数法等，利用这些指数的变化来衡量地区经济差距的程度。其中最具代表性也是使用最广泛的统计指标检验方法是 σ 指数检验法。根据各经济体之间的随时间变化的标准差来判断，作为一个系统的各经济体产出分布的离散程度（标准差）随时间的推移而降低，称为 σ 收敛。设 σ_t 表示 t 时刻 N 个经济的人均产出对数 $\log y_{i,t}$ 的样本标准差：

$$\sigma_t = \left[\frac{1}{N}\sum_{i=1}^{N}\left(\log y_{i,t} - \frac{1}{N}\sum_{i=1}^{N}\log y_{i,t}\right)^2\right]^{\frac{1}{2}} \tag{2.50}$$

如果满足 $\sigma_{t+T} \le \sigma_t$，则 σ 收敛成立。

后三种指数相比较而言，变异系数法不能分解，基尼系数法（Dagum，1997）和泰尔指数法（Shorrocks，1980）可以分解，指标的可分解性对于研究地区经济差距非常重要，因为它能够说明差距的来源及构成，因此，基尼系数法和泰尔指数法的适用也较为广泛。

2.2.3 时间序列协整法

时间序列协整分析法，其主要是判断系统中的每对经济体的产出水平是否存在协整关系。这种协整关系意味着任何一对经济体的产出缺口是平稳的，不会趋于无穷大。与 β 收敛相比，协整关系定义强调经济发展水平的差距长期存在极值。

为了研究经济增长的收敛性，Bernard 和 Durlarf（1995）在人均产出序列包含线性确定性趋势和随机趋势的假定下，给出了收敛和共同趋势的定义：

收敛：对于 $p = 1$，$\cdots$，n 个国家的人均产出时间序列 $y_{p, t}$，若：

$$\lim_{k \to \infty} E(y_{1, t+k} - y_{p, t+k} \mid I_t) = 0 \qquad \forall p \neq 1$$

其中，I_t 为 t 时刻的信息集，则称这 p 个国家的经济增长收敛。

经济的收敛意义在于当时间趋于无穷时，t 时刻人均产出差异的期望值为零。在技术上，经济的收敛要求 p 个时间序列具有 $p-1$ 个协整关系，且其协整向量的形式为 $[1, -1]$。另外，若产出序列为趋势平稳，则每个国家具有相同的时间趋势。

共同趋势：对于 $p = 1$，$\cdots$，n 个国家的人均产出时间序列 $y_{p, t}$，若：

$$\lim_{k \to \infty} E(y_{1, t+k} - \alpha_p' \bar{y}_{t+k} \mid I_t) = 0$$

其中，$\bar{y}_t = [y_{2, t}, \cdots, y_{p, t}]$，$I_t$ 为 t 时刻的信息集，则称这 p 个国家的经济增长具有共同趋势。

共同趋势的经济意义是 t 时刻人均产出的长期预测值成比例变化。在技术上，具有共同趋势的序列之间有 r（$0 < r < p-1$）个协整关系，受 $p-r$ 个共同冲击的影响，且其协整向量的形式为 $[1, -\alpha]$。

以上定义表明，研究国家间经济增长收敛性的关键在于确定这些国家人均产出序列的协整关系。当人均产出序列协整关系的个数 r 等于 $p-1$ 时，各国间的经济增长有收敛趋势。当人均产出序列的协整关系个数 r 小于 $p-1$ 时，各国家间的经济增长不存在收敛趋势，只有 $p-r$ 个共同趋势。

协整检验的常用方法是 Johanson（1988）的极大似然法和 Engle-Granger（1987）的两步法。

Johanson（1988）的极大似然法，其模型设定如下：

$$\Delta Y_t = \Gamma_1 \Delta Y_{t-1} + \Gamma_2 \Delta Y_{t-2} + \cdots + \Gamma_{q-1} \Delta Y_{t-q+1}$$
$$+ \Pi Y_{t-q} + \varphi D_t + U_t \tag{2.51}$$

其中，Y_t 是包含了 p 个一阶单整 $I(1)$ 时间序列变量的向量，Δ 表示一阶差分，Γ_1、Γ_2、$\cdots$、Γ_{q-1} 是 $p \times p$ 系数矩阵，q 是滞后阶数，D_t 是确定性变量 $I(0)$，U_t 是向量白噪声，Π 为压缩矩阵。

根据 Johanson 的检验原理，判断变量之间协整关系的关键是确定（2.51）式中压缩矩阵 Π 的秩 r 的大小，为此，可构造以下轨迹统计量：

$$\eta_r = -T \sum_{i=r+1}^{p} \ln(1 - \lambda_i) \qquad r = 0, 1, \cdots, p-1 \tag{2.52}$$

其中：p 是向量 Y_t 中包含的时间序列变量个数；T 为样本容量；λ_i 为第 i 个最大特征根；而 r 则是假设的协整关系的个数，其取值范围为 0 至 $p-1$。

令零假设 H_0：压缩矩阵 Π 的秩为 r，即这一组时间序列中的 r 个协整关系，备择假设为压缩矩阵 Π 的秩为 p，即 Y_t 为一个平稳过程。具体检验方法是，根据（2.51）式和（2.52）式依次令 $r = 0, 1, \cdots, p-1$，得到相应的统计量 η_r，直到出现第一个不显著的 η_r，此时的 r 即是该组变量中的协整关系的个数。

Engle 和 Granger（1987）提出对回归方程的残差进行单位根检验，以此判断协整关系的方法。从协整理论的思想来看，自变量和因变量之间存在协整关系。也就是说，因变量能被自变量的线性组合所解释，两者之间存在稳定的均衡关系，因变量不能被自变量所解释的部分构成一个残差序列，这个残差序列应该是平稳的。因此，检验一组变量（因变量和解释变量）之间是否存在协整关系等价于检验回归方程的残差序列是否是一个平稳序列。通常应用 ADF 检验来判断残差序列的平稳性，进而判断因变量和解释变量之间的协整关系是否存在。检验的主要步骤如下：

（1）若 k 个序列 y_{1t} 和 y_{2t}，y_{3t}，$\cdots$，y_{kt} 都是一阶单整序列，建立回归方程：

$$y_{1t} = \beta_1 + \beta_2 y_{2t} + \beta_3 y_{3t} + \cdots + \beta_k y_{kt} + u_t \tag{2.53}$$

模型估计的残差为：

$$\hat{u}_t = y_{1t} - \beta_1 - \beta_2 y_{2t} - \beta_3 y_{3t} - \cdots - \beta_k y_{kt} \tag{2.54}$$

（2）检验残差序列 $\hat{u}_t$ 是否平稳，也就是利用 ADF 检验判断序列 $\hat{u}_t$ 是否含有单位根。

（3）如果残差序列 $\hat{u}_t$ 是平稳的，则可以确定回归方程（2.53）中的 k 个变量 y_{1t}，y_{2t}，y_{3t}，…，y_{kt} 之间存在协整关系，否则 y_{1t}，y_{2t}，y_{3t}，…，y_{kt} 之间不存在协整关系。

2.2.4　固定效应面板数据回归

固定效应面板数据方法是对横截面 β 检验的补充和推广，是检验条件收敛的一个简洁方法。它能够设定截面和时间固定效应，因此考虑了不同个体有不同稳态值，也考虑了个体自身稳态值能随时间的变化而变化。形式如下：

$$(1/T)(\log y_{it} - \log y_{i0}) = a + c_i + \beta \log y_{i0} + u_{it} \tag{2.55}$$

（2.55）式将影响地区收敛性的异质因素都包含在 c_i 中，与在回归等式右边加入一些控制变量 x 的（2.46）式相比，它的最大优点是能避免遗漏解释变量，并且避开了对解释变量的选择问题。

为了消除商业周期波动带来的影响，估计面板数据时一般把整个样本时间段细分为几个较短的时间段，用每个时间段的平均值作为变量值。时间段的划分没有固定的标准。

2.2.5　面板数据单位根检验方法

考虑一组经济体 1，2，…，N，最终会达到相同的技术知识水平。对其中的任意一个经济体而言，非随机的新古典增长模型意味着存在唯一的平衡增长路径，状态变量对其平衡增长路径的任何偏离最终都会消失，并且状态变量的初始值对其水平值没有长期影响。具有相同技术知识水平的假设意味着 N 个经济体的平衡增长路径是平行的。因此，经济的状态变量最终相差一个常数量。设 y_{nt} 为 n 个经济体 t 期的人均产出对数值，国际价格为常数且相等。上面的分析表明对 n 个经济体有：

$$\lim_{i \to \infty}(y_{n,\,t+i} - a_{t+i}) = \mu_n \tag{2.56}$$

这里 a_t 是经济体共同的趋势，μ_n 为参数。可将 a_t 序列看作经济体可获得的哈罗德中性技术指数的对数。参数 μ_n 决定经济体 n 的平行的平衡增长路径的水平。除非所有经济有相同的结构，否则各个 μ 是非零的。与此相反的是，内生增长模型意味着状态变量的初始值影响他们的稳定状态，因此 $\lim_{i \to \infty}(y_{n,\,t+i} -$

a_{t+i}）随着 $y_{n,\,t} - a_t$ 的移动而移动。

将上面的分析推广到随机情形。在下面的情况下经济体 1，2，…，N 可以说成是收敛的，当且仅当共同的趋势 a_t 和有限的参数 μ_1，μ_2，…，μ_N 存在，对 $n = 1$，2，…，N 满足：

$$\lim_{i\to\infty} E_t(y_{n,\,t+i} - a_{t+i}) = \mu_n \tag{2.57}$$

因为 a_t 是不可观测的，（2.57）式没有实际的使用价值。对 N 个经济体取算术平均得到：

$$\lim_{i\to\infty} E_t(\bar{y}_{t+i} - a_{t+i}) = \frac{1}{N}\sum_{n=1}^{N}\mu_n \tag{2.58}$$

这里 $\bar{y}_t \equiv \sum_{n=1}^{N} y_{nt}/N$。测度共同趋势 a_t 的水平，因此（2.58）式的左侧为零。从（2.57）式中减去（2.58）式，得到：

$$\lim_{i\to\infty} E_t(y_{n,\,t+i} - \bar{y}_{t+i}) = \mu_n \tag{2.59}$$

根据（2.59）式，$y_{1,\,t+i}$，$y_{2,\,t+i}$，…，$y_{N,\,t+i}$ 对横截面均值 $\bar{y}_t$ 的偏离在当前信息条件下可预测，随着 i 趋于无穷，其趋于常数。然而，对 $n = 1$，2，…，N，当且仅当 $y_{nt} - \bar{y}_t$ 是平稳的，是非条件均值向量 μ_n，（2.59）式成立。因此，当且仅当每个 y_{nt} 是非平稳的，但每个 $y_{nt} - \bar{y}_t$ 是平稳的，经济体 1，2，…，N 可以说是收敛的。我们定义绝对收敛或条件收敛，依赖于对于所有的 n 是否 $\mu_n = 0$ 或对一些 n，$\mu_n \neq 0$。对所有的 n，当且仅当 $y_{nt} - \bar{y}_t$ 是非平稳的，经济体之间可以说是发散的。

2.2.6 四种检验方法的比较

2.2.6.1 统计指标法

在检验经济收敛的方法中，统计指标法是相对最简单的方法。而 σ 收敛方法是统计指标法中计算比较简单的方法，其主要通过描述代表地区经济增长差异的标准差的变化趋势对地区经济发展差距进行数量描述。因为其计算上的简便性和分析的直观性，许多学者都采用该指数方法初步分析地区经济的收敛情况。但 σ 收敛方法是一种相当粗略的测度，产出标准差的递减并不能说明某些贫穷经济在赶超富裕经济的过程中比其它贫穷经济增长更快，即它没有解释可能的非线性收敛特征。当经济形成相互离散的收敛俱乐部时，其产出的标准差也可能是递减的。另外，如果所考察的国家或区域的排序发生了变化，其产出的标准差可能会保持不变。

变异系数法的特点在于它能灵敏地反映产出分布的两端，即贫困阶层与富裕阶层之间的状况等。基尼系数的计算方法有很多，如等分法、差值法、分层加权法、分步加权法、差别累加法等。其优点在于可以用一个数值来反映经济发展差别的总体状况，并能够从产出构成的角度很方便地进行分解分析。然而，它不能反映个别阶层的产出分布变动情况，不能确定究竟是哪个层次产出的变化引起了基尼系数值的增减。泰尔指数与基尼系数相比其最大的优点在于可以从不同的角度将样本分为不同的组进行分解分析，但是它对样本规模很敏感，并且它的极限值不明确，因而不能像基尼系数那样做直观说明。

2.2.6.2 横截面 β 检验方法

横截面 β 检验法是目前应用最为广泛的检验经济收敛的方法，其试图通过回归下面方程推断经济是否收敛和怎样收敛：

$$g_n = \alpha + \beta y_{n0} + \gamma' x_n + v_n \tag{2.60}$$

这里 $g_n \equiv (y_{nT} - y_{n0})/T$ 是经济体 n 在 0 期至 T 期的人均产出平均增长率，x_n 是控制横截面经济在人均产出水平值或增长率差异的变量向量，α 和 β 为参数，γ 是参数向量，v_n 是均值为零，具有有限方差的误差项。如果 $\beta < 0$，那么（2.60）式表明，初始富裕的经济体通过控制与 x_n 有关的持久差异和包含在 v_n 内的任何经济特定影响后，将比初始贫穷的经济体增长的慢。因此如果 $\beta < 0$ 就表示前面定义的收敛，如果 $\gamma = 0$ 就是绝对收敛，$\gamma \neq 0$ 就是条件收敛。与此相对，如果 $\beta = 0$，（2.60）式意味着发散，因为产出在 0 期具有的差异将持续到 T 期。

不幸的是，对（2.60）式应用最小二乘法得到的 $\hat\beta$ 和 $\hat\gamma$ 估计量似乎对推断 β 和 γ 没什么用，因为 v_n 仅在难以置信的条件下才与 y_{n0} 不相关。Evans（1996）给出 v_n 与 y_{n0} 仅在 $y_{nt} - \bar{y}_t$ 由下述过程生成的时候不相关：

$$y_{nt} - \bar{y}_t = \delta_n + \lambda(y_{n,t-1} - \bar{y}_{t-1}) + u_{nt}. \tag{2.61}$$

其中：

$$\delta_n = \xi' x_n \tag{2.62}$$

这里 $\lambda \equiv (1 + \beta T)^{1/T}$，$\xi \equiv (\lambda - 1)\gamma/\beta$，$u_{nt}$ 是序列不相关的误差项，其均

值为零，具有有限同方差 σ_n^2 。（2.61）式意味着对经济 1, 2, …, N，当且仅当 $\lambda < 1$ 时收敛（每个 $y_{nt} - \bar{y}_t$ 是平稳的），当 $\lambda = 1$ 时发散。此外，如果 u_{nt} 随着 N 趋于无穷而在国家间不相关，那么基于 $\tau(\beta)$ 的 β 的异方差一致 t 比率和基于 $\Phi(\hat{\gamma})$ 的 γ 的异方差一致 F 比率是有效的。与此相反，如果数据生成过程不遵从（2.61）式的形式，基于 $\tau(\beta)$ 和 $\Phi(\hat{\gamma})$ 的推断就是无效的。

使用含 CES 式效用和 Cobb-Douglas 式技术的 Cass 模型，Barro 和 Sala-i-Martin（1992）证明了（2.61）式近似的接近经济 1, 2, …, N 的平衡增长路径。Mankiw，罗默和 Weil 使用含 Cobb-Douglas 式技术的 Solow 模型得到了一个相似的结果。

技术的参数在各经济间差异很大。根据国家核算，OECD 各国资本占产出的份额在 1960~1988 年的变化范围，从卢森堡的 0.199 到土耳其的 0.720。此外，美国各州的资本占产出的份额在 1970~1986 年这一范围变化也较大。这一特征与上面所讨论的模型合并，意味着数据生成过程遵从：

$$\lambda_n(L)(y_{nt} - \bar{y}_t) = \delta_n + u_{nt} \tag{2.63}$$

这里 $\lambda_n(L) \equiv 1 - \lambda_n L$，L 是滞后算子，$\lambda_n$ 是介于 [0, 1] 之间在经济体间稍有不同的参数。

现实中，由于资本可能被分解为折旧率不同的装备和建筑物；投资产生调整成本；突然且持久的对技术和参数的特殊冲击可能发生。此外，y_{nt} 可能被静态测量误差所污染。以上这些特征合成一体，模型意味着多项式 $\lambda_n(L)$ 的次数超过 1。

最后，x 的适度维度似乎不能完全控制全部横截面经济的人均产出的持久差异，而且任意测量误差的非零均值可能污染 y。

横截面（包括面板数据）回归分析方法是以往文献研究国家或地区经济增长差距变化趋势的主要方法，采用横截面 β 分析方法的多数文献都得到了地区经济增长绝对收敛或条件收敛的结论，而这一结论与世界范围内经济增长差异日益扩大的现实形成鲜明反差，因此一些学者对采用横截面 β 方法研究收敛问题的可靠性提出了质疑。其中最具代表性的有 Quah（1993，1997），在文中多方面指出采用横截面 β 分析方法研究地区经济收敛的不足：其一，认为每个经济体都有一个平稳的增长路径，类似于某种时间趋势，但是在某种大的外部冲击下，例如生产函数改变或储蓄率变化，都会使地区经济增长偏离原来的稳定状态，人均产出序列成为非平稳序列，处于非平稳状态下的地区经济不可能出现收敛，横截面 β 分析方法正是忽略了人均产出序列的这种非平稳性问题；其二，该方法不能区分介于收敛与不收敛之间的中间状态；另外，研究收敛问题应从地区经济发展水平在整个经济系统中的相对分布角度考察，横截面 β 方法仅能观察到经济体系平均发展状况，不能显示不同地区经济水平的分布动态。

而且横截面 β 方法仅仅解释了追赶的过程，但并不能解释地区间趋异的可能性，即经济水平初期比较贫困的地区在超过富裕地区后，不排除再次趋异的可能性。

因为横截面分析是研究对象在某一时期的分析，有可能存在多重水平的趋同，即尽管地区间的差距在缩小（ σ 收敛），但是不能排除各地区将来经济水平趋同于两极化，或者更多极化的可能性。因而，横截面分析不是收敛的分析，而是所谓收敛倾向的检验。固定效应面板数据回归与横截面 β 方法的局限性大致相同。

2.2.6.3　时间序列协整分析法

增长回归法的优点在于验证收敛性是否存在的同时，根据控制变量的显著性可以为经济增长的决定因素研究提供证据支持，不足之处是不能区分收敛与非收敛之间的中间状态。

时间序列分析法恰好可以解决这个问题。横截面 β 分析法暗含地区经济间的相互追赶，而时间序列协整方法意味着人均产出差距最终趋于 0，如果受到某种历史事件的冲击，那么地区间人均产出的差距将会永远存在，这使得时间序列协整方法的要求比横截面 β 方法更加严格。时间序列协整方法从各经济体人均产出时间序列所显示的关系出发，通过单位根和协整检验来判断经济间人均产出的差异在长期会不会消失，从而确定各国经济增长之间的收敛性和共同趋势性，时间序列分析法引自渐近理论，可以长期观测预期趋势点变量的性质。然而，时间序列协整方法没有考虑到横截面单位的异质性（Hadri，2000），而且人均产出序列中存在转移成分，这些不足减弱了该方法的解释力和检验力，使得采用该方法的实证研究往往拒绝收敛假说。

2.2.6.4　面板单位根方法

除偶然情况外，传统的横截面 β 检验法会产生无效推断，除非经济有相同的一阶自回归动态结构，并且各经济体间人均产出的持久差异可以被完美的控制。而面板单位根方法可以在避免这些难以置信的假设的同时，提高有效性，因为传统方法抛开了 y 的很多时间序列方面的变化。当样本期比较短时，时间序列协整方法存在"低势"（Low Power）的问题，造成拒绝零假设的概率降低，从而错误地得出变量间的关系。Evans（1998）将时间序列协整法检验任意一对经济是否存在协整关系，扩展为检验一组面板数据中每个个体与横截面均值的差分序列的平稳性的面板单位根检验。这种方法从产出序列差异的长期趋势是否趋于无穷来判断经济的收敛性。

由数据生成过程（2.63）式开始：

$$\Delta(y_{nt} - \bar{y}_t) = \delta_n + \rho_n(y_{n,\,t-1} - \bar{y}_{t-1}) \\ + \sum_{i=1}^{p} \varphi_{ni}\Delta(y_{n,\,t-i} - \bar{y}_{t-i}) + u_{nt} \tag{2.64}$$

这里 H_0：如果 ρ_n 为零，经济发散；H_1：如果 ρ_n 为负，经济收敛。δ_n 为参数，φ 是所有 $\sum_i \varphi_{ni}L^i$ 的根位于单位圆外的参数。假定当 n 趋于无穷时，u_{nt} 在各经济间不相关。

Levin 和 Lin（1993）用公式表达了一个检验零假设的步骤，零假设为对于所有的 n，$\rho_n = 0$ 和 $\delta_n = 0$，备择假设为对所有的 n，$\rho_n < 0$，且对一些 n，δ_n 可能非零。内生增长模型预示着不只对所有的 n，有 $\rho_n = 0$，而且有 $\delta_n \neq 0$，因为技术、参数选择、政府政策、市场结构上的差异会造成趋势增长率的差异。正因为如此，对他们的方法进行修正。修正后的检验有以下四步：

（1）对方程（2.64）应用普通最小二乘法得到标准误差的估计值 $\hat{\sigma}_n$。然后对每个 n 计算标准化的序列 $\hat{z}_{nt} \equiv (y_{nt} - \bar{y}_t)/\hat{\sigma}_n$。

（2）使用普通最小二乘法，通过估计下面的面板模型得到参数 $\hat{\rho}$ 和其 t 比率 $\tau(\hat{\rho})$ 的估计：

$$\Delta\hat{z}_{nt} = \hat{\delta}_n + \rho\hat{z}_{n,\,t-1} + \sum_{i=1}^{p} \varphi_{ni}\Delta\hat{z}_{n,\,t-i} + \hat{u}_{nt} \tag{2.65}$$

$n = 1, 2, \cdots, N$，$t = 1, 2, \cdots, T$，这里 $\hat{\delta}_n \equiv \delta_n/\hat{\sigma}_n$，$\hat{u}_{nt} \equiv u_{nt}/\hat{\sigma}_n$。

（3）如果 $\tau(\hat{\rho})$ 超过选择的临界值，拒绝 H_0：$\forall_n$，$\rho_n = 0$，接受 H_1：$\forall_n$，$\rho_n < 0$，否则，接受 H_0。

（4）如果拒绝 H_0，计算 F 比率：

$$\Phi(\hat{\delta}) = \frac{1}{N-1} \sum_{n=1}^{N} \left[\tau(\hat{\delta}_n) \right]^2 \tag{2.66}$$

这里 $\tau(\hat{\rho})$ 是对（2.64）式中的经济体 n 使用普通最小二乘法得到的 δ_n 的 t 比率的估计量。如果 $\Phi(\hat{\delta})$ 超过选定的临界值，那么推断收敛是条件的。如果没有超过选定的临界值，则收敛可能是绝对的。

在零假设 H_0 下，随着 T 和 N 趋于无穷，同时 N/T 接近于零，$\tau(\hat{\rho})$ 将收敛于标准正态分布。此外，随着 T 趋于无穷，但是 N 和 p 保持不变，$\Phi(\hat{\delta})$ 的 F 比率收敛于服从 $F[N-1,(N-1)(T-p-2)]$ 的分布。不幸的是，$\tau(\hat{\rho})$ 和 $\Phi(\hat{\delta})$ 的渐近分布不精确接近前面考虑的样本的分布。因此，使用蒙特卡罗模拟给出近似分布用于统计推断。

面板单位根方法与上述其它方法相比，首先，备择假设 H_1 中的 ρ_n、δ_n 和 φ_{ni} 可在经济间不同，使得不同经济间的异质性得到控制；其次，P 可用来捕捉 $y_{nt} - \bar{y}_t$ 的动态性；最后，面板单位根方法可以提高检验的势。此外，面板单位根方法检验地区经济收敛性还有以下三个优点：（1）从时间序列角度考虑，充分地使用了全部数据包含的相关信息。（2）$\sum_i \varphi_{ni} L^i$ 的根可以捕捉经济周期的动态性。（3）ADF 检验可消去误差项中经济间相同的时间效应，并放松横截面的相关性。因此，面板单位根方法是一种较为严谨的检验地区经济敛散性的方法。

CHAPTER 3

中国地区经济发展差异及其成因分析

改革开放政策实行以来，中国的经济取得了空前的发展成果，1978 年，中国国内生产总值为 3679 亿元，截止到 2015 年，中国 GDP 已经增长到了 68.90 万亿元，并且 GDP 总量已超越日本，位列世界第二位，仅次于美国。不仅如此，在全国经济总量快速增长的同时，各个地区的区域生产总值以及人民的生活水平也不断地提高。然而各个地区之间发展的速度却不同步，东部沿海与西部内陆之间，城市与农村之间的发展差距也越来越明显。显然，改革开放希望通过鼓励先富带动后富的政策观点，势必会造成极度不平衡的经济发展现状。

通过国家统计局的公布的基尼系数显示，2012 年为 0.474，2013 年为 0.473，2014 年为 0.469，2015 年为 0.462。作为衡量与反映居民贫富差异程度的数值，基尼系数越大，则表示社会贫富差异越大，而根据国际评判标准，中国的基尼系数已经超出了 0.4 的警戒线，表明收入差异较大，而且由于一部分群体存在隐形福利，中国的实际收入差距可能还要更大。

在国家的发展过程中，由于各个方面的因素与条件的不同，国家各个地区的发展速度势必会有差异，适当的经济差距有利于各个地区进行分工与合作，但是如果国家长期的存在过大的区域经济差异，将会对社会的经济效率产生影响，同时影响社会经济的可持续发展，因此近几年来，中国学者也对这方面进行了深入的研究，国家也致力于缩小这种差距而制定了一系列规模庞大的诸如西部大开发、中部崛起计划等战略。而作为这些的基础，需要深入探究中国区域经济的发展差异的现状、特征、差距的程度、引起差距的成因等各方面的因素。

3.1　中国地区经济发展差异概述

3.1.1　地区的概念

如何界定和划分地区，这是区域经济学研究过程中面临的首要问题。然而，迄今为止，学术界对地区一词没有明确的定义，其含义范围的大小也完全取决于研究的目的和问题的性质。地区概念难以界定主要源于三方面：第一，根据研究问题的重要性和类型，地区的大小可以在相当大的范围内变动，小到几平方公里的区域，大到几个国家；第二，地区的连续性问题，即所划分的地区内部，必须是相邻、相连且无遗漏的；第三，由于许多学科都涉及地区问题，不同领域的学者从本学科研究目的出发，对地区的界定和划分往往具有不同的看法。地理学家一般将地区定义为地球表壳的地区单位；政治学家将地区看作是国家管理的行政单元；社会学家则认为地区是具有相同语言、相同信仰和相同民族特征的人类社会聚落。

在经济学界，目前国内学者大多采用 1922 年在《全俄中央执行委员会直属俄罗斯经济区划问题委员会拟订的提纲》中给地区下的定义："所谓地区应该是国家的一个特殊的经济上尽可能完整的地区。这种地区由于自然特点，以往的文化积累和居民及其生产活动能力的结合而成为国民经济总锁链中的一个环节"。（克尔日查诺夫斯基，1961，第 82 页）事实上，这里所指的区域，是能够在国民经济分工体系中承担一定功能的经济区概念。

从更一般的角度看，所谓地区是指根据一定的目的和原则而划定的地球表面的一定范围的空间，是因自然、经济和社会等方面的内聚力而历史奠定，并具有相对完整的结构，能够独立发挥功能的有机整体。它具有以下几方面的含义：

第一，地区既是一个实体概念，又是一个抽象的空间概念，它具有典型的二重性。我们所说的地区，通常是指地球表面所存在的特定范围的空间，即特定的地区。然而，在理论研究中，"地区"一词又经常被看成是一个抽象的、观念上的空间概念，没有严格的范围、边界以及确切的方位。正因为如此，在区域经济学文献中，"地区"和"空间"这两个概念往往可以相互换用，而不必做细致的区别。

第二，地区的内聚力、结构、功能、规模和边界是构成一个地区的五个基本要素。其中内聚力是地区形成和演变的基础，它决定了地区内部的结构和功能，进而决定了地区的规模和边界。正是由于这种内聚力的存在，从而在一个地区各组成部分之间形成了一种相互依存的关系，并由此产生了一种共同的地区利益和地区意识。正如美国经济学家胡弗（Edgar Malone Hoover）所指出的："一个地区，它之所以成为一个地区，就在于区内有一种认识到某种共同地区利益的一般意识。"（Hoover，1990）这种意识是地区采取一些积极的措施，做出共同努力，提高地区福利水平的前提条件。

第三，地区具有客观性和动态性两个最根本的特征。一方面，地区是一个客观存在的现实现象，由此可以根据一定的目的对其加以描述，进而划区，并揭示其一般规律性。另一方面，地区又处于不断演进变化之中，随着社会经济的发展，地区的内聚力将不断发生变化，继而导致地区特别是经济地区的结构、功能、规模和边界也随之发生变化。但是，在某一特定时期，地区一般具有一定的规模和比较明确的边界。根据地区类型的不同，地区边界可能是一条明确的边界线，或者是一条相互交叉融合的边界带。由于商品经济的不发达，在两个经济区域之间可能会暂时出现一些空隙地带。

第四，地区具有一定的等级体系，不同等级地区的规模可能相差甚大。一个城市工业区、一个大的经济地带甚至一个国家都可以看作是一个地区。按照地域规模的大小，国内地区大体可分为地带级、大区级、省区级、市级、县级、乡镇级等多个层次。当然，地区并非无限分割的，它具有一定的最小规模即单元区规模。

3.1.2　地区经济发展差异简介

对于地区经济发展差异的定义，在国内外的理论界有着多种的看法，国内部分专家学者如韦伟将地区差异定义为，一个地区与另一个地区的差别，而后来的专家学者则普遍更倾向于地区差距的定义。而国外对于地区的差别也有详细地分为地区不平衡（Regional Imbalance），地区差异（Regional Disparity），地区非均衡（Regional Enequilibrium）等不同理论。这些概念都是反映地区之间经济的不一致性，体现在对各个地区之间的差异的状态的价值判断有所不同上。其中，不平衡主要体现在各地区间，经济权益方面的不公平；

而非均衡则主要表现为在经济系统内，具有关联性的部分之间，在结构、功能等方面没有达成相应协调的状态。[1]地区经济不平等，或是地区经济非均衡，都有可能造成地区差异，但是它们体现出来的问题实质各不相同。

同时，可以将地区经济差异理解为地区之间的经济在动态和静态这两个层面的变化差异。在动态层面看，可以理解为是地区间经济增长的速度的差异；而从另一个层面，则主要体现在地区间经济水平的差异。[2]另外，还有一种关于地区经济发展差异的说法是指，一定时期内，各个地区之间人均经济发展的总体水平上的差异。这些理论在国内外的许多对区域经济的研究中被较为频繁地使用。

在经济增长研究中，一般用人均 GDP 代表一个国家或地区的经济水平，用人均 GDP 增长率代表一个国家或地区的经济增长能力。在这一意义下，所谓经济发展的差异是指国家或地区间人均 GDP 水平的差距，而经济收敛是指初始人均 GDP 水平低的国家或地区比初始人均 GDP 水平高的国家或地区有更高的人均 GDP 增长率，从而使得国家或地区间以人均 GDP 计算的经济发展差距有不断缩小的趋势。对于国家间经济发展差距的长期趋势是如何变化的，经济学家们进行了大量的经验研究。到目前为止，基本的结论是：只有少部分国家间的经济发展差距是在缩小的，即存在经济收敛；在全球范围内不存在经济收敛，特别是大部分发展中国家与发达国家之间的经济发展差距没有缩小的趋势。对于一个国家内部不同地区间的经济发展差距研究中，部分研究认为地区间的发展差异在缩小。

地区经济发展差异是经济发展过程中一种普遍存在的现象，世界上的任何一个国家都存在着一定程度的地区经济发展不平衡问题。总的来说，区域经济发展差异主要有两种表现：第一种是指各个不同的地区经济发展程度不同，有的地方发展速度快，经济繁荣，有的地方缺少发展经济的关键资源，经济发展速度缓慢，缺乏动力，于是不同地区生活的人生活成本、工作机会等生活条件和环境都存在着差异；第二种是指各个地区拥有不同的支柱型产业，发展的产业不同，有些产业能够相互促进，有些产业相互抑制，有些产

---

〔1〕　参见吴殿延：《区域经济学》，科学出版社 2003 年版，第 7~12 页。

〔2〕　参见蔡昉、都阳："中国地区经济增长的趋同与差异——对西部开发战略的启示"，载《经济研究》2000 年第 10 期。

业彼此影响巨大，有些产业关联性很小。基于以上两种区域经济发展差异的表现，出现了不同的数据指标和衡量方法。主要应用的数据判断指标有：极差、标准差、（加权）变异系数、基尼系数、Theil 指数等，其中极差、标准差、（加权）变异系数可用来衡量经济的绝对差异和相对差异，计算相对简单，但不能分解；而基尼系数和 Theil 指数计算相对复杂，但都可进一步分解为组间差异和组内差异。此外，ESDA 方法[1]近几年也逐渐应用到了经济差异分析中。

3.1.3　地区经济发展差异的学术研究史

作为世界上最大的发展中国家，1978 年改革开放后中国的快速发展令世人瞩目，在改革开放初期所采取的非均衡经济发展策略，有利于突破资源的约束，利用有限的资金和精力，集中发展部分地区，从而以点带面，最终推动国民经济的全面发展。然而，伴随着经济总量的快速增长，地区经济发展的差距也在不断扩大。从经济效率角度考虑，不断扩大的地区经济发展差距降低了资源的有效配置；从社会福利、政治稳定性方面考虑，地区间经济发展失衡所引起的收入分配地域性差别不仅会拖累社会整体福利水平的提高，而且也关系到社会稳定和国家统一。为缓解地区经济发展差异问题，中国先后制定了"西部大开发""振兴东北老工业基地""中部崛起""东部率先发展"等一系列促进部分地区快速发展的战略部署。"丝绸之路经济带"倡议的提出，试图通过扩大同中亚、南亚和西亚国家的合作来推动中国西部地区的发展。这种通过大规模国家投资、深化市场改革、加大西部对外开放的行为是否能够促进东西部地区平衡发展？中央政府需要如何制定并协调各地方政府的发展政策和产业布局才能够有效地达到缩小地区经济发展差距的目的？

3.1.3.1　对地区经济发展差距变化趋势的研究

地区经济发展差距的变化趋势分为两种，一种是收敛，即随着时间的推移，各地区间经济发展水平之比趋于 1；另一种是发散，即随着时间的增长，

---

[1]　探索式空间数据分析（ESDA）方法可以很好地揭示区域经济增长特征及其与空间环境的关系，是深入了解和把握区域经济的空间分布和演化规律的有效手段之一。

各地区间经济发展水平之比趋于无穷。对经济发展差距问题的考察可以追溯到 20 世纪 50 年代麻省理工学院罗伯特·索洛（Robert Solow）两篇著名论文的发表。在 20 世纪 60 至 70 年代，在索洛研究的基础上，世界范围内的经济增长和差异问题的研究逐渐活跃起来。到了 20 世纪 80 年代初期，芝加哥大学的保罗·罗默（Paul Romer）和罗伯特·卢卡斯（Robert Lucas）通过强调创意及人力资本在经济增长中的作用而重新激发了经济学家对经济增长及增长差异的研究兴趣。

作为人口总数占世界 20% 的最大的发展中国家，中国随着改革开放的深入，地区间经济发展水平差距的变化趋势逐渐成为国内外经济学者们探讨的焦点问题之一。由于 1978 年前后，中国的经济发展体制发生重大变化，大多数国内外学者对中国区域经济发展差距变化趋势的研究以改革开放作为重要时间节点，存在下述三种观点：第一种认为，地区经济发展在改革开放之前表现为发散，改革开放后则表现为收敛（Chen 和 Fleisher，1996；Jian，Sachs 和 Warner，1996；魏后凯，1997；申海，1999；宋学明，1999）；第二种认为，地区经济发展在改革开放之前表现为收敛，改革开放后则表现为发散（Young，2000；蔡昉、都阳，2000；彭国华，2005；王志刚、聂秀东，2006；何斌，2008）；第三种认为，在改革开放后的发展过程中，中国地区经济的发展在 1990 年以前是收敛的，在 1990 年以后表现为发散（孟健军、川田康治，2003；王远林、杨竹莘，2005；胡鞍钢、魏星，2008；欧阳葵、王国成，2014）。

总结以上对中国地区经济发展差距变化趋势研究文献的结果不难发现：一方面，国内外对中国地区经济发展差距的变化趋势的研究没有形成一致性的结论，这方面的研究一直处于争论之中，主要是由于检验方法、样本时期及所选指标的不同造成了有关中国地区差距演变趋势的结论是不统一的，甚至是相互矛盾的；另一方面，已有研究成果，特别是国内研究成果尚存在改进空间，包括研究方法及研究结论的稳健性等方面。

3.1.3.2　探索导致经济发展差距变动的主要因素

国内外学者通过 Solow 模型的增长核算框架，考察三个基本的因素：物质资本、劳动力及生产率对国家间人均产出差异的贡献大小。90 年代早期的研究大多都认同投入要素的差异是造成国家间人均产出差异的主要原因

（Mankiw，1992；Young，1992，1995）。而近期的研究文献已经证明，投入要素的积累不可能解释跨国人均产出的差异，差异的原因是生产率的巨大差距（Kogel，2005）。

造成中国地区经济敛散性原因的研究没有形成一致性结论。许多因素被认为是造成中国地区差距的原因，如地方政府政策、宏观经济因素、相异的资源禀赋、投资的偏向、要素流动性的差异、专业分工以及全球化（刘强，2001；沈坤荣、马俊，2002；刘夏明、魏英琪、李国平，2004；董先安，2004；段平忠、刘传江，2005；郭庆旺、贾俊雪，2006；张文宣、张伦伦，2009；王英，2010；刘灿、金丹，2011；刘友金、吕政，2012；赵亚明，2012；文东伟，2013；罗勇、王亚、范祚军，2013；李昕，2013）。以上所列并没有穷尽所有研究，值得注意的是以上因素并非绝对外生，它们之间存在相关性，这使探求地区差距根本原因、相机抉择政策措施的工作变得很困难。这说明造成中国地区经济发展差距的原因十分复杂，对其的研究是实证性很强的问题，需要结合不同的理论和方法进行具体分析。

3.1.4　研究中国地区经济发展差异的意义

研究研究地区经济差异的主要意义在于：地区经济差异过大，会导致发展机会不公平、资源配置不合理，进而危害到经济的健康增长和社会的和谐发展，严重时更可能动摇国家的根基，对国家形成致命的打击；地区经济差异过小，又可分为高水平的均衡和低水平的均衡两种情况，其中，低水平的均衡往往没有带动并辐射其他区域的核心增长极，区域之间缺乏竞争力，同样不利于经济的发展，高水平的均衡则容易引发恶性竞争。因此，有必要深入剖析地区经济差异的变化情况，了解地区经济差异的现状，这对国家和地方政府制定均衡和非均衡经济发展战略具有重要参考价值，从而从国家政策层面上影响未来经济的健康均衡发展。除此之外，如果相关行政官员对地区经济差异认知不够明确，制定出错误的政策，将会导致人口的剧烈流动，社会问题会加剧，而社会不稳定，会导致人才、资金、技术等严重外流，从而对经济形成致命打击。因此必须重视地区经济差异问题。

改革开放以来，中国地区经济发展迅速，经济实力不断壮大，人民生活水平不断提高。但由于中国地域辽阔，自然条件各异，地区间经济发展模式不尽相同，不同地区在自然资源、区域特征、经济基础、技术实力、市场与信息状况等方面存在着很大的差异，加之中国长期实行的计划经济体制造成了经济结构、生产力布局的不合理，导致了各地区经济发展的不平衡。促进区域协调发展、逐步缩小区域发展差距，是深入贯彻落实科学发展观的重大战略任务。改革开放多年后的今天，当初设想的从沿海到内陆的阶梯型连锁发展形式，即所谓的"雁行型"发展模式仍未完全形成。为此，中国开始下大力气开发内陆地区，特别是在西部地区打出了"西部大开发"的方针。2001 年启动的第 10 个五年计划中，政府将"西部大开发"列为最重点工作，并在财政资金等方面对西部地区有所倾斜。2003 年开始又提出了"振兴东北老工业基地"的战略发展方针。

随着中国国民经济的持续、快速发展，地区间经济发展不平衡。这种现象如果长期得不到缓解，任其扩大，就会对整个国民经济造成不利影响，从政治上讲，由于不发达地区多为少数民族地区，不利于民族团结；从经济上讲，这种不平衡会制约整个国民经济协调、快速、稳定、健康发展。因此，正确理解、衡量、分析地区经济发展水平的变化趋势及其影响因素，并对其进行综合评价，有针对性地制定地区经济发展战略，促进国民经济协调发展具有十分重要的意义。

提出"丝绸之路经济带"建设过程中各级政府所需采取的政策和措施，如何进一步促进推动中国西部地区的市场开放度和基础设施水平的提高，促进东部低效率生产性资源向西部转移，通过降低资源的流入和产品的输出成本，提升中国经济发展的效率。研究"丝绸之路经济带"倡议对中国地区经济发展差距的现实影响与长期后果，探讨"丝绸之路经济带"沿线国家的根本需求与现实困难对复兴整个区域的意义、寻找中国新的经济增长点、缩小中国地区间发展差距的影响，寻求可行的政策建议，对于促进中国经济的增长与缩小地区经济发展差距、提高经济发展效率和居民福利水平、带动"丝绸之路经济带"沿线国家经济腾飞、提升中国在欧亚地区的影响力都具有重要的理论和现实意义。

3.1.5　研究中国地区经济发展差异的认识层面选择

地区经济差异的层面是多方面的，不同的层面有不同的意义，就如同经济学有宏观经济学与微观经济学两种不同的层面一样。而且由于空间单元、研究时段、数据来源、研究方法等的不同，对中国地区经济差异的研究可以得出截然不同甚至相反的结论。中国地区的区域经济差异研究情况大致如下：首先是研究尺度，研究尺度以三大地带、省级（直辖市、自治区）区域尺度为多，而以全国层面的地级或县级区域为研究尺度的则不多，此外西南经济区、长三角经济区、珠三角经济区、渤海湾经济区、东北经济区、中原经济区等区域尺度也是研究热点；其次是研究时段，研究时段有 1949 年以后、改革开放以来、90 年代以来、2000 年以来等，时间跨度不等，但多以重要时间节点作为研究起点；再次是研究方法，极差、标准差、（加权）变异系数、基尼系数等是衡量区域经济差异常用指标[1]，这些指标也常见于国外相关研究中，每种测度方法都有各自独有的优势和局限性；最后是研究结论，尽管不同学者对中国地区经济差异研究的结论不同，但大体上看，较为一致的观点是：中国地区经济差异在 1978~1990 年呈缩小趋势，1990~2000 年呈扩大趋势，2000 年以来有所缩小，但在不同的空间尺度上差异结果有所不同。

总的来说，区域经济的差异层面非常多，大到一个国家小到一个家庭。中国的地区经济差异，有几个方面对于改善中国经济具有一定的研究意义。

第一，从东、中、西、东北四大经济区[2]的划分层面上。原来的东、中、西三大地带的划分[3]结果如下：东部沿海地带包括辽宁、北京、天津、河北、山东、江苏、上海、浙江、福建、广东、海南、广西等 12 个省区市，中部地带包括黑龙江、吉林、内蒙古、山西、河南、安徽、湖北、湖南、江西等 9 个省区，西部地带包括重庆、四川、贵州、云南、西藏、陕西、甘肃、青海、宁夏、新疆等 10 个省区市。最终，将东北三省单独划归为一个区域是因为该区域是中国的重工业基地，其基本的经济状态已经定型，与其他地区

---

〔1〕　举例说明：李小建、周玉翠等在研究 1990 年到 2000 年中国区域经济省际差异时使用了标准差、变异系数；芦惠等在研究 2000~2010 年地级市的区域经济差异时使用过基尼系数、Theil 指数一阶分解、极化指数。

〔2〕　按 "十一五" 规划的建议，可将全国划分为东部、中部、西部、东北部四大地区。

〔3〕　东、中、西部地区的划分源自政府的 "七五" 计划。

相比拥有不同的特点，而且由于其地位特殊，改变不易，单独列出更能突出东、中、西部地区的差别。在四大经济区中，东部面积约为 70 万平方公里，约占全国的 8%，中部面积约为 266 万平方公里，约占全国的 28%，西部面积为约 545 万平方公里，约占全国的 56%，东北地区面积约为 79 万平方公里，约占全国的 8%。然而，从经济活动在东、中、西、东北部的分布来看，主要集中于东部地区，而且这种集中趋势越演越烈。从人口的地区分布来看，东部地区占 38% 左右，中部地区占 27% 左右，西部地区占 27% 左右，东北地区占 8%。[1]人口的这种空间分布格局自改革开放至今基本保持稳定。于是就形成了中国经济密度和人口密度由东向西呈梯次降低的特点，而这一切是由于水资源、土地和温度的地区差异并经过人们长期的选择性活动积累形成的，这是经济社会发展规律的必然结果。正是基于这种自然形成的格局，从这个层次去理解地区经济的差异能够看到各部分地区各自具备的经济先天条件优势，从而在大的层面上给予正确的政策支持，发展各具特色而又能够相互补充的产业，促使整个国家层面上不会再出现某些产业产能严重不足、某些产业产能严重过剩的局面，使整个国家各地区联合，形成具备国际产业优势的格局。

第二，从省级（直辖市、自治区）的层面去认识，省级（直辖市、自治区）是由国家根据地区结构以及历史因素再参考现实情况而划分的行政区域结构，这种结构经过多年的施行，已经根深蒂固，完全趋于稳定。中国的省级行政区共分为省、自治区、直辖市和特别行政区。这种稳定的行政区的格局的形成使得从某个省级层面发出的经济政策能够快速作用于该省份的经济，因为只涉及一个省份，只要政府有一定的工作效率，那么这个层面上的经济研究成果将能够较快速的实现，从这个层面上去看，研究更具备现实意义。更重要的是中国的经济政策一直具备很强的倾向性，例如：中华人民共和国成立初期，国家重点发展重型工业，当时东三省一直是老工业基地，故而得到国家的高度重视，向其倾斜了大量的资金，所以当时黑龙江省的人均 GDP 最高，但是后来再没有作为发展的重点，所以发展速度有所降低。而当时最为落后的贵州，一直得到国家的扶持，经济发展有很大进步，以至于两省经济的差距在不断缩小；除此之外，改革开放给予了沿海一带大量的政策和资

---

[1]　该结论基于第六次人口普查的数据。

金的支持，尤其是广东省，促使其发展加快，因而其与贵州的发展差距不断扩大。从省级层面上分析，能够看到省级地区之间的巨大差异与发展状况，从而决定针对性经济政策的强度与精确性。

第三，从省级重点城市的层面上来看。基于中国经济和人口的分布状况考虑，在发展经济问题上，对于西部的人口稀少的地区应当对地区大城市进行扩展开发，而对于中部地区应当成线状开发，而对于东部及与东部紧邻的部分中部地区呈现面状开发。所谓的点线面结构，就是以重点大型城市为点不断向四周辐射，与近邻区域形成经济区域覆盖，与其他的重点大型城市及一些远处的城市则以线的形式形成相互连接，如此将全国的城市连接形成经济网络。这样就形成了更小型的地区经济，在这些更小型的地区经济格局中，各行各业能够更好的完成彼此之间的分工合作，从而使地区经济一体化发挥出应有的效用。

由于这样的经济格局能够适应于人口稀少的地区，这对于中国西部的经济发展极为有利。中国西部由于地大人口少，通过这样的方式有利于人口的聚集与集中，加速城市的发展。通过对重点大型城市的研究，能够看到一个城市群区域经济的缺陷，从而对中心城市的卫星城市进行重新定位改建，形成新的结构更完整的区域经济城市群。那么为什么不用更小的经济格局理解呢？原因很简单，地区经济应该是属于宏观经济的一个分支，只能对形成了一定规模的经济适用，格局太小就不能做出正确的判断。还有一点，经济讲究规模效应，过于小的经济体不能够形成规模效应，在超小型经济体中，虽然能够形成地区经济的效应，然而却失去了规模经济的效应，总的来说是得失未知，因此，研究过小的地区经济结构意义不大。

3.2　中国宏观经济发展战略的演进

中国经济长期高速度的强劲增长是世界经济史上的一个奇迹，中国在不同时期的经济发展战略和政策在这一过程中发挥着重要的作用。中华人民共和国成立以来，党和政府在实现各地区之间的经济合理布局与协调发展的道路上进行了艰苦的探索和大胆的尝试，其间发生了四次发展战略的大转变。

3.2.1 平衡发展战略

中华人民共和国成立在一个生产力低下且经济布局极不合理的、带有浓厚半殖民地半封建色彩的经济基础上。1949 年之前，中国 3/4 以上的工业集中在东部沿海地区，广大内地，特别是西部地区很少或者根本没有工业。中华人民共和国成立之初，经济发展面临着复杂而困难的国内和国际形势。一方面是旧社会留下来的工业畸形发展、分布极不平衡的经济结构，据 1952 年的统计：在占全国面积不到 12% 的东部沿海狭长地带，集中了中国当时 70% 的工业，重工业主要集中在辽宁、黑龙江和河北等省，轻工业主要集中在上海、天津、江苏、广东等省市，而内地绝大部分地区仍然处于自然经济、半自然经济的落后状态，只有少数小型工业零星地散落其中。其中占国土面积 40% 多的西北、内蒙古地区工业产值仅占全国的 3%。另一方面，资本主义世界对中国进行全面经济封锁，中国只同苏联、东欧少数社会主义国家有贸易往来。

20 世纪 50 年代后期，中苏关系恶化，美苏争霸开始，世界面临战争危险。在这种情况下，中国选择了区域经济均衡发展的内向型经济发展战略，力图以本国的资源实现自给自足、自成体系的现代工业，着重加快内陆地区的工业发展，以缩小东西部地区的经济差距，达到经济发展的平衡。由于中国的资源大部分都集中在中西部地区，国家试图利用对中西部资源的开发，带动当地经济发展，实现社会主义共同富裕、平衡发展的目标。因此，从 1952 年到 1978 年改革开放前，中国实施的是经济平衡发展战略，把区域经济发展战略的重点放在内地建设上，以此来缩小其与沿海经济的差距，从而达到整个国家经济的平衡发展。"一五"期间，国家在内地的基本建设投资金额占全国总投资的一半左右。在此基础上，"二五"时期，国家投资继续向内地倾斜，达到总投资额的 56%，其中西部占 22%，比"一五"时期又上升了 4 个百分点。从"三五"计划开始，中国着重加强以西南、西北为主体的后方地区经济建设。从 1952 年到 1978 年平衡发展战略经过近 30 年的实施，内地工业产值增加了 40 多倍，在全国工业总产值中的比重，由中华人民共和国成立初期的 28% 提高到 36%。内地一些区域的生产力有了很大的发展，一些大型建设项目不仅成为国民经济的骨干，对所在区域的经济发展也发挥了一定的带动作用。

从经济发展的角度看，这种战略的实施，力图改变历史遗留的畸形的宏观区域生产力布局态势，加速国家的工业化进程，客观上对于改善中国东西部地区的生产力布局，加强内地经济建设的基础，缩小东西部地区的经济差距起了一定的积极作用。但是，这种战略也存在着根本上的缺陷。首先，这种战略没有把区域经济的平衡发展建立在生产力发展的客观规律上，生产力的平衡配置带有极强的主观性和片面性，是通过抑制东部区域、沿海区域的发展，而强化内地区域的发展，所追求的实际上是一种低水平的平衡。东部沿海地区原本经济基础良好，发展潜力很大，但由于得不到足够的人、财、物的投入，还要"停""缩""搬""分""帮"，致使东部沿海地区的经济优势难以发挥，甚至出现了经济增长率落后于西部的现象，1952~1978年间，中国东、中、西部人均国内生产总值平均增长率比为4.37∶2.41∶3.44，中国东、中、西部国内生产总值平均增长率比为5.57∶5.73∶6.18。其次，这种战略过分强调区域平衡发展而忽视了经济发展和区域生产力布局的效率原则，造成了较大的经济损失。尤其是对西南、西北地区的重点建设，更是片面地突出战备需要，把大工厂建立在交通不便、远离原料产地和市场、劳动力素质不高、技术力量薄弱的内地山区。建了不少工厂但生产能力却没有相应的增长，有的反而成为财政负担，严重影响了新增生产力的经济效益。最后，这种战略在区域生产力布局上违背了规模经济原则，使许多新建企业不仅没有获得规模经济效益，而且还产生了外部不经济。因此，这种战略在促进区域自身的经济发展上所发挥的作用是较为有限的。实施这种战略，特别是在经济较为落后的区域所进行的生产力布局，实际上是一种"嵌入"的方式，企业之间、工业部门之间、各产业之间没有很好地建立起正常的经济联系，因而一个企业、一个产业部门的建设和发展就难以对其他产业以及整个区域的经济发展产生带动效应。这是三线地区新增生产力虽然大量配置，但区域的整体经济增长和经济技术水平提高却没有得到相应提高的重要原因。

3.2.2 梯次推进战略

1978年以后中国经济发展模式转轨，人们认识到过分强调区域经济平衡发展而采取的生产力空间配置的西移，虽然在一定程度上可以缩小或控制区域间的差距，但却压低了宏观产业结构变动的档次，整体上延缓了全国经济的发展速度。因而在整个 20 世纪 80 年代，以寻求更高的发展速度的非均衡发展战略在中国生产力布局和区域经济发展战略中占了支配性的地位。

十一届三中全会以后，邓小平及时总结了过去经济建设的经验教训，根据中国各地区经济发展的条件和特点，果断提出了"让一部分地区先富起来，逐步实现共同富裕"的地区经济梯次推进的战略构想。中国开始进行经济体制改革和实行对外开放，对资源配置和区域经济发展战略也开始作相应的调整，从强调区域经济平衡发展转向重视国民经济整体发展速度和宏观经济效益，着重充分发挥和利用各区域优势尤其是东部沿海区域的经济技术区位优势，按三大地带序列分阶段、有重点、求效益地展开区域经济生产力布局，从而实施了区域经济非均衡发展战略。

这种发展战略根据经济技术发展水平和地理位置的差异，把全国从东向西划分为三大地带。东部地带包括：北京、天津、上海、河北、辽宁、江苏、浙江、福建、山东、广东、广西、海南。中部地带包括：山西、内蒙古、吉林、黑龙江、安徽、河南、江西、湖南、湖北。西部地带包括：重庆、四川、云南、贵州、陕西、甘肃、青海、宁夏、新疆和西藏。东部地带是中国的经济发达区域，中部地带是中国的经济正在成长的区域，而西部地带则是中国的经济不发达区域。以此为依据，确定了不同区域经济发展梯度推移的战略思路，即"七五"期间以至 20 世纪 90 年代，中国的区域经济发展是重点优先发展东部，以东部的发展带动中部和西部的发展，使生产力及区域经济布局逐步由东向西作梯度推移。为此实施了一系列向东部倾斜的政策措施：一是对外开放向东部倾斜。从设立深圳、珠海、汕头和厦门四个经济特区开始，到开放沿海 14 个港口城市和确定沿海经济开放区，形成了面积 32 万平方公里、人口 1.6 亿的广大沿海开放地带，这被看作是这一时期国家在对外开放和区域经济发展上最重要的战略举措。二是优惠政策向东部倾斜。国家对东部沿海开放地区从财政、税收、信贷、投资等方面给予了一系列的优惠，如扩大当地政府利用外资的审批权限和对外经济活动的自主权，减免外商投资企业的所得税和关税，扩大当地政府对外贸易的自主权和外汇留成比例，等等。三是投资布局向东部倾斜。在全国的全社会固定资产投资中，东部地带达到 60% 以上。四是体制改革向东部倾斜。国家的许多改革方案和措施，或是先在东部区域试行和实施，或是较多地考虑东部区域的情况和需要。

由于东部沿海地带在对外开放上的先行及享有相应的政策优惠和国家的

投资倾斜、改革倾斜，以珠江三角洲和长江三角洲为中心的东部沿海省份在经济增长上获得了大大高于全国平均速度的增长率。从 1980~1994 年，东部地区生产总值和工业生产总值占全国的比重分别由 52.7% 和 60.7% 上升到 59.9% 和 67%。

中国改革开放以后所实行的宏观区域经济非均衡发展战略，无疑取得了举世瞩目的巨大成效。一方面，就国民经济的整体发展而言，造就了带动国民经济整体增长的经济核心区和增长极，促进了整个国民经济的高速增长，增强了国家的经济实力，提高了宏观经济效益和人民生活水平。另一方面，就不同区域的经济发展而言，这一战略的实施，加快了东部区域经济的迅速发展，使东部区域特别是东南沿海区域成为推动中国国民经济持续高速增长的最重要的力量，使东部沿海开放地带和工业城市群成为中国经济最发达的精华区域。同时，通过一系列的传递、扩散机制和示范效应，也在一定程度上带动了中西部区域经济的开发和发展，促进了内地区域经济的繁荣，各区域经济都得到了快于改革前的增长。

东部地区的迅速发展为中国国民经济的快速发展闯出了一条改革开放的新路，也为中西部地区发展起到了经济辐射和牵引拉动等作用。地区经济梯次推进的发展战略经过多年的实施，不仅推动了中国东部地区迅速地先富了起来，而且带动和帮助了中西部地区的快速发展，使中国成为这段时期世界上发展最快的国家之一，中国的整体经济实力和综合国力得到大大加强。但是，区域经济非均衡发展战略在实施中也存在一些问题。一是在突出沿海重点区域优先发展的同时，也导致了中国东西部经济发展水平差距在不断扩大。二是在实行一系列向东部沿海区域倾斜的政策措施的过程中，存在着范围上、力度上过分倾斜和时限上过长倾斜，在实现发展战略的效率要求的同时，实际上对公平的要求兼顾不够。因此，中国区域经济发展应该从扩大向缩小差距过渡，战略重点应由东部沿海向中西部转移，实施西部大开发，这才能逐步缩小全国各地区之间的发展差距，走共同富裕道路，才能保证区域经济协调发展。

3.2.3 西部大开发战略

在中国三大经济带中，西部地区地域辽阔，以 678.2 万平方公里的面积占到了中国国土面积的 70.6%；其行政区划包含了一个直辖市（重庆）、六个省（陕西、甘肃、青海、云南、贵州和四川）以及三个民族自治区（宁夏、新疆、西藏）。西部地区的经济发展比较落后，改革开放以来，东西部地区虽然都得到了快速发展，但仍然存在发展不均的问题，即东部发展更快，而西部发展更慢，1980~1994 年，东、中、西三大地区年均国内生产总值增长率之比为 10.69∶8.72∶8.68。1978~2011 年，东、中、西三大地区人均生产总值年均增长率之比为 9.94∶9.63∶8.94。经过 30 多年的不同速度的发展变化，东西部地区的经济差距越来越大，如果任其发展下去，不仅不利于西部地区的经济发展，而且还会阻碍东部地区的进一步发展，也有悖于社会主义共同富裕的原则。

尽管西部地区经济发展比较落后，但是由于其具有国家安全、民族发展、生态环境等方面的重要战略地位，西部地区在国家宏观经济发展中仍然具有重要作用。西部地区虽然不具备东部地区的经济发展带动作用，也不具备中部地区的经济支撑作用，但是其发展关系到全国经济的协调和稳定。作为中国国土面积最大的经济区域，西部地区的发展在很大程度上决定着全国区域经济的均衡性。西部地区经济发展的落后，不仅会直接制约全国的经济发展，而且将危害到各经济区域间合作与协调作用的发挥，最终影响到全国经济健康、稳定、协调和可持续的发展。在 20 世纪 90 年代中期，党和国家就及时清醒地看到了这一点，于是调整区域经济发展战略再次被提上了议事日程。1999 年 9 月，党的十五届四中全会通过的《中共中央关于国有企业改革和发展若干重大问题的决定》正式提出"实施西部大开发战略"。在基础设施建设、生态环境建设、产业结构调整、对内对外开放、科教和社会发展等五方面政策和资金的导向全力支持西部发展。2000 年初，党中央国务院正式启动了西部大开发战略，国家的政策和投资再次向西部倾斜，到 2004 年，国家在西部新开工建设的重点工程 50 项，投资 7300 多亿元；中央财政建设资金用于西部达 3600 多亿元，对西部地区的财政转移支付累计达 4000 多亿元。同时，国家还在政策上减免西部用于基础设施建设的土地使用费、西部地区矿产资源的探矿费、采矿费等，鼓励外资和东部地区的企业参与西部地区的开发，帮助西部地区发展教育，推动人才向西部地区流动等，这些措施有力地激活了西部地区经济的发展。目前，西部大开发虽然尚处在开局阶段，许多项目还在投入期，但西部地区经济发展的活力已经初步显现出来，1994 年以来，西部地区投资和经济增长加快，生产总值年均超过 9.37%，超过全国平均增长 9.02%的水平。东西部差距进一步拉大的势头得到初步缓解。

应该指出，西部大开发战略与过去平衡发展战略时期扶持西部的政策有着本质的区别。首先，西部大开发战略不再建立在牺牲东部发展和整个国民经济效益的基础上。中央在实施西部大开发的同时，也积极鼓励东部地区充分发挥自身的优势，加快产业结构升级，发展高新技术产业和高附加值加工制造业，进一步发展外向型经济，"鼓励经济特区和上海浦东新区在制度创新和扩大开放等方面走在全国的前列""有条件的地方可以发展的更快一些，在全面建成小康社会的基础上，率先基本实现现代化"。同时，东部对西部的支持也由过去的被动变主动，不再需要政府采取"搬""分""帮"等形式，而是通过市场化运作的方式，鼓励东部地区和西部地区采取多种形式的联合与合作，积极主动参与西部大开发，并从中获取相应的利益，真正实现东西部的双赢。其次，西部大开发比过去更强调投资效益、环境保护和可持续发展。如青藏铁路、西气东输、西电东送、水利枢纽、交通干线等工程无论是短期还是长期都能给西部和全国经济的发展创造巨大的经济效益。与此同时，西部的生态环境也得到显著改善，开始的 3 年，西部完成退耕还林近 5000 万亩，荒山荒地造林近 5000 万亩，可持续发展能力将不断得到加强，西部对全国经济发展所作的贡献也将越来越大。最后，西部大开发不再像过去那样搞重复建设，而是严格遵守"统筹规划、因地制宜、发挥优势、分工合作、协调发展"的原则。西部大开发战略本身就是根据全国经济一盘棋和发展统一的社会主义市场经济体制的要求，从提高全国的经济资源利用效率和整体经济效益出发而统筹规划出来的战略。它充分考虑了西部的经济特点和资源条件，如它有充足的油气资源、矿产资源和水利资源等，努力使其资源优势转变为经济优势，而不是简单地照搬东部地区经济发展的经验，走东部地区的老路，搞重复建设；同时加强与东部地区的分工合作，形成有利于发挥西部地区经济优势的产业结构，实现优势互补，从而推动全国范围的资源合理利用和优化配置，使东西部之间的经济在合理布局的基础上实现协调发展。

3.2.4　振兴东北老工业基地

东北地区包括辽宁、吉林、黑龙江和内蒙古东部地区（赤峰市、兴安盟、通辽市、锡林郭勒盟、呼伦贝尔市)〔1〕,土地面积为 126 万平方公里,占全国国土面积的 13%。如果按照传统意义上的东北地区仅包含黑、吉、辽三省,总面积 80.17 万平方公里,占全国的 8.35%。2011 年东北三省地区名义生产总值总量 4.5 万亿元,占全国的 9.6%,人口 1.2 亿,占全国总人口的 8.14%,是中国东北边疆地区自然地理单元完整、自然资源丰富、多民族深度融合、开发历史近似、经济联系密切、经济实力雄厚的大经济区域,在全国经济发展中占有重要地位。

东北三省即黑龙江、辽宁、吉林三省,是新中国开发和发展最早的地区,享有"共和国长子"的美誉,是新中国工业的摇篮,"一五"时期的 156 个重点项目中的 58 项在东北。积聚了全国很大一部分工业资产存量和大中型骨干企业,拥有众多关系国民经济命脉的战略产业和骨干企业,是中国重化工业的重要基地,也是重要的农副产品基地。在我国社会主义工业化初期,为建设独立、完整的国民经济体系,推动中国工业化和城市化进程做出了历史性重大贡献。同时,作为中国重要的农产品基地,东北地区在肥沃而平整的黑土地上开展了较大规模的机械化生产,每年为国家提供 1/3 以上的商品粮供应,为保证中国的粮食安全做出了无可替代的贡献。东北地区的命运与全国经济改革和发展的进程是息息相关的。二十世纪五六十年代,东北地区在计划经济体制中如鱼得水,高速发展,充分显示了社会主义的优越性。七八十年代,僵化的计划经济体制对生产力的束缚就逐渐制约了东北地区的发展,增产不增效现象严重。九十年代,在从计划经济体制向市场经济体制转轨的过程中,东北地区饱尝阵痛,经济发展困难,而造成东北地区经济体制转轨不适应而制约其经济发展的因素,如国有企业负担沉重、经济增长方式过于粗放、经济结构不够合理等,正是中国特色社会主义市场经济体制的建设和完善过程中必须要解决的问题。因此,对于全国而言,解决东北地区发展困境就具有非常强烈的典型意义。

虽然东北三省具有雄厚的发展基础,但是市场化水平低,产业科技含量不高,经济结构不合理,体制落后,机制不灵活仍然是当前制约其进一步发

---

〔1〕 国家发展和改革委员会与国务院振兴东北地区等老工业基地领导小组办公室于 2007 年 8 月颁布了《东北地区振兴规划》,将内蒙古自治区的呼伦贝尔市、赤峰市、兴安盟、通辽市、锡林郭勒盟纳入东北地区的规划范围。

展的主要因素。为全面建成小康社会，实现国家经济社会协调发展，增强国民经济的活力和发展后劲，提高中国产业和企业的国际竞争力，国家审时度势，提出了振兴东北老工业基地这一发展战略方针。2002年党的十六大提出"支持东北地区等老工业基地加快调整和改造，支持资源开采型城市发展接续产业"，2003年，国务院常务工作会议通过了《关于实施东北地区等老工业基地振兴战略的若干意见》，开始实施振兴东北老工业基地的发展战略。根据规划，中国将把东北地区建设成为体制机制较为完善，产业结构比较合理，城乡、区域发展相对协调，资源型城市良性发展，社会和谐，综合经济发展水平较高的重要经济增长区域；形成具有国际竞争力的装备制造业基地，国家新型原材料和能源保障基地，国家重要商品粮和农牧业生产基地，国家重要的技术研发与创新基地，国家生态安全的重要保障区，实现东北地区的全面振兴。

3.3 中国地区经济发展差异的现状

3.3.1 中国经济区域的划分

探索地区经济差距首先要涉及地区如何划分的问题，不同的划分方法会导致问题的研究出现不一样的结论。现有的文献有将中国分为"三大经济区"，亦即东部地区，中部地区以及西部地区。同时，也有"四大经济区"的划分方法，我们在此处采用东北、东部、中部和西部经济区域划分法，其中东北地区不包括内蒙古东部五市盟。各地区所含的具体省份如表3.1所示。

表 3.1　中国四大区域划分[1]

四大区域	区域内省份构成
东北地区	辽宁，吉林，黑龙江
东部地区	北京，天津，河北，浙江，江苏，上海，福建，山东，广东，海南
西部地区	内蒙古，重庆，广西，贵州，四川，云南，西藏，甘肃，陕西，宁夏，青海，新疆
中部地区	山西，河南，湖北，湖南，安徽，江西

---

〔1〕　四大区域的划分依据是"十一五"规划。

3.3.2 四大区域生产总值与人均生产总值的差异

在经济学上用来衡量经济发展状况的指标有很多种，例如：国内生产总值、零售指数、失业率、工业生产指数、个人消费支出、商业库存、设备开工率、消费物价指数、生产物价指数、恩格尔系数、投资乘数、利率等，但是总的来说，大致是可以分为四个大的方面，分别是：消费、投资、生产、整体经济状况。如上述的国内生产总值、失业率属于对经济整体状况的描述，而个人消费支出、消费物价指数、恩格尔系数是对消费的描述，工业生产指数和设备开工率是对生产的描述，投资乘数和利率自然是对投资状况的描述。

在地区生产总值方面，在 1978 年至 1992 年间，中国四大区域的地区生产总值差距的变化不大，同时四大区域生产总值所占总 GDP 比重也大致保持均衡。自 1993 年起，东部逐渐与其他三大经济区域拉开差距，且差距呈不断扩大的趋势，尤其在 2003 年以后，差距更为明显。东北部与中、西部在 1993 年至 2003 年的 10 年间差距不明显，但在 2003 年以后差距开始逐渐扩大。

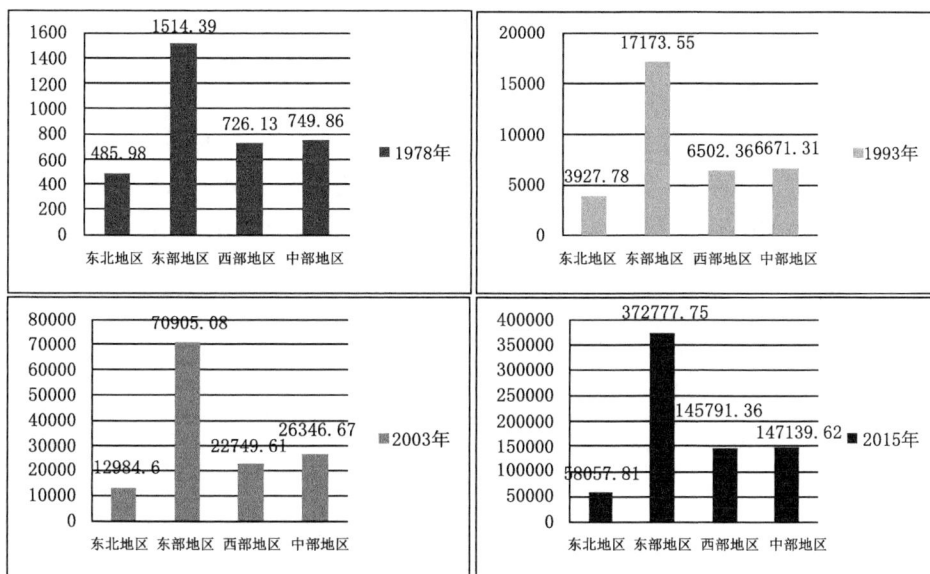

图 3.1　1978、1993、2003、2015 年四大区域生产总值总量对比图（单位：亿元）

1978 年时，东部的生产总值占全国的比重为 44%，中部为 22%，西部

21%，东北部则为 14%，而 1992 年，这组数据分别变化为 47%，20%，21%，12%。在 2003 年，东、中、西、东北四大区域的比重变为 54.8%，18.8%，17%与 9.4%，五年后的 2008 年，这组数据改写为 54.3%，19.3%，17.8%和 8.6%，东部的生产总值占比比 1978 年增长了将近 10 个百分点，这说明在那一时期中国经济持续快速增长主要还是依靠东部的迅速发展，然而也可以从这组数据看出，东部的快速发展并没有如预想中的带动中、西部与东北部的发展，反而使中部、西部和东北部的经济增长动力不足，从而与东部的差距继续拉大。到了 2015 年，四项占比分别为 51.52%，20.34%，20.11%，8.03%，可以看到，除了东北部以外，其他三个区域的差异在缓慢趋于缓和。

图 3.1 所示，不难推算出：1978 年时，东部生产总值是中部的 2 倍，是西部的 2.1 倍，是东北部的 3.1 倍，到 1993 年，这三个数据分别被扩大到 2.6，2.7 与 4.4 倍，到了 2003 年，东部生产总值与其他三大区域的生产总值的差距倍数分别提升至 2.7，3.1 和 5.5，截止到 2015 年，这三个数据又分别变化为 2.5，2.6，6.4。

而对于地区生产总值增长速度而言，在 1978 年至 1992 年间，四大区域的生产总值增长速度基本同起同落且变化不是很大。1991 年开始东部地区的生产总值增长速度相比其他三个区域明显迅速，随后由于西部大开发战略的实施，也使得西部的生产总值增长速度迅速增加，2006 年东北部也快速发展，生产总值增长速度反超中部和西部两个地区，在近几年，东部与东北部的生产总值增长速度有所减缓，而中、西部的生产总值增长速度则明显加快。

通过对 2010 年至 2015 年四大区域的生产总值与全国的 GDP 总量之间的比例变化进行数据收集并统计作表（表 3.2 所示），可以看到四大区域与中国整体经济发展的同步性。

表 3.2 四大区域生产总值占全国 GDP 比例变化表

	2010 年	2011 年	2012 年	2013 年	2014 年	2015 年
东部	53.09%	52.04%	49.76%	51.20%	51.16%	51.52%
中部	19.70%	20.04%	20.81%	20.16%	20.26%	20.34%
西部	18.63%	19.22%	20.39%	20.01%	20.18%	20.11%
东北	8.58%	8.70%	9.04%	8.63%	8.40%	8.02%

　　从表3.2的结果可以看到，从2010年到2012年，只有东部地区生产总值的比例呈现出减少的状态，其他三个经济区的生产总值比例呈现出增加的状态；从2012年到2013年，东部地区的生产总值比例又开始增加，与之相对的其他三个地区的比例就在下降；而从2013年开始，中部地区的生产总值所占的比例开始增加，与之相对的，东北地区的生产总值所占比例则是从2013年开始逐年在下降，东部地区的比例在2013年到2014年下降，然后从2014年到2015年上升，西部地区则是从2013年到2014年上升，从2014年到2015比例下降。从其与中国整体经济发展的同步性来观察，东部地区从2010年到2012年是滞后的，在2012年到2013年及2014年到2015年期间是超前的；中部地区从2010年到2012年及2013年到2015年都是超前的，在2012年到2013年之间是滞后的；西部地区从2010年到2013年及2013年到2014年是超前的，从2012年到2013年及2014年到2015年是滞后的；东北地区从2010年到2012年是超前的，从2012年到2015年是滞后的。国家从2000年开始的西部大开发战略的确给西部地区的发展带来了效果，但是受制于2012年后世界经济持续下行的影响，西部地区的发展受到了制约，"丝绸之路经济带"的建设对于四大经济区影响最大就是西部地区，而东北经济的状况恰好相反，其比例在2012年达到高峰后就开始逐年下降，已经有走下坡路的迹象，这也是中国产业结构开始改变的体现，东北地区作为中国的老工业基地具有重要的战略地位，但是现在世界上发达国家的产业结构中占主体地位的是服务业，重工业不再是主要角色，东北地区生产总值所占比例的改变就是一种体现。中部的生产总值所占比例呈现阶段性稳步增长，所以总的来说中部的经济是发展态势最好的了。当然，近几年来，中国经济处于经济体转型发展的关键期，国家不得不对其进行改革，对落后的产能进行淘汰，发展新兴产业，调整过剩产能与产能不足，这样的大型改革对于中国经济来说不亚于刮骨疗伤，痛苦是必然的，部分经济出现疲软是难免的。在这样的大条件下，西部经济还能蓬勃发展，实属不易。

　　1978至1992年间，四大区域的人均生产总值差距的变化不大，除了西部以外，中部及东北部相对于东部地区的差距，基本上没有变化，但在1993年后的15年间，这部分差距逐渐扩大，东部地区的人均生产总值在1993年时为4466元，中部为2062元，与东部相差2404元，西部为1998元，与东部差距为2468元，东北部则为2998元，相差1468元。而到2003年以后，各个地区之间这种差距被迅速扩大。到 2008 年，东部地区人均生产总值的数据上升至 37 186 元，而中部比东部低 19 413 元，西部、东北部则分别比东部低 20 404元和 11 686 元。近几年，中、西部与东北部人均生产总值的增加速度逐渐开始追赶上东部，但与东部的绝对差距仍然巨大。截止到 2015 年，东部地区人均生产总值达到 76 651.5 元，比中部、西部及东北地区分别高 36 447 元，35 908.5 元，24 441.4 元。

而通过对比分析，不难发现，四大区域的人均生产总值增速的情况与各区域生产总值增速变化情况高度吻合。而近几年，中、西部的人均生产总值增速更是赶超东部，说明中国所采取的战略起到了一定的成效，但由于中、西部及东北部人均生产总值的基数相对东部要低许多，缩小地区生产总值与人均生产总值差距仍然任重而道远。

3.3.3 四大区域产业结构方面的差异

地区作为一个经济系统，其经济发展状况与其产业结构密切相关，可以说，产业结构决定了地区经济的增长效益，合理的产业结构不单单能提升产业内部经济发展的水平，也能促进整个地区的经济发展水平。

根据《中国统计年鉴》中对国民经济行业的分类，以及中国现在三次产业的划分标准，第一产业包括林业，农业，渔业，畜牧业；第二产业包含电力，煤气，建筑业，采掘业，制造业；第三产业则包括流通与服务两大类。

中国东部地区工业化与城市化的水平普遍比较高，东部各地第一产业发展差异逐渐缩小，非农业在生产总值中的比重超过 70%，但在中、西部地区，农业在生产总值中的比重超过了 30%，很多地方都是农业大省，而工业并不发达，财政也并不富裕。东部以城市为核心，扩展周边产业，而西部的城市化水平较低，据相关资料显示[1]，东部的城镇密度是西部的 55 倍甚至更高，各地区内部、各省份之间的发展也存在极大的不平衡。而就第二产业而言，各个地区间的差距都较大，相比于其他三个区域，中部区域落后尤为明显。

2014 年，国家产业结构发生了变化，主导经济增长的动力开始转为新兴产业的崛起、服务业的发展、技术革新，消费逐渐取代投资成为中国最主要

---

[1] 参见贾娜、周一星："中国城市人均 GDP 差异影响因素的分析"，载《中国软科学》2006年第 8 期。

的经济驱动力，区域的经济结构也发生变化，四大区域的地区经济发展的协调性逐渐增强。在产业梯度转移的作用下，中、西部地区经济的增速加速上升[1]。截止到 2015 年，第三产业中服务业对经济增长的贡献持续加大，2015年全国第三产业的增加值比 2014 年增加了 8.3%，增速比第二产业快 2.3%，占比国内生产总值的 50.5%，比 2014 年增长 2.4%，比第二产业要高了 10 个百分点。

总体而言，中国第三产业的发展水平一般，并且同样在四个区域之间存在很大的差距，东部地区的第三产业增长量要明显高于其他地区，中、西部由于多种因素的限制，第三产业发展水平一直落后于其他两部，城市化进程的缓慢，也极大限制了中部和西部地区第三产业的发展。

经济基础决定上层建筑，上层建筑反映着经济基础，地区经济发展的不平衡，也很大程度上表现在了产业结构的不平衡上，因此，协调产业结构的工作也需要持续进行并加强力度。

3.3.4　各省份经济发展水平方面的差异

本部分采用我国 30 个省、自治区、直辖市 1952~2016 年间的数据[2]，样本长度共 65 年。数据以《新中国六十年统计资料汇编》的统计为基础，缺漏数据以《全国各省、自治区、直辖市历史统计资料汇编（1949~1989）》、1985 年~2017 年《中国统计年鉴》及各省统计年鉴为补充。其中各省份地区生产总值分别按照各省份的地区生产总值指数调整为 2014 年不变价格，利用各省份地区生产总值除以各省总人口数得到人均生产总值。

3.3.4.1　各省经济发展水平差异的 σ 检验

根据 1952~2016 年中国各省份人均生产总值的对数值测算得到了各年度 σ 值情况，见图 3.2。图中可以观察到 σ 的变化大致经历了六个阶段。第一阶段（1952~1960 年）中国各省人均生产总值标准差——σ 值是呈现一个明显的上升趋势，各省份之间经济没有出现 σ 收敛趋势。第二阶段（1960~1962

---

[1]　参见叶苏洵："从 2014 走向 2015：中国经济结构之变"，载《上海证券报》2015 年 1 月 7日，第 7 版。

[2]　由于海南缺少 1952~1977 年数据，本部分在分析时使用除海南外的 30 个省份的数据。

年）σ 值呈现一个明显且短暂的下降趋势，各省份之间经济出现了一定 σ 收敛的态势。第三阶段（1962～1976 年）σ 值再次出现了一个明显的波段上升趋势，各省份之间经济没有出现 σ 收敛趋势。第四阶段（1976～1989 年）σ 值逐年下降，各省份之间经济出现明显的 σ 收敛趋势。第五阶段（1989～2004年）σ 值逐年上升，各省份之间经济呈现了发散趋势。第六阶段（2004～2016年）σ 值大幅度的逐年下降，各省份之间经济出现明显的 σ 收敛趋势。

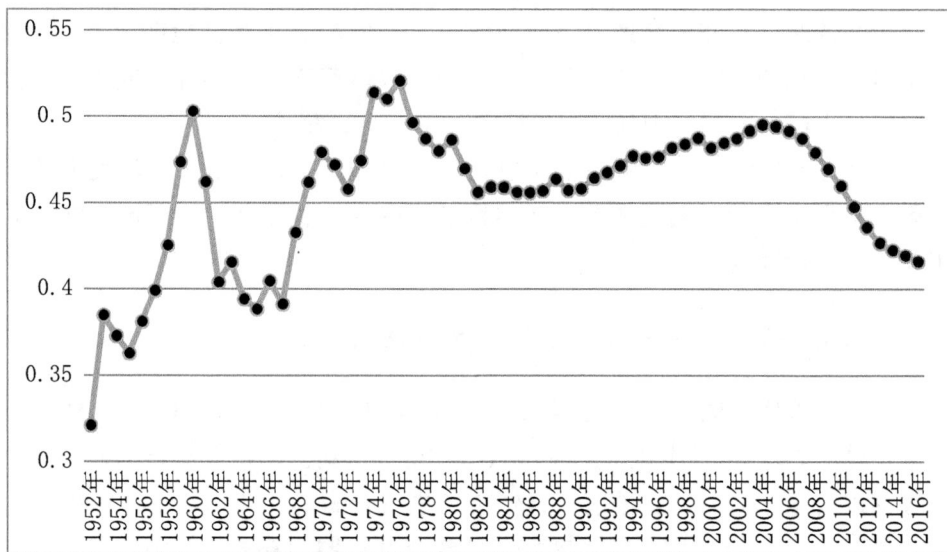

图 3.2　各省份人均生产总值对数标准差变化趋势

3.3.4.2　各省份经济发展水平差异的 β 检验

（1）不分时间段的检验

首先对 1952～2016 年中国 30 省、自治区、直辖市的人均生产总值，进行三种面板数据单位根检验，检验结果见表 3.3。

表 3.3　面板单位根检验结果

时期	LLC 方法		IPS 方法		ADF-Fisher 方法	
	检验统计量	p 值	检验统计量	p 值	检验统计量	p 值
1952-2016	0.131	0.410	-0.316	0.305	61.742	0.141

时期	LLC 方法		IPS 方法		ADF-Fisher 方法	
	检验统计量	p 值	检验统计量	p 值	检验统计量	p 值
1952-1978	−3.426	0.000	−3.714	0.000	108.364	0.000
1978-2016	−1.032	0.153	2.936	0.921	35.435	0.911

检验结果表明三种检验的检验统计量的 P 值均大于相应的5%置信水平下的临界值，所以接受零假设，即存在单位根。因此，可以得出结论：1952～2016年中国各省份经济整体上不存在收敛。

（2）分时间段的检验

Chen 和 Fleisher（1996）发现中国在1952～1977年各省份的人均生产总值缺少收敛现象，在改革之后的时期有收敛的现象；Jian，Sachs 和 Warner（1996）认为中国的收敛现象也只是1978年之后才出现的；Young（2000）认为尽管中国在改革之后出现国际自由贸易，但是省份之间贸易仍然存在着很大的壁垒，甚至比改革之前要严格，因此可能出现大的地区差异；Wang（2003）验证了各种收敛性假说，也认为自改革之后不存在收敛现象。

下面将中国30个省、自治区、直辖市1952～2016年间的人均生产总值数据分成改革前（1952～1978年）和改革后（1978～2016年）两段。分别对这两段面板数据进行上述的三种单位根检验。检验结果见表5.3。

从表3.3的检验结果可以看出：1952～1978年，LLC、IPS 和 ADF-Fisher 三种检验结果 P 值均小于相应的5%置信水平下的临界值，表明拒绝原假设，即不存在单位根，经济收敛。综合三种检验结果可以得出结论：1952～1978年中国整体上存在着收敛。1978～2016年，LLC、IPS 和 ADF-Fisher 三种检验结果 P 值均大于相应的5%置信水平下的临界值，表明接受原假设，即存在单位根，经济不收敛。综合三种检验结果可以得出结论：1978～2016年中国整体上经济不存在着收敛。

通过采用不同的面板数据单位根检验方法，对1952～2016年不分时段的中国各省份数据进行检验，得出了1952～2016年在中国各省份之间不存在经济收敛现象的结论，新古典增长理论的有关经济收敛的假说在中国不成立。如果以改革开放为分界线，分时间段考虑，1952～1978年在中国各省份之间存在经济收敛现象，而1978～2016年期间，中国各省份之间的经济不存在收敛现象。

3.3.5 城乡居民收入方面的差异

中国地区经济差异除了表现为四大区域的差异以外，还有一种非常明显的差异就是城乡二元结构的差异。中国地区人口众多，是一个农业大国，农村数量不可小觑，城乡差距是一个重大的问题。在所有的衡量指标中，最直观的数据指标是城乡居民收入比，反映城乡居民收入差异，根据国家统计局公布的数据计算后，现列出从 2004 年至 2015 年的城乡居民收入差距及收入比的变化表，见表 3.4。

表 3.4 2004~2015 年城乡居民收入比变化表

年份	城镇居民可支配收入（元）	农村居民纯收入（元）	城乡绝对差距（元）	城乡收入比
2004	9422	2936	6486	3.21∶1
2005	10 493	3255	7238	3.22∶1
2006	11 759	3587	8172	3.28∶1
2007	13 786	4140	9646	3.33∶1
2008	15 781	4761	11 020	3.31∶1
2009	17 175	5153	12 022	3.33∶1
2010	19 109	5919	13 190	3.23∶1
2011	21 810	6977	14 833	3.13∶1
2012	24 565	7917	16 648	3.10∶1
2013	26 955	8896	18 059	3.03∶1
2014	28 844	9892	18 952	2.92∶1
2015	31 195	11 422	19 773	2.73∶1

数据显示，在约十年里，中国的城乡居民收入比呈"倒 U 型"发展，2007 年与 2009 年达到改革开放以来的最高值，2010 年之后，农村居民收入的增长速度数次超过城镇居民，并且在近两年均降至 3 以下，而上一次这个数值在 3 以下是 2001 年的 2.90∶1，可见，2015 年的城乡差距已经达到了步入新世纪后 15 年以来的最低值。

3.4 中国地区经济发展差异形成与存在的原因分析

3.4.1 世界范围内增长差异原因的争论

经济增长的途径主要有两种，一种是靠外延扩大而引起的增长，即资金的投入、劳动的投入、生产场所的扩大；另一种是靠内涵改造而引起的增长，即靠管理的奏效、生产率的提高、生产要素的合理配置引起的增长。邹至庄（1993）、Chow 和 Lin（2002）、Wang 和 Yao（2003）等学者的研究表明，改革开放前的 26 年，中国经济增长主要是靠外延扩大，当时中国生产技术与物质基础还十分薄弱，科学技术尚不发达且还未被认为是生产力。这种被称为"粗放型经营"取得的增长需要花费较大代价，甚至带来较大的痼疾与弊病。这种代价就是"高投入、高消耗"，痼疾与弊病就是高浪费。提高生产率是人类摆脱自然资源束缚的重要途径。在当今国际经济竞争日益激烈的情况下，一国综合生产率的高低决定该国的综合国力及其在国际竞争中的地位。因此，世界各国都在集中较强的队伍和花费较大的代价研究生产率问题，探讨提高生产率的途径。

解释全球各经济体经济发展差距的原因是 20 世纪 90 年代以来许多经济学家探求的目标之一。他们通常使用 Solow 模型的增长核算框架，考察三个基本的因素：物质资本、劳动力及 TFP 对各国和地区人均产出差异的贡献大小。90 年代早期的研究大多都认同投入要素的差异是造成国家和地区间人均产出差异的主要原因。Mankiw 等人（1992）使用新古典模型加入人力资本变量，对跨国和地区的数据进行回归，发现人力资本的差异可以解释全球人均产出差距的 78%。Young（1992，1995）基于国民账户的增长核算框架，对东亚四个新兴工业化经济体（香港特区、台湾地区、韩国和新加坡）经济增长的源泉进行了测算，研究结果发现，这些国家和地区的经济增长主要是要素积累的结果而非生产率的改进。Kim 和 Lau（1994）使用计量方法对此进行检验，也得出了相似的结论。Krugman（1994）的研究同样认为东亚国家和地区的经济增长是投入要素积累的结果。

90 年代中后期，逐渐有学者对上述结论产生了怀疑。其一，按照新古典增长理论的解释：资本报酬具有递减的性质。经济较发达地区的资本投入大于不发达地区，其资本报酬的增长速度要小于经济欠发达地区资本报酬的增长速度，所以资本会从发达地区流向落后地区，最终会弥补落后地区的物质资本短缺，因此认为落后地区并不存在真正的资本匮乏，资本稀缺并不是这些地区真正落后的原因（Easterly，1999）。其二，人力资本虽然是经济增长不可或缺的因素，但研究已经证明人力资本对经济增长的贡献率较低（Bils和Klenow，2000），所以它也不是造成地区差距的真正原因。这样，解释地区差距的真正因素也只能由TFP的差距来说明，它有助于对其他影响变量如制度、技术进步及所谓的"社会基础设施"等的分析和理解（Hall and Jones，1999）。

在经验分析中，近期的研究文献已经证明，投入要素的积累不可能解释跨国人均产出的差异，能够解释这一差距的只能是全要素生产率的巨大差距。Prescott（1998）修正了新古典增长模型的变量，表明不论哪种形式的资本（物质资本、人力资本及无形资本）都不能解释世界经济及经济发展的差距问题，因此TFP必然能够解释这一问题。他认为有必要对这一现象进一步理论化。Hall和Jones（1999）、Klenow和Rodriguez-Clare（1997）运用目前的增长核算框架分析了世界各国人均产出的差别，结论和Prescott的相同。Hsieh（2002）质疑Young（1995）等人使用的国民账户统计，实际上低估了东亚国家和地区的TFP增长水平。Kogel（2005）使用改进后的"Solow余值方法"得出"余值"或者TFP对世界各国经济增长差异的贡献达到了87%。

虽然研究文献都认同TFP的差异是造成跨国经济发展差距的主要原因，但对于TFP跨国差距形成的原因却众说纷纭。Hall和Jones（1999）认为是制度因素和政府政策造成TFP的差距，但最根本的原因则是社会基础设施的不同，如地理、语言等。Acemoglu和Fabrizio（2001）则认为技术的不匹配是主要原因。他们认为即使所有国家可以获得相同的技术，也没有技术转移壁垒，跨国的TFP差异仍然会存在。发展中国家主要依靠引进发达国家的技术，而发达国家的技术主要是针对本国的熟练劳动者"量身订做"的，当这些技术被发展中国家大量的非熟练工人运用时，就会遇到技术不匹配问题，因此TFP就会低于发达国家。Parente和Prescott（1999）把TFP分解成两个部分：一部分是各国相同的纯知识，一部分由于各国抵制使用新技术的政策和体制的不同而存在差异。McGrattan和Schmitz（1999）认为政策是导致TFP跨国差异的主要原因，他们列举的政策包括投资税收政策、关税、劳动力市场限制、垄断、货币政策、研究与开发（R&D）政策等。

3.4.2 中国地区发展差异原因的探讨

总体说来，按照传统的经济增长理论所构造的模型进行分析，造成中国地区经济发展差距的原因初步可以分解为两类因素：一类是生产过程中简单投入要素的积累（物质资本和劳动力），另一类是反映技术进步水平的全要素生产率因素（TFP），但从现有文献来看，无论是理论分析还是经验研究都没有很好地回答这个问题，而这个看似简单的问题却有着非常重要的政策含义。如果中国地区经济发展差距形成主要是由于简单投入要素的差异造成的，那么就可以运用发展经济学的理论来解释中国落后地区要素积累率低的原因，并找到阻碍积累的因素，从而政府可以运用政策多鼓励落后地区物质资本和劳动力的积累；反之，如果生产率差异是造成中国长期地区差异的主要原因，那么接下来的问题是为什么中国各地区利用同样的物质资本的效率会有如此大的差异？生产率的差异又主要是由于什么原因造成的？可以采取怎样的措施以改变现状？张健（2014）利用方差分析法对中国东、中、西三大地带经济增长模式进行了实证分析，认为中国的区域经济增长模式呈现出由粗放型向集约型的转变特征，造成中国地区经济发展水平差距不断扩大的原因主要是集约性因素，即生产率方面的差异。

经历了多年的改革开放，从总体上看，中国地区经济发展的差距被拉大的原因是多方面的，众多的因素相互结合，共同作用，互相影响，导致地区生产率差异，体现为当前地区经济发展水平差距。可以以时间为逻辑顺序，对从初期影响较大的地理位置、自然资源因素，到中期的政策制度，再到后期的资本4大因素进行分析，后续章节再对生产率差异的原因进行探讨。

3.4.2.1 地理位置与自然条件因素

中国幅员辽阔，地理位置可以说是影响中国地区经济发展差异的一大直接原因，它可以通过影响人口、文化等因素，影响经济的发展。中国东部气候适宜地势平坦且地处沿海，拥有许多的天然港口，交通方便，可以充分利用这一天然优势，发展对外贸易，也更容易获取与外界发达国家的交流及合作的机会，同时可以获得更为丰富的资源，因此潜在的发展机会也比较多。

而且发达国家对中国的投资就是由东部开始。与之相比，西部地处内陆，虽然地域辽阔，但是自然环境相对恶劣，交通不发达且多与欠发达国家相邻，由于条件的劣势，导致在吸引外资及扩大出口等方面远不如东部地区，最终导致各种资源都流向东部，从而进一步地促进了东部的发展[1]。

地理位置对经济的影响不单单是横向的体现在东、中、西方面，同样也体现在南北纵向的差异上[2]。将同属版图东部的东北部与东南部进行比较，不难发现，在中华人民共和国成立初期，由于中国的第二产业、各项重工业主要分布在东北部地区，使得在版图的东部，北方的经济发展快于南方。在改革开放之后，南方地区成为最早开放的主力城市，加之北方机器设备陈旧，管理体制老化，生产技术落后等因素，使得南方发展赶上并超过北方，一举成为中国最富裕、生活水平最高的地区。

3.4.2.2　政策性因素

从宏观的角度看，国家的政策与制度决定了社会创造力的充分挖掘与释放，从而推动经济的发展。新制度经济学提出，制度及其变迁是通过影响人类的行为来促进经济发展的，而影响中国各地区的经济发展差异的因素之一就是政策上的不平衡性，主要体现在三点：

第一，政策的支持程度大小不同，政府的投资带有很明显的区域性，在很长一段时间内，中央政府的投资倾向，明显从内地向东部倾斜，东部地区都在国家每年的财政预算中占据了极大的比例，东部不仅借此开放了大批的沿海城市，还建立了一些国际级的经济特区。

东部成为外资的聚集地，不仅扩充了资本，又吸收了先进的技术、治理理念等，各类资源在东部合理的整合，使得中国东部地区与发达国家的差距大大缩小。

第二，政策的供给效果不同[3]。在政策实施前，东部的内在需求比较强烈，对政策的适应和贯彻程度就明显高于中、西部地区，而中、西部由于无法及时跟上政策实施所需的要求，使得政策实施的效率较低，导致了政策最终产生的效果要远远不及东部。

---

〔1〕　参见刘克："东西部地区发展差距与协调发展"，载《兰州大学学报》1996 年第 4 期。

〔2〕　参见吴殿延："试论中国经济增长的南北差异"，载《地理研究》2001 年第 2 期。

〔3〕　参见王一鸣：《中国区域经济政策研究》，中国计划出版社 1998 年版，第 9~10 页。

第三，政策实行的时间顺序不同，从十一届三中全会贯彻改革开放政策以来，各项改革与开放的政策都是从沿海地区向内陆地区逐步推进的，东部沿海地区充分抓住了机会，使得经济飞速发展起来。

3.4.2.3　资本因素

在许多前人所总结的经济理论中，影响经济增长的几个主要因素中，资本都被认为是其中一项最主要的因素，但是资本的定义在不同的理论中有着一定的差异，而人力资本与物质资本是现在的理论界普遍认同的两大类资本。物质资本的投入在社会经济发展的初期起着巨大的作用，而当社会经济步入到一个较为发达的阶段后，人力资本就将对经济的增长起到更为决定性的作用。

（1）人力资本

作为资本内涵的扩展，人力资本实际上是在研究与探讨在经济活动中，人通过劳动所能创造的价值。就人力资本本身而言，其具有特殊的可投资性与依附性[1]，同时还存在稀缺性与收益性等各项资本共同存在的特性。所谓依附性，亦即指一个人所能创造的价值与其本身所具有的知识、技能等不可分割，并且这才是人力资本的本质，而这些人力资本，是可以通过一个人在投入一定的成本之后所掌握和拥有的。另外，有许多西方的经济学家已经从研究中发现经济和技术的发展更快的地区往往拥有更高的人力资本水平。许多学者在通过对各个区域与省份的人力资本进行基尼系数方面的测算后发现，在地域上，中国的人力资本分配及储备存在严重的不平衡，而主要差异就表现在地区间的这部分资本的分布结构上。

所以对于地区经济的发展与平衡而言，人力资本分配在各个区域的质量和数量的差异将会对地区经济差异产生巨大的作用和影响。对于高端人才和进步的技术而言，经济发达的地区比落后地区具有更大的吸引力，从而导致人力资本不断地从落后地区流向发达地区，最终导致经济差距的进一步拉大。而在中国便具体表现为，人力资本从中、西部地区流向东部地区，从而东部地区利用最尖端进步的人力资源，迅速发展起来，中、西部及东北地区则因为

---

[1]　参见李亚玲、汪戎："人力资本分布结构与区域经济差距———项基于中国各地区人力资本基尼系数的实证研究"，载《管理世界》2006 年第 12 期。

人才的流失，无人建设而发展缓慢甚至停滞不前[1]。

（2）外商投资资本

在地区经济发展中，外商的直接投资也是一项重要的资本来源，因为政府投资偏向东部地区，并为东部提供了优惠政策，而其他三部分地区自身经济基础并不厚实，制度也尚未健全，导致了西部、中部、东北部地区吸引外商投资以及促进外商投资资本流动的能力远不及东部。

在市场经济与改革开放相辅相成的作用之下，东部外商投资额遥遥领先，东北地区与中部地区分列二三位，西部地区垫底。在改革开放以来东、西部收入与经济增长水平的不平衡的成因中，外商投资是重要的一点，数据显示，在 1985 年后的将近 10 年间，生产总值增长中外商对东部地区的投资的贡献为 28.5%，比西部地区高了超过 15 个百分点，因此，外商投资资本成为中国地区经济发展差异的一大成因。[2]

（3）固定资产投资资本

在改革开放最初的 15 年间，平均固定资产投资的额度在东部、中部、西部与东北部间的差异并不是很大，但在市场经济的提出与西部大开发的实施之间的这几年中，其差异在四个区域间被迅速地拉大。随后，随着三大战略的提出与实践，固定资产在中部、西部、东北部的投资速度快速增加，推动了三大地区的发展，但是，在中部与东北部逐渐追赶东部的同时，西部与东部的差距却在渐渐扩大。而自 2008 年以后，四大区域的固定资产投资增长量排名分别为东部地区>中部地区>西部地区>东北地区，且四大区域的固定资产投资增速差异仍有扩大趋势，直到近年来，才相对缓和与减小。而就固定资产投资在全国四大地区的分配而言，除了东部遥遥领先以外，中部与东北部与东部的差距相对较小，而西部与其他三部的差距仍然巨大。可见，东部地区经济快速发展，与固定资产投资份额的持续增长也有着密切的联系，而东北部和西部相对东部而言发展滞后，也受到了固定资产投资份额在这两部分配的下降的影响。

---

〔1〕 参见王桂新："中国区域经济发展水平及差异与人口迁移关系之研究"，载《人口与经济》1997 年第 1 期。

〔2〕 See Sun. H, *Foreign Investment and Ecomomic Development in China*, *1979~1996*, Ashgate Publishing Limited, 1998, pp. 11~15.

3.5 　"丝绸之路经济带"倡议对中国区域经济发展差异的影响

通过对中国地区经济发展的现状特点的理解，可以进一步地分析"丝绸之路经济带"倡议对中国区域经济发展差异的影响。"丝绸之路经济带"的建设时间不长，故选择以下两个方面分析"丝绸之路经济带"对中国区域经济发展的影响：

3.5.1 　从基础设施建设层面上分析

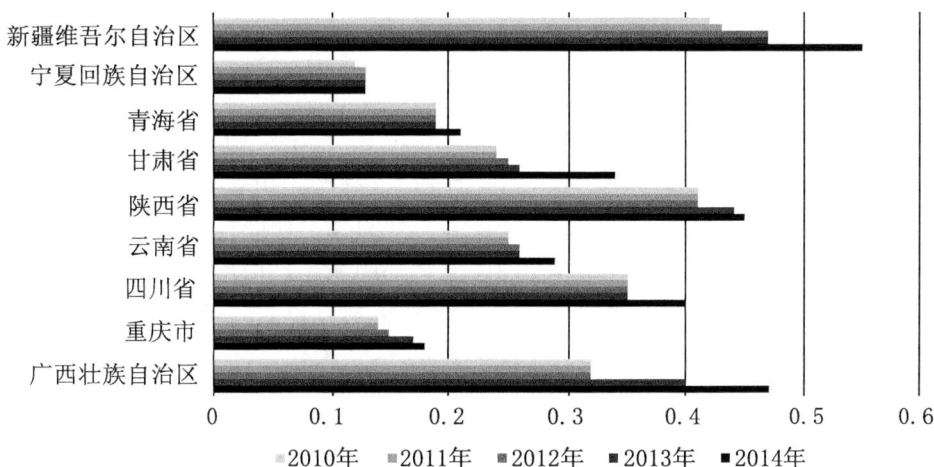

图 3.3 　"丝绸之路经济带"核心区铁路里程变化图

因为"丝绸之路经济带"中国段建设初期的主要目标是建设足够承受"丝绸之路经济带"运输的交通网络以及完善其他相应配套的基础设施，需要大量的基础设施建设投资。在中国内陆地区最主要的交通运输方式是铁路运输和公路运输[1]。因此，铁路投资和公路投资的变化能够在一定程度上代表着"丝绸之路经济带"初期建设带来的影响。

---

　〔1〕 空运成本过高，对于中、低成本产品不具备竞争优势，中国出口商品以中、低端产品为主，缺少高端产品，故忽略空中运输。

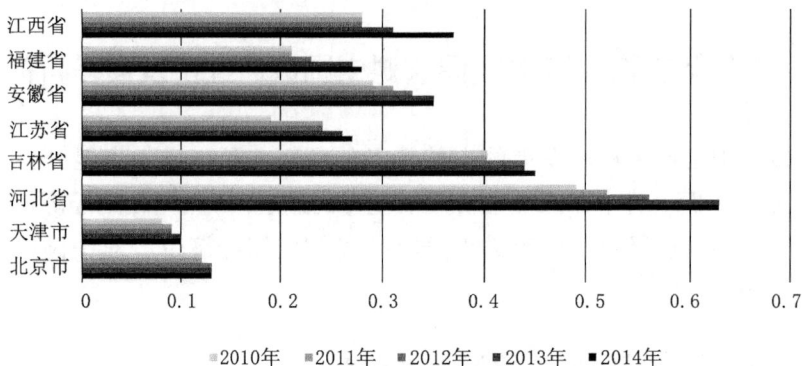

■2010年 ■2011年 ■2012年 ■2013年 ■2014年

图3.4 东、中部地区8省份铁路里程变化图

选取"丝绸之路经济带"核心区省份铁路里程和公路里程在2010年到2014年之间的变化,另随机选取其他区域省份(江西、福建、安徽、江苏、吉林、河北、天津、北京)的相关数据进行对比(结果见图3.3,图3.4,图3.5,图3.6),对图进行观察分析能够看到,"丝绸之路经济带"的核心区省份于2014年的铁路里程和公路里程变化十分明显,而在2014年及之前,基本以2年为一个周期变化而且部分地区变化不明显,其他地区有部分省份近2年没有变化,有些省份变化程度偏小,也有个别城市有大的变化,这与其他地区的经济政策有一定的关联,在此不做赘述。

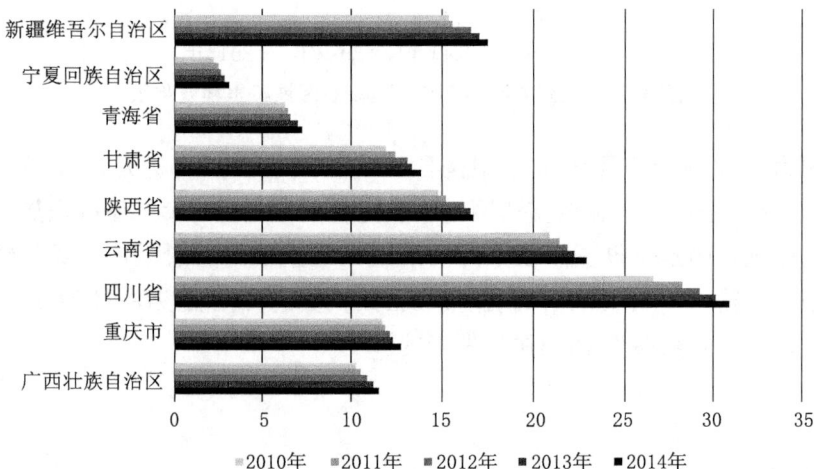

■2010年 ■2011年 ■2012年 ■2013年 ■2014年

图3.5 "丝绸之路经济带"核心区公路里程变化图

　　一般情况下，经济总量在基础建设阶段有一个快速增加的时期，在基础设施完成时又有一个快速发展的时期，前者靠基础建设的投资拉动，后者依靠产品占领新市场推动。中国刚开始发展市场经济时，以基础建设投资为主，经济增长很快。后来，从事各行业的企业相继出现，那时候中国市场上的产品缺乏，各种产品一经推出就销售一空，因此企业发展很快。现在的大型互联网企业就是在互联网起步时，一边研发产品，一边开拓市场快速发展起来的。

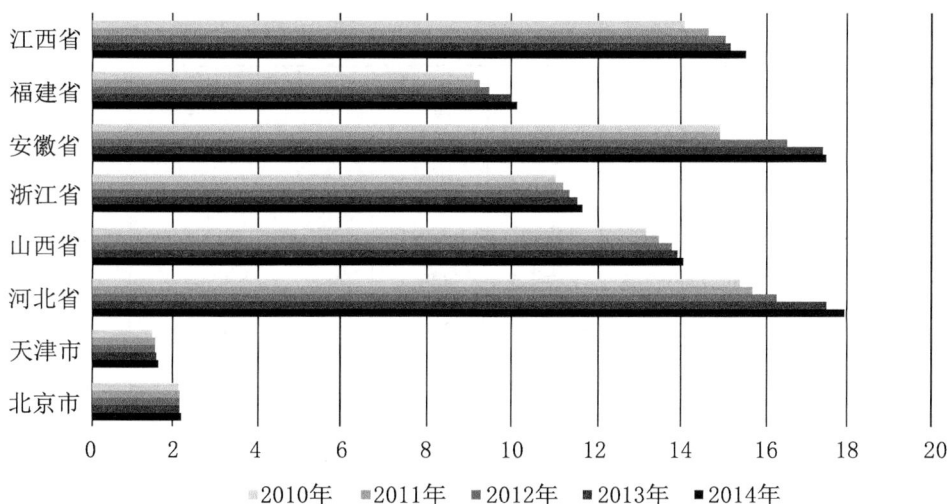

图 3.6　东、中部地区 8 省份公路里程变化图

　　"丝绸之路经济带"中国段核心区位于中国的西部地区，其在东西方向上对于中国地区经济发展差异影响巨大。"丝绸之路经济带"建设阶段会在整个西部地区投资大量的基础设施建设，促进西部地区基础设施的快速完善，缩小四大经济区域基础设施的差距。此举首先影响的就是物流业，货物运输会得到空前的发展，同时巨大的基础建设投资会给整个西部地区带来经济总量的快速增加，缩小中国经济在东西走向上的差异。

　　在"丝绸之路经济带"建成后的阶段，"丝绸之路经济带"中国段的基础设施会十分完善，足以承担其连接欧洲经济圈和东亚经济圈的运输要道的职责。此时的"丝绸之路经济带"不仅联通了欧洲经济圈与东亚经济圈，同时也为中国各地区之间企业的迁移，技术的交叉使用提供了条件，西部地区的经济会以较快的速度赶上东部经济。四大地区的经济总量差距会显著的改善。

3.5.2 从地区经济结构分析

为了了解"丝绸之路经济带"建设前后中国经济中城乡差距的现状，根据中国统计年鉴数据整理得到中国 2010 年到 2014 年城乡收入数据（结果见表 3.5）。

表 3.5 2010~2014 年中国四大地区城乡人均可支配收入对比表

	年份	东部地区	中部地区	西部地区	东北地区	均值	标准差
农村居民人均可支配收入（元）	2010	8142.8	5509.6	4417.9	6434.5	6126.2	1576.9
	2011	9585.0	6529.9	5246.7	7790.6	7288.1	1850.3
	2012	10817.5	7435.2	6026.6	8846.5	8281.5	2045.4
	2013	12 052.1	8376.5	6833.6	9909.2	9292.8	2227.2
	2014	13 144.6	10 011.1	8295.0	10 802.1	10 563.2	2014.1
城市居民人均可支配收入（元）	2010	23 272.8	15 962.0	15 806.5	15 941.0	17 745.6	3685.5
	2011	26 406.0	18 323.2	18 159.4	18 301.3	20 297.5	4073.0
	2012	29 621.6	20 697.2	20 600.2	20 759.3	22 919.6	4468.5
	2013	32 472.0	22 736.1	22 710.1	22 874.6	25 198.2	4849.7
	2014	33 905.4	24 733.3	24 390.6	25 578.9	27 152.1	4529.8
差值（城市人均可支配收入-农村人均可支配收入）	2010	15 130.0	10 452.4	11 388.5	9506.5	11 619.4	
	2011	16 821.0	11 793.2	12 912.7	10 510.7	13 009.4	
	2012	18 804.1	13 262.0	14 573.6	11 912.8	14 638.1	
	2013	20 419.9	14 359.6	15 876.6	12 965.4	15 905.4	
	2014	20 760.8	14 722.2	16 095.6	14 776.8	16 588.9	

如表 3.5 所示，通过对各地区数据进行处理，求均值和标准差，可以清晰地看到四大地区农村的人均收入差距从 2010 年到 2013 年在快速的增加，2013 年到 2014 年收入差距开始变小。四大地区城市的人均收入差距从 2010 年到 2013 年也在快速的增加，从 2013 年到 2014 年收入差距也开始变小。但

是四大地区从 2010 年到 2014 年，城市居民的人均可支配收入与农村居民人均可支配收入之间的差距在不断地扩大，城市居民人均可支配收入的净增加值一直比农村居民人均可支配收入大。解决农村与城市之间经济差异与地区经济差异同等重要，维持各地区的经济平衡也是中国倡议建设"丝绸之路经济带"的目的之一。

总的来说，"丝绸之路经济带"的建设会导致不同地区城镇居民收入差距缩小，同样的，不同地区农村居民收入差距也会缩小，而农村与城市居民收入差距首先会扩大，导致更多的农村劳动力人口进入城市，缩小农村的人口规模，更少的人从事农业生产，引起农业进行规模生产的改革，降低生产成本，增加农村居民的平均收入，导致农村与城市居民平均收入差距减小，更进一步可能消除城乡二元结构。更重要的是"丝绸之路经济带"构造出的交通大动脉会大大降低农产品出口和异地销售的成本和损失，减少运输时间，增加效率，这也有利于发展农业，增加农村人口的收入，缩小农村与城市的收入差距。

还可以从城市群的三大产业结构分析，从中国经济和人口的分布状况考虑，在发展经济问题上，应当以重点大型城市为点不断向四周辐射，与近邻区域形成城市群经济区域，与其他的重点大型城市及一些远处的城市则以线的形式形成相互连接，如此将全国的城市连接形成经济网络。这样就形成了更小型的区域经济，在这些更小型的区域经济格局中，各行各业能够更好地完成彼此之间的分工合作，从而使区域经济一体化发挥出应有的效用。而且由于这样的经济格局能够适应于人口稀少的地区，这对于中国西部的经济发展极为有利。中国西部由于地广人稀，通过这样的方式有利于人口的聚集与集中，加速城市的发展。通过对城市群的研究，我们能够看到一个城市群区域经济的缺陷，从而对中心城市的卫星城市进行重新定位改建，形成新的结构更完整的区域经济城市群。

表 3.6　中国十大城市群的划分

城市群	主要城市
长三角城市群	上海、南京、苏州、无锡、常州、镇江、扬州、南通、泰州、杭州、宁波、嘉兴、湖州、绍兴、台州、舟山
珠三角城市群	广州、深圳、珠海、惠州、东莞、清远、肇庆、佛山、中山、江门

续表

城市群	主要城市
京津冀城市群	北京、天津、石家庄、唐山、保定、秦皇岛、廊坊、沧州、承德、张家口
山东半岛城市群	济南、青岛、烟台、潍坊、淄博、东营、威海、日照
长株潭城市群	长沙、株洲、湘潭
关中城市群	西安、铜川、咸阳、宝鸡、渭南、商洛
辽中南城市群	沈阳、大连、鞍山、抚顺、本溪、丹东、辽阳、营口、盘锦
武汉城市群	武汉、黄石、鄂州、黄冈、孝感、咸宁、仙桃、天门、钱江
江淮城市群	合肥、六安、淮南、蚌埠、滁州、马鞍山、芜湖、铜陵、池州、安庆
成渝城市群	成都、重庆、资阳、内江、遂宁

改革开放至今，中国城市化进程不断加快，众多的大、中、小城市迅速发展扩大，在广阔的地域空间内逐渐形成了不同规模的城市群[1]。城市群在形成和演化过程中已经成为中国经济、科技和文化发展的主要载体，各地形成了风格迥异独具特色的文化经济圈。随着这种城市群的不断扩大，城市规模体系结构和协调发展的问题也不断出现。研究城市群的经济结构状况，能够改善城市群内各城市的分工协作，优化区域经济结构，同时也能够使"丝绸之路经济带"的建设更加完善协调，发挥出更强的实际效用。城市群是在工业化、城镇化进程中出现的区域空间形态的高级现象，能够产生巨大的集聚经济效益，是国民经济快速发展、现代化水平不断提高的标志之一。早些时期，中国经济学家就对中国的城市群有过一定的总结，最典型的是肖金成、袁朱等（2009）的十大城市群的例子。十大城市群包括：长三角城市群，珠三角城市群，京津冀城市群，山东半岛城市群，长株潭城市群，关中城市群，辽中南城市群，武汉城市群，江淮城市群，成渝城市群，十大城市群的主要城市如上表（见表3.6）。

全球关于城市群的研究已经有一定的历史，发展出了一定的基础理论，

---

[1] 城市群是在特定的区域范围内性质不同、功能各异、等级规模不同、空间距离较近的众多城市的有机集合体，其以一个或多个特大城市为中心，依托一定的自然环境和交通条件，城市之间的经济、文化、信息等要素联系不断加强，共同构成了一个相对完整的城市集合体。

如：德国地理学者克里斯泰勒的"中心地理理论"、法国佩鲁的"增长极理论"、波兰经济学家萨伦巴和马利士的"点轴开发理论"。这些理论认为经济的发展是以点为中心进行的，然后由一个点向多个点发展，进而形成经济的区域型网络，再进一步地向外部扩散，形成更大的经济圈。产业结构的改变，在一定程度上能够体现一个国家或地区经济社会的发展状况，表3.7显示了中国十大城市群产业结构的变化情况。

表3.7 中国十大城市群产业结构变化情况

	2000 年	2006 年	2011 年	2014 年
长三角城市群	6.9∶51.4∶41.7	3.8∶54.7∶41.5	3.2∶50.2∶46.6	2.5∶43.4∶54.1
珠三角城市群	5.0∶47.8∶47.2	2.3∶51.4∶46.3	2.1∶47.9∶50.0	1.9∶42.6∶55.5
京津冀城市群	9.6∶42.2∶48.2	6.0∶44.2∶49.8	5.3∶42.7∶52.0	4.0∶42.3∶53.7
山东半岛城市群	13.1∶51.7∶35.2	7.4∶58.6∶34.0	6.1∶53.8∶40.1	5.2∶50.3∶44.5
长株潭城市群	13.3∶40.1∶46.6	9.1∶45.8∶45.1	5.8∶57.1∶36.9	5.2∶55.5∶39.3
关中城市群	13.5∶43.1∶43.4	10.2∶45.8∶44.0	10.0∶50.4∶39.6	8.3∶45.2∶46.5
辽中南城市群	9.5∶47.0∶43.5	7.3∶51.2∶41.5	6.1∶54.5∶39.4	5.8∶58.1∶33.1
武汉城市群	16.5∶41.5∶42.0	11.8∶44.4∶43.8	9.4∶49.2∶41.4	8.7∶56.6∶34.7
江淮城市群	20.4∶40.7∶38.9	13.5∶47.6∶38.9	10.1∶57.9∶32.0	9.4∶54.7∶35.9
成渝城市群	16.8∶37.5∶45.7	11.4∶43.0∶45.6	8.5∶52.2∶39.3	20.3∶34.6∶45.1

表3.7数据表明，2000~2014年长三角、珠三角、京津冀、山东半岛的城市群产业结构已经经历了第一产业比重逐渐下降、第二产业比重先增加后减小、服务业比重趋于上升的变动过程，工业化进程基本结束；成渝、辽中南、武汉、关中、江淮城市群的产业结构都经历了第一产业比重不断下降、第二产业比重快速上升、第三产业缓慢上升的变化过程，但是成渝地区及关中地区在2011~2014年期间出现第一产业的比重出现增加，第二产业比重下降，第三产业比重上升的情况，这是因产业转移形成的现象。从整体来看，东部地区的城市群经过工业化后，产业结构得到优化，第三产业发展了起来，而中、西部城市群正处于工业化过程中。也就是说，东、中、西、东北地区的城市群处于不同的发展阶段，需要不同的产业调整政策。

随着各地区产业结构的调整升级，工业会逐渐向西部转移，东部地区将会以高新技术产业为主，人口也会随着西部地区的发展向西转移一部分，更多的人口则是从特大城市向大城市转移形成人口的部分分流，现在的许多具备较强经济发展潜力的城市都会得到扩张。"丝绸之路经济带"政策会导致"丝绸之路经济带"中国段核心区的重要城市成为人口转移和产业迁移的核心地区。

能够肯定的是地区经济量的差异在各省份之间会继续缩小，"丝绸之路经济带"的形成首先会推动"丝绸之路经济带"核心区经济总量的快速增加，然后向周边省份辐射，与之相对的，城市群乃至其中心城市的经济构成会变得更加复杂多样。经济资源是有限的，"丝绸之路经济带"会加剧城市群和其中心城市的竞争，为了应对竞争，各地区重复过剩、技术低下的产业会被市场规则淘汰，新的产业会诞生，填补空白，改变经济构成。为了维护各地区的公平竞争的环境，制度改善势在必行，从而规范市场，增加经济效率。综上所论，建设"丝绸之路经济带"具有缩小中国区域经济发展差异的作用。

3.6　缩小中国地区发展差异的政策建议

3.6.1　地理位置与产业结构方面

加快四大地区的产业结构升级，促进东、中部地区的部分企业向"丝绸之路经济带"中国段核心区转移。加速地区的产业升级能够为经济发展注入新动力，随着地区的经济发展达到一定的程度，过去的产业结构不再适应当前的经济状况，经济增长势必受到影响，产业结构的升级能够使产业结构与经济状况相适应，促进经济增长。与此同时，由于中国各地区经济发展处于不同的阶段，国家利用相关政策，推动不适应当地产业结构的企业向合适的地区进行转移，既能够为转移出的地区释放经济增长空间，也能够为转移入的地区注入新的增长动力。伴随产业的转移，也会出现投资的转移，投资的增加会加速"丝绸之路经济带"的建设过程。因此，制定优惠政策促进东、中部地区的第一产业企业向西转移很有必要。

在坚持执行西部大开发、促进中部崛起、振兴东北老工业基地的基础上，应继续加快中、西部与东北地区二、三产业的发展与革新。这三个地区的二产和三产发展缓慢，技术落后。就该三个地区的农民而言，收入也与东部地区存在着极大的差距，原因之一就是，这三个地区的产业结构不合理，不适应经济的发展，而反观东部地区，三层产业较为均衡，结构合理，因此，追赶东部地区的经济发展进度，缩小差距，充分优化革新产业结构，促使更多的优秀生产要素向二产和三产等非农业产业流动，是相当有必要的。第一产业作为中、西部的优势，可以在革新二产和三产的基础之上，将这种资源优势利用起来，并且转化为自己的竞争优势，通过第一产业的发展来引导第二、第三产业谋求革新与发展，同时让获得发展的第二、第三产业来回馈到第一产业的发展上，使中、西部第一产业更加发达，在增加农民收入，缩小收入差距的同时，又可以优化产业结构，带动区域经济的发展〔1〕。相对地，由于这几个地区涵盖的省份与地理面积广泛，各地的自然环境与经济结构也不同，所以，在进行实践时，理应结合各地的实际情况，制定发展目标以及细致并周密翔实的实践计划。

此外，应在这三个地区大力地发展劳动密集型产业，在增加就业机会的同时，充分利用这三个地区的劳动力与人力资源，随着东部产业结构的不断优化，将一些劳动密集型产业由东部地区向其他三个地区延伸与转移，不仅增强了各个地区之间的交流，还可以促使东部优秀先进的资源分配到其他三个地区，也可促进各个地区产业结构的互补与优化以及经济的相互协调发展。

3.6.2 城乡差距方面

以实现农民收入的快速持续稳定增长为核心，统筹城乡发展，加快推进城市化进程。中央自改革开放以来，先后出台了一系列政策与措施来缩小城乡收入差距。只有在根本上加快城市化进程，同时深化土地制度改革，减少农村人口数量，将农村劳动力分配到其他产业中去，使得每户务农人口所拥有的平均土地资源增大，农民收入才可以有更加进一步的提高。

而就农业生产本身而言，更新生产技术，提高生产效率，降低生产成本是提升农民收入的最直接方法。因此，加大财政对农村与农业的投资，加强农村基础设施建设，加大财政上对农业的支持力度。另一方面，应加强对农

---

〔1〕 参见孙翠方："中西部地区产业结构调整策略探析"，载《西部探矿工程》2006 年第 6 期。

产品市场的调节，稳定农产品市场，保障农村居民的生产收入。

3.6.3　人力资源方面

应采取一些鼓励性的政策与措施，防止人才流向东部地区的同时导致其他地区建设性人才持续性的流失，同时应为培养更多高质量的人力资本而继续深化教育的改革与发展。中、西部与东北地区人才流失严重是制约其地区发展的一大重要因素，同时，教育水平的参差不齐也是造成这种差异的一大诱因，东部以外的三个地区虽然也对教育投入了许多的资源，但培养出来的人才往往不能为自己所用，而是更多的流向了东部，徒增了三个地区资源耗损的同时，也更加扩大了自身与东部地区的差距。因此，应更加重视对于人力资本的分配，利用再分配，为投身于建设中、西部及东北地区的人才提供更优厚的待遇福利，增加这三个地区对优质人才的吸引力，也可以防止人才过多地流入东部地区，造成东部地区竞争压力，生活压力增加的同时，又拉大了东部与其他地区的差距。

3.6.4　投资资本方面

中国地区经济的增长的主要推动力便是投资，政府应为协调地区经济的发展，更合理地分配政府投资，继续深入贯彻实施西部大开发、中部崛起以及振兴老东北工业区等一系列政策，继续加大对东北地区尤其是中、西部地区的投资力度，并且通过政策上的支持，鼓励更多的民间资本和外商资本向东部以外的三个地区分配，并为中、西部和东北地区提供一些投资与研究补贴等优惠政策，继续为加大三个地区的经济发展力度，促进地区经济的协调发展提供正确的引导与政策上的支持。

3.6.5　基础设施建设方面

加快"丝绸之路经济带"中国段交通基础设施建设，为配套基础设施的建设提供硬件支持。交通的基础会影响配套基础设施的建设速度，交通基础差不能够保障物流运输，限制了其他基础设施的建设进程，良好的交通基础设施对其会有促进作用。"丝绸之路经济带"倡议的推进不仅会释放沿线地区的物流需求，而且巨大的基础建设投资也会提高对物流的需求，若届时没有充足的物流支撑能力，必然抑制沿线地区各个行业的发展，影响基础设施建设带来的经济增长。因此，应该督促沿线地区省市相互配合，共同建成贯通中国东西，联通中国内陆与东亚、中亚的交通运输网，扩大"丝绸之路经济带"对中国经济的影响，加速缩小中国地区经济发展差异。

3.6.6　经济制度方面

完善市场经济制度，保障企业无论大小都能够进行公平竞争。"丝绸之路经济带"带来了机遇，也带来了竞争，并且是国际性的竞争。中国市场经济的发展时间相对于西方和东亚发达国家的发展时间而言是非常短暂的，因此在经济制度中还存在着诸多的问题，完善中国的市场经济制度，能够规范中国企业的竞争行为，提高中国企业在国际上的竞争力。中国企业想要在"丝绸之路经济带"建设的竞争中站稳脚步，必须要在规范的市场中公平竞争，不能采取政府政策扶植的方式，这会使企业形成依赖，削弱企业的竞争力，降低中国企业在世界的评价，减弱"丝绸之路经济带"缩小中国地区经济发展差异的作用。

3.6.7　联合国际力量方面

充分发挥中国的国际影响力，促进中亚各国达成更多的关于"丝绸之路经济带"建设的一致条件，推动并协助中亚各国建设"丝绸之路经济带"。"丝绸之路经济带"涉及众多的国家，目前为止，"丝绸之路经济带"相关国家已经达成了加快推进互联互通建设的共识，中国正在积极推动与中亚国家间建成铁路、公路、航空、电信、电网、能源管道的互联互通网络，发展与中亚国家的资金流、物流、人流和信息流等方面的合作，激活新的经济增长点。但是，目前仍然有很多的问题需要各国协商解决。中国应当促成各国就经济发展对策进行充分交流，本着求同存异的原则，加强各国之间的贸易沟通，在政策和法律上为区域经济一体化打好基础。与此同时，各国共同商议，本着互惠互利原则，加大各国之间的贸易范围，改革贸易结算方式，降低货物的流通成本，促进国际贸易的进行，提高地区经济的效率，加速各国之间的区域经济一体化，推动"丝绸之路经济带"建设。

CHAPTER 4

贸易溢出效应与中国省级地区
经济发展差距的分析及检验

主流的国际贸易理论认为，只有正确识别和利用本国的比较优势，参与国际分工，才能更加充分地利用国内生产要素，促进生产率的增长，从而把经济开放与经济增长的战略自觉地联系起来。

4.1　中国贸易政策的发展

伴随经济的发展和国际经济环境的不断变化，中国对外贸易政策在不同的经济发展阶段存在不同的特点，理论依据也在不断地更新，具体的贸易措施不断改进和完善，对外贸易的国别和区域政策开始逐渐得到重视。根据经济发展阶段以及面临的国内外形势的不同，中国的对外贸易政策划分为四个阶段：

4.1.1　封闭式保护贸易政策（1949~1978年）

1949年9月通过的政协会议共同纲领规定，中国"实行对外贸易的管制，并采用保护贸易政策"，明确指出中国对外贸易政策的保护倾向。同时，由于发达资本主义国家对中国的经济封锁和禁运政策，使得自力更生和自给自足成为中国发展经济的指导思想。在社会主义计划经济体制下，中国选择了在资金短缺的经济中优先发展重工业的工业化战略，使对外贸易成为调剂余缺的手段，对外贸易政策的目的就是换取进口必要机器设备所必须的外汇，基本上忽略了对外贸易的效率原则。在这个阶段，中国执行的是国家统制型的封闭式保护贸易政策。具体而言，在对外贸易体制上建立了传统的"高度集中、独家经营、政企合一"的形式，完全由政府来取代市场进行资源配置；在政府的对外贸易管理手段上，基本以行政计划为主，主要靠计划限制来直接干预进出口，不参与世界性的贸易组织，很少进行双边经济贸易合作（除了早期与苏东国家之间的经济来往）；同时对外贸易的目的主要是创汇，为满足必须的进口对外汇的需求，而采取人民币币值高估以及外汇管制的汇率政策（从中国对外贸易的数据来分析，人民币币值高估实际上鼓励了进口，抑制了出口，导致中华人民共和国成立后 20 年中出现进口盈利，出口亏损的局面）。在对外贸易战略方面，中国此时基本上采取的是"进口替代"战略。

4.1.2　国家统制型的开放式保护贸易政策（1978~1992 年）

1978 年 12 月，党的十一届三中全会明确了对外贸易在中国经济发展中的战略地位和指导思想。由于经济体制从严格计划经济体制转向商品经济体制，使得中国对外贸易政策开始发生变化。这一阶段改变对外贸易政策的主要标志有两个，一是 1982 年 1 月党中央书记处会议，它为对外经济工作确定了理论基础和指导思想；二是 1986 年 "七五" 计划的公开发表，为对外贸易战略设计了明确的蓝图。此外，中国在 1986 年 7 月正式向关税及贸易总协定（GATT）递交了《中华人民共和国对外贸易制度备忘录》，提请恢复中国在 GATT 的创始缔约国地位。根据外贸体制改革的力度，可以把这一阶段区分为 1978~1987 年、1988~1992 年两个时期。前一时期是改革初期，对外贸易体制改革主要体现在下放对外贸易经营权，开始工贸结合的试点，简化对外贸易计划的内容，并实行出口承包经营责任制度。后一时期的对外贸易体制改革的重点则体现在外汇管制制度的放宽、出口退税政策的实行、进出口协调服务机制的建立、开始鼓励发展加工贸易。对外贸易政策着重体现在奖出限入的政策上：（1）采取出口导向战略，鼓励和扶持出口型的产业，并进口相应的技术设备，实施物资分配、税收和利率等优惠，组建出口生产体系；实行外汇留成和复汇率制度；限制外资企业商品的内销；开始实行出口退税制度；建立进出口协调服务机制等一系列措施。（2）实施较严格的传统进口限制措施，通过关税、进口许可证、外汇管制、进口商品分类经营管理等措施实施进口限制。（3）鼓励吸收外国直接投资的政策，鼓励利用两种资源、两个市场和引进先进技术。比较优势理论逐渐成为中国开展对外贸易的理论基础。中国对外贸易国别结构和进出口的商品结构明显地体现了这一点。中国出口的主要是劳动密集型产品，进口的主要是资本和技术密集型的产品。与改革开放前相比，这一阶段的对外贸易政策更注重奖出与限入的结合，实行的是有条件的、动态的贸易保护手段。因此，称此阶段的对外贸易政策为国家统制下的开放型保护贸易政策。

4.1.3　有贸易自由化倾向的保护贸易政策（1992～2001 年）

1992 年 10 月后中国进入社会主义市场经济阶段，对外贸易政策开始进行广泛的改革。中国在进口限制方面的改革包括：（1）对关税政策进行调整，采用了按照《国际商品名称及编码协调制度》调整的关税税则，并降低了225 个税目的进口税率。其后进行多次的关税下调，到 1996 年中国的关税总水平已经下降到 23%。（2）减少、规范非关税措施，包括进口外汇体制的改革，实行单一的有管理的浮动汇率制度，大量取消配额许可证和进口控制措施，配额的分配也转向公开招标和规范化分配制度。（3）依据 GATT/WTO 的规则对中国的涉外法律体系进行完善，其中包括建立了大量的技术法规、反倾销条例等。在出口促进方面的改革包括：（1）继续执行出口退税政策；（2）成立中国进出口银行，扶持企业的对外出口；（3）采取有管理的浮动汇率制度；（4）成立各类商会和协会，并积极组织和参与国际性贸易博览会和展览会等；（5）大力发展出口援助等。在这个阶段，中国政府干预对外贸易的目的尽管与改革开放前不同，但是依然受到古典重商主义观念的影响，奉行"顺差就是成绩，顺差就是目的"的"顺差至上"的重商主义思想，不遗余力地从事赔本出口创汇。这种观点应该说没有脱离中国的传统经济思想——"未雨绸缪""防患于未然"等保守的观念。但是，长期的越来越大的贸易顺差虽然给中国带来了某种程度的"放心"，但也"创造"了越来越多的贸易摩擦。这 10 年中，中国参与国际分工和国际贸易的基本指导理论实际上就是比较优势理论，而且从静态比较优势理论开始向动态比较优势理论转移。根据静态比较优势理论，或者说是外生比较优势，中国是劳动力丰裕的国家，有数字表明，中国劳动力的年均工资大约为 1371 美元，是美国劳动力年均工资的 2.2%。所以中国大力发展劳动力密集型产业，并鼓励出口劳动力密集型产品。自 1996 年开始中国的机电产品出口取代了传统的纺织品成为最主要的出口产品，表面上看中国已经走出了劳动力密集型产品的出口这个圈子。但是，因为 90 年代全球经济增长，以及经济全球化和跨国公司的全球生产链的转移，中国成为全球生产中的一环，跨国公司进入中国主要进行的资源配置就是利用中国的廉价劳动力。这里所说的廉价劳动力不等同于简单劳动力，它包括跨国公司在中国廉价地雇佣高级技术人员和知识人员。这一点表现在两点上：一是中国的出口贸易方式主要是以加工贸易、代工贸易为主；二是三资企业出口比重逐年在上升。

4.1.4　入世后中国对外贸易政策的走向（2001 年以后）

2001 年 12 月中国正式成为世界贸易组织成员，为履行入世的承诺，适应新的国际经济环境，中国的对外贸易政策出现了大幅度的调整。对外贸易政策目标已经成为：促进对外贸易发展，构造有利于经济均衡发展的产业结构，实现产业的持续升级，推动中国经济在适度内外均衡基础之上高速发展。由中国对外贸易商品结构、国别结构以及所处的国内外政治经济关系，决定对外贸易政策的取向。

自 1996 年开始，机电产品的出口就已经占据中国对外贸易商品结构的第一位，但主要的出口方式是加工贸易或代工贸易，而且三资企业在进出口总额中所占的比重在逐年上升，再加上出口产品的附加值仍然不高，所以对外贸易政策的选择应倾向于出口商品结构的优化，或者中国国内产业结构优化。

中国主要的贸易对象是美国、日本、欧盟、东盟和韩国，吸引的外商直接投资也主要来自这些国家或地区，因此，对外贸易政策必须根据这些国家或地区的政治经济情势的变动而有所变动。另外，针对国际社会中区域集团化的倾向，中国在近年也开始逐渐通过双边和多边磋商参与到区域经济一体化组织之中，为经济发展和对外贸易发展创造良好的周边环境和国家环境。

4.2　国际贸易影响地区经济发展差异的理论分析

国际贸易和知识的国际流动，是一国经济实现持续增长的重要途径。内生增长理论认为，对外开放和参与国际贸易可以产生一种"外溢效应"，即国与国之间开展对外贸易，不仅可以增加世界贸易总量，而且可以加速先进技术、知识和人力资本在全球范围内的传递，使知识和专业化人力资本能够在贸易伙伴国内迅速积累，从而提高贸易国的总产出水平和经济增长率。罗默（1990）认为，国内市场规模对经济增长率的影响并不能完全等同于国际贸易对经济增长率的影响，即使国内市场规模巨大，融入国际市场（尤其是人力资本比较丰富的国际市场）仍然可以提高经济增长率。同时，由于知识传播与人力资本的外部效应，国与国之间开展贸易可以节约一部分 R&D 费用，间接地增加本国国内的资本积累，从而使各国经济得以更快的发展。就发展中国家而言，通过参与国际贸易可以学习和吸收发达国家的先进技术，加快自身知识、技术和人力资本积累，进而可以形成一种"赶超效应"。

近年来，国际和国内涌现出了大量探讨国家或地区经济发展差距是否缩小的文献，但随着现实中世界经济日趋开放，贸易和区域经济一体化对经济增长趋同的作用越来越引人关注。学者普遍认为国际贸易对经济发展差距缩小的影响存在四种机制。

4.2.1 要素价格机制

这一机制是贸易影响经济增长趋同的基本机制之一，它主要借助于要素的价格发生作用，考虑只有资本和劳动力两种生产要素的经济，人均产出应为：

$$y = Y/L = (wL + rK)/L = w + r(K/L) \tag{4.1}$$

如果两国的劳动力价格和资本价格相等，即 w、r 都相等，在 K/L 相等的情况下，两国的人均产出就会相等。Heckscher（1919）和 Ohlin（1933）提出了贸易引致要素价格均等化的假设，即在一定条件下，实行贸易自由化的国家的要素价格将与世界上其他国家的要素价格相等；Samuelson（1948）、Helpman 和 Krugman（1985）正式将要素价格均等化命题形式化，从而为贸易引致商品价格均等化以及要素价格均等化提供了理论基础；综合起来就是著名的两要素两部门 H-O-S 贸易模型（赫克歇尔-俄林-萨缪尔森）——其中包括要素价格均等化理论（Factor-Price Equalization，FPE）和斯道帕尔-萨缪尔森（Stolper-Samuelson，S-S）理论，FPE 理论认为自由贸易可以引致商品价格的相等从而引致要素价格的相等，此模型假设前提为市场完全竞争、技术要素的规模报酬不变，存在要素禀赋差异。S-S 理论说明了商品价格的变化如何引致要素报酬的变化，即劳动密集型产品的相对价格提高将会增加劳动要素的报酬，减少资本要素的报酬。这意味着如果发达国家进行贸易干预保护本国的劳动密集型产业，发展中国家保护竞争力较弱的资本密集型产业，两国的工资水平差距将扩大而不是缩小，而一旦实行区域一体化，随着贸易伙伴之间的贸易壁垒逐渐消除，要素报酬将会趋同。Edward E. Leamer（1995）提出的要素价格收敛理论（Factor-Price Convergence，FPC）又进一步加强了这个命题，该理论认为当两个国家消除了贸易壁垒后，商品价格的均等化也消除了要素价格之间的差异。尽管要素价格均等化并不意味着总收入的均等化，但是 Ruffin（1987）的研究表明，要素价格的均等化一般可被认为是收入均等化的催化剂。因而，根据要素价格均等化理论（FPE）可知，商品的自由贸易可以引致各个国家间的要素价格趋于相等，从而最终促进人均收入的均等化。Rod Falvey（1999）的最新研究表明，要素价格均等化理论（FPE）的成立取决于两国的比较优势。假如比较优势是建立在要素禀赋的差异上，贸易自由化就更有可能引致要素价格的收敛，从而缩小人均产出的差距，促进经济增长趋同；假如比较优势是建立在技术差异的基础上，那么贸易自由化的最终结果将可能是扩大要素价格的差距，从而引起经济增长差异扩大。他的分析依然以 H-O-S 理论为前提，同时保留规模报酬不变和完全竞争的假设，但是放松了模型的另一假设，将之前的两商品两要素模型扩大到要素数量超过商品数量的情况。这时，FPE 理论就不再必然成为贸易均衡的特征，而且，比较优势的来源也从单一的要素禀赋差异扩大到技术差异与偏好差异。这时的问题就转化成为贸易干预是扩大还是缩小要素禀赋差异的问题，也就是说自由贸易能否导致要素价格收敛（FPC）的问题。

4.2.2　要素数量机制

这一机制是通过资本要素数量发生作用的，资本品的贸易会直接影响到两个国家的资本要素禀赋的数量。假如资本贫乏的国家通过贸易从资本富裕的国家引进资本品，那么资本贫乏的国家便可以增加人均资本数量。根据（4.1）式，在 w、r 相等的条件下，通过 K 数量的变化可以实现两国的 K/L 收敛，从而实现人均产出的趋同。Ohlin（1933）认为，贸易减少了生产型设备在地区分布上不均等所带来的不利影响。因而，加强贸易对于减少经济发展差距及促进经济增长收敛具有重要意义。这一机制可概括为：贸易→资本要素数量→经济增长趋同（人均产出均等）。上述两个机制表明：贸易可以从要素价格以及要素数量两个方面促进经济增长产生趋同。根据（4.1）式，当两个国家的 w、r、K/L 都趋于相等时，两国的人均产出就会趋于相等。

4.2.3 技术扩散机制

前述两个机制的理论基础是以 Heckscher（1919）和 Ohlin（1933）为代表的新古典贸易理论，他们提出国与国之间比较成本的差别是来自于各国要素相对禀赋的不同，而完全放弃了技术知识的国别差异。之后产生的新要素理论在传统的劳动、物质资本等要素基础上，引入熟练劳动、人力资本、技术、研究与开发等新要素，以补充要素禀赋理论，弥补其不能解释国际贸易发展现实的缺陷。而真正从动态角度研究技术变动对国际贸易影响的是 Bosner（1978）的技术差距模型。此模型将技术变动和技术转移看作是贸易的一个决定性因素，各个国家在技术上具有非均等性特点，在技术发展中处于领先地位的国家在成功地进行产品创新后，产生了技术领先差距，可出口技术领先产品取得暂时比较优势。随时间的推移，新技术最终被技术模仿国掌握，使技术差距消失。

贸易理论的发展对应于经济增长理论的演进，内生增长理论以技术扩散模型着重研究了国际技术扩散对发展中国家经济增长的影响。它的理论前提是技术能在不同的经济系统间扩散且模仿成本小于创新成本。在经济全球化的背景下，国家间或地区间经济渗透高度发达，为技术扩散模型假设条件的成立提供了坚实的现实基础。在存在技术扩散的情况下，落后国家如果能够吸收、利用先进国家的技术，落后国家的要素边际生产率就会得到提高，要素价格也会相应上升。因而，以贸易为媒介的技术流动会提高落后国家的要素价格，并使其向先进国家的要素价格收敛。

在连续型技术进步时期背景下，技术进步只是在原有的基本框架下稳定的改进，技术的创新者和模仿者之间的地位保持相对稳定。一般而言，越是落后的地区，其技术水平与领先者的技术水平差距也越大，在技术知识具有正外部性的前提下，如果落后者从技术先进的地区进口产品，然后模仿学习包含在产品中的先进技术，技术知识便从先进的地区通过贸易流向落后地区。落后者吸收领先者所拥有的先进技术会比技术领先者处于更有利的增长位置上，其经济增长率要高于技术领先者，这意味着领先者与追赶者之间的经济增长会趋同。但因为模仿成本是递增的，长期条件下，落后者会朝着领先者有条件的趋同，并且，落后者通过技术后发优势甚至可能超过领先者，这种技术领导者地位在不同国家间转移的情形就是国际竞争中的"蛙跳"模型。这是因为在动态的技术变迁过程中，若模仿者具有大于创新国的人力资本规模（L）及更高的制度效率（A），则该模仿者有可能产生较高的增长率，并在追赶上创新国后，一跃成为进行自发技术创新的技术领导者，这就是所谓的"突破性"技术进步给后发国提供的机遇。英国在19世纪初对荷兰的超越，美国在20世纪中期对英国的全面超越都是这样的例子。在突破性技术进步中，新技术的生产与在旧技术中的经验多寡无关。因而，一方面原先技术领先国在旧技术方面有较丰富的经验，从而导致放弃旧技术机会成本过高；另一方面，由于原来技术领先国的高工资以及在采用新技术时面临的不确定性，使得在面临新技术的选择时，原先技术领先国的预期收益要小于机会成本，而后进者可能会由于较低的工资和机会成本而选择新技术，产生技术相对地位的"蛙跳"，一跃成为新的技术领先者，并依靠新技术维持较高的经济增长率。

Eaton和Kortum（2001）将技术因素纳入贸易模型，并分析了贸易促进技术扩散从而使技术接受国或区域受益的观点。他们认为，落后国家或区域吸收、利用先进国家的技术可以使整个社会的福利水平提高，这实际上等同于地区经济发展差距缩小的观点。李小宁（2006）认为，技术扩散会导致技术趋同，进而导致经济发展差距缩小。根据Krugman的中心外围论，开始处于外围状态的区域，有可能通过技术扩散来分享中心的地位，即将一部分规模经济产业吸收到外围，因此贸易与技术扩散的关系成为研究有贸易条件下的经济增长趋同的关键。他通过建立一个单一生产要素且没有贸易成本的模型研究经济发展差距缩小的原因，结论是技术扩散决定了增长率趋同，贸易决定了经济水平趋同，然后又在模型中加入贸易成本因素，证明虽然贸易成本的引入使经济发展差距缩小的情况变得复杂，但技术趋同仍然起决定性作用。当贸易成本很高时，经济趋向于自给自足，无法达到趋同；当贸易成本降低到一定程度，且技术不是完全溢出时，会产生中心—外围的结构，现代产品将集中在一个国家生产,经济同样达不到趋同。在只有单一要素劳动投入的情况下,大国将更易于成为中心。技术的溢出可以缓解中心—外围的趋势,特别是当贸易成本继续降低,且技术的溢出效率不断提高时,中心—外围的结构将失去稳定性,一部分现代产品将转向外围国家生产。所以技术溢出是经济发展差距缩小的必要条件。

4.2.4　信贷-人力资本机制

技术扩散机制可能会导致国际竞争中的"蛙跳"效应,即技术追随国可能会通过技术后发优势超过技术领先国。然而现实经济情况却并不尽然如此,经济增长的实践和大量实证研究均表明,发展中国家和发达国家差距仍在拉大而不是在缩小,新增长理论所预见的经济增长中的"蛙跳"对于绝大多数发展中国家来讲是一件可望而不可及的事情。对于绝大多数发展中国家而言,它们并没有通过技术引进和技术模仿缩小与发达国家在人均产出上的差距。是什么原因导致绝大多数发展中国家并没有能够通过技术引进和技术模仿缩小与发达国家在人均产出上的差异?为解答这一问题,一些学者从技术的适宜性角度去分析,得出结论:落后国家只有引进和模仿与本国的要素禀赋结构相匹配的技术才能使经济趋同于发达国家的经济发展水平;还有一些学者从人力资本和吸收能力的角度分析,认为发展中国家人力资本不足和对国外技术吸收能力不强使得其不能有效发挥后发优势。后者是未能达到理想的经济趋同状况的根本原因,只有当两国的工资成本差距足够大,新技术对于原先技术领先者来说预期收益太小,旧技术的经验在新技术的使用中几乎没有作用,以及至关重要的,该新技术最终会产生能持续推动经济获得突破性进展的增长能力时,"蛙跳"才有可能以一定的随机性在相关国家发生。事实上,由于当今世界技术水平日益提高,新旧技术关联较大,这使得技术追随者产生后发优势的难度有所加大,在采用新技术之前,后进者首先需要具备能获得该项技术的全面知识和相应的生产手段,尤其需要具有丰富人力资本的相关专业人员和充足的物质资金、配套的基础知识、技术水平。尽管大量的经验研究证明贸易会引致经济发展差距缩小,但理论背景似乎还是不令人满意。

早期研究得出的结论认为贸易并不有助于促进经济增长趋同,而是导致国家间的要素禀赋差距扩大，进而导致经济增长的差距随之扩大。然而，这些研究都忽视了信贷约束对于物质资本和人力资本积累的影响作用，最近的研究表明信贷约束使得国家之间起初条件的微小差异可以导致经济发展水平的巨大差别。那么，国际贸易到底是通过何种渠道促进人力资本的积累从而更好地吸收技术溢出，从而达到人均产出水平的趋同呢？Priya Ranjan（2003）认为，这些研究忽视了落后国家（特别是人力资本贫乏的落后国家）信贷约束对经济中的物质和人力资本积累的影响。Priya Ranjan（2003）构建了一个模型，在这个模型中，依据期初人力资本水平不同，封闭的经济会向两种不同状态的稳态趋同：一种是拥有很少人力资本积累的低产出稳态，在这个稳态中，不存在代际要素流动，但存在严重的收入分配不平等状况；另一种是拥有丰富人力资本的高产出稳态，存在代际要素流动而且收入分配较为均衡。之所以存在低产出稳态——贫困化陷阱，是因为存在信贷约束。

在落后的国家中，劳动力的收入很低，并且信贷市场不发达，因而很难获得投资于人力资本所需的资金支持，致使落后的经济长期处于低收入水平的贫困陷阱中而不能自拔。当封闭的经济实行自由贸易后，处于低产出陷阱的经济与处于高产出稳态的经济进行贸易，低产出经济中非熟练劳动力的收入获得了大幅度增长。而收入的上升又使得劳动力摆脱了对人力资本投资的信贷约束，其结果是促进了低产出经济的人力资本积累以及要素的代际间流动，最终低产出的经济会收敛于高产出的经济稳态，经济增长出现趋同。在从封闭经济向自由贸易状态过渡的过程中，高产出经济也会经历人力资本存量的增加过程，但贸易后又会回到初始的稳态。Young（1995）的研究表明，东亚经济能够产生奇迹般的快速增长，主要是因为高速增长的国际贸易使得东亚国家的物质资本和人力资本产生快速积累。这个模型同样可以解释为什么在具备相同或相似初始条件的国家中，有些国家能够快速发展，而另一些国家没能够发展起来的原因。例如，韩国和菲律宾在1960年拥有相似的人均产出和其他经济指标，然而至1988年，由于韩国采取了贸易开放政策，它的人均产出达到了菲律宾的三倍。可以得出的结论是与世界经济的融合在经济发展中起到了关键作用。

在这四种机制中，学者普遍认为其中的技术扩散机制由于存在溢出效应，所以对经济增长趋同的影响最大。下面将就贸易的溢出效应对中国省级地区经济差距扩大的影响进行检验。

4.3 含有贸易溢出效应的生产函数的提出

4.3.1 贸易溢出效应的作用机制

国际贸易是发挥技术溢出效应的一条重要渠道，可以使一国获得含有外国先进技术的产品和服务，本国厂商通过学习和模仿可以提高生产效率和技术能力，进而促进经济增长。基于国际贸易的技术溢出效应的机制表现在以下几方面：

第一，传染效应。研究表明，越是开放的国家从其他国家学到先进技术的机会就越大。传染理论认为，技术可以传播得很远，并且接触的人越多，传播的速度就越快，同技术创新的发明者或获得者接触和交流，技术创新可以被有效地复制。国际贸易提供了这种接触和交流的机会，使一个国家的生产者能够了解其它国家的产品信息和技术信息。

第二，干中学效应。当代国际贸易的特点之一是产品的增值链加长，即一种产品的生产可能包括几个国家的共同参与。国内企业进口国外的关键料件和设备进行生产，在生产过程中摸索、了解和吸收国外同行的知识和技术窍门，逐步掌握生产这些中间产品的能力，使技术水平不断提高。在出口过程中，国外的消费者会对产品的性能进行反馈，使企业能根据市场的需求改进产品结构，增加产品销量，同时促进企业创新和学习世界先进技术。这种获得知识和技术的过程就是经济学中"干中学"（Learning-by-Doing）效应所产生的结果。

第三，演示和培训效应。虽然外国企业努力对技术进行保密，但为在国际市场上增加销量，企业必须演示和说明其新产品的质量、特点、功能及使用方法等。随着经济一体化进程的加快，国际市场上企业之间的竞争日趋激烈，企业要保持国际竞争力，不仅要保证产品质量，还要提供安装及售后服务。在许多情况下，企业会对用户进行使用技术培训，甚至将维修人员送到国外学习。上述演示和培训过程容易使其它企业得到这种新产品的有关信息，也能够了解到市场需求、价格以及产品结构和某些生产情况。其它企业通过技术外溢进行学习模仿和创新，有时可以以更低的成本开发出相似产品。

第四，竞争效应。随着经济全球化的发展，贸易自由化和资本自由化的趋势将进一步加强，一国在增加进口和获得更多国际投资的同时也将面对更大的竞争压力。当外企开发出新产品吸引消费者时，市场上的激烈竞争迫使同行业的企业提高生产效率，增强管理水平，降低生产成本，改进产品质量。

4.3.2 贸易溢出效应模型的构造

对于基于国际贸易的溢出效应的研究，很多是应用国际研发溢出回归的方法，观察国外的经济技术活动能否导致国内的技术变化，并将技术溢出的渠道或机制加入到分析中。Coe 和 Helpman（1995）基于 Grossman 和 Helpman（1991）的"创新驱动"增长理论模型，首次实证考察了贸易对国际技术溢出和全要素生产率（TFP）增长的影响。他们使用双边进口份额作为权重来构造国外 R&D 存量，分析贸易伙伴国的 R&D 如何通过进口贸易这一国际技术外溢渠道影响本国的技术进步（简称 CH 方法）。Coe 和 Helpman（1995）采用 21 个 OECD 国家以及以色列的面板数据，实证检验了工业化国家的进口贸易的技术溢出效应，结果表明贸易伙伴国的研发投入能够显著地提升本国全要素生产率。CH 方法（采用进口份额对贸易伙伴国的 R&D 进行加权）成为其后续研究国际贸易作为国际技术溢出渠道的普遍做法。Lichtenberg 和 Pottelsbergue（1996）认为 CH 模型中对国外溢出研发存量的测度中存在设定误差，他们对 CH 方法进行了修正，使用进口额与 GDP 的比值为权重来测度国外 R&D 存量（简称 LP 方法）。Lichtenberg 和 Pottelsbergue（1996）应用 CH（1995）模型的数据库，发现国际贸易具有技术溢出效应，是国际技术扩散的一条重要渠道。在此基础上，Lichtenberg 和 Pottelsbergue（2001）再次验证了东道国全要素生产率同本国研发资本存量和外国研发资本存量的函数关系。研究表明，一般而言，贸易伙伴国的研发投入与本国的 TFP 存在一种正向关系，即以贸易为传导机制的国际技术溢出对一国的技术进步有着积极的促进作用。

对外贸易对中国的 TFP 也产生了正面影响，间接推动了中国的技术进步和技术创新。本部分利用了面板协整的方法测度了基于国际贸易的技术溢出效应。

首先提出一个含有贸易的总量生产函数模型，这里假设国际贸易作为中国各地区之间的知识溢出效应（Knowledge Spillover Effects）的替代变量。借鉴卢卡斯（1988）的研究，将各省份经济的总量生产函数设定为以下形式：

$$Y_{it} = K_{it}^{\beta_i} \left[A_0 L_{it} \right]^{1-\beta_i} W_{it}^{\gamma_i} \tag{4.2}$$

其中 Y_{it} 是各省份地区生产总值，K_{it} 是各省份资本存量，L_{it} 是各省份人口数，W_{it} 是各省份人均进出口贸易额。Grossman 和 Helpman（1991）论证了贸易量的水平作为地区之间知识溢出程度的一个很好的代理变量。所以在上述生产函数中，W_{it} 测度了基于贸易的省际溢出效应水平。A_0 是初始技术水平，$\beta_i (0 < \beta_i < 1)$ 和 γ_i 是参数。如果 $\gamma_i = 0$，意味着省际经济之间不存在溢出效应，总量生产函数表现为规模报酬不变；如果 $\gamma_i > 0$，意味着省际经济之间存在溢出效应，总量生产函数表现为规模报酬递增；如果 $\gamma_i < 0$，意味着省际经济之间存在负的溢出效应，总量生产函数表现为规模报酬递减，此时溢出效应并不一定带来生产率上的提高。

对（4.2）式取对数并添加扰动项变为：

$$Y_{it} = a_0 + \beta_i k_{it} + r_i R_{it} + e_{it} \tag{4.3}$$

其中 $y_{it} = \ln(Y_{it}/L_{it})$ 是省际人均产出的对数，$k_{it} = \ln(K_{it}/L_{it})$ 是省际人均资本存量的对数，代表资本密集程度，$R_{it} = \ln(W_{it}/L_{it})$ 是省际人均贸易额的对数，$\alpha_0 = \ln(A_0)$ 是一个常数，代表初始技术水平，e_{it} 是随机误差项。全要素生产率（TFP）可以以 $TFP_{it} = y_{it} - \beta_i k_{it} = \alpha_0 + \gamma_i R_{it} + e_{it}$ 计算。应该注意到知识溢出效应以 $\gamma_i R_{it}$ 刻画，而这一项是 TFP 中重要的一部分。

4.4 贸易对地区经济发展差距扩大影响的面板协整分析

4.4.1 数据的选取及可比性处理

本章选用中国 28 个省份[1]1978~2018 年人均生产总值、人均资本存量和人均进出口总额构建含技术溢出效应的增长模型，各变量使用 GDP 平减指数作为价格变化的衡量指标对相关变量进行不变价调整，为保持数据的连贯性和计算方便，选取 1978 年作为基期，其中各省份资本存量沿用第五章中通过永续盘存法计算得到的结果。对于进出口贸易额，统计年鉴上仅能查到自

---

[1] 由于西藏缺失资本存量数据，海南和重庆缺少 1978~1986 年的进出口贸易数据，因此估计含技术溢出效应的增长模型仅包含 28 个省份的平衡面板数据。

1978 年开始的各省份美元计价的数据，使用各时期人民币兑美元汇率将其转化为人民币计价。将各省份地区生产总值、资本存量和进出口贸易额分别除以各省份人口数得到相应的人均变量。

4.4.2 数据的平稳性检验

为了构建协整模型，必须对变量进行单位根检验。下面利用了三种较为广泛使用的面板数据的单位根检验方法对各变量的平稳性进行检验。进行了平减处理的人均 GDP、人均资本存量、人均进出口量分别以 y、k、R 表示。各变量的取对数后的水平值的单位根检验结果见表 4.1。

表 4.1　各变量对数水平值面板单位根检验结果

变量	LLC 方法		ADF-Fisher 方法		PP-Fisher 方法	
	检验统计量	p 值	检验统计量	p 值	检验统计量	p 值
$\ln y$	7.831	1.000	31.439	1.000	18.466	1.000
$\ln k$	5.047	1.000	39.221	0.930	67.709	1.000
$\ln R$	−2.212	0.011	71.869	0.088	62.239	0.261

由检验结果可以看到，本书所使用的三种面板数据单位根检验方法均表明 $\ln y$、$\ln k$、$\ln R$ 三个变量均为非平稳变量。为了考察 $\ln y$、$\ln k$、$\ln R$ 三个变量是否为一阶单整序列，下面对这三个变量的一阶差分值进行面板数据单位根检验。

$\ln y$、$\ln k$、$\ln R$ 三个变量一阶差分值的面板数据单位根检验结果见表 4.2。用 $D(\ln y)$、$D(\ln k)$、$D(\ln R)$ 分别表示 $\ln y$、$\ln k$、$\ln R$ 三个变量的一阶差分序列。由三种面板数据单位根的检验方法的检验结果表明 $D(\ln y)$、$D(\ln k)$、$D(\ln R)$ 均为平稳序列。综合水平值的检验结果，可以知道 $\ln y$、$\ln k$、$\ln R$ 三个变量为同阶的单整序列。因为一阶差分数据无法获得变量之间长期关系的信息，所以考虑 $\ln y$、$\ln k$、$\ln R$ 这三个非平稳序列的线性组合可能会成为平稳序列，即存在协整关系。为了确定 $\ln y$、$\ln k$、$\ln R$ 这三个是否存在一定的协整关系，下面将对这三个变量进行协整检验。

表 4.2 各变量对数一阶差分值面板单位根检验结果

变量	LLC 方法		ADF-Fisher 方法		PP-Fisher 方法	
	检验统计量	p 值	检验统计量	p 值	检验统计量	p 值
$D(\ln y)$	−11.684	0.000	241.315	0.000	250.243	0.000
$D(\ln k)$	−4.133	0.000	118.256	0.000	173.413	0.000
$D(\ln R)$	−20.378	0.000	465.573	0.000	465.646	0.000

4.4.3　变量关系的协整检验

单纯时间序列的协整检验方法，对于观察期较短的序列的效果并不理想。Pedroni（1995）、Shiller 和 Perron（1985）、Perron（1989，1991）、Pierse 和 Snell（1995）指出单纯时间序列协整检验对时间维度非常敏感。在此背景下，为解决时间序列协整检验的小样本问题，提出了一系列面板数据协整检验方法。面板数据的协整检验方法可以分为两大类，一类是建立在 Engle and Granger 两步法检验基础上的面板协整检验，目前较为成熟的面板数据协整检验方法是由 Kao（1999）和 Pedroni（1995，1999）所提出的两大检验方法；另一类是建立在 Johansen 协整检验基础上的面板协整检验。

Kao 检验与 Pedroni 检验遵循相同的基本方法，即在 Engle and Granger 两步法基础上发展起来的。Kao 检验在第一阶段将回归方程设定为每一个截面个体有不同的截距项和相同的系数。在第二阶段 Kao 检验基于 DF 检验和 ADF 检验的原理，对第一阶段所求得的残差序列进行平稳性检验。Kao（1999）研究发现虚拟变量最小二乘法（LSDV）及传统的统计量所获得的估计尽管是与真实值系数是一致的，但其 t 值是发散的，所以回归系数估计值的渐近分布是错误的。而基于残差的面板协整检验的检验统计量在原假设（不存在协整关系）下的分布依赖于 LSDV 估计的渐近分布。在此基础上 Kao 提出了 4 种 DF 型检验。主要结论如下：

考虑如下模型：

$$y_{it} = \alpha_i + \beta x_{it} + e_{it}\,;\ i = 1,\ 2,\ \cdots,\ N,\ t = 1,\ 2,\ \cdots,\ T \qquad (4.4)$$

对模型（4.4）进行回归得到残差 e_{it}。

$$e_{it} = \rho\, e_{it-1} + v_{it} \qquad (4.5)$$

再利用残差 e_{it}，得到（4.5）式中 ρ 的 OLS 估计。

$$\rho = \frac{\sum\limits_{i=1}^{N} \sum\limits_{t=2}^{T} e_{it} e_{it-1}}{\sum\limits_{i=1}^{N} \sum\limits_{t=2}^{T} (e_{it-1})^2} \tag{4.6}$$

（4.5）式中原假设 H_0：$\rho = 1$ 可以通过以下的 DF 型统计量进行检验。

$$\sqrt{N} T(\rho - 1) = \frac{\dfrac{1}{\sqrt{N}} \sum\limits_{i=1}^{N} \dfrac{1}{T} \sum\limits_{t=2}^{T} e_{it-1} \Delta e_{it}}{\dfrac{1}{N} \sum\limits_{i=1}^{N} \dfrac{1}{T^2} \sum\limits_{t=2}^{T} (e_{it-1})^2} = \frac{\dfrac{1}{\sqrt{N}} \sum\limits_{i=1}^{N} \dfrac{1}{T} \sum\limits_{t=2}^{T} e_{it-1}^* \Delta e_{it}^*}{\dfrac{1}{N} \sum\limits_{i=1}^{N} \dfrac{1}{T^2} \sum\limits_{t=2}^{T} (e_{it-1}^*)^2}$$

$$= \frac{\sqrt{N} \dfrac{\sum\limits_{i=1}^{N} \xi_{3iT}}{N}}{\dfrac{\sum\limits_{i=1}^{N} \xi_{4iT}}{N}} = \frac{\sqrt{N} \xi_{3NT}}{\xi_{4NT}}$$

e_{it}^* 具体计算见 Kao（1999）。检验 $\rho = 1$ 的 t 统计量为：

$$t_\rho = \frac{(\rho - 1) \sqrt{\sum\limits_{i=1}^{N} \sum\limits_{t=2}^{T} e_{it-1}^{*2}}}{s_e} \tag{4.7}$$

其中，$s_e = \dfrac{\sum\limits_{i=1}^{N} \sum\limits_{t=2}^{T} e_{it-1}^{*2}}{NT}$。

当 Kao 文中所提出的三个假定成立时，则：

$$\sqrt{N} T(\rho - 1) - \frac{\sqrt{N} \mu_{3T}}{\mu_{4T}} \Rightarrow N(0, \ 3 + \frac{36}{5} \frac{\sigma_v^4}{\sigma_{0v}^4}) \tag{4.8}$$

$$t_\rho - \frac{\sqrt{N} \mu_{3T}}{\mu_{4T}} \Rightarrow N(0, \ \frac{\sigma_{0v}^2}{2 \sigma_v^2} + \frac{3 \sigma_v^2}{10 \sigma_{0v}^2}) \tag{4.9}$$

其中，$\mu_{3T} = E[\xi_{3iT}]$ 和 $\mu_{4T} = E[\xi_{4iT}]$。

ADF 检验

考虑到误差项自相关修正，估计如下模型：

$$e_{it} = \rho e_{it-1} + \sum\limits_{j=1}^{P} \varphi_j \Delta e_{it-j} + v_{itp} \tag{4.10}$$

ρ 的 OLS 估计为：

$$(\rho - 1) = \left[\sum_{i=1}^{N} (e_i' Q_i e_i) \right]^{-1} \left[\sum_{i=1}^{N} (e_i' Q_i v_i) \right] \tag{4.11}$$

Q 的计算见 Kao（1999）。

$$t_{ADF} = \frac{(\rho - 1)\left[\sum_{i=1}^{N} (e_i' Q_i e_i) \right]^{1/2}}{s_v} = \frac{\sqrt{N}\, \xi_{5NT}}{s_v \sqrt{\xi_{6NT}}} \tag{4.12}$$

其中，$s_v = \dfrac{\sum_{i=1}^{N} \sum_{t=1}^{T} v_{itp}}{NT}$，$\xi_{5NT} = \dfrac{\sum_{i=1}^{N} \xi_{5iT}}{NT}$，$\xi_{5iT} = \dfrac{e_i^{*'} Q_i^{*} v_i}{T}$，$\xi_{6NT} = $

$\dfrac{\sum_{i=1}^{N} \xi_{6iT}}{NT}$，$\xi_{6iT} = \dfrac{e_i^{*'} Q_i^{*} v_i}{T^2}$。

当 Kao 文中所提出的三个假定成立时，则：

$$t_{ADF} - \frac{\sqrt{N}\, \mu_{5T}}{s_v \sqrt{\mu_{6T}}} \Rightarrow N\left(0, \frac{\sigma_{0v}^2}{2\sigma_v^2} + \frac{3\sigma_v^2}{10\sigma_{0v}^2} \right) \tag{4.13}$$

其中，$\mu_{5T} = E[\xi_{5iT}]$ 和 $\mu_{6T} = E[\xi_{6iT}]$。

Pedroni（1999）提出了基于 Engle and Granger 两步法的面板数据协整检验方法，该方法以协整方程的回归残差为基础通过构造七个统计量来检验面板变量之间的协整关系。检验的原假设为面板变量之间不存在协整关系。Pedroni（1995，1999）放松了同质性假定允许截距及时间趋势相异，并适用于非平衡面板数据，相比上面的方法有进一步的改进。Pedroni 提出的协整的检验统计量可以分为两种，一种基于组内维度（Within-Dimension-Based），如 panel-ρ 和 panel-t；一种基于组间维度（Between-Dimension-Based），如 group-ρ 和 group-t。panel-ρ 统计量是非参数 Phillips-Perron-ρ 统计量的推广，panel-t 统计量是 ADF-t 统计量的推广。

考虑如下的模型：

$$y_{it} = \alpha_i + \delta_i t + \beta_{1i} x_{1it} + \beta_{2i} x_{2it} + \cdots + \beta_{mi} x_{mit} + e_{it} \tag{4.14}$$

$t = 1, \cdots T; \ i = 1, \cdots N; \ m = 1, \cdots M$

为了计算 panel-ρ 和 panel-t 面板数据协整统计量，先对原数据差分并估计模型得到其残差。

Pedroni 提出了七个检验统计量以检验变量之间的协整关系。并且模拟研究的结果中，Pedroni 证明这七个检验统计量都渐进服从标准正态分布，只要至少有四个检验统计量显著则表明变量之间存在协整关系。Pedroni 将检验异质面板数据协整关系的三个检验称作维度间（Between-Dimension）检验，其构造了三个组（group）统计量对原假设进行检验，即类似于 PP 检验中 ρ 统计量的组间 ρ 统计量（Group-rho-Statistic）、类似于 PP 检验中 t 统计量的组间 PP 统计量（Group PP-Statistic）和类似于 ADF 检验中 t 统计量的组间 t 统计量（Group ADF-Statistic）。本部分以四个 Pedroni 所提出的检验统计量为例，介绍其检验方法的原理。

Pedroni 针对上述方程构造了如下四个检验统计量，将其称为维度内（Within-Dimension）检验，主要检验同质面板数据集的协整关系：

面板 ρ 统计量：$T\sqrt{N}Z_{\rho\,N,\,T-1} \equiv T\sqrt{N}\,(\sum_{i=1}^{N}\sum_{t=1}^{T}L_{11i}^{-2}e_{i,\,t-1}^{2})^{-1}\sum_{i=1}^{N}\sum_{t=1}^{T}L_{11i}^{-2}(e_{i,\,t-1}^{2}\Delta e_{i,\,t} - \lambda_i)$

面板 t 统计量（参数）：$Z_{t\,N,\,T}^{*} \equiv (\tilde{s}_{N,\,T}^{*2}\sum_{i=1}^{N}\sum_{t=1}^{T}L_{11i}^{-2}e_{i,\,t-1}^{*2})^{-1/2}\sum_{i=1}^{N}\sum_{t=1}^{T}L_{11i}^{-2}e_{i,\,t-1}^{*}\Delta e_{i,\,t}^{*}$

组 ρ 统计量：$TN^{-1/2}\tilde{Z}_{\rho\,N,\,T-1} \equiv TN^{-1/2}\sum_{i=1}^{N}(\sum_{t=1}^{T}e_{i,\,t-1}^{2})^{-1}\sum_{t=1}^{T}(e_{i,\,t-1}\Delta e_{i,\,t} - \lambda_i)$

组 t 统计量（参数）：$N^{-1/2}\tilde{Z}_{t\,N,\,T}^{*} \equiv N^{-1/2}\sum_{i=1}^{N}(\sum_{t=1}^{T}\tilde{s}_{i}^{*2}e_{i,\,t-1}^{*2})^{-1/2}\sum_{t=1}^{T}e_{i,\,t-1}^{*}\Delta e_{i,\,t}^{*}$

其中，$\lambda_i = \frac{1}{T}\sum_{s=1}^{k_i}(1 - \frac{s}{k_i+1})\sum_{t=s+1}^{T}\mu_{i,\,t}\,\mu_{i,\,t-s}$，$s_i^2 \equiv \frac{1}{T}\sum_{t=1}^{T}\mu_{i,\,t}^{2}$，$\sigma_i^2 = s_i^2 + 2\lambda_i$，

$\tilde{\sigma}_{N,\,T}^{2} \equiv \frac{1}{N}\sum_{i=1}^{N}L_{11i}^{-2}\sigma_i^2$，$s_i^{*2} \equiv \frac{1}{t}\sum_{t=1}^{T}\mu_{i,\,t}^{*2}$，$\tilde{s}_{N,\,T}^{*2} \equiv \frac{1}{N}\sum_{i=1}^{N}s_i^{*2}$，

$L_{11i}^{2} = \frac{1}{T}\sum_{t=1}^{T}\eta_{i,\,t}^{2} + \frac{2}{T}\sum_{s=1}^{k_i}(1 - \frac{s}{k_i+1})\sum_{t=s+1}^{T}\eta_{i,\,t}\eta_{i,\,t-s}$

这里残差 $\mu_{i,\,t}$、$\mu_{i,\,t}^{*}$ 和 $\eta_{i,\,t}$ 由下面的回归获得：

$e_{i,\,t} = \gamma_i e_{i,\,t-1} + \mu_{i,\,t}$，$e_{i,\,t} = \gamma_i e_{i,\,t-1} + \sum_{k=1}^{K_i}\gamma_{i,\,k}\Delta e_{i,\,t-k}u_{i,\,t}^{*}$，$\Delta y_{i,\,t} = \sum_{m=1}^{M}b_{mi}\Delta x_{mi,\,t} + \eta_{i,\,t}$

为了使用上述四个检验统计量，对变量的协整关系进行检验必须知道这四个检验统计量的分布。注意到 $\xi_{i,\,t}' \equiv (\xi_{i,\,t}^{y},\,\xi_{i,\,t}^{x'})$ 满足 $\frac{1}{\sqrt{T}}\sum_{t=1}^{[Tr]}\xi_{it} \Rightarrow B_i(\Omega_i)$，运用靫差的极限定理可以得到：

$$\psi^{'}(\int Q^2, \int QdQ, \tilde{\beta}^2) \tag{4.15}$$

这里 $\tilde{\beta}$ 定义为 $\tilde{\beta} = (\int WW^{'})^{-1} \int WV$，$Q$ 定义为 $Q \equiv V - \tilde{\beta}^{'} W$，$\tilde{\beta}^2 \equiv \tilde{\beta}^{'} \tilde{\beta}$。所以可以推得如下分布：

$$T^2 N^{3/2} Z_{\nu\,N,\,T} - \Theta_1^{-1} \sqrt{N} \Rightarrow N(0, \varphi_{(1)}^{'} \Psi_{(1)} \varphi_{(1)})$$

$$T^2 \sqrt{N} Z_{\rho\,N,\,T} - \Theta_2 \Theta_1^{-1} \sqrt{N} \Rightarrow N(0, \varphi_{(2)}^{'} \Psi_{(2)} \varphi_{(2)})$$

$$Z_{t\,N,\,T} - \Theta_2 (\Theta_1 (1 + \Theta_3))^{-1/2} \sqrt{N} \Rightarrow N(0, \varphi_{(3)}^{'} \Psi_{(3)} \varphi_{(3)})$$

$$\Psi_{(j)}, j = 1, 2, 3$$

这里，$\varphi_{(1)}^{'} = - \Theta_1^{-2}$

$$\varphi_{(2)}^{'} = - (\Theta_1^{-1}, \Theta_2 \Theta_1^{-2})$$

$$\varphi_{(3)}^{'} = (\Theta_1^{-1/2} (1 + \Theta_3)^{-1/2}, -\frac{1}{2} \Theta_2 \Theta_1^{-3/2} (1 + \Theta_3)^{-1/2}, -\frac{1}{2} \Theta_2 \Theta_1^{-1/2}$$

$$(1 + \Theta_3)^{-3/2}) \tilde{\psi}^{'} \equiv ((\int Q^2)^{-1} \int QdQ, ((1 - \tilde{\beta}^2) \int Q^2)^{-1/2} \int QdQ)$$

$$TN^{-1/2} \tilde{Z}_{\rho\,N,\,T-1} - \tilde{\Theta}_1 \sqrt{N} \Rightarrow N(0, \tilde{\Psi}_{1,\,1})$$

$$N^{-1/2} \tilde{Z}_{t\,N,\,T-1} - \tilde{\Theta}_2 \sqrt{N} \Rightarrow N(0, \tilde{\Psi}_{2,\,2})$$

根据这些检验统计量的分布，可以确定假设检验的临界值，对变量之间是否存在协整关系进行相关的显著性检验。

Maddala 和 Wu（1999）基于 Fisher 所提出的单个因变量联合检验的结论，建立了可用于面板数据的另一种协整检验方法，该方法通过联合单个截面个体 Johansen 协整检验的结果获得相应的面板数据的检验统计量。

Johansen 面板协整检验的主要步骤如下：

（1）分别对各截面个体 i 进行单独的 Johansen 协整检验。设 π_i 为界面个体 i 的特征根迹统计量或最大特征根统计量所对应的 p 值。

（2）利用 Fisher 的结论建立下式的面板数据协整检验的统计量：

$$Fisher = - 2 \sum_{i=1}^{N} \ln(\pi_i)$$

Maddala 和 Wu 证明在"存在相应个数协整向量"的原假设下，该统计量渐进服从自由度为 $2N$ 的卡方分布，如果无法拒绝原假设，则表明所检验的面板数据存在相应个数的协整向量。

下面将利用 Kao（1999）、Pedroni（2003）和 Maddala and Wu（1999）所提出方法对 $\ln y$、$\ln k$、$\ln R$ 这三个变量进行协整检验。通过表 4.3 Kao 残差协整检验的结果可以知道 $\ln y$、$\ln k$、$\ln R$ 这三个变量存在协整关系。

表 4.3　Kao 残差协整检验结果

检验统计量	检验统计量	p 值
ADF	−9.792	0.000

Pedroni 提出了七个检验统计量来检验变量之间的协整关系。通常只要这七个统计量中存在四个或四个以上检验统计量拒绝原假设，就可以认为此时变量存在协整关系。表 4.4 的结果再次表明 $\ln y$、$\ln k$、$\ln R$ 这三个变量存在着协整关系。

表 4.4　Pedroni 协整检验结果

pedroni 组内协整检验			pedroni 组间协整检验		
检验统计量	统计量	p 值	检验统计量	统计量	p 值
Panel v-Statistic	1.651	0.043	Group rho-Statistic	0.735	0.753
Panel rho-Statistic	−2.013	0.021	Group PP-Statistic	−1.421	0.071
Panel PP-Statistic	−3.367	0.000	Group ADF-Statistic	−2.377	0.002
Panel ADF-Statistic	−3.014	0.001			

表 4.5 的结果也表明 $\ln y$、$\ln k$、$\ln R$ 这三个变量存在着协整关系。

表 4.5　Johansen 协整检验结果

	Fisher 统计量（迹检验）	P 值	Fisher 统计量（最大特征根检验）	P 值
None	181.3	0.000	150.5	0.000
At most 1	76.91	0.033	60.15	0.328
At most 2	52.29	0.616	52.29	0.616

4.4.4　变量协整系数的 FMOLS 估计

为了获得较为稳健的协整关系估计结果，Pedroni（2001）建议使用完全修正普通最小二乘法（Fully Modified OLS，FMOLS）对协整方程进行估计，故本书采用面板协整的 FMOLS 进行估计。

FMOLS 的估计方法：首先进行 OLS 回归，然后对因变量和估计参数进行修正。OLS 的渐近分布依赖于残差 ω 的长期方差—协方差矩阵，第 i 个序列的长期方差—协方差矩阵为：

$$\Omega_i = \lim_{T \to \infty} T^{-1} E \left(\sum_{t=1}^{T} \widetilde{\omega}_{it} \right) \left(\sum_{t=1}^{T} \widetilde{\omega}_{it} \right)' = \Sigma_i + \Gamma_i + \Gamma_i' = \begin{pmatrix} \widetilde{\omega}_{u,\,t} & \widetilde{\omega}_{u\varepsilon,\,t} \\ \widetilde{\omega}_{u\varepsilon,\,t} & \widetilde{\omega}_{\varepsilon,\,t} \end{pmatrix} \quad (4.16)$$

其中，$\Sigma_i = \lim_{T \to \infty} T^{-1} E \left(\sum_{t=1}^{T} \widetilde{\omega}_{it} \widetilde{\omega}_{it}' \right) = \begin{pmatrix} \sigma_{u,\,i}^2 & \sigma_{u\varepsilon,\,i} \\ \sigma_{u\varepsilon,\,i} & \sigma_{\varepsilon,\,i}^2 \end{pmatrix}$ 为同期相关系数矩阵，

$\Gamma_i = \lim_{T \to \infty} T^{-1} \sum_{k=1}^{T-t} \sum_{t=k+1}^{T} E(\widetilde{\omega}_{it} \widetilde{\omega}_{it-k}') = \begin{pmatrix} \gamma_{u,\,i} & \gamma_{u\varepsilon,\,i} \\ \gamma_{u\varepsilon,\,i} & \gamma_{\varepsilon,\,i} \end{pmatrix}$ 为自协方差矩阵，它是按照

Newey 和 West（1994）进行加权的。定义：

$$\theta_i = \begin{pmatrix} \theta_{u,\,i} & \theta_{u\varepsilon,\,i} \\ \theta_{u\varepsilon,\,i} & \theta_{\varepsilon,\,i} \end{pmatrix} = \Sigma_i + \Gamma_i = \sum_{j=0}^{\infty} E(\widetilde{\omega}_{ij} \widetilde{\omega}_{i0})' \quad (4.17)$$

通过对因变量的变形（$y_{it}^* = y_{it} - \widetilde{\omega}_{u\varepsilon,\,i} \widetilde{\omega}_{u\varepsilon,\,i}^{-1} \Delta x_{it}$）来实现对内生性的修订，此时，FMOLS 估计量 $\hat{\beta}_i^* = (X_i'X_i)^{-1}(X_i'y_i^* - T\hat{\theta}_{\varepsilon u}^*)$，其中 $\hat{\theta}_{\varepsilon u}^* = \hat{\theta}_{\varepsilon u} - \hat{\theta}_{\varepsilon} \widetilde{\omega}_{\varepsilon,\,i}^{-1}$，$\hat{\theta}_{\varepsilon u,\,i}$ 提供了对自相关的修正。

面板数据的 FMOLS 估计量就是各序列的估计量的一个均值（Pedroni，2001）。$\ln y$、$\ln k$、$\ln R$ 这三个变量协整关系的估计结果见表4.6。

结果表明模型各变量的系数均显著。各地区贸易的溢出效应对产出的增长有显著的正向作用，同时可以观察到，溢出效应系数在各省份之间存在较大的差异，这表明各省份的贸易溢出效应的生产函数是规模报酬递增的，各省份经济的长期增长率差异是持久的，即1978年改革开放后中国各省份经济之间是一组非平行的内生增长路径。

表 4.6　贸易溢出效应生产函数回归结果

变量			系数	t 检验量	p 值
c			1.692	32.834	0.000
lnk			0.623	62.512	0.000
lnR	东部地区	北京	0.124	18.673	0.000
		天津	0.122	18.256	0.000
		河北	0.135	15.949	0.000
		辽宁	0.136	19.597	0.000
		上海	0.153	23.753	0.000
		江苏	0.142	20.567	0.000
		浙江	0.145	20.575	0.000
		福建	0.129	19.759	0.000
		山东	0.127	17.360	0.000
		广东	0.137	24.220	0.000
		广西	0.102	11.869	0.000
	中部地区	吉林	0.133	16.020	0.000
		黑龙江	0.148	17.426	0.000
		山西	0.119	12.611	0.000
		内蒙古	0.142	15.411	0.000
		安徽	0.145	16.514	0.000
		江西	0.145	16.316	0.000
		河南	0.144	14.028	0.000
		湖北	0.149	17.007	0.000
		湖南	0.159	17.260	0.000
	西部地区	四川	0.147	15.853	0.000
		贵州	0.079	7.102	0.000
		云南	0.094	10.135	0.000
		陕西	0.107	11.474	0.000

变量			系数	t 检验量	p 值
lnR	西部地区	甘肃	0.123	12.557	0.000
		青海	0.067	6.116	0.000
		宁夏	0.075	8.011	0.000
		新疆	0.083	9.531	0.000

　　非平行的增长路径如图 4.1 所示，结合两部分章节所分析的结果，如果初始经济相对落后的省份比初始经济相对发达的省份增长速度更快，那么就会观察到人均生产总值差距的缩小。但是如果这种增长速度持续到赶超点之后，那么在经济趋同后就会观察到经济间差距的持续扩大。这恰好可以解释1978 年后中国各省份经济发展差距的变化趋势。

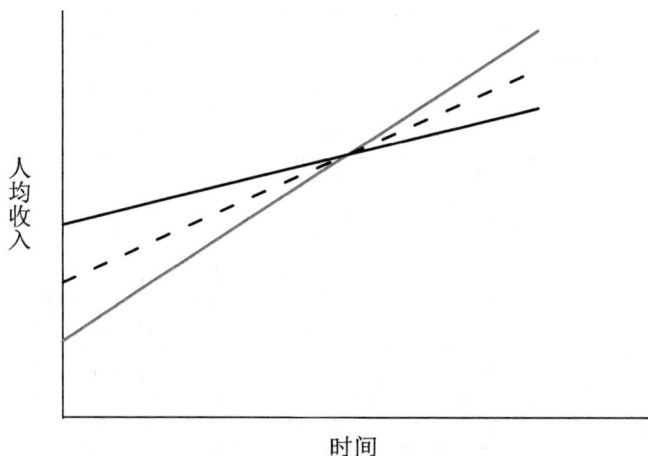

图 4.1　非平行内生增长路径

4.4.5　中国区域贸易知识溢出效应的差异的非参数统计分析

　　由上文协整关系的估计结果可以看到，对于每一个省份来说其基于贸易的知识溢出效应都是非常显著的。表 4.7 是三大地带基于贸易的知识溢出效应数据，可以看出，经济发展快速的东部地区贸易的知识溢出效应平均为0.132，中部地区最高，平均为 0.142，西部地区知识溢出效应显著低于上述两个地区，平均仅为 0.099。

表 4.7　区域知识溢出效应描述统计分析

	东部	中部	西部
均值	0.132	0.142	0.099
标准差	1.36%	1.12%	2.88%

下面将利用非参数统计检验方法，对东、中、西三大地区的基于贸易的知识溢出效应是否存在显著的差异进行检验。

本部分使用 Wilcox 的 u 检验（又称 Mann-Whitney 检验），对中国三大地带基于贸易的知识溢出效应的差异情况进行统计检验。首先研究东部地区与中部地区的差异情况。提出原假设为 H_0：在基于贸易的知识溢出效应上东、中部地区总体中位数没有显著差异；备择假设为 H_1：在基于贸易的溢出效应上东部地区总体中位数优于中部地区总体中位数。东部地区的样本数是 $m_1 =$ 11，中部地区的样本数是 $m_2 = 9$。然后求出东部地区和中部地区溢出效应的序号和 R_1，R_2 得：

$R_1 = 90$，$R_2 = 120$

使用 Excel 软件进行两个独立样本的非参数检验，得到 Mann-Whitney U = 24，渐近服从正态分布的 p 概率值为 0.010，小于 5% 的显著性水平。非参数检验结果表明差异显著，应拒绝 H_0，即中国东部地区的基于贸易的溢出效应与中部地区相比有显著差异。

接下来研究东部地区与西部地区基于贸易的溢出效应的差异情况。原假设为 H_0：在基于贸易的溢出效应上东、西部地区总体中位数没有差异；备择假设为 H_1：在基于贸易的溢出效应上东部地区总体中位数优于西部地区总体中位数。东部地区的样本数是 $m_1 = 11$，西部地区的样本数是 $m_2 = 8$。然后分别求出东部地区和中部地区溢出效应的序号和 R_1，R_2 得：

$R_1 = 141$，$R_2 = 49$

得到 Mann-Whitney U = 13，渐近服从正态分布的 p 概率值为 0.005，小于 5% 的显著性水平。非参数检验结果表明差异显著，应拒绝 H_0。即中国东部地区的基于贸易的溢出效应显著高于西部地区。

4.5　改善中国贸易现状的政策建议

　　大力发展国内区际贸易是当务之急。一方面，国内贸易有助于行业内部的自由贸易，能够扩大市场规模，使地区企业在国内竞争中迅速成长，从而提高其自身的国际竞争力，推动国际贸易和地区经济的发展。同时，国内贸易的发展可以促进生产要素的合理流动和经济主体的全面竞争，促进技术、产品、市场、交易方式、组织方式等各种创新的发生和扩散，形成优势互补，提高生产活动的价格优势，进而提高资源的配置和利用效率，更好地实现并利用规模经济。无论是中部崛起战略，还是西部大开发战略，要实现中西部地区的经济发展、缩小区域经济发展差距，都绕不开工业化问题。工业化实质上就是制造业份额的增加，实践表明，对于广大地区（这里不排除个别小环境，如村庄、城镇）而言，没有制造业份额的持续增加，很难实现地区经济的持续快速发展。而发展一个地区的制造业，又离不开区际贸易，这可以扩大其市场规模，更加充分地利用规模经济效应。区际贸易的发展又离不开区域间贸易自由度的有效提高。

　　国际贸易能够促进一个国家或地区的经济增长，中国改革开放以来的历程已经证明了这一点。国内贸易也能够促进一个国家或地区的经济发展，尽管现有的文献证据远不如国际贸易方面的文献多。对于我们这样一个幅员比较辽阔的大国而言，国内区际贸易与国际贸易同样重要。如果说在这之前，特别是改革开放之初，中国各地区普遍贫穷落后，把发展国际贸易放在首位，学习国外先进技术、吸引国外产业资本是正确的战略抉择，但是，进入 21 世纪，特别是到今天，中国已经发展到人均国内生产总值超过 3000 美元的程度，同时又面临全球性的金融和经济危机，国际市场需求严重萎缩，应该适时而果断地改变贸易战略，把发展国内区际贸易、整合国内市场放在应有的地位，让更多的厂商立足国内市场、开拓国内市场。以国内贸易的增长促进国际贸易的拓展，使国内贸易和国际贸易相互推动、协调发展。

　　一个国家内部的区际贸易是其国际贸易的基础，应当给予优先于国际贸易发展的地位，特别是随着其他国家和地区贸易保护行为和做法的抬头。忽视这一点，不仅会影响区际贸易的正常发展，使国际贸易的发展失去回旋余地，还将使国内外商品和生产要素的正常流动出现障碍，影响产业结构的合理布局和市场对生产要素的有效配置。基于本书对相关贸易理论的研究和实证分析，针对中国区际贸易发展和地区经济增长现存的问题，特提出如下政策建议：

第一，降低国内地区间贸易保护程度，以贸易开放促进地区间技术创新体系的构建。实证研究表明，贸易的开放对中国的技术创新有显著的促进作用。当前建设"丝绸之路经济带"的开放经济条件下，中国既要立足于自主创新，增强国际竞争力，又要降低地区间贸易壁垒，让各地区参与国际贸易活动和区际贸易活动，通过国际技术转移、区际技术溢出途径。分享世界知识积累和技术创新的收益，以提高自身创新能力加速技术进步。地区间经济的同构、地方保护主义以及地区间市场的分割从本质上来说是地区之间不按比较优势进行分工的现象，是地方政府为了增加财政收入和保护本地劳动力的就业的体现。只有激活国内区际贸易，降低贸易壁垒，才能够使先进的生产技术和管理经验在国内扩散，并得到有效的利用，提高落后地区的竞争力和经济增长率。

第二，改革行政体制和地方政府业绩考察机制，切实转变政府职能，有效地限制地方保护主义，促进商品和生产要素的合理流转和有效配置。转变政府职能是有效限制地方保护行为的必要措施。地方保护主义行为之所以存在，主要是由于改革开放以来中央财政的相对弱化和地方财政的相对强化为地方政府干预经济和实施保护性的政策提供了经济上的保证，而这又与中国采取了分权的财政体制有关。同时，在中国分权体制下，地方政府官员的晋升是与当地的地区生产总值增长挂钩的（Li and Zhou，2005），这就使得各个地方的政府官员都以追求地区生产总值的增长为目标，从而产生保护本地经济和分割地区间市场的动机（周黎安，2004）。也就是说，只要存在分权，而且政府以促进本地区的经济发展和社会稳定为目标，就必然会存在地方保护行为。因此，我们所能做的是消除有形的地方保护，而不是也不可能消除无形的地方保护主义，具体而言，就是减少地方政府直接干预经济、投资建设竞争性项目的行为，清理各地区的地方性法规政策，废止那些限制和不利于区际贸易的地方性法规政策等。

第三，改革现行的税收体制，促进商品流转和生产要素的合理流动，努力使市场机制对资源的合理配置更好地发挥作用，同时，设计最佳税收制度，建立规范化的财政转移支付制度。中国现行的税收管理实行高度集中于中央政府的体制，地方政府在税收立法方面没有任何权力。由于中国各省份间、省份内各地区间经济发展状况、资源分布等不一致，有的甚至相差很大，适用统一的税收制度必然会挫伤部分地区的积极性。因此，中国在坚持税权集中的同时应适当分权，地方特别是经济落后地区应享有一定的税收权限。在税收管理体制改革方面，一是要中央集中管理中央税、共享税以及对宏观经济影响较大的主要地方税税种的立法权、税种开征停征权、税目税率调整权、减免税权等，以维护国家的整体利益和统一市场的形成。二是要明确地方主体税种，赋予省级人民政府对地方主体税种一定的管理权限。三是在保证国家宏观社会经济政策政令畅通，不挤占中央税、共享税税源，不影响周边地区经济利益的前提下，要允许省级人民政府通过立法，并经中央政府批准，对具有区域性特征的税源开征新的税种。如果说改革开放初期东部地区最大的政策优惠是作为改革试点而率先开放，那么，要实现中西部地区的崛起、缩小东部地区和中西部地区的发展差距，对今天的中西部地区发展来说，最重要的是获得部分的税收自主权。另外，改变税收的生产地原则为注册地原则，有效降低企业向中西部地区生产转移的成本，促进生产要素的合理流转。

第四，加强交通、电讯等基础设施的建设，优化基础设施配置，提高基础设施利用效率，降低商品运输成本。尽管中国的基础设施建设随着经济发展已经有了很大改善，然而，仍然难以满足"丝绸之路经济带"建设对国内贸易和经济发展的需要。中国应当加快并完善基础设施建设，特别是西部地区，努力克服由于交通不便或信息受阻所造成的区际贸易成本过高状况，尽可能地缓解自然因素，如地形对区际贸易的制约，继续加大对交通运输、邮电通信等基础设施的投入。更为重要的是，要使建成的基础设施更好地服务于国内贸易和经济增长，而不是使其成为谋取地方政府利益的工具。简化商品流通程序、降低人为的物流成本，为便利区际的商品流通和信息传递创造良好的条件。

第五，建立地区经济合作的信息交互机制。地区间经济合作关系的形成和巩固，首先需要不同地区之间建立经济信息的互动关系。其中最主要的是政策或决策信息，包括各个行政区域在协商基础上形成一系列相互支持的政策，以及各个地区经济政策内容及其变化的透明度的提高。各地区之间经济政策和相关措施的尽可能公开，可使任何一个地区增加经济合作中的可预测性，最大限度地减少由于相互信息封锁而导致的合作风险。各地区应通过网络、传媒和各种信息渠道定期地、规范地、无保留地、详尽地将本地区的经济政策信息发布出来，接受公众监督、查询、了解、分析、评价。这样既可以监督具有地方保护主义色彩的政策，也可以鼓励促进地区合作政策的创新。

第六，针对各地区的经济发展水平，制定并实施不同的经济政策，即实施差别化的经济政策，避免"一刀切"、实施一体化的政策。实施差别化的政策，主要包括差别化的产业政策、差别化的人才政策、差别化的土地政策、差别化的资源政策、差别化的税收政策以及差别化的贸易政策。对于差别化的产业政策来说，对于欠发达地区，加大国家投资，并把国家投资重点放在欠发达地区具有比较优势的资源密集型和劳动密集型产业部门及部分资本密集型产业和部门；采取倾斜式金融政策，扩大欠发达地区的投融资渠道，支持欠发达地区的企业发展；设立欠发达地区的专项开发基金，包括能源、原材料开发基金和企业技术开发专项基金等；组织发达地区和欠发达地区之间的产业配套等。对于差别化的人才政策来说，鼓励发达地区的劳动密集型产业转移到欠发达地区设厂生产；加快欠发达地区的城市化步伐，吸收农村剩余劳动力在本区就业；努力留住欠发达地区的现有人才，吸引外来人才等。对于差别化的土地政策而言，应该适度放宽欠发达地区的土地政策、适当降低欠发达地区的"降耗减排"指标，或延长欠发达地区的达标时间等。对于差别化的资源政策来说，需要修改现行的"矿产法"的相关条款，同时实施资源税改革等。对于差别化的税收政策而言，应该加强财政体制改革，提高欠发达地区的地方税比例，推进增值税和企业所得税改革，并改革现行转移支付制度等。对于差别化的贸易政策来说，允许欠发达地区实施适度的贸易保护，这种适度的贸易保护的出发点应该是保护本地产业，而不是提高本地区、本部门甚至是本单位的收入和福利。

开展市场经济建设就是要以完全的市场经济为目标，而不是割裂的、残缺的市场经济。中央政府从宏观经济层面进行整体战略布局和规划，结合不同地区自然资源、生产要素和地理特征，充分考虑地区间比较优势以发展相关产业，减少重复建设和恶性竞争。对于一些地区环境和资源的过度利用和破坏，启动地区间经济补偿机制，运用经济调控手段使受益地区在资金方面补偿受到抑制或破坏的地区，实现互惠互利，使区域经济更有效率地保持持续增长。

CHAPTER 5

"丝绸之路经济带"倡议给中国对外贸易带来的机遇和挑战

为加强欧亚大陆上各国之间的经济联系，拓宽各国合作发展空间，2013年9月，中国国家主席习近平在哈萨克斯坦出访时提出共建"丝绸之路经济带"倡议。然而"丝绸之路经济带"沿线国家之间地理环境、自然资源、政治制度、社会经济发展水平差异较大，各国之间距离遥远，这都加大了区域合作的困难。如何在"丝绸之路经济带"建设背景下，加快中国与沿线国家的区域经济合作，是中国必须考虑的问题。中国对外贸易的发展迎来了绝好的机遇。因此，研究中国对"丝绸之路经济带"沿线国家贸易状况及其决定因素，对更好地把握中国对外贸易发展的新机遇有着重要的意义。

5.1 中国对外经贸现状

1978年第十一届三中全会中提出，中国开始实施改革开放，设立经济特区，解放和发展生产力。2001年，中国加入了世界贸易组织，更好地融入国际经济社会，扩大贸易。中国国内生产总值在1978年仅为3679亿元，进出口总额仅为355亿元，经过近40年的高速发展，2016年国内生产总值高达743 585亿元，进出口总额高达243 386亿元。没有哪个国家像中国一样经历过如此翻天覆地的变化，社会经济发展蒸蒸日上，对外贸易也飞速发展。中国经济的快速增长，主要原因在于改革开放后对外贸易对经济增长的拉动。

5.1.1 中国对外贸易总体水平

经济全球化的逐步加深使得全球各个国家和地区的经济发展紧密联系在

一起，成为一个统一的有机体。任何一国或地区的经济形势变化都会使其他国家受到深刻影响。虽然目前中国对外贸易取得巨大成就，但同时也存在着许多困难与风险，面临着更加严峻的挑战。当一国发生金融危机时，金融风险会通过贸易伙伴的双边贸易、竞争对手的货币贬值进行传播，使得危机不断升级，最终全球的贸易金融环境都受到一定冲击。2008 年，美国次贷危机引起的全球性金融危机[1]使得世界经济大幅下滑，进入全面衰退。在这次危机中，中国经济也受到了巨大影响，对外贸易发展遇到了前所未有的困难，金融危机下的主要经济体受经济衰退的影响，采取了相似的财政政策和货币政策来挽救本国经济，导致各国货币争相贬值，全球贸易规模萎缩，中国作为全球第一大贸易国，受到的影响最大。

　　"丝绸之路经济带"的建设为中国对外贸易的发展带来了新的机遇，也给中国的未来经济发展增添了无数可能。因此，中国要充分利用"丝绸之路经济带"所带来的无限商机，培养国际竞争新优势，增加合作伙伴，促进中国对外贸易进一步发展。

表 5.1　2007～2016 年中国对外贸易进出口额情况表（单位：亿元人民币）

年份	出口额	进口额	进出口总额	净出口
2007	93 563.6	73 300.1	166 863.7	20 263.5
2008	100 394.9	79 526.5	179 921.5	20 868.4
2009	82 029.7	68 618.4	150 648.1	13 411.3
2010	107 022.8	94 699.3	201 722.5	12 323.5
2011	123 240.6	113 161.4	236 402.0	10 079.2
2012	129 359.3	114 801.0	244 160.2	14 558.3
2013	137 131.4	121 037.5	258 168.9	16 094.0
2014	143 883.8	120 358.0	264 241.8	23 525.7
2015	141 166.8	104 336.1	245 502.9	36 830.7
2016	138 419.3	104 967.2	243 386.5	33 452.1

　　[1]　2008 年全球金融危机始于 2007 年夏，肇始于问题次级按揭贷款，以及住宅价格上涨的终结。危机迅速地扩散至整个金融体系，再导致实体经济陷入深度衰退。

表 5.1 是 2007 年至 2016 年中国对外贸易进出口额的相关情况表,从表中可以看出,受美国次贷危机影响,2009 年中国进出口贸易总额下降明显,而后对外贸易总额在 2014 年达到最高值 26.42 万亿元,随后缓慢下降,出口贸易增长乏力意味着中国经济也进入增长的瓶颈期。

5.1.2 中国对外贸易的特征

5.1.2.1 中国对外贸易总体发展迅速,但地区性差异仍十分明显

如图 5.1 中显示,2016 年,中国进出口总额最高的地区为广东省,为 63 100.52亿元人民币,江苏、上海、浙江等东部沿海城市紧随其后,中部地区如河南等省份进出口总额与东部沿海地区差异明显,西部地区如新疆、甘肃、宁夏等省份进出口总额较低,青海进出口贸易总额为 449.73 亿元人民币,仅为广东省的 0.7%。一直以来,中国整体发展较为迅速,但东、西部地区发展差距较大。缩小东、西部地区贸易水平差距,以此促进全国经济均衡发展已刻不容缓。

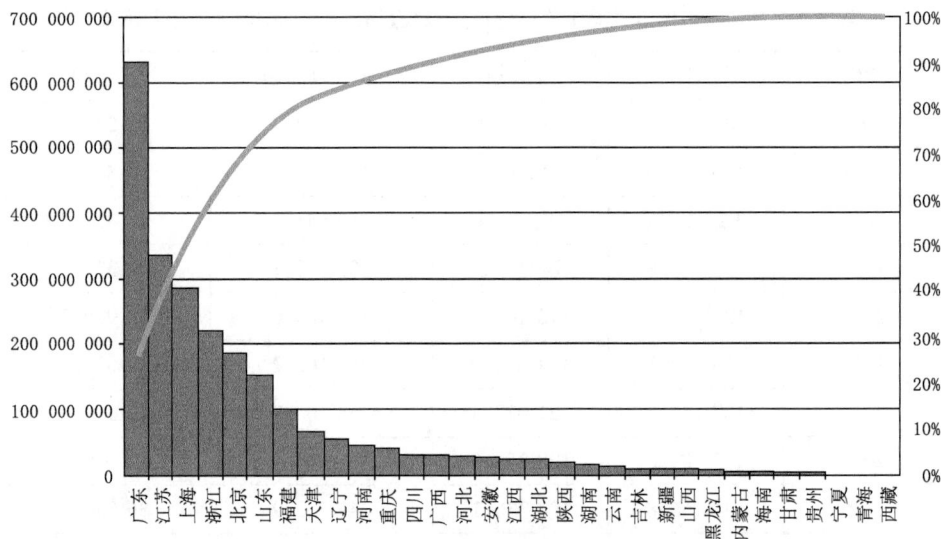

图 5.1 中国 2016 年份地区货物进出口额情况表(单位:万元人民币)

5.1.2.2 对外贸易出口商品结构仍需调整优化

改革开放以来,对外贸易出口取得了巨大成就,并在中国经济增长的拉动力量中占据重要地位。但目前来说,对外贸易的发展优势仍然停留在数量层面,出口商品结构需要调整优化。中国的出口商品仍然以附加值不高、利润较低的劳动密集型产品为主,缺乏市场竞争力。工业制成品总额虽有上升,但技术含量不高,核心技术、零部件以及品牌等都缺失严重。2016 年,中国初级产品出口额为 6 937.64 亿元,工业制成品出口额达到了131 481.65 亿元,其中以电力机械器具零件、工业机械设备零件等为主,通过外商的委托生产来赚取微薄的加工费。

5.1.3 中国与"丝绸之路经济带"沿线国家贸易概况

2001 年中国与"丝绸之路经济带"沿线国家的进出口贸易总额为 983.85亿美元,约占当时中国进出口贸易总额的 19.30%。其中进口额为 472.61 亿美元,约占中国进口总额的 18.70%;出口额为 511.24 亿美元,约占中国出口总额的 19.41%。2005 年中国与"丝绸之路经济带"沿线国家的贸易总额占当时中国进出口贸易总额的 20.64%,为 2981 亿美元,略超过 2001 年的 3倍。2010 年中国与"丝绸之路经济带"沿线国家的贸易总额占当时中国进出口贸易总额的 25.33%,达到了 7 754.50 亿美元;2013 年底,中国政府提出了共同建设"丝绸之路经济带"的倡议,与沿线国家的经济合作在一定程度上更加密切;2014 年中国对"丝绸之路经济带"沿线国家的贸易总额达到了11 543.76 亿美元,实现了历史新高,占中国进出口总额的 22.88%。2017 年是共建"丝绸之路经济带"倡议提出的第 4 年,中国与"丝绸之路经济带"沿线国家的贸易总额是 2001 年的 11.3 倍,达到了 11 148.06 亿美元。从图5.2 的中国与"丝绸之路经济带"沿线国家贸易状况可以看出,2000 年到2008 年期间中国对沿线国家的进出口总额整体呈上升趋势,虽然 2008 年金融危机的发生导致 2009 年进出口贸易总额出现下降,但危机之后,又恢复了增长的势头。而因为全球大宗商品的大幅降价和大宗商品进口量增速的放慢所导致的 2015 年和 2016 年中国与"丝绸之路经济带"沿线国家的贸易总额出现双下降的情况也止于 2016 年,在 2017 年贸易额又恢复增长。"丝绸之路经济带"倡议的不断深入,为中国与沿线国家带来了发展的新机遇,在多方合作共赢的前提下，这一倡议对带动经济带内国家间的经济贸易合作起着不可忽视的作用。

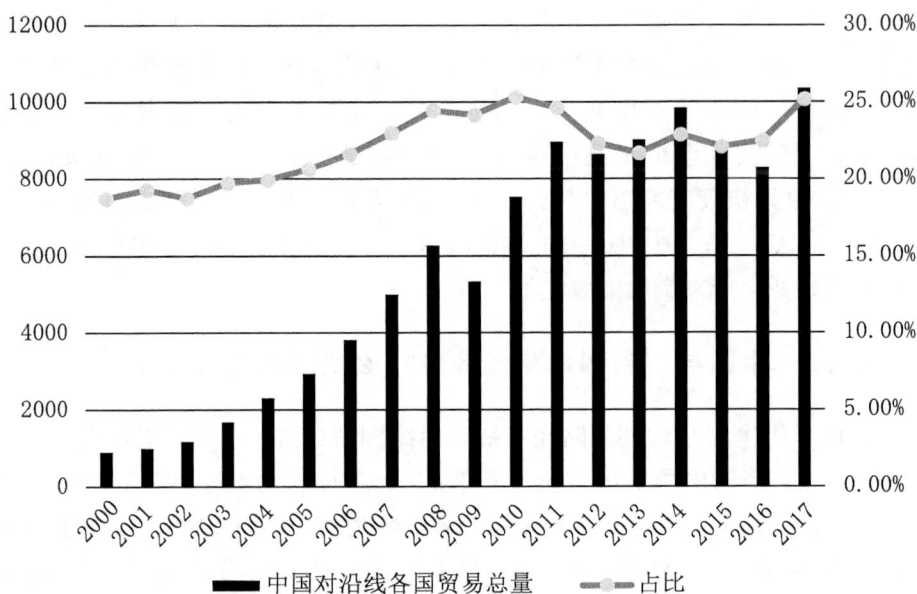

图 5.2　2000~2017 年中国与"丝绸之路经济带"沿线各国贸易情况（单位：亿美元）

5.2　中国与"丝绸之路经济带"沿线主要国家的贸易状况

5.2.1　"一带一路"总体贸易规模

据《2018 年"一带一路"贸易合作大数据报告》显示，2017 年，66 个"一带一路"沿线国家对外贸易总额为 9.3 万亿美元，占全球贸易总额的 27.8%。如表 5.2 所示，与 2013 年相比，2017 年中国与各区域的贸易额除东欧地区外均有增长，其中西亚地区、南亚地区、非洲及拉美地区、中亚地区的贸易增长率均超过 20%，南亚地区贸易增长率更是达到 36.15%，位居第一。"一带一路"沿线国家贸易额增长明显，在全球的贸易版图中占据越来越重要的地位。中国作为"一带一路"倡议的提出者，同时也是"一带一路"主要贸易国家的重要进出口市场，在"一带一路"未来发展蓝图中起着引领、推动和践行的重要作用。

表 5.2　2013~2017 年中国与"一带一路"沿线国家各区域贸易额（单位：亿美元）

"一带一路"各区域	2017	2016	2015	2014	2013
亚洲大洋洲地区	7845.0	7724.3	7645.3	7455.9	7696.2
西亚地区	2787.3	2807.9	2352.3	2273.7	2316.4
南亚地区	1288.4	1168.5	1112.0	1006.6	946.3
东欧地区	1567.9	1491.3	1332	1537.6	1614.8
非洲及拉美地区	892.2	841.8	760.0	663.9	689.1
中亚地区	485.0	389.2	326.2	361.2	377.7

5.2.2　贸易出口额变化

纵观 2003~2014 年，中国对"丝绸之路经济带"沿线国家的贸易出口额从 112 亿美元增长到 698 亿美元，增加了近 5.2 倍，年均增长率为 18%，其中 2009 年和 2012 年中国对"丝绸之路经济带"沿线国家的出口额有短暂的下降，考虑到 2008 年全球金融危机和 2012 年欧洲债务危机的发生是造成这两个阶段贸易缩水的可能原因，"丝绸之路经济带"沿线国家经济受国际经济环境变化的影响，消费水平下降，国际贸易额萎缩。但是，总体来看，2003~2014 年中国对"丝绸之路经济带"沿线国家贸易出口额呈波动增长趋势，中国对"丝绸之路经济带"沿线国家出口额占中国贸易总出口额的比重略有浮动，基本保持在 25%~35%，整体变化不大（如图 5.3 所示）。

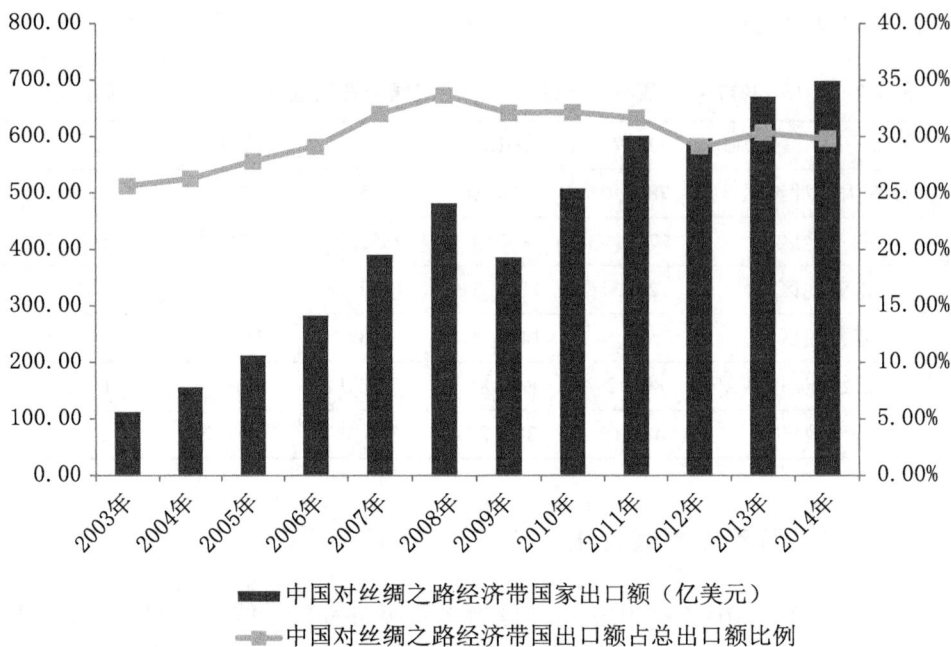

图 5.3　中国对"丝绸之路经济带"沿线国家出口贸易额状况

　　从中国对"丝绸之路经济带"沿线各国出口额来看，2014 年中国贸易出口额最高的地区是欧盟 28 国（635 亿美元，其中德国最高，为 73 亿美元），其次是印度（54 亿美元），排名最后的是亚美尼亚（0.12 亿美元）。将中国对"丝绸之路经济带"沿线国家贸易出口额排序，排名前 10 的国家中有 7 个属于欧洲，只有 2 个属于环中亚经济区；在排名前 20 的国家中有 10 个属于欧洲，有 6 个属于环中亚经济区，只有哈萨克斯坦一国属于中亚。

5.3　中国与"丝绸之路经济带"沿线主要国家贸易的决定因素

　　在诸多研究国际贸易影响因素的模型中，贸易引力模型是使用最多的定量研究模型，利用数据进行实证研究，定量分析贸易影响因素更具有说服力和准确性。因此本部分尝试依据修正的引力模型来分析影响中国与"丝绸之路经济带"沿线主要国家贸易流量的因素有哪些，为促进中国贸易发展提供一定的参考。

5.3.1 贸易引力模型的建立

5.3.1.1 贸易引力模型的形式

引力模型起源于牛顿的万有引力公式，即两个物体之间的引力与他们各自的质量成正比，同他们之间的距离成反比。著名经济学家丁伯根（Tinbergen，1962）和波贺农（Poyhomen，1963）最早将牛顿万有引力公式应用到两国之间的贸易分析，他们发现，两国之间的贸易总额与他们的经济总量成正比，与他们的地理距离成反比。这个模型一直被广泛运用并不断得到拓展，并主要运用于测算贸易潜力。该模型的基本形式：

$$X_{ij} = A(Y_i^{\alpha_1} Y_j^{\alpha_2}) / D_{ij}^{\alpha_3} \tag{5.1}$$

其中 X_{ij} 为国家 i 与国家 j 之间的贸易量；A 是常数项；Y_i 和 Y_j 分别表示 i 国和 j 国的国内生产总值（GDP），D_{ij} 表示 i 国和 j 国之间的地理距离，通常用两国首都或经济中心之间的距离表示。一般而言，线性模型的结果更便于解释，对模型（5.1）进行对数变换，形式如下：

$$\ln X_{ij} = \alpha + \beta \ln(Y_i Y_j) + \gamma \ln D_{ij} + \mu_{ij} \tag{5.2}$$

其中，α、β、γ 为待估系数，μ_{ij} 为随机扰动项。

经济学家主要通过引入新的解释变量修正原始模型，使得贸易引力模型得到扩展。引进的变量主要分为两类：一类是影响贸易额的内生变量，比如人口、人均 GDP 等；另一类是外生变量，诸如关税和其他非关税因素，包括汇率、宗教文化和语言因素、贸易国制度、贸易国的民主程度、对外开放程度、边界效用、是否属于共同经济组织等。

5.3.1.2 模型的建立

依据贸易引力模型，两国经济规模与两国之间的距离是决定两国贸易的主要因素。"丝绸之路经济带"上国家经济发展水平差异较大，同时"丝绸之路经济带"是一条总长一万多公里的狭长区域，地理距离和运输成本就成了影响中国与其他国家贸易往来的重要因素。本部分借鉴贸易引力模型，构造包含GDP、贸易成本[1]、对外开放程度[2]等经济变量，以及是否与中国接壤、是否同属于WTO、是否同属于上海合作组织等定性变量，研究"丝绸之路经济带"上各国与中国经济贸易合作的主要影响因素。

基于引力模型的实证研究一般使用该模型的对数形式，得到扩展的引力模型公式：

$$\ln X_{ij} = \alpha_0 + \alpha_1 \ln Y_j + \alpha_2 \ln T_{ij} + \alpha_3 \ln OPEN_{ij} + \alpha_4 A_{ij} + \alpha_5 FOO$$
$$+ \alpha_6 WTO + \mu_{ij} \qquad (5.3)$$

本部分选取"丝绸之路经济带"沿线的11个主要国家，研究其与中国的贸易往来。上式中，X_{ij}为中国对11个国家和地区的进出口总额，为模型的被解释变量；Y_j为11国的名义GDP；T_{ij}为贸易成本；$OPEN_{ij}$为外贸依存度（该国对外开放程度）；A_{ij}定义为是否与中国接壤，接壤取1，不接壤取0；FOO定义为是否与中国加入同一贸易协定或合作组织，这里以加入上海合作组织为准，是的年份取1，否的年份取0；WTO定义为是否与中国同为WTO成员，同为成员以前的年份取0，同为成员以后的年份取1。式中，α_i（i=0，1，…，6）为回归系数，μ_{ij}为随机扰动项。（见表5.2）

表5.2 关于解释变量的含义及其预期符号

项目	含义	预期符号
Y_j	进口国 j 的名义 GDP	+
T_{ij}	中国对进口国 j 的贸易成本	−
$OPEN_{ij}$	进口国 j 的对外开放程度	+
A_{ij}	虚拟变量，i 国是否与 j 国接壤，接壤取1，否则取0	+

---

[1] 贸易成本来替代地理距离和运输产生的交易成本。本书采用Novy（2006）在原有贸易引力模型引入冰山贸易成本模型和垄断竞争框架后，提出的引力模型方程，这个贸易成本的计算公式是：$T_{ij} = 1 - \left[\dfrac{M_i \times M_j}{(GDP_i - M_i)(GDP_j - M_j) \times S^2} \right]^{\frac{1}{2\rho-2}}$，其中，$T_{ij}$是贸易成本，$M_i$是中国对他国的进口额，$M_j$是中国对他国的出口额，$GDP_i$表示中国的国内生产总值，$GDP_j$表示他国的国内生产总值，可贸易品份额S取0.8，替代弹性ρ取8。

[2] 对外开放程度用外贸依存度来表示，外贸依存度 $Y(t) = F(K(t), A(t)L(t)) = K(t)^\alpha (A(t)L(t))^{1-\alpha}$ =该国进出口贸易总额/该国GDP。

项目	含义	预期符号
FOO	虚拟变量，j 国是否与中国同属于上合组织， 是的年份取 1，否则为 0	+
WTO	虚拟变量，两国同属于 WTO 时取 1，否则为 0	+

5.3.1.3 分析方法与样本数据来源

选取 2003～2014 年中国与 11 国的面板数据进行贸易引力模型的多元线性回归分析，可以避免横截面数据的偶然性，有助于准确地分析经济变量之间的关系，也可以估计难以度量的因素对解释变量的影响。样本国家（地区）范围包括哈萨克斯坦、吉尔吉斯斯坦、土库曼斯坦、塔吉克斯坦、乌兹别克斯坦、土耳其、沙特阿拉伯、伊朗、印度、俄罗斯和德国共 11 个经济体。选取这 11 个国家作为观察样本的原因，是因为它们是"丝绸之路经济带"沿线主要经济体。

有关实证分析的数据来源：中国与各国的进出口数据来源于中国统计年鉴，各国 GDP 数据来源于世界银行。

根据整理的数据和公式，计算得出对外贸易成本（见表 5.3）和对外贸易依存度。首先可以发现，中国对外贸易成本呈现下降趋势，如图 5.4 所示。从 2003 年开始到 2014 年，中国与"丝绸之路经济带"11 国的贸易成本均值从 0.46 逐渐下降到 0.35，说明各国之间的对外开放程度不断提高。

表 5.3　2003～2014 年 11 国的贸易成本

年份	哈萨克斯坦	吉尔吉斯斯坦	塔吉克斯坦	土库曼斯坦	乌兹别克斯坦	土耳其	沙特阿拉伯	伊朗	印度	俄罗斯	德国
2003	0.49	0.56	0.66	0.70	0.60	0.59	0.51	0.51	0.54	0.47	0.46
2004	0.48	0.53	0.65	0.67	0.58	0.59	0.49	0.50	0.50	0.46	0.45
2005	0.46	0.50	0.63	0.67	0.57	0.58	0.47	0.48	0.48	0.44	0.43
2006	0.45	0.44	0.61	0.66	0.55	0.63	0.46	0.46	0.47	0.44	0.42
2007	0.42	0.34	0.49	0.62	0.55	0.54	0.44	0.44	0.44	0.43	0.41
2008	0.41	0.42	0.57	0.62	0.55	0.53	0.41	0.43	0.42	0.42	0.40

年份	哈萨克斯坦	吉尔吉斯斯坦	塔吉克斯坦	土库曼斯坦	乌兹别克斯坦	土耳其	沙特阿拉伯	伊朗	印度	俄罗斯	德国
2009	0.42	0.43	0.50	0.61	0.54	0.53	0.42	0.45	0.44	0.44	0.40
2010	0.40	0.43	0.54	0.53	0.52	0.51	0.41	0.43	0.42	0.42	0.37
2011	0.40	0.43	0.52	0.47	0.53	0.50	0.39	0.37	0.41	0.40	0.36
2012	0.40	0.44	0.52	0.43	0.52	0.50	0.38	0.37	0.42	0.39	0.36
2013	0.40	0.47	0.53	0.45	0.49	0.48	0.38	0.41	0.42	0.39	0.37
2014	0.41	0.47	0.54	0.46	0.50	0.49	0.38	0.37	0.43	0.38	0.36

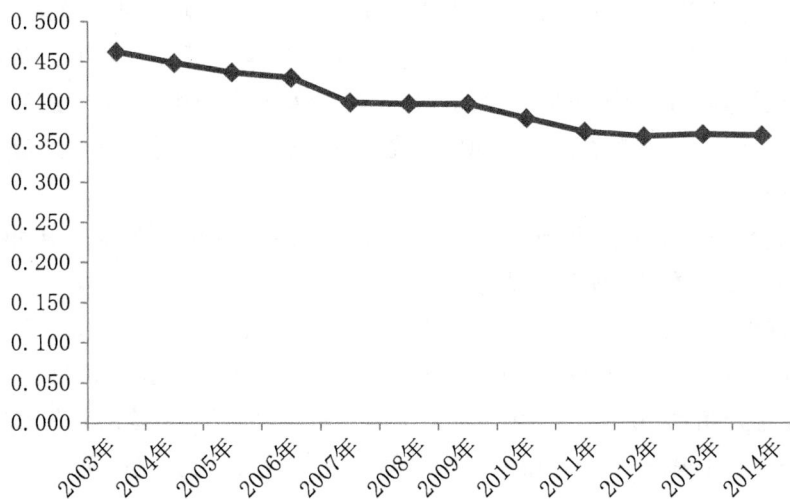

图 5.4　2003~2014 年中国与 11 国贸易成本均值的变化

其次，经济规模越大，贸易成本越小。取 2003 年到 2014 年各国 GDP 均值、中国与各国贸易额均值和贸易成本均值作图比较，从图 5.5 可以看出，GDP 总量和贸易总量越大，贸易成本相对就越小。通过图 5.5 数据的对比，可以得出两点结论：第一，贸易成本并不是单一地由两国之间的距离决定的，更多的是与两国之间的贸易关系以及当地对外贸易政策有关，决定两国贸易额的因素主要是经济总量的大小。第二，中国与中亚五国的贸易成本普遍较高，原因可能是中亚五国经济普遍落后，中国与其之间的交通设施不完备，公路、铁路、港口码头等交通基础设施衔接的不够完善，双边贸易关系并不紧密。贸易互补性不强,贸易结构也比较单一。

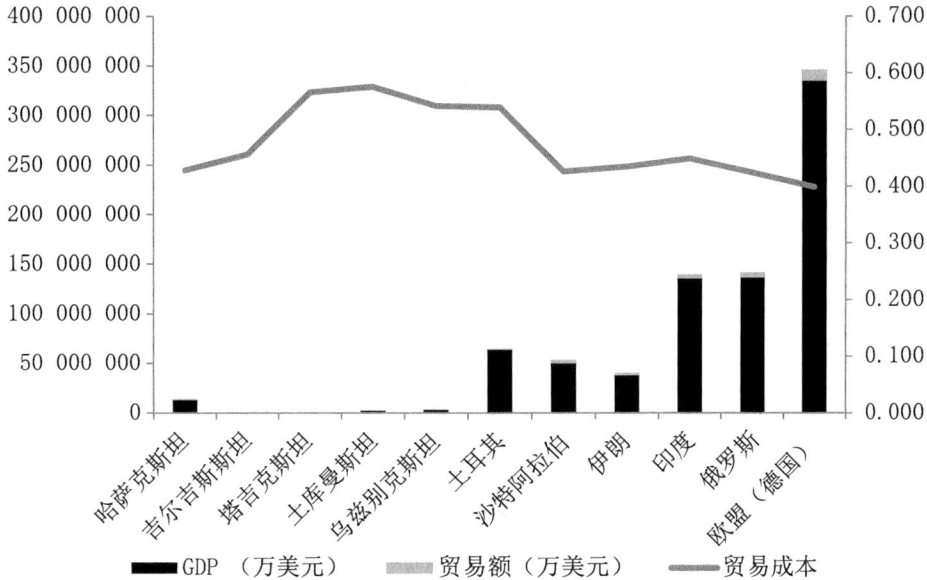

图 5.5　2003~2014 年各国年均贸易成本、年均 GDP、年均贸易额变化

最后,经济规模较小的国家,对中国的外贸依存度越高。虽然中国与经济规模小的国家贸易量少,但是这些国家对中国的贸易依存度较高,如表 5.4 所示。

表 5.4　2003~2014 年 11 国对中国的外贸依存度（%）

年份	哈萨克斯坦	吉尔吉斯斯坦	塔吉克斯坦	土库曼斯坦	乌兹别克斯坦	土耳其	沙特阿拉伯	伊朗	印度	俄罗斯	德国
2003	10.68	16.38	2.50	1.39	3.43	0.86	3.41	3.66	1.23	3.66	1.67
2004	10.42	27.23	3.32	1.44	4.78	0.87	3.98	3.84	1.89	3.59	1.92
2005	11.91	39.52	6.83	1.36	4.76	1.01	4.89	4.59	2.24	3.81	2.21
2006	10.32	78.53	11.44	1.74	5.71	1.52	5.34	5.59	2.62	3.37	2.60
2007	13.24	99.39	14.09	2.78	5.06	1.82	6.10	6.10	3.12	3.71	2.74
2008	13.15	181.58	29.06	4.31	5.75	1.72	8.05	6.99	4.24	3.43	3.06
2009	12.25	113.65	28.25	4.74	5.85	1.64	7.59	5.32	3.18	3.17	3.09
2010	13.81	87.60	25.39	7.09	6.31	2.07	8.20	6.28	3.62	3.64	4.16

年份	哈萨克斯坦	吉尔吉斯斯坦	塔吉克斯坦	土库曼斯坦	乌兹别克斯坦	土耳其	沙特阿拉伯	伊朗	印度	俄罗斯	德国
2011	13.27	80.29	31.72	18.74	4.78	2.42	9.61	7.62	4.03	4.16	4.50
2012	12.62	78.16	24.32	29.50	5.62	2.42	9.99	6.21	3.63	4.38	4.55
2013	12.33	70.04	23.02	24.46	8.01	2.70	9.70	7.71	3.51	4.29	4.31
2014	10.30	71.55	27.22	21.84	6.83	2.88	9.26	12.2	3.45	5.12	4.59

2014 年，哈萨克斯坦、吉尔吉斯斯坦、塔吉克斯坦、土库曼斯坦、乌兹别克斯坦对中国的贸易依存度分别为 10.3%、71.55%、27.22%、21.84%、6.83%，土耳其、沙特阿拉伯、伊朗、印度、俄罗斯、欧盟（德国）对中国的外贸依存度分别为 2.88%、9.26%、12.2%、3.45%、5.12%、4.59%。数据分析表明，经济规模越小的地区和国家，其对中国的贸易的依赖性越高。中国在发展之中，对这些地区和国家的经济产生深远影响，成为了这些国家和地区的利益攸关方，这为中国在"丝绸之路经济带"建设进程中发挥引领作用奠定了基础。

5.3.2　实证结果及分析

5.3.2.1　实证检验结果

利用上述整理得到的数据，假定面板数据中的横截面个体是同质的，不存在相互影响，因此采取无个体影响的不变系数模型（联合回归模型），利用普通最小二乘法对模型进行估计，对基本方程中所有变量进行回归，结果见表 5.5。

表 5.5　扩展引力模型的函数表达式

解释变量	原回归方程（t 检验）	调整后回归方程（t 检验）
$\ln Y_j$	0.969 (59.702)	0.949 (60.291)
$\ln T_{ij}$	−0.520 (−2.810)	−0.690 (−3.630)
$\ln OPEN_{ij}$	0.895 (33.385)	0.889 (32.513)

解释变量	原回归方程（t 检验）	调整后回归方程（t 检验）
FOO	0.035 （2.433）	
A_{ij}	0.018 （1.472）	
WTO	−0.001 （−0.109）	
C	−0.088 （−1.998）	0.018 （0.485971）
R^2	0.997	0.996
F（t）	6011.716	10531.590

表 5.5 是对所有变量进行回归的基本回归方程结果，$R^2 = 0.997$，说明模型的拟合优度很好。$\ln Y_j$、$\ln T_{ij}$、$ln\mathrm{T}_{ij}$、FOO 的 t 统计量分别为 59.702、2.810、33.384 和 2.433。在给定的显著水平 $\alpha = 0.05$ 下，$t_{0.025}(10) = 2.228$，$\ln Y_j$、$\ln T_{ij}$、$\ln OPEN_{ij}$、FOO 变量是显著的，对于变量 A_{ij}、WTO 以及常数项 C 是不显著的。因此需要对模型进行调整。在遵循变量经济意义显著、保证模型设定无误的原则下，依次剔除变量 A_{ij}、WTO、FOO 以后，回归的结果见（5.5）式，在显著性水平给定 $\alpha = 0.05$ 下，$\ln Y_j$、$\ln T_{ij}$ 和 $\ln OPEN_{ij}$ 的 t 统计量分别为 60.291、−3.630 和 32.513，均大于 $t_{0.025}(10) = 2.228$，$R^2 = 0.996$，说明此时模型中的所有变量均显著，而且调整后的 $R^2 = 0.996$，和调整前的 R^2 相比变化很小，进一步说明剔除变量对模型影响不大，模型的最终形式比较合理。

$$\ln X_{ij} = 0.018 + 0.949\ln Y_j - 0.690\ln T_{ij} + 0.889\ln OPEN_{ij} \qquad (5.5)$$
$$\quad (0.486)\quad (60.291)\quad (-3.630)\quad (32.513)$$

5.3.2.2 结果分析

是否接壤、是否与中国同属于上海合作组织、是否与中国同属于 WTO，这三个因素并不显著影响中国与"丝绸之路经济带"国家的贸易规模。代表是否与中国接壤的变量系数为 0.018，表明与中国接壤比与中国不接壤贸易额多 1.8%，这说明与中国接壤更有利于双边贸易发展。然而中国与伊朗、土耳其和沙特阿拉伯并不接壤，但贸易总量比与中国接壤的塔吉克斯坦大得多，因此，是否接壤对双边贸易增长作用不是很明显。代表和中国同属于 WTO 的变量系数为−0.001，与预期符号不符且不显著，这可能是因为这些加入WTO的国家，采取关税配额等关税和非关税壁垒政策来应对中国贸易出口。代表和中国同属于上海合作组织的变量系数为0.035，表明与中国同属于上海合作组织的国家比不和中国同属于上海合作组织的国家贸易量要多3.5%，与预期相符，这是因为上海合作组织成员国都距离中国较近，与中国有着良好的外交关系，这些国家几乎没有对中国出口采取限制，反而是加大与中国的贸易往来。是否与中国同属于上海合作组织以及是否同属于WTO对双边贸易增长的促进作用并不是很明显，相比于WTO，上海合作组织对中国与"丝绸之路经济带"上国家的贸易往来的影响程度更大一些。

以上虚拟变量对中国与"丝绸之路经济带"沿线国家贸易影响不显著，而"丝绸之路经济带"沿线国家国内生产总值（GDP）、贸易成本、经济开放程度对双边贸易的发展是有显著影响的。

经济规模对中国对外贸易有着重要的影响，对方国经济规模对双边贸易的增长具有显著的正向作用。代表"丝绸之路经济带"沿线国家国内生产总值（GDP）的变量 Y_i 的符号与预期相一致，在5%的显著性水平下，系数为0.949。这说明，在其他条件不变的情况下，对方国国内生产总值（GDP）每增长1%，中国对对方国的贸易额就增加0.95%。可见"丝绸之路经济带"沿线国家的经济规模对中国对外贸易具有促进作用。

中国与"丝绸之路经济带"沿线国家贸易成本越高，越不利于中国对外贸易的发展。在其他情况不变的同时，贸易成本对双边贸易的增长具有负面影响，表5.5中调整后的回归结果显示，代表中国对进口国j的贸易成本的系数为−0.689，在5%的显著性水平下显著，与预期相符。这说明在其他条件不变的情况下，贸易成本每增加1%，中国对对方国的贸易额就减少0.689%。所以贸易成本是阻碍中国与"丝绸之路经济带"沿线国家贸易发展的主要因素，故而需采取有效措施降低贸易成本。

对方国对外开放程度（外贸依存度）对双边贸易增长具有正向作用，对方国对外开放程度越高，对双边贸易越有利。回归结果显示，代表进口国对外开放程度的变量系数为0.889，在显著性水平为5%的情况下显著。这说明进口国经济开放程度每增加1%，中国对其贸易额就增加0.889%，符合预期，因为一个国家的对外开放程度越高，其对贸易的依赖就越大。因此，该模型表明了中国与"丝绸之路经济带"主要国家贸易量的主要影响因素有三个，分别是对方国 GDP 总量（经济规模）、贸易成本以及对方国外贸依存度（经济开放程度）。

5.4 中国与"丝绸之路经济带"沿线国家的贸易互补性和竞争性

该部分的研究主要依据国际贸易商品分类体系——HS 编码制度，进行研究数据的选取。由于一些国家的某些商品贸易数据存在缺失，因此本研究选择了 20 个数据相对齐全的国家，其中研究贸易互补性采用的数据来自核心区域的哈萨克斯坦、吉尔吉斯斯坦、土库曼斯坦、塔吉克斯坦、乌兹别克斯坦，扩展区域的亚美尼亚、阿塞拜疆、格鲁吉亚、印度、伊朗、巴基斯坦、俄罗斯、阿富汗、缅甸、乌克兰；辐射区域的法国、德国、意大利、瑞典、英国。研究贸易竞争性采用的数据来自核心区域的哈萨克斯坦、吉尔吉斯斯坦、土库曼斯坦、塔吉克斯坦、乌兹别克斯坦；扩展区域的亚美尼亚、阿塞拜疆、格鲁吉亚、印度、伊朗、巴基斯坦、俄罗斯、沙特阿拉伯、土耳其、乌克兰；辐射区域的法国、德国、意大利、瑞典、阿尔及利亚。选择对 2011 年、2013 年、2015 年这三个年份进行研究是因为 2013 年中国正式提出共建"丝绸之路经济带"倡议，2011 年和 2015 年正好是此倡议提出的前两年和后两年，整体结果对比性更明显。

5.4.1 贸易互补性

当两个国家在进行贸易往来的时候，其中一国在某类产品上具有比较优势，而另一个国家在该类产品上具有比较劣势，这两个国家通过交换各取所需，由此所形成的两国产品贸易间的互补就是贸易互补性。

关于国家间的贸易互补性研究，主要采用于津平（2003）[1]提出的以显示性比较优势指数为基础的贸易互补性指数，公式如下：

$$C_{ij} = \sum \left[RCA_{xik} \times RCA_{mjk} \times \left(\frac{W_k}{W} \right) \right] \tag{5.6}$$

$$RCA_{xik} = \frac{\left(\dfrac{X_{ik}}{X_i} \right)}{\left(\dfrac{W_k}{W} \right)} \tag{5.7}$$

[1] 参见于津平："中国与东亚主要国家和地区间的比较优势与贸易互补性"，载《世界经济》2003 年第 5 期。

$$RCA_{mjk} = \frac{\left(\dfrac{M_{jk}}{M_j}\right)}{\left(\dfrac{W_k}{W}\right)} \tag{5.8}$$

其中，C_{ij} 表示 i 国的出口与 j 国的进口的贸易互补性指数，RCA_{xik} 表示用出口来衡量的 i 国在 k 产品上的比较优势；RCA_{mjk} 表示用进口来衡量的 j 国在 k 产品上的比较劣势，W_k/W 表示世界贸易中 k 产品的比重。一般来说，当 RCA_{xik} 比较大的时候，表示 i 国 k 产品的出口占较大的比例，意味着 i 国在 k 这一产品的出口方面具有比较优势（即该国在此产品生产上具有比较优势），RCA_{mjk} 较大时，表示 j 国在 k 产品的进口方面具有比较劣势——RCA_{mjk} 越大进口比例越大（该国在此产品生产上具有比较劣势）。当 RCA_{xik}、RCA_{mjk} 都比较大的时候，也就是 $RCA_{xik} \times RCA_{mjk}$ 的结果大，意味着 i 和 j 两国在 k 产品上存在互补性。贸易互补性指数是在 $RCA_{xik} \times RCA_{mjk}$ 的结果上与世界贸易中 k 产品的比重进行了加权计算，这一操作使得计算结果更具有科学性。综上，贸易互补性指数越大，两国贸易互补性越强，其中，当 C_{ij} 的值大于 1 时，两国具有贸易互补性。

基于以上公式，根据 2011 年、2013 年、2015 年中国与"丝绸之路经济带"沿线 20 国的贸易数据，得出表 5.6 的贸易互补性指数。

在"丝绸之路经济带"核心区域，贸易互补性指数都较大，说明中国与中亚五国有着较强的互补性。不论中国作为出口国还是进口国，哈萨克斯坦与土库曼斯坦这两国与中国的贸易互补性指数均大于 1，说明中国与这两个国家之间存在双边互补。在中国作为出口国的贸易中，哈萨克斯坦、塔吉克斯坦、土库曼斯坦 3 国的贸易互补性指数 3 年均大于 1，说明这 3 个国家的进口结构与中国的出口结构匹配度很高，存在贸易互补性。当中国以进口国身份进行贸易时，哈萨克斯坦、土库曼斯坦这两个国家与中国的贸易互补性指数皆大于 1，其他 3 国的指数数值较低，这表明，中国与哈萨克斯坦、土库曼斯坦这两个国家之间存在贸易互补性，与其他 3 个国家进口互补性不强。

在"丝绸之路经济带"扩展区域，有 5 个国家在出口领域与中国具有较强的贸易互补性，分别是阿塞拜疆、俄罗斯、缅甸、乌克兰、伊拉克。亚美尼亚、格鲁吉亚、伊朗 3 个国家与中国的贸易互补性指数虽然没有达到 1，但也在 1 左右浮动。在进口领域，有 4 个国家与中国的贸易互补性指数高于 1，他们的出口结构与中国的进口结构匹配度比较高，分别是阿塞拜疆、伊朗、阿富汗、俄罗斯。缅甸和乌克兰两国的指数也非常接近1。综上，贸易互补性普遍存在于中国与扩展区域的大多数样本国家之间。

表 5.6 贸易互补性指数表

	国家	以中国作为出口国			以中国作为进口国		
		2011	2013	2015	2011	2013	2015
核心区域	吉尔吉斯斯坦	0.90	0.88	0.92	0.57	0.67	0.98
	乌兹别克斯坦	1.01	1.02	0.99	0.83	0.71	0.66
	塔吉克斯坦	1.65	1.38	1.25	0.92	0.90	0.91
	土库曼斯坦	1.21	1.23	1.19	1.21	1.20	1.34
	哈萨克斯坦	1.04	1.08	1.09	1.17	1.18	1.23
扩展区域	亚美尼亚	0.86	0.85	0.82	0.84	0.75	0.83
	印度	0.62	0.59	0.66	0.83	0.83	0.79
	格鲁吉亚	0.98	0.92	0.81	0.72	0.71	0.86
	伊朗	0.90	1.10	1.11	1.19	1.20	1.29
	巴基斯坦	0.77	0.76	0.86	0.70	0.67	0.65
	阿塞拜疆	1.11	1.03	1.02	1.24	1.26	1.39
	俄罗斯	1.10	1.20	1.10	1.20	1.13	1.28
	阿富汗	0.58	0.85	0.53	1.00	1.31	1.13
	缅甸	1.16	1.16	1.01	0.99	1.01	0.99
	乌克兰	1.08	1.10	1.03	0.95	0.95	0.97
辐射区域	法国	1.03	1.00	0.99	0.87	0.85	0.85
	意大利	0.98	0.95	0.96	0.91	0.89	0.89
	英国	1.01	1.02	0.99	0.88	0.82	0.86
	瑞典	1.05	1.03	0.98	1.05	1.08	1.07
	德国	1.06	1.04	1.02	0.96	0.96	0.96

在"丝绸之路经济带"辐射区域，双边的贸易指数基本都在 0.85~1.1 之间波动。选取的 5 个代表国家中，仅仅瑞典一个国家与中国存在双边贸易互补。

综上所述，中国与"丝绸之路经济带"核心区域的五个国家贸易关系密切，土库曼斯坦和哈萨克斯坦是其中尤为重要的贸易伙伴；"丝绸之路经济带"扩展区域和辐射区域的国家中，有的国家在出口方面有着比较大的贸易加强空间，有的在进口方面有着比较大的加强空间，中国需要同它们进一步挖掘潜在的贸易可能性，从而增加贸易往来，真正实现共建共赢。

5.4.2　贸易竞争性

当两个国家在进行国际贸易时，由于地理位置、资源禀赋和经济结构等方面的相似，国家间生产的优势产品具有一定的重复性，进而形成了两个国家贸易中同类产品之间存在竞争的情况，这就是贸易竞争性。

关于国家间的贸易竞争性研究，主要采用罗培（2017）[1]所提出的修正专业化指数（CS）和一致性指数（CC）的算数平均数 CI 进行，公式如下：

$$CS = 1 - \frac{1}{2} \sum_n |a_{it}^n - a_{jt}^n| \tag{5.9}$$

其中，a_{it}^n 代表在 t 时间内出口国 i 国第 n 类商品出口额占该国全部商品出口额的比重；a_{jt}^n 代表在 t 时间内出口国 j 国第 n 类商品出口额占该国全部商品出口额的比重。

$$CC = \frac{\sum_n a_{it}^n a_{jt}^n}{\sqrt{\sum_n (a_{it}^n)^2 (a_{jt}^n)^2}} \tag{5.10}$$

表 5.7　"丝绸之路经济带"沿线 20 个国家贸易竞争性

国家 年份	2011 年	2013 年	2015 年
核心区域　哈萨克斯斯坦	0.1645	0.1447	0.1891
吉尔吉斯斯坦	0.2354	0.3294	0.2843
土库曼斯坦	0.0684	0.0557	0.0522
塔吉克斯坦	0.2995	0.2752	0.3072
乌兹别克斯坦	0.4695	0.4293	0.3103

---

[1] 参见罗培："丝绸之路经济带贸易潜力及影响因素研究——基于随机前沿引力模型"，武汉大学 2017 年硕士学位论文。

国家\年份	2011 年	2013 年	2015 年
扩展区域 亚美尼亚	0.3343	0.3343	0.3285
阿塞拜疆	0.0513	0.0549	0.0599
格鲁吉亚	0.6810	0.7054	0.5100
印度	0.6188	0.5834	0.6737
伊朗	0.1284	0.1018	0.1291
巴基斯坦	0.5070	0.5024	0.5231
俄罗斯	0.1619	0.1879	0.2368
沙特阿拉伯	0.0911	0.0901	0.1269
土耳其	0.8035	0.8060	0.8247
乌克兰	0.5595	0.5365	0.4730
辐射区域 阿尔及利亚	0.0329	0.0303	0.0400
德国	0.8855	0.8695	0.8649
意大利	0.8857	0.8763	0.8965
英国	0.7291	0.6822	0.7905
法国	0.8219	0.8099	0.8265

由于 CS 与 CC 之间的高度相关性，因此用 CS 和 CC 的算术平均数来衡量贸易竞争性，当 CI 的值越大，相应地，贸易竞争性也就越强。公式如下：

$$CI = \frac{CS + CC}{2} \tag{5.11}$$

在选定的 20 个具有代表性的国家中，印度、巴基斯坦、土耳其、法国、德国、意大利、乌克兰和英国这 8 个国家的 CI 数值较大，说明它们与中国贸易竞争性较大，与之相反的是其余 12 个国家——包括中亚 5 国、亚美尼亚、阿塞拜疆、格鲁吉亚、伊朗、俄罗斯、沙特阿拉伯、阿尔及利亚，它们与中国的贸易竞争性则较小。根据表 5.7 中计算得到的数据可以得出结论：一方面中国与"丝绸之路经济带"沿线国家的贸易竞争性存在着国别差异大、两极分化严重的特征；另一方面，与不同国家之间的贸易竞争性也会随着时间变化，呈现不同的趋势。形成这种情况的原因是多方面的，例如"丝绸之路经济带"沿线国家经济水平不一，既有英国、法国和德国这类传统强国，也有塔吉克斯坦这类经济落后的国家，经济水平不同，相应的会影响到该国的贸易结构，进而影响到与中国的贸易竞争性。

综上，中国与"丝绸之路经济带"沿线国家的经济贸易还存在很大的发展潜力，可以根据贸易竞争性的特征，在原有贸易基础上，与沿线本来同中国贸易竞争性就比较弱或者原先贸易竞争性较强、现在贸易竞争性呈下降趋势的国家加深经济贸易合作。

5.5 "丝绸之路经济带"为中国对外贸易发展带来新机遇

5.5.1 提供广阔发展空间，增强各国经贸合作

"丝绸之路经济带"的建设为中国外贸市场多元化提供了更广阔的发展空间，增强了与各国的经贸合作。据 2017 年国家统计局统计，2016 年中国同亚洲地区进出口贸易总额为 12858.75 亿人民币，占当年中国贸易总额比重最大。其中，贸易往来以韩国、日本居多，东南亚以及中亚地区相对较少。"丝绸之路经济带"的建设在一定程度上为中国的对外贸易带来了新的合作伙伴，"丝绸之路经济带"打开了通往中亚地区市场的大门，为中国对外贸易开创了新天地。

"丝绸之路经济带"的建设促进了中国与沿线各国经贸、文化的交流合作。同时，"丝绸之路经济带"的建设也引导了中国对外的直接投资，给诸多行业带来了巨大的投资发展机会。

5.5.2 沿线资源能源丰富，提供能源保障

目前，中国是世界上最大的能源生产国和消费国，为世界能源市场创造了巨大的发展空间。中国能源资源总量较丰富，拥有较为丰富的化石能源资源，其中煤炭占据主导地位，石油、天然气资源储量相对不足。由于中国人口众多，人均能源资源拥有量在世界上处于较低水平，煤炭和水力资源人均拥有量相当于世界平均水平的 50%，石油、天然气人均资源拥有量仅为世界

平均水平的 1/15。[1]

表 5.8 2012~2016 年中国能源消费总量及构成情况表

年份	能源消费总量（万吨标准煤）	煤炭比重	石油比重	天然气比重
2012	402138	68.5	17.0	4.8
2013	416913	67.4	17.1	5.3
2014	425806	65.6	17.4	5.7
2015	429905	63.7	18.3	5.9
2016	435819	62.0	18.3	6.4

表 5.8 是中国 2012~2016 年能源消费总量及构成的情况表，从中可以看出中国近年来能源消费总量巨大，且呈现逐年递增状态，其中煤炭的比重超过了 50%，石油与天然气比重位于第二和第三。为满足每年如此巨量的能源消费，中国除了思考新型能源开发以外，从国外能源资源丰富的国家进口将是最好的办法。中亚地区是亚欧大陆的腹地，有着丰富的能源、矿产等资源，对于中国的能源有着重要意义。

位于哈萨克斯坦与俄罗斯的交界处的卡拉查干纳克特大型油气田，仅天然气储量就达到 42 万亿立方英尺，这一地区的国家正因其丰厚的自然资源而蓄势待发。[2]中国西北有两条能源运输的重要通道，一条从中国的阿拉山口到哈萨克斯坦阿塔苏，该通道平均每年输送原油 2000 万吨，另一条从新疆霍尔果斯到土库曼斯坦和乌兹别克斯坦边境，平均每年引进 300 亿立方米天然气。"丝绸之路经济带"沿线资源丰富，为中国的能源多元化提供保障。[3]

5.5.3 提供经贸合作基础，搭建良好涉外平台

古丝绸之路时期，中国运送出口瓷器、丝绸等商品给中亚地区国家，换

---

〔1〕 "中国的能源状况与政策"，载中国智能制造网 http://www.gkzhan.com/company_ news/detail/179665.html，最后访问日期：2018 年 4 月 27 日。

〔2〕 参见［英］彼得·弗兰科潘：《丝绸之路：一部全新的世界史》，邵旭东、孙芳译，浙江大学出版社 2016 年版，第 549 页。

〔3〕 参见高志刚、江丽："'丝绸之路经济带'背景下中哈油气资源合作深化研究"，载《经济问题》2015 年第 4 期。

取当地的香料、珠宝、玉石等商品返回中原，使得途经地区商品货币得以交换流通，促进当时经济飞速发展。如今"丝绸之路经济带"同样起到连接沿途各个国家、地区的重要作用，为服饰、小商品、劳务输出、能源资源等交易搭建重要平台，为中国的经贸合作提供了良好的基础，同时也促进各国经济飞速发展，贸易总额迅速增长，共同构建亚欧大市场，开辟合作伙伴关系新时代。

5.5.4 为中国"走出去"奠定了现实基础

目前中亚各国经济结构单一，制造业和加工业相对来说也较为落后，为了改变现状，实现产业结构优化，许多国家相继制定有利于经济结构调整的计划，这些举措都为中国走出去奠定了现实基础。

如哈萨克斯坦为了加速工业创新发展，优先引资石油加工、化工、冶金业、建筑业、交通运输、通信等产业作为未来发展的方向。塔吉克斯坦吸引别国前来对基础设施建设、资源开发等方面进行投资。吉尔吉斯斯坦为扭转经济下滑局面制定了稳定发展政策，优先发展轻工业、服务业、交通电力等领域。乌兹别克斯坦颁布的工业发展纲要中显示将重点发展石油天然气勘探、化工、机械制造等产业，并为此提供大量的优惠政策，出台的吉扎克工业特区基础设施发展规划中，也提出将建设与改造公路铁路，同时发展供水、灌溉、排污等。由此可见，"丝绸之路经济带"沿线国家相继调整发展计划，实现经济互补，促进经济发展。沿线国家吸引外资的优惠政策与中国鼓励对外投资的政策相结合，为对外投资发展提供了契机。对外投资的扩大必将带动中国的对外贸易发展。

5.5.5 促进区域协调发展，实现东西地区平衡

中国经济东西部发展差距较大，急需缩小东、西部地区之间的经济发展差异，不断完善基础设施，促进全国经济协调发展。中国西部地区将成为经济合作走廊的经济腹地和重要通道，"丝绸之路经济带"的建设将会对缩小东、西地区差异做出巨大贡献。这一倡议的提出加快了中国西部的开发进程，推动了西部大开发进入一个全新的阶段，有利于更好地发挥西部地区的区位和资源优势，实现中国东、西部经济的平衡发展。

2016 年，中国选定乌鲁木齐作为"全国中欧国际货运班列联盟"中西行方向的集结中心，连通亚欧 30 多个国家。该集结中心依托"丝绸之路经济带"国内段的核心地区——新疆，辐射全国，带动区域经济的快速发展。同时，中国西部与欧洲西部的"双西公路"的连接点也位于新疆，新疆将成为西部地区的重要交通枢纽。

5.6 沿线国家与"丝绸之路经济带"经贸合作面临的挑战

长期以来，亚欧大陆的经济发展呈现"两边高，中间低"的特点。中亚地区发展最大的问题在于对外联系网络不够完善，同时中亚地区的民族宗教矛盾、边界冲突等问题也使得该地区面临着安全挑战。在技术、资金方面，中国能够利用自身优势帮助中亚地区加强公路、铁路、航空的建设，进一步完善交通网络。同时，中亚地区丰富的能源资源也能够满足中国的需求。由此可见，中国与中亚地区国家在诸多领域都明显存在着互补性，"丝绸之路经济带"的建设能够促进中国的对外开放以及与各国的双边经贸合作，有利于经济的交流与发展。

5.6.1 各国之间的博弈带来困难与障碍

亚欧大陆人口众多，资源丰富，发展潜力巨大，"丝绸之路经济带"倡议所带来的经济贸易前景不容小觑，因此欧洲、美国、日本等实力雄厚的地区和国家都曾提出多种合作构想与计划。中国与"丝绸之路经济带"沿线国家经贸合作的最大阻力之一是其他国家对"丝绸之路经济带"沿线国家市场的争夺。早在 2011 年，美国就曾提出"新丝绸之路计划"，以阿富汗为中心形成经济合作网络，促进中亚国家能源南下和南亚地区商品北上。2013 年韩国也曾提出"丝绸之路快车"等计划，以韩国为起点，途经俄罗斯、中国、中亚到达欧洲，促进本国经济交流发展。日本也十分重视与中亚及其周边国家和地区的交往，提出"丝绸之路外交战略"。

2012 年中吉乌铁路计划被俄罗斯看作是对国家利益的威胁，铁路计划能使中国军队迅速到达中亚，损害了俄罗斯的地缘政治利益，并且新的宽轨建设标准也破坏了苏联时的交通系统。最终中吉乌铁路流产，俄哈吉铁路诞生。[1]

5.6.2 跨境运输问题成为经贸合作的瓶颈

目前，中亚地区经济发展落后于亚洲两端经济圈，基础设施、交通网络的建设水平较低，给商品运输带来一定困难。中国跨境运输主要集中于经济发展迅速的东南沿海地区，中、西部地区因经济相对不活跃而较少。西部地区面积广阔，人口稀少，交通不便捷，运输商品存在一定的困难。有些地区铁路、高速公路建设不够完善，没有形成完善交通网络。运输的标准如车辆标准载重量不统一、火车跨境轨道不统一等，消耗了更多的资金、人力成本。一些地区通关不畅也大大耽误了运输时间。总体来说，跨境运输问题成了经贸合作的瓶颈，限制了货物流通，对经济发展产生阻碍作用。

5.6.3 其他国家严格的贸易壁垒

随着中国"走出去"的步伐不断加快和市场份额的不断扩大，许多国家认为自身的发展受到了威胁，对中国出口商品的质量、技术、检验、标志等进行严格的规定和控制，设置更加严格的贸易壁垒。许多国家对中资企业投资设置了更多障碍，使得外资优惠政策阻力增大，无法落实，种种限制使中国投资者的经营活动变得愈加困难。

近年来，各国为保护本国贸易，颁布各种各样的环保法律法规，对商品进行严格的检验、认证和审批，通过实施环境标志制度以及征收环境进口税来设置贸易障碍，这就是所谓的绿色贸易壁垒，在倡导绿色环保理念的同时，借机实施新的贸易保护手段，这些贸易壁垒对于中国的对外贸易产生一定的阻碍作用，挤压了中国现有的市场，加大了出口商品的成本，削弱了产品的竞争力，减缓了中国对外贸易发展和"走出去"的步伐。

5.6.4 大规模对外经济活动的安全风险

"丝绸之路经济带"建设过程中，中国参与了许多大型的工程项目，承建

---

[1] 参见程云洁："'丝绸之路经济带'建设给我国对外贸易带来的新机遇与挑战"，载《经济纵横》2014年第6期。

工程同时，也进行了许多对外投资。投资规模的扩大，面临的风险也逐渐增多。其一，中亚地区国际形势纷繁复杂，领土纠纷、经济利益冲突众多，国家政局动荡不安，武装冲突不断，甚至恐怖袭击也时有发生，这种政治事件对于海外项目的正常运转和海外人员的人身安全都是一种风险，并且国际经济活动中因所在国家战争、动乱、政变等政治问题所造成的经济损失往往只能自己承担。其二，中国企业在海外进行投资，对其他国家的相关法律需要进行全面了解，如果出现法律问题，不了解当地相关法律往往会处于被动地位，难以通过法律途径来维护企业的正当权益。另外，外汇投资风险也是重要问题之一，中国大批企业走出去，投资资金量大幅度上升，汇率波动、货币贬值等对于企业来说都是风险因素，甚至有可能无法回收项目成本。近年来一些企业投资失败的案例以及海外投资人员的境遇都表明，中国对外贸易投资方面的风险防范仍不到位，需要加强。

5.7 中国与"丝绸之路经济带"沿线国家经贸合作的政策建议

5.7.1 妥善处理与大国的关系

"丝绸之路经济带"沿线国家局势复杂，因此在与之贸易往来中中国应做到与其他各国友好相处，减少相互之间的误解，避免矛盾与冲突。中国要坚持和平发展的道路，推动构建人类命运共同体，求和平、谋发展是世界各国人民的共同心愿。各国因国家利益产生冲突是不可避免的，因此，要平衡竞争与合作，处理好与各国之间的关系。中国既通过维护世界和平发展自己，又通过自身的发展维护世界和平。总之，和平与发展是当前时代的主题，应妥善处理与大国的关系，和平共处，共同发展与进步，建立利益共同体。

5.7.2 建立综合交通运输体系

"丝绸之路经济带"地域辽阔，面积甚广，为了更好的加强"丝绸之路经济带"沿线各国间的经贸联系，建立交通运输体系便成了最重要的任务之一。区域经济的发展与许多因素都有关联，但交通运输是其中一个重要因素，区域经济一体化和区域交通一体化之间有着重要联系。交通运输体系和其它社会经济客体达到最佳空间的吻合，道路基础设施对于区域经济组织的作用才能发挥完全，从而协助促进区域经济的发展。

而在建设过程中，需要明确区域交通的发展定位，明白交通网的建设目的是推动"丝绸之路经济带"的发展与经济交通一体化的形成，促进中国对外贸易进一步发展，为中国经济发展做出更大贡献。在此基础上，结合"丝绸之路经济带"的特点，合理规划道路的建设，充分发挥辐射功能，建立"丝绸之路经济带"综合交通运输体系，促进经济发展。

5.7.3 提升产品竞争力

"丝绸之路经济带"建设以来，中国贸易进出口总额持续增长，成为世界第二大货物和服务贸易进口国和第三大服务贸易出口国，但出口产品技术含量不高，核心技术、零部件以及品牌等都严重缺失，产业结构仍需优化与升级。"丝绸之路经济带"沿线国家大多为发展中国家，科技生产水平比较落后，主要以劳动密集型产业为主，生产出来的产品多数为低附加值的产品，因此中国需要提高出口产品的技术含量，保证产品质量，提高产品的差异性和竞争力。创新是核心竞争力的关键，提升自主创新能力，大力发展高新技术产业，通过先进技术来加强自身优势，在大力发展对外贸易的同时也有利于实现中国的产业结构优化与升级。[1]

5.7.4 发展优势产业集群

产业集群是区域经济发展的新趋势和新选择，目前中国在产业发展上形成了一定的优势和特色，但总体上产业层次较低、集中度不高、链条不长、核心竞争力不强、产业关联度较低，这些必然带来集群效益的流失。中国应利用"丝绸之路经济带"的建设，发挥技术、资金、区位等优势，形成"丝绸之路经济带"沿线国家的产业集群，培养适合"丝绸之路经济带"的支柱产业和主导产业，形成在国际国内有较强竞争力的优势产业集群。首先，产业集群的公共设施如水、路、电等基础设施的建设需要跟上产业发展的需要，创造良好环境。国家可以提供一些优惠政策，提供金融支持解决融资困难问题，吸引中国东部地区的企业进行产业转移和对口援建，吸引大企业、大项

---

〔1〕 参见杨占芳："我国产业结构的优化"，载《中州审计》2004年第6期。

目在经济带开设分公司、办厂，发展面向"丝绸之路经济带"沿线国家的优势产业集群，为中国西部地区经济发展提供良好的产业支撑。[1]

5.7.5 构建"数字金融'丝绸之路经济带'"

建立丝绸之路开发银行，可以为"丝绸之路经济带"的基础设施以及重大项目融资提供支撑，同时也为沿线国家贸易与投资提供了便利。随着现代科学技术的飞速发展，数字化应用已经深入我们的生活，将"丝绸之路经济带"构建成"数字丝绸之路"，将会为经济带的发展带来进一步的飞跃。

如今，利用信息处理和网络通信技术来构建跨系统的互联平台已经可以实现，平台内部可以整合与共享金融信息资源，实现银行间的动态信息的交流，形成金融技术密集、营销灵活、管理协调的智能网络系统，实现金融服务智能化。积极推进电子化商务发展，提供优惠政策，鼓励企业积极为"丝绸之路经济带"沿线经贸合作搭建信息平台，让更多的企业与个人参与进来，将"丝绸之路经济带"建设成为"数字金融'丝绸之路经济带'"。

---

[1] 参见李文清："中国西部产业集群发展的现状及对策研究"，载《经济师》2007年第1期。

CHAPTER 6

"丝绸之路经济带"贸易便利化对中国贸易潜力的影响

　　自WTO成立以来，世界各国将贸易过程中对显性贸易壁垒的关注点更多地转移到了非关税的隐性因素。这些非关税贸易壁垒涉及制度环境、海关环境、融资环境等各个方面，复杂繁冗的手续和落后的监管制度使得贸易效率低下，贸易成本上升，对贸易发展的负面影响并不亚于显性贸易壁垒。一笔国际贸易所需要的单据多达60多种，而这些单据所记载的内容有很大的重复性，并且需要人工核对单证一致性，这个过程大大地增加了时间成本与人力成本。2017年2月，WTO宣布《贸易便利化协定》在通过三分之二成员国批准的基础上正式生效。贸易便利化也成为各国突破贸易发展模式的有效措施和学者们研究的重要领域。

　　迄今为止已有66个国家与中国签订了"一带一路"倡议合作协议。"丝绸之路经济带"有着丰富的土地资源、矿藏资源，但是沿线国家的经济发展水平也有着十分明显的"两端高、中间低"的特点。从2018年开始，中美贸易摩擦逐渐加剧，中国急需调整产业结构，转移过剩产能，"丝绸之路经济带"将经济重心西移，有助于中国的经济增长。"丝绸之路经济带"沿线很多国家存在着基础设施落后、口岸效率低下、政府监管不严、企业创新能力不足等问题，这些隐形的贸易壁垒是"丝绸之路经济带"倡议推进的严重阻碍。随着"一带一路"倡议推进，沿线各国对于实现贸易便利化的需求越来越强。只有正确测度"丝绸之路经济带"沿线国家的贸易便利化水平，并估计其与中国贸易的潜力值，才可以对不同的区域采取针对性的措施，使"丝绸之路经济带"沿线各国实现互利共赢。

6.1　国内外文献综述

6.1.1　贸易便利化

贸易便利化是全球国际贸易领域关注的焦点，各国政府、非政府组织和国际组织都在为实现最大程度的贸易便利化而努力。但是迄今为止，贸易便利化并没有一个准确的定义，各类国际组织有各自的界定，有交叉也有重合，如表 6.1 所示。《贸易便利化协定》最早于 1996 年新加坡部长级会议上被列入 WTO 工作日程，全面实施这一方案可使贸易成本平均降低 1%，并使全球贸易额每年增加 1 万亿美元，其中最贫穷国家的收益最大。截至 2019 年 2 月 15 日，共有 141 个世贸组织成员加入该协定，已达到全体组织成员的 2/3。

表 6.1　国际组织对于贸易便利化的定义

国际组织	贸易便利化定义
世界贸易组织 （WTO）	简化繁文缛节、规范流程、统一海关规定、缩减进出口货物的时间成本和贸易成本
世界海关组织 （WCO）	从海关活动的角度出发，提出贸易便利化涵盖海关程序的简化及标准化，同时平衡贸易便利化与贸易安全两者之间的关系
世界银行 （WB）	贸易便利化需减少与货物运输、国际供应链服务相关的费用
经济合作与发展组织 （OECD）	简化和标准化国际货物从卖方到买方以及向另一方付款所需的程序和相关信息流动
亚太经合组织 （APEC）	使用新的技术和其他措施，简化和理顺阻碍、延迟跨境货物流动的程序和行政障碍，降低货物流通成本

尽管各个组织对贸易便利化的定义各不相同，但是归根结底贸易便利化是为缩减国际贸易环节中的经济成本、时间成本、空间成本，减少跨境过程中的体制障碍和物流障碍，从而促进区域乃至全球的贸易发展。推动贸易便利化的宏观现实意义主要有三点：第一是便于商品和资本输出，增加本国企业在国际市场的竞争力，增加社会福利。第二是最大程度地吸引外资进入，拉动外商直接投资（FDI），促进本国经济发展。第三是促成互利共赢的多边博弈，促进全球贸易和经济发展。

6.1.2 贸易潜力

潜力是对事物发展可能性的一种描述，这种可能性在外部环境成熟时，可以通过一定的经验发展成为现实能力。贸易潜力一词时常用于描述一个国家贸易发展的可能性，但是贸易潜力在学界和国际组织中并没有一个清晰的定义。本书认为可以最直观反映贸易潜力的变量为剔除价格影响后的贸易流量（进出口贸易额），当然对外直接投资（ODI）、外商直接投资（FDI）都可以作为描述一个国家贸易潜力的指标，贸易紧密度指数（TII）和贸易互补指数（TC）可以作为反映两个国家之间贸易发展潜力的指标。学界对国家的贸易潜力是否一个定量的值有所争议，本书认为对于这种可能性的评价可以有水平的描述或者做出对未来发展的预判，却无法做到给出一个确定的值，一个确定的值也与"可能性"本身有所冲突。

国内外对贸易潜力的分析主要有三类。第一类是采用刘青峰、姜书竹（2002）[1]提出的用现实贸易额（T）与模拟值（T*）的比值衡量贸易潜力，分为潜力再造型（T/T* >1.2）、潜力开拓型（0.8<T/T* <1.2）和潜力巨大型（T/T* <0.8）。有学者认为该比值反映的是引力方程的偏差，而不是贸易潜力问题，也有学者认为刘、姜（2002）[2]的研究方法只能得出贸易潜力的相对大小而不是具体的值，但大多数学者在研究贸易潜力问题时还是采用了这类方法。第二类是借鉴 Wilson、Mann 和 Otsuki（2003）[3]的模拟策略，将低于平均贸易便利化水平的国家提升到平均水平后，在引力模型中进行回归，以此估计贸易便利化水平改善带来的贸易潜力。第三类是运用随机前沿分析方法（SFA），该方法最早用来分析生产函数中的技术效率，后被广泛运用于研究贸易效率和贸易潜力，是由传统的引力模型进化而来，后又演变出时变与不变的随机前沿引力模型，是迄今比较前沿的研究方法。

---

〔1〕 参见刘青峰、姜书竹："从贸易引力模型看中国双边贸易安排"，载《浙江社会科学》2002年第6期。

〔2〕 参见刘青峰、姜书竹："从贸易引力模型看中国双边贸易安排"，载《浙江社会科学》2002年第6期。

〔3〕 See John S. Wilson, Catherine L. Mann, "Tsunehiro Otsuki, Trade Facilitation and Economic Development: A New Approach to Quantifying the Impact", *The World Bank Economic Review*, Vol. 17, No. 3., 2003, pp. 367-389.

6.1.3 贸易便利化对贸易潜力的影响

国内外文献中有关贸易便利化以及贸易潜力的研究主要围绕以下五个方面：

第一，贸易便利化测度指标的构建模式。贸易便利化水平的测度体系最早由 Wilson、Mann 和 Otsuki（2003）提出，分别由口岸效率、海关环境、监管环境以及电子商务四个部分组成，随着时代与经济形势的不断变换，Wilson 等人在 2005 年将电子商务与信息、金融中介归纳为服务业基础设施，提出了新的 4 个一级指标。后来的多数学者参考了 Wilson 等人的指标体系，如谢娟娟、岳静（2011）[1]研究东盟国家的贸易便利化现状，张晓倩、龚新蜀（2015）[2]研究上合组织贸易便利化对中国农产品出口的影响，刘俊、张亚斌（2016）[3]研究丝绸之路贸易便利化的时空差异，董银果、吴秀云（2017）[4]研究贸易便利化对中国出口的影响。也有个别学者提出不同的构建模式，例如崔日明、黄英婉（2017）[5]以及黄艺（2018）[6]均加入了市场准入和营商环境。随着金融和互联网行业的兴起，对贸易便利化的研究从 2018 年开始将电子商务和金融服务作为一级指标。李豫新、帅林遥（2014）[7]在研究新疆贸易便利化问题时，提出了贸易便利化"电路模型"，将各因素比作"电源层、传导层、开关层、滑动电阻层、电器层"，是迄今较为新颖且形象的模型描述。目前最为完善的体系是由高志刚、宋亚东（2018）[8]提出的，包

---

〔1〕 参见谢娟娟、岳静："贸易便利化对中国—东盟贸易影响的实证分析"，载《世界经济研究》2011 年第 8 期。

〔2〕 参见张晓倩、龚新蜀："上合组织贸易便利化对中国农产品出口影响研究——基于面板数据的实证分析"，载《国际经贸探索》2015 年第 1 期。

〔3〕 参见刘俊、张亚斌："丝绸之路经济带贸易便利化时空差异及其贸易效应——基于空间引力模型的实证研究"，载《经济问题探索》2016 年第 10 期。

〔4〕 参见董银果、吴秀云："贸易便利化对中国出口的影响——以丝绸之路经济带为例"，载《国际商务（对外经济贸易大学学报）》2017 年第 2 期。

〔5〕 参见崔日明、黄英婉："'一带一路'沿线国家贸易投资便利化水平及其对中国出口的影响——基于面板数据的实证分析"，载《广东社会科学》2017 年第 3 期。

〔6〕 参见黄艺："'一带一路'国家贸易便利化对中国农产品出口的影响"，载《世界农业》2018 年第 8 期。

〔7〕 参见李豫新、帅林遥："中国新疆边境贸易投资便利化影响因素实证研究"，载《国际商务（对外经济贸易大学学报）》2014 年第 6 期。

〔8〕 参见高志刚、宋亚东："'一带'背景下贸易便利化水平对中国出口贸易的空间效应"，载《贵州社会科学》2018 年第 7 期。

括基础设施、信息技术效率、海关边境管理、法律规章制度、金融服务质量 5 个一级指标以及 23 个二级指标。

第二，贸易便利化指标权重的确认方法。目前主要有 4 种贸易便利化指标权重确认方法，其中多数学者利用 SPSS 进行主成分分析来确定权重，例如李豫新、帅林遥（2014）[1]，孔庆峰、董虹蔚（2015）[2]和刘俊、张亚斌（2016）[3]等在主成分分析法的基础上又探索了因子分析。黄艺（2018）[4]在研究贸易便利化对农产品出口影响时运用了熵权法确认各指标的权重。曾峥、周茜（2008）[5]和崔日明、黄英婉（2017）[6]运用了 AHP 层次分析法进行权重确认。谭晶荣、华曦（2016）[7]和韩啸等（2016）[8]等直接采用平均值法计算贸易便利化指标权重。

第三，贸易潜力的测度方法。刘青峰、姜书竹（2002）[9]提出贸易潜力的估计方法，但该方法被部分学者认为只能估计贸易潜力的水平，缺少更为精确准确的定量分析。Wilson、Mann 和 Otsuki（2003）[10]提出用回归方程估计贸易潜力，将低于平均水平的国家提升至平均水平，估计该国家的贸易潜

〔1〕 参见李豫新、帅林遥："中国新疆边境贸易投资便利化影响因素实证研究"，载《国际商务（对外经济贸易大学学报）》2014 年第 6 期。

〔2〕 参见孔庆峰、董虹蔚："'一带一路'国家的贸易便利化水平测算与贸易潜力研究"，载《国际贸易问题》2015 年第 12 期。

〔3〕 参见刘俊、张亚斌："丝绸之路经济带贸易便利化时空差异及其贸易效应——基于空间引力模型的实证研究"，载《经济问题探索》2016 年第 10 期。

〔4〕 参见黄艺："'一带一路'国家贸易便利化对中国农产品出口的影响"，载《世界农业》2018 年第 8 期。

〔5〕 参见曾峥、周茜："贸易便利化测评体系及对我国出口的影响"，载《国际贸易探索》2008 年第 10 期。

〔6〕 参见崔日明、黄英婉："'一带一路'沿线国家贸易投资便利化水平及其对中国出口的影响——基于面板数据的实证分析"，载《广东社会科学》2017 年第 3 期。

〔7〕 参见谭晶荣、华曦："贸易便利化对我国农产品出口的影响研究——基于丝绸之路沿线国家的实证分析"，载《国际贸易问题》2016 年第 5 期。

〔8〕 参见韩啸、齐皓天、王兴华："'一带一路'贸易便利化对中国农产品贸易影响研究——基于随机前沿引力模型"，载《华南理工大学学报（社会科学版）》2016 年第 5 期。

〔9〕 参见刘青峰、姜书竹："从贸易引力模型看中国双边贸易安排"，载《浙江社会科学》2002 年第 6 期。

[10] See John S. Wilson, Catherine L. Mann, "Tsunehiro Otsuki, Trade Facilitation and Economic Development: A New Approach to Quantifying the Impact", *The World Bank Economic Review*, Vol. 17, No. 3., 2003, pp. 367-389.

力。后来多数学者如孔庆峰、董虹蔚(2015)[1],刘俊、张亚斌(2016)[2],张晴宇(2018)[3]等都同时采用了两种测度方法进行贸易潜力的评估。

第四,从不同视角出发对贸易便利化相关问题进行研究。其中包括研究主体的不同和所研究产业的不同。对不同主体的研究包括:Wilson、Mann 和 Otsuki(2003)[4]研究了 APEC 国家贸易便利化问题,Wilson(2009)[5]以及谢娟娟、岳静(2011)[6]等研究了东盟国家贸易便利化问题,Wilson 等(2012)[7]研究了 100 多个发展中国家贸易便利化问题,张晓倩、龚新蜀(2015)[8]在上合组织范围内进行研究,孔庆峰、董虹蔚(2015)[9]从"丝绸之路经济带"角度研究,崔日明、黄英婉(2017)[10]研究"一带一路"范围内全部国家的贸易便利化问题。李豫新、帅林遥(2014)[11]、温雪(2019)[12]等则在"丝绸之路经济带"视域下分别对新疆和广西等国内城市的

---

〔1〕 参见孔庆峰、董虹蔚:"'一带一路'国家的贸易便利化水平测算与贸易潜力研究",载《国际贸易问题》2015 年第 12 期。

〔2〕 参见刘俊、张亚斌:"丝绸之路经济带贸易便利化时空差异及其贸易效应——基于空间引力模型的实证研究",载《经济问题探索》2016 年第 10 期。

〔3〕 参见张晴宇:"丝绸之路经济带贸易便利化对中国贸易潜力的影响研究",安徽大学 2018 年硕士学位论文。

〔4〕 See John S. Wilson, Catherine L. Mann, Tsunehiro Otsuki, "Trade Facilitation and Economic Development: A New Approach to Quantifying the Impact", *The World Bank Economic Review*, Vol. 17, No. 3., 2003, pp. 367-389.

〔5〕 See Matthias Helble, Ben Shepherd, John S. Wilson, "Transparency and Regional Integration in the Asia Pacific", *The world Economy*, Vol. 32, 2009.

〔6〕 参见谢娟娟、岳静:"贸易便利化对中国—东盟贸易影响的实证分析",载《世界经济研究》2011 年第 8 期。

〔7〕 See Helble, M., Mann, C. L. & Wilson, J. S. "Aicl-for-trade facilitation", *Rev World Econ*, Vol. 148, 2012, 357-376.

〔8〕 参见张晓倩、龚新蜀:"上合组织贸易便利化对中国农产品出口影响研究——基于面板数据的实证分析",载《国际经贸探索》2015 年第 1 期。

〔9〕 参见孔庆峰、董虹蔚:"'一带一路'国家的贸易便利化水平测算与贸易潜力研究",载《国际贸易问题》2015 年第 12 期。

〔10〕 参见崔日明、黄英婉:"'一带一路'沿线国家贸易投资便利化水平及其对中国出口的影响——基于面板数据的实证分析",载《广东社会科学》2017 年第 3 期。

〔11〕 参见李豫新、帅林遥:"中国新疆边境贸易投资便利化影响因素实证研究",载《国际商务(对外经济贸易大学学报)》2014 年第 6 期。

〔12〕 参见温雪、徐露元、邹忠全:"贸易便利化对广西对外贸易流量影响的实证分析",载《统计与决策》2019 年第 1 期。

贸易便利化问题进行研究。对不同产业的研究包括：李斌等（2014）[1]研究服务贸易出口，谭晶荣、华曦（2016）[2]、杨逢珉、田洋洋（2018）[3]等研究农产品出口，李晓钟、吕培培（2019）[4]研究装备制造业出口。

第五，计量经济模型的选择。学者们在研究贸易潜力问题时主要运用引力模型和一般均衡模型。Tinbergen（1962）[5]首次将传统的贸易引力模型应用于国际贸易领域，之后的国内外学者们如 Fink（2002）[6]、Wilson 等（2003）[7]、Helble 等（2007）[8]、李豫新、帅林遥（2014）[9]、孔庆峰、董虹蔚（2015）[10]等，开始利用拓展的贸易引力模型对出口贸易及贸易潜力问题进行研究。刘俊、张亚斌（2016）[11]、从空间效应的角度出发，利用空间引力模型对"丝绸之路经济带"贸易便利化问题进行研究，填补了空间计量经济学在该研究领域的空白。自 2018 年，国内许多学者如高志刚、刘用明、杨逢珉、李村璞、李萍等，开始利用更加完善的随机前沿贸易引力模型，对"一带一路"背景下的贸易潜力问题进行研究。Hertel、Walmsley、Itakura

---

〔1〕 参见李斌、段娅妮、彭星："贸易便利化的测评及其对我国服务贸易出口的影响——基于跨国面板数据的实证研究"，载《国际商务（对外经济贸易大学学报）》2014 年第 1 期。

〔2〕 参见谭晶荣、华曦："贸易便利化对中国农产品出口的影响研究——基于丝绸之路沿线国家的实证分析"，载《国际贸易问题》2016 年第 5 期。

〔3〕 参见杨逢珉、田洋洋："中国与'21 世纪海上丝绸之路'沿线国家农产品贸易研究——基于竞争性、互补性和贸易潜力的视角"，载《现代经济探讨》2018 年第 8 期。

〔4〕 李晓钟、吕培培："我国装备制造产品出口贸易潜力及贸易效率研究——基于'一带一路'国家的实证研究"，载《国际贸易问题》2019 年第 1 期。

〔5〕 See Jan Tinbergen, "An Analysis of world Trade Flows", *The Twentieth Centuny Fund*, 1962.

〔6〕 See Garsten Fink, Aaditya Mattoo, Ileana Cristina Neagu, "Assessing the impact of communication costs on international trade", *Journal of International Economics*, Vol. 67, 2002.

〔7〕 See John S. Wilson, Catherine L. Mann, Tsunehiro Otsuki, "Trade Facilitation and Economic Development: A New Approach to Quantifying the Impact", *The World Bank Economic Review*, Vol. 17, No. 3., 2003, pp. 367-389.

〔8〕 See Matthias Helble, Ben Shepherd, John S. Wilson, "Transparency and Trade Facilitation in the Asia Pacific: Estimating the Gainfrom Reforn", *The World Economy*, Vol. 32, 2009.

〔9〕 参见李豫新、帅林遥："中国新疆边境贸易投资便利化影响因素实证研究"，载《国际商务（对外经济贸易大学学报）》2014 年第 6 期。

〔10〕 参见孔庆峰、董虹蔚："'一带一路'国家的贸易便利化水平测算与贸易潜力研究"，载《国际贸易问题》2015 年第 12 期。

〔11〕 参见刘俊、张亚斌："丝绸之路经济带贸易便利化时空差异及其贸易效应——基于空间引力模型的实证研究"，载《经济问题探索》2016 年第 10 期。

(2001)〔1〕、Francois（2005）〔2〕等最早利用CGE（一般均衡模型）研究贸易潜力问题，随后国内学者佟家栋、李连庆（2014）〔3〕运用CGE模型对"丝绸之路经济带"国家进行贸易潜力测算。个别学者利用灰色关联模型和调查分析法对相关问题进行研究。

6.2 "丝绸之路经济带"沿线国家贸易发展现状

6.2.1 "丝绸之路经济带"区域划分

"一带一路"沿线迄今共包括66个国家，"丝绸之路经济带"并没有一个确定的文件规定其所包含的国家范围。西汉时期，汉武帝派张骞出使西域，以西安为起点，途径中国新疆，至中亚、西亚，该贸易路线被称为古丝绸之路（陆上丝绸之路）。新的"丝绸之路经济带"与古"丝绸之路"不能混为一谈，其连接东亚、中亚、西亚及海湾各国，辐射亚太、欧洲、非洲经济圈，被称为"世界上最长、最具有发展潜力的经济大走廊"。本书参考张晴宇（2018）〔4〕对"丝绸之路经济带"沿线主要国家的归纳，其中核心区为中亚五国，拓展区为西亚、南亚、高加索地区，辐射区为东欧、北非地区，如表6.2所示：

表6.2 "丝绸之路经济带"区域划分

区域划分	国家
核心区	哈萨克斯坦、吉尔吉斯斯坦、塔吉克斯坦、土库曼斯坦、乌兹别克斯坦
拓展区	蒙古国、印度、巴基斯坦、孟加拉国、缅甸、阿富汗、伊朗、伊拉克、阿塞拜疆、格鲁吉亚、亚美尼亚、土耳其、沙特阿拉伯、俄罗斯、乌克兰、白俄罗斯、约旦

〔1〕 See Hretel, T., Walmsley, T. and Itakura, K., "Dynamic Effects of the 'New Age' Free Trade Agreement between Japan and Singapore", *Journal of Economic Integration*, Vol. 16, 2001.

〔2〕 See Joseph Francois, Han Van Meijl, Frank Van Tongeren, "Trade liberalization in the Doha Development Rourd", *Economic Policy*, Vol. 20, No. 42., 2005.

〔3〕 参见佟家栋、李连庆："贸易政策透明度与贸易便利化影响——基于计算一般均衡模型的分析"，载《南开经济研究》2014年第4期。

〔4〕 参见张晴宇："丝绸之路经济带贸易便利化对中国贸易潜力的影响研究"，安徽大学2018年硕士学位论文。

续表

区域划分	国家
辐射区	法国、德国、意大利、比利时、荷兰、卢森堡、英国、波兰、爱尔兰、丹麦、希腊、西班牙、葡萄牙、瑞典、芬兰、奥地利、塞浦路斯、捷克、爱沙尼亚、匈牙利、拉脱维亚、立陶宛、马耳他、波兰、斯洛伐克、斯洛文尼亚、罗马尼亚、保加利亚、克罗地亚、埃及、利比亚、阿尔及利亚

从表 6.2 中可以发现,"丝绸之路经济带"辐射区中很多国家并未出现在官方的"一带一路"合作国名单中,但是我们无可否认,随着"一带一路"倡议的不断向西推进,东欧经济的发展迎来了新的契机,法国、德国等国家虽并没有加入"一带一路"倡议合作,但是政府层面已经越来越认可该倡议。"丝绸之路经济带"并不是一个固定的、密封的、静态的范围,而是变化的、开放的、动态的,东边以中国为起点向周围扩散,道路四通八达。"丝绸之路经济带"的三个层次的划分并没有绝对的边界,不是绝对的层层递进过程,而是在倡议布局和合作方式上的有所侧重,是包含与被包含的关系,是一种多点多线的共进[1]。

6.2.2 中国与"丝绸之路经济带"沿线国家双边贸易发展情况

2017 年,"丝绸之路经济带"沿线国家贸易额已超过 14000 亿美元,较 2013 年增长 15.7%。中国对"丝绸之路经济带"沿线国家出口额的前 10 位多为辐射区的欧洲国家,其中亚洲地区的沙特阿拉伯、伊朗以及印度也是中国重要的出口伙伴。中国外贸连续 3 年保持在德国、俄罗斯、沙特阿拉伯进口额的前三位。从总体来看,中国与大部分"丝绸之路经济带"沿线国家的贸易往来是顺差,与个别欧洲国家保持贸易逆差。为更好地了解中国与"丝绸之路经济带"沿线国家贸易的依存程度,本书采用 A. J. Brown(1947)[2]提出的贸易密集度指数(Trade Intensity Index,TII),该指数是反映双边贸易紧密程度的重要指标。贸易密集度指数公式为:

---

〔1〕 参见张晴宇:"丝绸之路经济带贸易便利化对中国贸易潜力的影响研究",安徽大学 2018 年硕士学位论文。

〔2〕 See Brown A. J., *Natinal Power and the Structure of Foreign Trade*, Uniresity of California Press, 1947.

$$TII_{ab} = \frac{\dfrac{X_{ab}}{X_a}}{\dfrac{M_b}{M_w - M_a}} \qquad (6.1)$$

其中，X_{ab} 是 A 国向 B 国的出口额，X_a 是 A 国的总出口额，M_b 是 B 国的总进口额，M_a 是 A 国的总进口额，M_w 是全球的总进口额。若 $TII_{ab} > 1$ 则表明两国之间的贸易密集度高，若 $TII_{ab} < 1$ 则表明两国之间的贸易密集度低。根据式（6.1）计算得 2013~2017 年中国与"丝绸之路经济带"沿线国家贸易密集度指数（见表 6.3）。

表 6.3　2013~2017 年中国与"丝绸之路经济带"沿线国家贸易密集度指数

国家	2017	2016	2015	2014	2013
哈萨克斯坦	2.57	2.22	1.76	2.18	1.93
吉尔吉斯斯坦	7.77	9.82	6.70	-	6.37
伊朗	2.35	2.59	-	3.30	2.18
约旦	0.90	1.04	1.06	1.05	1.20
沙特阿拉伯	-	0.90	0.84	0.87	0.86
土耳其	0.51	0.57	0.57	0.56	0.53
巴基斯坦	2.08	2.47	2.38	1.97	0.18
印度	1.00	1.10	0.95	0.83	0.78
乌克兰	0.67	0.72	0.60	0.66	0.77
白俄罗斯	0.18	0.27	0.16	0.19	0.01
俄罗斯	1.23	1.38	1.21	1.32	1.18
波兰	0.54	0.54	0.48	1.87	0.46
奥地利	0.10	0.10	0.11	0.10	0.09
德国	0.40	0.41	0.42	0.42	0.43
法国	0.30	0.30	0.31	0.31	0.30
比利时	0.25	0.27	0.28	0.27	0.24
英国	0.58	0.59	0.60	0.58	0.58

国家	2017	2016	2015	2014	2013
荷兰	0.97	0.97	0.96	0.90	0.90
意大利	0.42	0.44	0.43	0.43	0.40
西班牙	0.43	0.47	0.46	0.43	0.43
瑞典	0.30	0.30	0.33	0.31	0.32

本书采用的进出口额数据以中国发布的统计数据为基础，由于缺少塔吉克斯坦、乌兹别克斯坦、土库曼斯坦和叙利亚的进出口额数据，因此无法计算这四个国家与中国之间的贸易密集度指数。从表 8.4 可以看出，中国与亚洲各国（核心区与拓展区）贸易较为密切，其中与吉尔吉斯斯坦的贸易最为密切，而与欧洲各国尤其是东欧国家（辐射区）的依存度相对较低。从数据的对比可以发现，距离是影响中国与"丝绸之路经济带"沿线国家贸易紧密关系的关键因素，中国与中亚、西亚、南亚的贸易往来显然比欧洲、北非地区更为密切。中国与上合组织成员国的贸易密集度明显地高于其他国家，因此在实证部分的研究中，将是否共同为上合组织成员作为虚拟变量加入模型。

6.2.3 "丝绸之路经济带"沿线国家贸易现状

"丝绸之路经济带"倡议的提出拓展了各国的区域发展空间，提升了沿线各国的贸易水平，为了能够直观的展现沿线各国的贸易发展现状，依据标准的威尔森法和国际通行的划分方法，将贸易的形容和考量从口岸物流、海关、规制环境、金融电商这四个角度出发，来评价"丝绸之路"沿线各国贸易发展的现状。

6.2.3.1 口岸物流

港口和物流效率是贸易的保证，交通基础设施的可用性以及质量的实际情况和考量对国际贸易具有重要意义。从国家的角度来看，2016 年"丝绸之路经济带"沿线部分国家交通基础设施的可用性及其质量是完全不同的（见表 6.4）。[1]我们把质量评分指标划分为 1~7，分数越高表示交通基础设施可

---

[1] 数据来源于《全球贸易促进报告 2016》，评价体系共包含 136 个国家。

用性越高、质量越好，能够更好地保障贸易商品的物流运输。交通基础设施可用性及其质量的中位数得分为 3.51，经济发展水平较高的国家，交通基础设施相对更加完善。属于"丝绸之路经济带"辐射区的欧洲国家，交通基础设施的可用性和质量的排名普遍靠前，而核心区的中亚国家得分较低，排名靠后。中国、俄罗斯和印度拥有比较完善的交通基础设施，为"丝绸之路经济带"两端商品的运输提供了基本的保证和多元化的选择。

表 6.4　2016 年"丝绸之路经济带"沿线国家交通基础设施可用性质量

国家	所属区域	评分（1—7）	排名	国家	所属区域	评分（1—7）	排名
塔吉克斯坦	核心区	3.01	89	俄罗斯	拓展区	4.14	37
哈萨克斯坦	核心区	3.53	67	中国	拓展区	5.58	12
吉尔吉斯斯坦	核心区	2.18	132	德国	辐射区	6.05	8
蒙古国	拓展区	2.37	127	意大利	辐射区	4.79	22
印度	拓展区	4.53	28	波兰	辐射区	3.88	47
巴基斯坦	拓展区	3.49	70	捷克	辐射区	4.11	39
伊朗	拓展区	3.49	69	埃及	辐射区	3.73	56
格鲁吉亚	拓展区	3.35	76	法国	辐射区	6.13	4
土耳其	拓展区	4.54	27	英国	辐射区	5.73	10
沙特阿拉伯	拓展区	4.50	31	希腊	辐射区	3.86	50

数据来源：根据世界经济论坛《全球贸易促进报告 2016》整理。https://www.weforum.org/reports

6.2.3.2　海关服务

海关服务是国家贸易的海关部门提供的促进贸易买卖双方的服务，反映了国家贸易海关部门对于贸易的把控度。2016 年"丝绸之路经济带"沿线部分国家的海关服务指数评分及排名见表 6.5。从国家的角度来看，"丝绸之路经济带"沿线国家的海关服务指数区分度比较大。指数的取值范围是 1~7，高于中位数值（4.67）的国家有接近三十个，其中英国、荷兰、西班牙、芬兰等国家的海关服务指数较好，英国、荷兰和西班牙指数最高，基本位于 4.67 及以上。相比之下，葡萄牙、埃及等国的海关服务指数不及中位线（4.67），哈萨克斯坦的指数最低，仅为瑞典的 65%。

表 6.5　2016 年"丝绸之路经济带"沿线部分国家海关服务指数

国家	所属区域	评分（1-7）	排名	国家	所属区域	评分（1-7）	排名
塔吉克斯坦	核心区	3.94	103	俄罗斯	拓展区	3.93	104
哈萨克斯坦	核心区	4.15	88	中国	拓展区	4.91	52
吉尔吉斯斯坦	核心区	4.40	77	德国	辐射区	5.96	14
蒙古国	拓展区	3.95	102	意大利	辐射区	5.71	27
印度	拓展区	4.45	75	波兰	辐射区	5.74	24
巴基斯坦	拓展区	3.92	105	捷克	辐射区	5.85	18
伊朗	拓展区	3.22	123	埃及	辐射区	3.05	128
格鲁吉亚	拓展区	5.29	39	法国	辐射区	5.83	19
土耳其	拓展区	5.06	45	英国	辐射区	6.21	6
沙特阿拉伯	拓展区	4.26	83	希腊	辐射区	4.83	57

数据来源：根据世界经济论坛《全球贸易促进报告 2016》整理。https://www.weforum.org/reports

6.2.3.3　规制环境

规制环境是贸易的宏观调控的存在和体现，主要是市场上入场情况的反映。市场准入是一个国家允许外资在本国合作发展的考量。2016 年，"丝绸之路经济带"沿线部分国家外资市场准入评分和排名见表 6.6。外资市场准入评分的中位数得分是 4.20，波兰是排名最高的"丝绸之路经济带"沿线国家，亚洲和东欧国家普遍低于中位数。"丝绸之路经济带"沿线国家的得分普遍不高，特别是位于核心区的中亚和西亚国家，得分较低、排名靠后，表明这些国家对外资的进入限制条件较为苛刻。

表 6.6　2016 年"丝绸之路经济带"沿线部分国家外资市场准入情况

国家	所属区域	评分（1-7）	排名	国家	所属区域	评分（1-7）	排名
塔吉克斯坦	核心区	2.67	119	俄罗斯	拓展区	2.16	129

国家	所属区域	评分(1-7)	排名	国家	所属区域	评分(1-7)	排名
哈萨克斯坦	核心区	2.74	116	中国	拓展区	2.38	124
吉尔吉斯斯坦	核心区	3.84	91	德国	辐射区	4.18	69
蒙古	拓展区	2.53	121	意大利	辐射区	4.17	71
印度	拓展区	2.69	117	波兰	辐射区	4.60	29
巴基斯坦	拓展区	3.57	101	捷克	辐射区	4.53	38
伊朗	拓展区	1.77	136	埃及	辐射区	4.36	54
格鲁吉亚	拓展区	4.56	33	法国	辐射区	4.30	58
土耳其	拓展区	3.91	88	英国	辐射区	3.90	90
沙特阿拉伯	拓展区	2.33	125	希腊	辐射区	4.57	31

数据来源：根据世界经济论坛《全球贸易促进报告 2016》整理。https://www.weforum.org/reports

6.2.3.4 商业信息技术

商业信息技术是让新兴互联网贸易技术参与到企业间商业往来的一种方式，他的考量方式是企业间信息技术参与指数（ICTs for Business - to - Business）。从国家的角度来看，2016 年"丝绸之路经济带"沿线部分国家的企业间信息技术参与指数差异很大（见表 6.7）。[1] "丝绸之路经济带"沿线国家的企业间信息技术参与指数普遍偏低，英国、德国等经济发达的欧洲国家的指标值相对较高，而塔吉克斯坦、吉尔吉斯斯坦、印度、巴基斯坦和伊朗等中亚、西亚国家指数较低。

表 6.7　2016 年"丝绸之路经济带"沿线部分国家企业间信息技术参与度

国家	所属区域	评分(1-7)	排名	国家	所属区域	评分(1-7)	排名
塔吉克斯坦	核心区	4.0	111	俄罗斯	拓展区	4.8	60
哈萨克斯坦	核心区	4.8	63	中国	拓展区	4.9	57

---

〔1〕 数据来源于《全球信息技术报告 2016》，评价体系共包含 139 个国家。

续表

国家	所属区域	评分 (1-7)	排名	国家	所属区域	评分 (1-7)	排名
吉尔吉斯斯坦	核心区	3.9	119	德国	辐射区	5.7	19
蒙古国	拓展区	5.1	43	意大利	辐射区	4.5	80
印度	拓展区	4.1	108	波兰	辐射区	4.5	83
巴基斯坦	拓展区	3.8	126	捷克	辐射区	5.5	28
伊朗	拓展区	3.9	121	埃及	辐射区	4.7	67
格鲁吉亚	拓展区	4.6	79	法国	辐射区	5.3	33
土耳其	拓展区	5.0	47	英国	辐射区	6.0	2
沙特阿拉伯	拓展区	5.3	36	希腊	辐射区	4.3	96

数据来源：根据世界经济论坛《全球信息技术报告 2016》整理。https://www.weforum. org/reports

6.2.4 "丝绸之路经济带"沿线国家贸易中存在的问题

6.2.4.1 通关效率低下

国际上测算的标准贸易通关指数通常为 1~5，97% 的"丝绸之路经济带"沿线国家的通关效率指标值大多为 [2，4)，此间有 84% 的国家的指标值在 [2，3]。沿线国家的贸易通关还存在很大比例的低效率问题。"丝绸之路经济带"沿线国家在贸易清关效率上表现不好的原因在于各个国家的延误比例程度不一。时间延迟将增加贸易的成本及费用，直接导致了海关贸易流程的冗余与无效率。导致这个结果的原因主要集中体现在两个方面：部门之间缺乏密切联系和工作标准的不一致。从提交准备材料到发放报关单，国际贸易商品需要经过多个部门，部门之间存在一定的顺序，不可能超过流程执行。国际贸易货物如果被某个部门封锁，会直接导致全部流程的延误。在贸易商品的通关过程中，需要多次输入和提交数据、文件等，增加了对海关人员和物资的需求，多个部门间缺乏联系，导致整体流程的时间延长，造成国家资源浪费和贸易成本上升。

6.2.4.2 贸易壁垒盛行

国际贸易壁垒的指数范围为 1~7，"丝绸之路经济带"沿线国家的壁垒指数大多集中落点在 [4，6) 的范围，占沿线国家的 83%，其中有 70% 的国家位于 [4，5) 的区间，"丝绸之路经济带"沿线国家的贸易壁垒的总体指标值相对较高，并且由无形的贸易壁垒主导。这种壁垒集中反映在技术标准联盟和关税联盟方面。技术障碍指因不符合规格而妨碍贸易便利化，比如碳含量等技术障碍、碳标签、食品规格中的营养成分指标和需要进行贸易的商品污染物含量的生物科学指标壁垒。截至 2018 年，世贸组织发现全球贸易总量上升了接近 3.9%，但问题是各个国家采取的保护措施也显著增加，贸易发展风险系数提升，国与国之间的贸易摩擦明显提升。技术壁垒的普遍存在给沿线国家的贸易发展带来了不便。

6.2.4.3 贸易环境不稳定

贸易环境的考量集中体现在"丝绸之路经济带"沿线国家的市场准入方面，他的范围被划分为 1 到 7，沿线国家的指标值有 90% 都位于 [3，5) 的区间，在这部分国家里面有 70% 的国家位于 [4，5) 的区间，这个指标值直接表明了"丝绸之路经济带"沿线国家的贸易环境不稳定，发展水平较低，原因在于各个国家的海关和贸易争端解决部门，这些部门考察并制定了贸易的政策条例和市场准入，如果放松监管，会在短时间内提升沿线各国的贸易水平，但长此以往会带来贸易安全隐患和未知的风险，在"丝绸之路经济带"沿线各国贸易环境不稳定的情况下，如何去考量政策，促进贸易的发展，是各个国家的当务之急。

6.3 "丝绸之路经济带"贸易便利化测算指标体系选择

为了达到进一步实现对"丝绸之路经济带"沿线各国的贸易便利化水平考量的目的，需要对国际主流指标体系进行分析，然后根据"丝绸之路经济带"沿线各国的实际情况进行选取，在确定了合适的模型后，进行针对性的修改，然后得出最终的测算模型。贸易便利化的最终目的是达到贸易法规的规范（规制环境），实现贸易流程的简化、金融贸易的大力发展、国家基础设施的不断完善，最终为国与国的贸易往来构建一个兼容并包的良好体系。许多组织和国家为贸易便利化测算体系的发展做出了卓越贡献，目前国际主流的测算指标体系主要包括 APEC 模型、OECD 模型和世贸组织模型，即最知名的威尔森模型。学术界大多利用世界银行官方的威尔逊贸易便利化模型体系进行国家贸易便利化分析，现实中这些贸易便利化计算模型体系对"丝绸之路经济带"有不同的限制和问题。

6.3.1 贸易便利化指标体系比较分析

6.3.1.1 APEC 贸易便利化指标体系

APEC 贸易便利化指标体系从国家视角出发，重视技术和国际贸易的专业化水准，强调人员和货物在国际的自由流动，从而降低国际贸易成本和损耗，其指标体系的关键主体在于海关环境、电子商务、规制环境 3 个方面，其中可以细分为 14 个标准内容。

海关环境是海关程序的表现，其中分为 6 个指标：一是为了进行自我协查与评价改进的时间调查指标；二是为了确保 APEC 能够完美融入世界贸易体系的 APEC 框架指标；三是为了提高清关效率，简化买卖双方手续的京都公约；四是为了使贸易程序电脑化、数据化发展，脱离古老办公方式的无纸化、自动化指标；五是根据世界海关组织公约确定下的为了确保国际制度协调发展，统一化国际贸易环境和条例的世界海关组织公约协调度指标；六是非歧视标准下进行透明可预测的贸易法规制度的透明交易程序指标。

规制环境是标准一致性的表现，其中分为 5 个指标：一是为了与国际接轨，最大程度减少过量评估标准的 APEC 与国际标准协调度指标；二是为了降低买卖双方成本，减少技术开发实施规范的技术规范指标；三是各个国家基础设施发展指标；四是协调 APEC 组织一致性和标准性，行业信息透明化，自由流通化，成员国之间可以互通有无的指标；五是为了完成对整个组织监管部门获得一致性认可的指标。

电子商务是商务移动发展的集中体现，主要包括降低成员国间的电商障碍，加速成员国电商发展的进行，提高成员国之间人员的流动性，提高现代通信技术的使用这四个指标。

APEC 贸易便利化体系包括 3 个主要内容，指标最终可以细分为 70 个，其标准的制定和测算偏向于经济实力较为优秀的国家或者发展中国家。

6.3.1.2 OECD 贸易便利化指标体系

经济发展合作组织（OECD）基于成本与收益的贸易便利化测算视角，开发出了 OECD 指标体系，他们的研究表明贸易便利化的宗旨是通过信息、程序简化、结算优化和规制环境的发展与优化来降低贸易成本。OECD 指标体系的关键方向有 3 个，分别是电子商务、规制环境和海关环境，进一步又可以细分为 11 个指标。

一是国家之间信息互通有无，可以便利查询完整信息，为职业贸易公司或人员提供专业网站的信息可用性指标；二是协调买卖双方的贸易集体参与指标；三是国家贸易部门对贸易货物的分类评估方法和陈述相应法规的高级裁决指标；四是进行上诉的上诉指标；五是规范贸易中数据化、可视化、透明化收费的费用指标；六是简化国际贸易文件手续流程，与国际化流程接轨的文件指标；七是电子化数据，自动化风险管控，自动化运行国际贸易流程的自动化指标；八是减少程序的程序指标；九是加强国家海关与国家边境机构的内部协调合作指标；十是国与国之间贸易便利化程度提升，工作协调度提升，基础设施共享的外部合作指标；十一是细分为国家海关部门的职能、道德风险评估和自我纠察指标。

由于 OECD 成员国的经济发展水平非常高，国际地位高，实力强大，其贸易便利化测算指标面向的是经济发达国家和新兴经济体。

6.3.1.3 世界银行指标体系

这个方法其实就是 2003 年被提出的威尔森方法，他的着力点在于研究人和商品要素自由的流动，根据同化标准，减少程序来促进贸易便利化，主要指标分为 4 个方面，即基础设施、海关环境、规制环境和电子商务，进一步可以细分为 12 个小指标。

口岸效率包括运输和贸易港的效率，主要考察方向在于基础设施，海关环境在于直接考察国家海关部门的成本考核还有透明度发展，规制环境用来考量国家贸易的监察管理强度，电子商务在于考察国家技术和通过互联网来改善效率、提高交易水准的程度。由于 WTO 成员非常宽泛，所以他们的指标体系兼容性较强，可以同时考察发达国家和发展中国家。

6.3.2 指标体系比较

这几种体系的侧重点有所区别，但他们共同的要点都是要减少贸易成本，达到贸易便利化的最终目的，指标体系的选择依据则是，是否适合"丝绸之路经济带"沿线国家的经济发展情况和贸易便利化情况（见表6.8）。"丝绸之路经济带"整体区域地理覆盖范围广阔，从亚太经济区域到欧洲东部区域，其区域跨度大，经济发展潜力大，情况复杂，地缘政治特征明显，是沟通与发展的纽带。"丝绸之路经济带"沿线国家经济的发展分为三个层级：核心区域是中国和中亚国家，中国从古至今就是丝绸之路最为重要的纽带和跳板，虽然核心区域国家的经济实力普遍不强，但具有极高的发展潜力；重要区域是俄罗斯、西亚国家和南亚国家，作为中层链接部分，重要区域国家的经济实力普遍中等偏上；拓展区域的国家是欧洲和北非的国家，欧洲国家的经济发展非常强，而北非国家偏弱。整体考察流程涉及地区广、国家多，需要兼顾所有国家的经济实力与情况，由此可见最具兼容性的世界银行指标体系作为贸易便利化的测算模型，具有得天独厚的优势，其测算方法是标准简便的算数平均法，也可以通过算数平均法来反映二级指标对于结果的影响。

表6.8 贸易便利化指标体系比较

指标体系方法	指标数量	适用范围	特点
APEC 指标体系	70	仅适用于发展中国家和中上等的发达国家	从政府行动出发，强调国家指导，先进贸易技术的应用，来促进贸易便利化，主观评价较多，测算角度比较模糊
OECD 指标体系	11	仅适用于上等的发达国家	注重成本和收益，侧重是否通过程序和流程来降低成本，从而促进贸易便利化，主观评价较多，精确性一般
世界银行 指标体系	12	适用于所有发展水平的国家	商品跨境自由流动出发，注重协调消减程序来促进贸易，测算对象适应性大，可以比较客观的精确计算

6.3.3 指标体系确定

学者们参考及沿用最多的是威尔逊（2003）提出的口岸效率、海关环境、监管环境以及电子商务这4个一级指标。贸易便利化主要是为了缩减成本，包括经济成本、时间成本以及空间成本，因此，结合WTO《贸易便利化协定》和其他的协定、条规类文件，以及"丝绸之路经济带"国家贸易发展情况，提出5个一级指标：企业环境、基础设施、电子商务和金融服务、口岸环境、制度环境。除此之外还有21个二级指标（如表6.9所示）。

表6.9 贸易便利化测度体系构建

一级指标	二级指标	取值范围	数据来源
企业环境 X1	X11 企业创新能力	1—7	GCR
	X12 犯罪与暴力造成的商业成本	1—7	GCR
	X13 移动网络覆盖率	0—100	GCR
	X14 法治水平	−2.5—2.5	WGI
	X15 政府效率	−2.5—2.5	WGI
基础设施 X2	X21 公路运输效率	1—7	GCR
	X22 铁路运输效率	1—7	GCR
	X23 航空运输效率	1—7	GCR
	X24 港口运输效率	1—7	GCR
电子商务 和金融服务 X3	X31 金融服务可得性	1—7	GCR
	X32 贷款易得性	1—7	GCR
	X33 资本市场的融资能力	1—7	GCR
口岸环境 X4	X41 贸易关税	1—7	GCR
	X42 贸易壁垒程度	1—7	GCR
	X43 海关程序的负担	1—7	GCR
	X44 非常规支付与贿赂	1—7	GCR

一级指标	二级指标	取值范围	数据来源
制度环境 X5	X51 司法独立性	1~7	GCR
	X52 政府清廉指数	0~100	CPI
	X53 政策透明度	1~7	GCR
	X54 法律体系对解决争端的有效性	1~7	GCR
	X55 法律体系对于调整规章制度的有效性	1~7	GCR

可以将 5 个一级指标在边境贸易中的流程比作电路的传导（见图 6.1）。

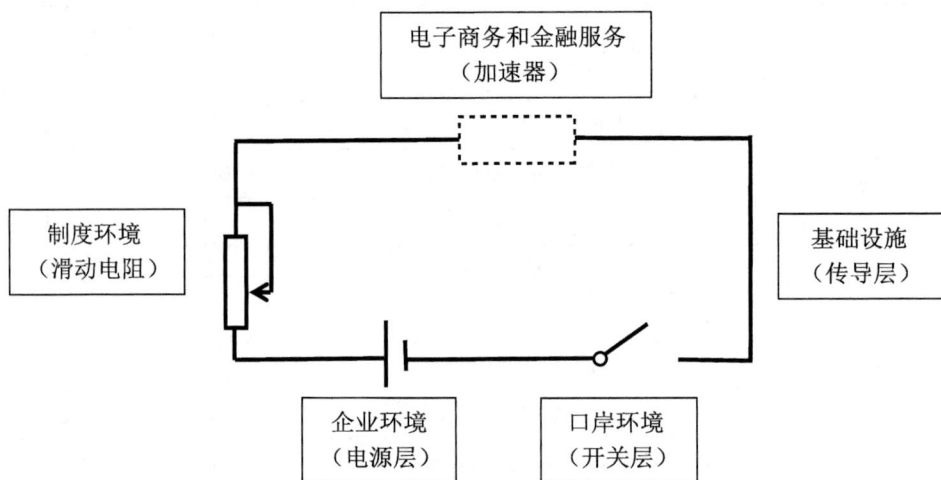

图 6.1　电路传导机制图

（1）电源层——企业环境

企业是整个贸易流程的起点和终点，是微观经济学的重要研究对象，为各国之间贸易便利化提供原动力。企业所在国的企业环境是企业的"培养皿"和"温度计"，类似于电源，为整个电路提供源源不断的电流。企业环境反映了一国的生产者、消费者以及单个市场的微观层面的情况，不论是从企业层面还是单个市场层面，进出口贸易都会追求降低成本而使利润最大化，贸易便利化程度的提高会削减贸易过程中发生的经济成本。贸易便利化程度的提升有利于企业环境的改善，而企业、市场利用资源和资本优势也可以尽可能

地推动贸易便利化的进程,这是一个相辅相成的模式。主要包括以下5个指标,如表6.10所示:

表 6.10 企业环境各项指标说明

二级指标名称	二级指标说明
企业创新能力	企业创新的能力,1=能力低,7=能力高
犯罪与暴力造成的商业成本	发生犯罪或者暴力的经济成本,1=成本高,7=成本低
移动网络覆盖率	互联网普及度,0=普及度低,100=普及度高
法治水平	司法体系效率,-2.5等于效率低,2.5=效率高
政府效率	政府处理公共事务效率,-2.5等于效率低,2.5=效率高

(2)传导层——基础设施

完善基础设施建设可以促进贸易流程更快、更顺利地进行,这类似于电流传递的速度、流量与导线材质之间的关系。常见的运输方式包括公路运输、铁路运输、航空运输、水路运输。运输工具的运输效率与时间成本密切相关,提高运输效率可以直接地减少时间成本和空间成本,间接地降低经济成本,从而提升贸易便利化程度。此外,物流手续的简易程度、运输安全事故发生率、运输工具更新换代的速度等也可以作为基础设施建设下的二级指标,但是由于无法找到量化的数据,本书没有加入这些指标。因此,基础设施的指标主要包括以下4个方面,如表6.11所示:

表 6.11 基础设施各项指标说明

二级指标名称	二级指标说明
公路运输效率	陆路交通设施状况,1=极差,7=极好
铁路运输效率	铁路轨道设施状况,1=极差,7=极好
航空运输效率	机场基础设施状况,1=极差,7=极好
港口运输效率	港口基础设施状况,1=极差,7=极好

(3)加速器——电子商务和金融服务

电子加速器是利用感生电场来加速电子的一种装置,在整个电路中属于外部设施。电子商务是将传统的商业活动电子化、网络化、信息化的过程,而金融服务是为客户提供融资、贷款、保险、金融咨询等的业务。将电子商务与金融服务归在一个一级指标内，是因为电子商务与金融服务在贸易流程中的关键作用就是产生加速的外力，类似于电子加速器。同时，电子商务和金融服务都可以节省时间成本、经济成本以及空间成本，是衡量贸易便利化程度的重要指标。此外，商业互联网的应用、网速、移动支付普及率都是重要的衡量指标，但是由于数据缺失未能加入本书的测度体系。因此，电子商务和金融服务指标主要包括以下3个方面，如表6.12所示：

表6.12 电子商务和金融服务各项指标说明

二级指标名称	二级指标说明
金融服务可得性	金融服务是否容易获得，1=最不容易，7=最容易
贷款易得性	企业获得银行贷款的便利性，1=特别困难，7=特别简单
资本市场的融资能力	企业从资本市场获取资金的便利性，1=特别困难，7=特别简单

（4）开关层——口岸环境

可以将口岸环境比作电路模型中的开关层，哪怕所有原件都具备齐全，但是只要开关闸刀没有落下，电路依然不会运作，海关以及检验检疫部门在货物通关的过程中就起着如此关键的作用。口岸环境主要包括两个方面，一方面是通关效率，另一方面是监管力度。无论是通关业务部门的工作效率提升、监管部门的监督力度提高，还是通关程序趋向简洁化，都将节省货物通关的时间成本，减少一些不必要的灰色开支，从而提高一国的贸易便利化程度。主要包括以下4个指标，如表6.13所示：

表6.13 口岸环境各项指标说明

二级指标名称	二级指标说明
贸易关税	进口商品向海关缴纳的关税，1=非常低，7=非常高
贸易壁垒程度	非关税贸易壁垒对于进出口的限制，1=完全限制，7=完全不限制
海关程序的负担	海关程序的效率，1=低效，7=高效
非常规支付与贿赂	不正常支付以及向海关行贿的频率，1=频率高，7=频率低

（5）滑动电阻——制度环境

滑动电阻器可以改变自身的电阻从而起到控制电路的作用，往往是一个完全由人为调配的常用电路元件，在边境贸易中，一个国家的政治与政策环境就类似于滑动电阻器。制度环境不仅是一个宏观的指标，也是受人为控制影响最大的因素，是一个国家政治、经济、文化整体实力的缩影。当一国贸易便利化的政策条件、法治条件、政治环境都相对较好的时候，边境贸易便利化与一国的贸易发展更容易产生相互促进的良性循环[1]。主要包括以下 5 个指标，如表 6.14 所示：

表 6.14　制度环境各项指标说明

二级指标名称	二级指标说明
司法独立性	司法系统受政府、个人、公司的干扰程度，1＝完全不独立，7＝完全独立
政府清廉指数	一个政府的腐败状况，0＝最腐败，100＝完全不腐败
政策透明度	政府决策中公众的参与度，1＝最差，7＝最好
法律体系对解决争端的有效性	法律解决争端的效率，1＝效率最低，7＝效率最高
法律体系对于调整规章制度的有效性	法律能否有效调整规章制度，1＝完全无效，7＝完全有效

以各国的经商环境为基础，在整体经济、文化、政治的大背景下，经过海关、检验检疫局等监督部门，物流、金融、电商等部门的影响，构成了"丝绸之路经济带"贸易便利化水平测度体系传导机制（如图 6.1 所示）和相互关系（如图 6.2 所示）。相互关系图直观地展示了整个贸易便利化体系的传导机制，这是一种层层递进、相互依赖的环状结构，只有前一个贸易环节对贸易便利化产生作用，下一个环节才能进一步地对贸易便利化产生正面的影响，整个贸易环节的贸易便利化才能做出正反馈。[2]

---

〔1〕　参见李豫新、帅林遥："中国新疆边境贸易便利化影响因素实证研究"，载《国际商务（对外经济贸易大学学报）》2014 年第 6 期。

〔2〕　参见李豫新、帅林遥："中国新疆边境贸易便利化影响因素实证研究"，载《国际商务（对外经济贸易大学学报）》2014 年第 6 期。

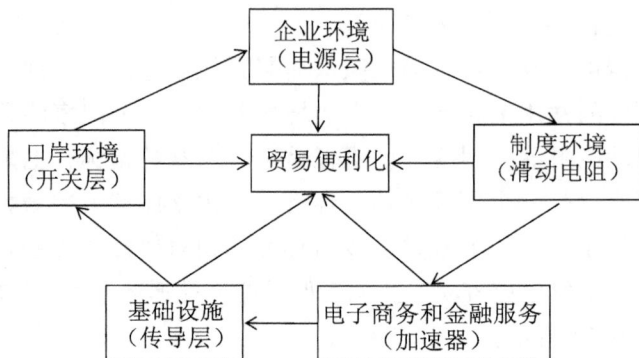

图 6.2　相互关系示意图

6.4　"丝绸之路经济带"贸易便利化测算方法

在确定了贸易便利化指标体系后，要对贸易便利化程度进行直接测算，测算方法的选择是问题的关键。世界主流的世界银行指标体系下的测算方法有主成分分析法、层次分析法和熵值法三种方法。下面分别对这三种方法进行比较分析，来确定最适合"丝绸之路经济带"贸易便利化的测算方法。

6.4.1　主成分分析法

主成分分析法是一种在三种指标体系下都可以用的最为主流的方法，为了全面地表现一些具体问题，往往人们会提取导致这个结果的主要变量，但是一个问题往往会有很多的变量，所以当这些变量中出现重合的作用时，可以建立新的不相关的变量来进行筛选。主成分分析法的核心思路是运用统计软件进行分析转化，把所有二级指标（如 X1，X2，X3……）进行提取筛选，将多个指标合成为彼此不相关的变量（如 F1，F2，F3……），主要测算流程如下。

首先在做完了数据的统计之后，用计量经济学软件上自带的主成分分析功能对数据进行分析，可以得到累计方差贡献率、相关系数和特征值，特征值大于 1 的数据和方差贡献率大于 85% 的数据，可以被当作主成分来使用。然后还需要对得到的主成分进行加权平均处理。首先需要去考量二级指标在主成分线性组合的公式，假设得到了两个主成分，可以得到公式 F1 = ax1+bx2+

$cx3\cdots\cdots$，还有公式 $F2 = zx1 + cx2 + vx3\cdots\cdots$，方差贡献率反映的是主成分的权重，对前两个公式做加权平均处理，然后归一化处理，可以得到最终的模型也就是 $F = AF1 + BF2 + CF3\cdots\cdots$，然后将最终模型里面的主成分贡献率分别乘以最初主成分公式的权重然后相加，就可以得到一个综合性指标，这也就是对贸易便利化测算最终的指标。通过对"丝绸之路经济带"沿线国家的测算和排序整理，就可以得到"丝绸之路经济带"沿线各国贸易便利化的水平。

6.4.2　层次分析法

层次分析法是将数据系统性处理的方法，这个系统具有完整的结构和层次，分别作为目标和准则来进行判断，将所有指标的重要程度进行排序从而确定整个系统的层次。层次分析法的首要步骤是建立阶梯状层次系统，通过咨询专家和查阅大量的资料，两两比较来衡量指标的重要性，然后构建矩阵，测算最大特征根和特征向量，对判断矩阵进行检验，因为即使是专家都不一定可以对二级指标得出精准的权重比较和考量，最终确立完整的层次体系。

在确定层次体系之后，比较哪一个指标是更重要的，哪一个指标是相对不重要的之后，就可以用层次分析软件 YAAHP 来检测一级指标对于总目标的矩阵和权重，通过一致性检测之后，对二级指标也进行相同的检测，得到二级指标对于目标层的总权重，然后对二级指标进行规范化处理，可以得到规范化处理后的指标值，将二级指标规范指标值和二级指标对于目标层的总权重相乘然后分别加总，可以得到最终的指数，也就是层次分析法下对贸易便利化的测算，然后对"丝绸之路经济带"沿线国家的贸易便利化进行测算即可。

6.4.3　熵值法

熵值法是从无序的数据中分析离散型数据的方法，从某种程度上来说是一种对指标进行赋权的方法，直接利用所有的指标，通过指标包涵的信息来确定每一个指标的重要性，信息量越大，不确定性就会越小，从而得出不同分量的权重来对总量进行判断。

因为选取的指标较多且来源、范围、数值不同，指标与指标间没有明确的考量方式，所以需要对最初的数据进行数据标准化。这里我们采用的是线性的指数变换法，把每一个二级指标的原始数据除以对应指标的极大值，得到指数化后的数据。

$$y_i = \frac{x_i}{x_{max}} \tag{6.2}$$

其中，y_i 对应的是数据指数化处理后的结果，x_i 对应的是基础数据，x_{max} 对应的是基础数据中的极大值，y_i 的数据取值范围在 0 到 1 之间。

然后计算第 j 个指标下第 i 个国家的赋权比重：

$$p_{ij} = \frac{y_{ij}}{\sum_{i=1}^{n} y_{ij}} (i = 1, 2, \cdots, 36; j = 1, 2, \cdots, 21) \tag{6.3}$$

计算第 j 项指标的熵值：

$$e_j = -\frac{1}{\ln n} \sum_{i=1}^{n} p_{ij} \ln p_{ij} (i = 1, 2, \cdots, 36; n = 36) \tag{6.4}$$

计算第 j 项指标的差异系数：

$$d_j = 1 - e_j (j = 1, 2, \cdots, 21) \tag{6.5}$$

计算第 j 项指标的权重：

$$w_j = \frac{d_j}{\sum_{j=1}^{n} d_j} (j = 1, 2, \cdots, 21) \tag{6.6}$$

最终对数据进行测算，可以得到指标的权重，将指数化数据乘以指标的权重然后分别加总，就可以得到熵值法下贸易便利化的水平，最小值是 0，最大值是 1，对沿线国家贸易便利化汇总分析即可。

6.4.4 测算方法比较及选择

测算贸易便利化的主成分分析法、层次分析法和熵值法，既有优点也有缺点，表 6.15 对比了三种方法的优缺点。综合考虑各种因素，本书在测算"丝绸之路经济带"沿线国家的贸易便利化指标时使用主成分分析法。

表 6.15 贸易便利化测算方法比较

指标体系方法	优点
主成分分析法	综合指标相互独立，可以用统计学软件去检测各个变量的相关性，合并处理众多指标中关联性较强的指标，这样既强化了指标的独立性，又减少了原来样本中数据的损失，对指标的规律性也是一次明显的提升。有效的降低工作量，主成分分析法选取的指标是贡献率高于百分之八十五的二级指标，明显的降低了工作量，在极大地降低了工作量的同时，核心指标依然能够发挥其本来的效果。
层次分析法	分析方法具有系统性，把研究主体划分为一个系统，将指标赋予不同的权重去考虑，不同的权重存在于每一个层面，对最终结果的影响也不同，可以直接进行量化考察，整个系统明确且清晰，对于没有结构层次的数据处理会有效果。简洁明了，逻辑性强，系统层次一目了然，不需要特别高深的数学和推理，而是把数据系统化分析，计算结果简洁明了，易于被人接受和理解。
熵值法	具有客观性，对最基础的数据进行考察和观测，可以消除每一个指标权重的主观性判断。区分度高，通过对信息的整合处理，区分每一个指标的重要性。对基础数据要求多，样本数量大，适合处理比较多的基础数据。
指标体系方法	缺点
主成分分析法	命名困难，因为得出的主成分是作为新的成分存在的，所以需要在原有的基础上重新进行阐述，这样不可避免的不能完全覆盖之前指标的含义。信息丢失，即使对数据进行主成分处理，在独立性处理的情况下也不可避免的会遗漏一些数据，而且新的综合性指标并没有原始指标那样直观和精准。
层次分析法	主观性太强，层次的选择和赋权非常依赖人的主观判断，每个人因为其本人的知识水平、人生体验、社会层次的不同，得到的层次结果也会有不同，客观性会出现偏差，不可避免的带有个人色彩。不利于在处理指标多和数据复杂的情况下运用，会导致层次的选择出现明显的增长，如果指标变多，我们就需要去对指标进行判断，在不同的层次之间进行排列评价，会不可避免的出现问题，所以它不太适合指标多的情况。
熵值法	对指标关联性的分析不强，相关关系和指标的方向性不明显。

6.5 "丝绸之路经济带"贸易便利化水平测算

6.5.1 数据来源

本书所使用的二级指标数据来源于全球竞争力报告（Global Competitiveness Report，GCR）、全球清廉指数（Corruption Perceptions Index，CPI）、世界治理指标（Worldwide Governance Indicators，WGI）。时间范围为 2013 年至 2017 年，涉及中国、"丝绸之路经济带"核心区 3 国、扩展区 12 国、辐射区 25 国，共计 41 个国家，是现有文献中对"丝绸之路经济带"贸易便利化测度问题时间最新、范围最广的实证研究。

由于数据的取值范围存在差异，如表 8.10 所示，GCR 中大多数指标的取值范围都是 1~7，但是也有个别指标的取值范围是 0~100 或 −2.5~2.5，这样就导致指标之间无法比较，因此必须对数据进行处理。本书的处理方式为归一化处理，把数据映射到 0~1 范围之内。具体处理方式如下：

$$Y_{ab} = \frac{X_{ab} - min(X_{ab})}{\max(X_{ab}) - min(X_{ab})} \tag{6.7}$$

其中，Y_{ab} 为标准化的二级指标数据，X_{ab} 为原始数据，$\max(X_{ab})$ 为原始数据中能达到的最大值，$\min(X_{ab})$ 为原始数据中能达到的最小值。

6.5.2 "丝绸之路经济带"贸易便利化水平测算结果

在贸易便利化水平的测度上，本部分采用主成分分析法为各个指标进行科学赋值。主成分分析法的核心是降维，将多指标合成几个相互无关的并且能够反映绝大部分信息的综合指标即主成分。本部分运用 SPSS17.0 对标准化的数据进行分析，把方差最大化的旋转，得到解释的总方差如表 6.16 所示。

表 6.16 解释的总方差

成分	初始特征值			提取平方和载入			旋转平方和载入		
	合计	方差的 %	累积 %	合计	方差的 %	累积 %	合计	方差的 %	累积 %
1	12.906	61.455	61.455	12.906	61.455	61.455	6.289	29.949	29.949

成分	初始特征值			提取平方和载入			旋转平方和载入		
	合计	方差的 %	累积 %	合计	方差的 %	累积 %	合计	方差的 %	累积 %
2	2.206	10.503	71.957	2.206	10.503	71.957	5.053	24.064	54.013
3	1.435	6.834	78.791	1.435	6.834	78.791	3.431	16.339	70.352
4	1.023	4.871	83.662	1.023	4.871	83.662	2.795	13.310	83.662

由于前 4 个主成分已经累积涵盖超过 80% 的信息量，所以用前 4 个主成分进行权重确认。将各个二级指标对应的系数乘以相应贡献率再除以累积贡献率，加总后得到"丝绸之路经济带"贸易便利化水平综合评价模型。

将二级指标数据乘以对应的权重后进行标准化处理，得到贸易便利化的综合指数式（6.8）如下：

$$TWIFI = \frac{\sum W_{ab} Y_{ab}}{max \left(\sum W_{ab} Y_{ab} \right)} \qquad (6.8)$$

其中，$TWIFI$ 为贸易便利化综合指数，W_{ab} 为二级指标的权重，Y_{ab} 为二级指标标准化后的数据值。

6.5.3 "丝绸之路经济带"沿线国家贸易便利化现状

如表 6.17 所示，从横向来看，各国自 2013 年起至 2017 年，贸易便利化的水平没有特别大的起伏。其中，阿尔及利亚、阿塞拜疆、俄罗斯、塔吉克斯坦、乌克兰改善比较明显，降幅较为明显的是巴基斯坦和伊朗。中国的贸易便利化水平在 41 个国家中处于中游的水平。自 2013 年"丝绸之路经济带"倡议提出开始，沿线主要国家的贸易便利化水平大体上均有改善。从横向来看，辐射区的贸易便利化水平大于拓展区大于核心区。假设 2017 年中国同时与荷兰和吉尔吉斯斯坦开展贸易，那么与吉尔吉斯斯坦开展贸易的难度接近于与荷兰开展贸易的 6 倍。与中国贸易往来最密切的上合组织成员国的贸易便利化水平普遍较低，这也说明了，"丝绸之路经济带"核心区的贸易条件还有很大的开发空间。

表 6.17 "丝绸之路经济带"贸易便利化水平测算及排名（2013—2017 年）

国家	2017 年		2016 年		2015 年		2014 年		2013 年	
	TWTFI	排名	TWTFI	排名	TWTFI	排名	TWTFI	排名	TWTFI	排名
中国	0.557	18	0.507	21	0.481	19	0.502	19	0.456	21
蒙古国	0.233	40	0.249	36	0.240	36	0.214	38	0.187	37
哈萨克斯坦	0.375	30	0.407	27	0.402	27	0.376	29	0.358	29
吉尔吉斯斯坦	0.174	41	0.172	41	0.157	41	0.184	40	–	–
塔吉克斯坦	0.367	32	0.351	32	0.313	33	0.267	35	–	–
伊朗	0.279	36	0.234	37	0.203	39	0.185	39	0.234	36
约旦	0.548	19	0.526	17	0.464	22	0.510	18	0.501	16
沙特阿拉伯	0.611	14	0.581	15	0.594	12	0.596	13	0.619	11
土耳其	0.450	25	0.423	25	0.440	23	0.469	21	0.488	19
巴基斯坦	0.262	37	0.217	38	0.220	37	0.264	36	0.248	35
印度	0.520	21	0.503	22	0.426	24	0.391	28	0.426	24
乌克兰	0.235	39	0.198	39	0.209	38	0.224	37	0.184	38
俄罗斯	0.372	31	0.320	34	0.305	35	0.325	34	0.263	34
白俄罗斯	0.511	22	0.508	20	0.510	18	0.495	20	0.445	22
波兰	0.486	24	0.492	23	0.474	21	0.467	22	0.434	23
奥地利	0.844	7	0.809	7	0.781	9	0.764	9	0.755	8
德国	0.914	4	0.836	5	0.831	5	0.824	5	0.811	5
法国	0.795	9	0.761	10	0.752	10	0.730	10	0.737	9
比利时	0.826	8	0.803	8	0.785	8	0.778	7	0.759	6
英国	0.915	3	0.876	4	0.872	4	0.846	4	0.823	4
荷兰	1.000	1	0.919	3	0.920	2	0.905	2	0.875	3
意大利	0.418	27	0.415	26	0.375	28	0.367	30	0.379	28
西班牙	0.638	12	0.602	12	0.591	13	0.612	12	0.592	14
瑞典	0.946	2	0.933	2	0.878	3	0.859	3	0.894	2
爱尔兰	0.752	10	0.782	9	0.804	7	0.772	8	0.715	10

国家	2017 年		2016 年		2015 年		2014 年		2013 年	
	TWTFI	排名	TWTFI	排名	TWTFI	排名	TWTFI	排名	TWTFI	排名
丹麦	0.869	6	0.825	6	0.818	6	0.802	6	0.756	7
芬兰	0.912	5	1.000	1	1.000	1	1.000	1	1.000	1
希腊	0.351	34	0.338	33	0.369	30	0.394	26	0.349	30
斯洛文尼亚	0.534	20	0.519	18	0.479	20	0.466	23	0.465	20
马耳他	0.638	13	0.587	13	0.575	15	0.593	14	0.609	13
匈牙利	0.443	26	0.396	29	0.403	26	0.433	24	0.417	25
捷克	0.609	15	0.583	14	0.576	14	0.532	17	0.494	18
爱沙尼亚	0.740	11	0.690	11	0.648	11	0.654	11	0.618	12
拉脱维亚	0.501	23	0.509	19	0.536	17	0.533	16	0.500	17
立宛陶	0.577	16	0.570	16	0.547	16	0.536	15	0.528	15
克罗地亚	0.388	29	0.399	28	0.406	25	0.409	25	0.386	27
罗马尼亚	0.331	35	0.318	35	0.356	31	0.337	31	0.267	33
保加利亚	0.364	33	0.362	30	0.319	32	0.332	32	0.317	32
阿尔及利亚	0.255	38	0.195	40	0.160	40	0.151	41	0.105	39
阿塞拜疆	0.564	17	0.457	24	0.373	29	0.392	27	0.387	26
亚美尼亚	0.390	28	0.357	31	0.306	34	0.326	33	0.347	31

从表 6.17 中还可以发现，一国的贸易便利化与该国经济发展水平密切相关。荷兰、芬兰、瑞典、英国等发达国家人均 GDP 较高，相应地拥有很高的贸易便利化指数。而吉尔吉斯斯坦、塔吉克斯坦、乌克兰、巴基斯坦等发展中国家经济发展落后，相对地贸易便利化水平就比较落后。但是中国作为现在世界上的第二经济大国，其贸易便利化水平并没有位列高水平范围，由此可见贸易便利化水平不能完全与一国的经济发展水平挂钩。

6.6 "丝绸之路经济带"贸易便利化对中国贸易潜力的影响研究

6.6.1 影响机理分析

6.6.1.1 贸易便利化对贸易潜力的正面传导

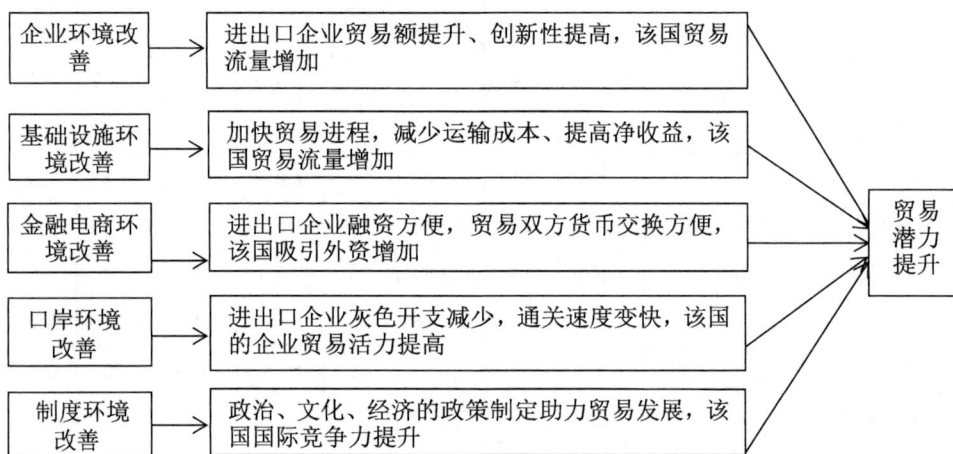

图6.3 贸易便利化对贸易潜力的正面影响机制

贸易便利化对贸易潜力的正面影响可以从5个一级指标分开描述,分别为企业环境的正面影响、基础设施条件的正面影响、金融电商环境的正面影响、口岸环境的正面影响、制度环境的正面影响,如图6.3所示。

6.6.1.2 贸易便利化对贸易潜力的负面传导

第一,由于空间"相邻效应"的存在,削弱了贸易便利化对贸易潜力的作用。高志刚、宋亚东(2018)[1]运用空间计量模型得出贸易便利化水平对出口贸易不显著的结论,提出中国与贸易伙伴国之间的出口贸易存在空间挤出效应是重要的原因之一。这里的空间挤出效应是指中国与"丝绸之路经济

─────────────

〔1〕 参见高志刚、宋亚东:"'一带'背景下贸易便利化水平对中国出口贸易的空间效应",载《贵州社会科学》2018年第7期。

带"沿线国家之间的贸易会受到中国与该的邻国的双边贸易的替代,其中的挤出效应表现为一种竞争关系,距离越远受到竞争关系的影响越强烈。[1]

第二,中国与贸易伙伴国的边境开放程度较低。中国与其他国家的自贸协定相比,中国与"丝绸之路经济带"沿线国家签订的自贸协定中所规定的双方降税周期较长。尽管自贸协定的签订是为了能够便利与贸易伙伴国的贸易往来,但是当与"丝绸之路经济带"沿线国家签订的自贸协定与其他国家的自贸协定共同发生作用时,可能会对中国的贸易潜力产生负面的影响。

6.6.2 实证分析

6.6.2.1 模型设定

引力模型最早起源于牛顿的万有引力定律,即两个物体间的相互引力与质量成正比,而与距离成反比。经济学家 Tinbergen(1962)和 Poyhonen(1963)最早运用引力模型研究双边贸易,认为两国双边贸易规模与经济总量成正比,与两国之间的距离成反比。

$$TRADE_{ab} = \alpha \frac{GDP_a\, GDP_b}{D_{ab}} \tag{6.9}$$

其中,$TRADE_{ab}$ 为 A 国与 B 国的进出口贸易额,GDP_a 为 A 国的国内生产总值,GDP_b 为 B 国的国内生产总值,D_{ab} 为 A 国与 B 国之间的距离。将模型进行对数变换,得到如下形式:

$$lnTRADE_{ab} = \alpha + \beta_1 ln\, GDP_a + \beta_2 ln\, GDP_b + \beta_3 ln\, D_{ab} + \varepsilon_{ab} \tag{6.10}$$

其中,α 为常数项,β_1、β_2、β_3 为弹性系数,ε_{ab} 为随机干扰项。

本书研究的主题是"丝绸之路经济带"贸易便利化对中国贸易潜力的影响,因此在(6.10)式中删掉 $lnGDP_a$ 加入贸易便利化综合指数 $TWIFI$,再引入人口、是否接壤、是否共同属于 SCO(上海合作组织)、是否共同属于 WTO(世贸组织)等解释变量。最终得到拓展的贸易引力模型如下:

$$lnTRADE_{abn} = \alpha + \beta_1 lnGDP_{bn} + \beta_2 lnPOP_{bn} + \beta_3 lnD_{ab} + \\ \beta_4 lnTWIFI_{bn} + \beta_5 BOR + \beta_6 SCO + \varepsilon_{abn} \tag{6.11}$$

---

[1] 参见高志刚、宋亚东:"'一带'背景下贸易便利化水平对中国出口贸易的空间效应",载《贵州社会科学》2018 年第 7 期。

其中，$TRADE_{abn}$ 表示以美元为单位统计的第 n 年 A 国与 B 国的进出口贸易额；n 表示年份，（n=2013、2014······2017）；GDP_{bn} 表示贸易伙伴国第 n 年的国内产生总值，以国际元为单位；POP_{bn} 表示贸易伙伴国第 n 年的人口总数；D_{ab} 表示 A 国与 B 国首都间的直线距离，以千米为单位。$TWIFI_{bn}$ 表示贸易伙伴国第 n 年的贸易便利化综合指数；BOR 表示 A 国与 B 国是否有共同边界；WTO 表示贸易伙伴国是否加入世贸组织；SCO 表示贸易伙伴国是否加入上海合作组织。解释变量的预期说明以及数据来源见表 6.18。

表 6.18 解释变量的预期说明以及数据来源

解释变量	预期符号	理论说明	数据来源
GDP	+	经济规模越大贸易需求越高	UNCOMTRADE
POP	+ （-）	人口多使需求增加，同时也可能使国际分工深化而减少贸易，因此符号不确定	WDI
D	-	距离越远，贸易成本越高	CEPII DATEBASE
TWTFI	+	减低成本促进贸易	前文计算所得
SCO	+	通过区域一体化促进贸易	SCO 官网
WTO	+	通过区域一体化促进贸易	WTO 官网
BOR	+	接壤国家降低贸易成本	GOOGLE MAP

6.6.2.2 参数估计

表 6.19 随机效应回归结果

变量	系数	t 值	p 值
α	3.669417	1.626152	0.1056
GDP	0.802785	19.41273	0.0000
POP	−0.034450	−0.920808	0.0358
TWTFI	1.219234	4.934566	0.0000
DIS	−0.278864	−0.983377	0.0326
SCO	0.114304	0.353389	0.0724
WTO	0.245831	1.558513	0.0120
BOR	0.640780	1.466185	0.0144

为了避免出现多重共线性问题，GDP 数据采用按购买力平价（PPP）衡量的 GDP，并对原始数据采取对数处理。分别用混合效应、固定效应、随机效应对模型进行参数回归，F 检验 p 值为 0，固定效应比混合效应更适合。Husman 检验 p 值大于 0.001，因此随机效应比固定效应合适。因此本书采取随机效应模型对面板数据进行回归，回归结果如表 6.19 所示。模型的回归结果符合理论预期，所有变量的系数均高度显著。

6.6.2.3 系数意义

由表 6.19 可得，解释变量在显著性水平 10%的基础上均显著，$\overline{R^2} = 0.819$，表示该模型拟合程度高。具体分析如下：

第一，贸易伙伴国的国内生产总值对两国贸易流量的影响系数为 0.803，且 P 值小于 0.1，影响显著。贸易伙伴国的 GDP 每提高 1%，则两国贸易流量提高 0.803%，国内生产总值是双边贸易的重要引力来源。

第二，贸易伙伴国的人口数量对两国贸易流量的影响系数-0.035，贸易伙伴国的人口每增长 1%，则两国贸易流量减低 0.035%。虽然人口增加意味着潜在的贸易需求增加，但是随着国内分工的不断深化，也将减少国际贸易的需求。这种影响实则是并不能够确定的，仅本书实证研究得出结论为负面影响。

第三，两国的距离对两国贸易流量的影响系数为-0.279，两国的距离每增加 1%，则两国双边贸易流量减少 0.279%。随着交通运输业的快速发展和亚欧大陆桥的建设，地理位置对于贸易的阻碍将会慢慢降低。

第四，贸易伙伴国贸易便利化综合指数对于两国贸易流量的影响系数为 1.219，贸易便利化水平每提升 1%，两国贸易流量提高 1.219%。由此可见，贸易便利化是双边贸易中最大的引力来源，对国际贸易的促进作用最大。

第五，两国是否接壤的系数为正并通过显著性检验，两国接壤可以减少运输的成本，对贸易发展有着直接的促进作用，且作用较为明显。

第六，区域经济一体化组织对两国贸易流量具有促进作用。两国同为 SCO 共同成员和同为 WTO 共同成员系数均为正，并通过显著性检验，这也与上海合作组织成立后，中国与俄罗斯、中亚国家经济贸易更加密切的事实相一致。

6.6.3 "丝绸之路经济带"沿线国家贸易潜力模拟分析

本部分采用刘庆峰、姜书竹（2002）[1]使用的方法对贸易潜力进行模拟分析，结果如表 6.20 所示。

表 6.20 "丝绸之路经济带"沿线国家贸易潜力模拟结果

国家	潜力值	类型	国家	潜力值	类型
哈萨克斯坦	0.99	开拓型	英国	1.01	开拓型
吉尔吉斯斯坦	2.06	再造型	荷兰	2.04	再造型
塔吉克斯坦	0.97	开拓型	意大利	1.22	再造型
蒙古国	1.03	开拓型	西班牙	1.00	开拓型
伊朗	1.53	再造型	瑞典	0.79	巨大型
约旦	1.00	开拓型	爱尔兰	1.00	开拓型
沙特阿拉伯	1.42	再造型	丹麦	1.00	开拓型
土耳其	0.79	巨大型	芬兰	0.78	巨大型
巴基斯坦	0.67	巨大型	希腊	0.99	开拓型
印度	0.56	巨大型	斯洛文尼亚	1.21	再造型
乌克兰	1.41	再造型	马耳他	1.34	再造型
俄罗斯	1.52	再造型	匈牙利	1.02	开拓型
阿塞拜疆	0.63	巨大型	捷克	1.01	开拓型
亚美尼亚	0.76	巨大型	爱沙尼亚	0.97	开拓型
格鲁吉亚	0.88	开拓型	拉脱维亚	0.99	开拓型
波兰	1.00	开拓型	立宛陶	0.97	开拓型
奥地利	0.77	巨大型	克罗地亚	0.97	开拓型
德国	1.32	再造型	罗马尼亚	0.98	开拓型
法国	1.00	开拓型	保加利亚	0.98	开拓型
比利时	1.01	开拓型	阿尔及利亚	1.00	开拓型

---

[1] 参见刘庆峰、姜书竹："从贸易引力模型看中国双边贸易安排"，载《浙江社会科学》2002年第 6 期。

从表 6.20 中可以看出，在笔者挑选的 40 个"丝绸之路经济带"沿线国家中，有 8 个潜力巨大型国家，分别为土耳其、巴基斯坦、印度、阿塞拜疆、亚美尼亚、奥地利、瑞典、芬兰。有 10 个潜力再造型国家，分别为吉尔吉斯斯坦、伊朗、沙特阿拉伯、乌克兰、俄罗斯、德国、荷兰、意大利、斯洛文尼亚、马耳他。剩余的 22 个国家为贸易开拓型。

中国与"丝绸之路经济带"核心区各国的贸易发展前途光明。其中与吉尔吉斯斯坦之间属于潜力再造型，且贸易潜力模拟值最大，说明两国的贸易发展相对发达，贸易阻力相对最小。中国现已成为吉尔吉斯斯坦的最大贸易合作国，中国可以借助"丝绸之路经济带"建设，通过吉尔吉斯斯坦更好地连接中亚腹地的贸易市场，中吉贸易具有光明的前景。中国与"丝绸之路经济带"拓展区各国的贸易潜力较大，有 4 个潜力巨大型贸易伙伴国。这说明中国与印度、巴基斯坦等国家之间存在较多的贸易阻力，通过增进贸易便利化程度，可以更好地开拓中国在南亚的市场。中国与"丝绸之路经济带"辐射区各国的潜力类型比较多样，例如与德国、荷兰、意大利、马耳他等国属于潜力再造型，说明中国与这些国家之间的贸易已经得到了较好的开发。而土耳其、奥地利、瑞典、芬兰等国属于潜力巨大型，说明中国接下来可以大力关注与这些国家的贸易往来。

6.7 影响中国与"丝绸之路经济带"沿线国家贸易潜力的因素

6.7.1 经济规模

对贸易潜力有着极大影响的因素之一就是一国的经济规模。经济基础决定上层建筑的表现之一就是只有当一个国家的经济强大，它才能在保障国内供给与需求平衡的基础上更好地去发展对外贸易。我们一般用出口国和进口国的 GDP 来衡量经济规模，对于出口国或者进口国来说，GDP 在某种程度上代表了这两者相对应的出口供应或进口需求的总量。通常来说，当进行国际贸易的两个国家各自的 GDP 越大，则说明出口一方的供给能力和进口一方的需求能力就越强，因此两国的贸易潜力也就相应的越大。

2011 年"丝绸之路经济带"沿线各国的 GDP 总值为 335 576.29 亿美元，当时世界 GDP 总量为 733 167.79 亿美元，前者占后者的比例为 45.77%；

2013年"丝绸之路经济带"沿线各国的GDP总值为364 592.60亿美元，比2011年增长7.96%，当时世界GDP总量为770 987.95亿美元，前者占后者的比例为47.29%；2017年"丝绸之路经济带"沿线各国的GDP总值为374 633.40亿美元，比2013年增长2.75%，当时世界GDP总量为807 375.76亿美元，前者占后者的比例为46.40%。由以上数据可知，"丝绸之路经济带"沿线国家的GDP总量都呈现一定程度的增长，尤其是近年来，增长更为明显。但是不可忽视的是，目前沿线很多国家的GDP值远小于中国，尤其是类似于吉尔吉斯斯坦这类在经济上发展相对落后的国家，与中国经济规模的差距基本都是近似于千倍，这在一定程度上限制了中国与之进行国际贸易，身为"丝绸之路经济带"的领头羊之一，中国还需大力帮扶沿线经济落后的发展中国家，只有大家齐心协力，守望相助，才能够走出一条互利共赢的康庄大道。

6.7.2　人口规模

目前学术界对于人口规模对贸易流量的影响是正相关还是负相关，还没有一致的结论。一种说法是，一个国家人口规模与其生产规模或者消费能力有关，且正相关，当人口规模较大时，生产规模或消费能力也会变大，贸易需求自然也会增大；另一种观点是，人口规模越大意味着人们的需求也会变多变复杂，有需求就会有动力，国内生产体系会因此不断完善，随之而来的就是对进口的依赖性下降，进而可能会使贸易往来减少。个人认为，人口的变化虽然会直接影响到经济增长的质量以及其他的经济变量，但是其他经济变量的引入又可能反作用于人口变量，在一定程度上使得人口变量的影响方向发生改变，同时其他经济变量对国际贸易流量的间接影响，也进一步使得人口规模这个因素具有双重的功能。

2011年"丝绸之路经济带"沿线国家的人口总量为42.15亿人，占当时世界总人口的59.84%，2013年"丝绸之路经济带"沿线国家的人口总量为41.98亿人，占当时世界总人口的58.19%，2017年"丝绸之路经济带"沿线国家的人口总量为43.54亿人，占当时世界总人口的57.66%。在所有沿线国家中，中国和印度的人口规模排在前列。以中国为例，2017年的人口总量达到了13.86亿人，占世界总人口的18.36%，比2011年增加了4226.50万人。作为人口大国，一方面中国能以低廉的劳动力价格参与全球分工，成为世界工厂，使得生产规模不断扩大；另一方面，人口众多所带来的巨大的潜在市场需求，也使得中国在消费方面存在优势，而且，随着经济发展，中国国民的境外消费能力越来越强，这在一定程度上带动他国经济发展，同时，也刺激了国内企业加快研发节奏，完善生产体系。但是不可忽视的是，人口规模大也为中国的国民就业带来不小的压力，在生产规模不断扩大、消费水平不断提高的今天，依旧有很多的劳动力处于为找工作而不停奔波的局面。

6.7.3 两国的人均收入水平

根据 1961 年斯坦凡·林德《论贸易和转变》中的"偏好相似理论"[1]，收入水平相似的国家可能有更密切的贸易联系，其中一个原因就是贸易产品的需求有更多的重叠性，因此导致需求量增多，贸易规模自然会扩大；相反地，如果收入水平差别很大，需求的产品可能很少重复，因此贸易的密切程度也会相应变小，进而影响双方贸易的规模。出于以上原因，越来越多的学者在研究贸易潜力问题时，将两国需求水平的相似程度纳入考虑范围内，而需求水平的相似程度又由人均收入水平决定，故一般用贸易双方的人均 GDP 差值的绝对值来表示。研究界很多学者认为，对国际贸易流量产生影响的因素之中，人均 GDP 的影响是最大的，也就是说，国际贸易规模与贸易水平最直接的影响来自一国经济增长质量与居民收入水平的提高。

2011 年、2013 年、2015 年、2017 年中国与"丝绸之路经济带"沿线国家的人均 GDP 差值（绝对值）的总额分别为 90.01 万美元、85.57 万美元、74.30 万美元、79.05 万美元，人均 GDP 差值（绝对值）总额整体呈下降趋势，说明"丝绸之路经济带"的发展对于降低中国与沿线其他国家的人均收入水平差距是有一定作用的。但不可忽视的是，在"丝绸之路经济带"所涵盖的范围内，处于中东欧、西亚的多数国家人均 GDP 高，处于东南亚、南亚、中亚等地区的国家人均 GDP 较低，这导致人均 GDP 差距不大的国家间需求水平相似度高，而人均 GDP 差距大的国家间需求水平相似度低，这一情况

---

〔1〕 理论的基本观点是，重叠需求是国际贸易产生的一个独立条件。两国之间的需求结构若是越接近，则两国之间进行贸易的基础就越雄厚。当两国的人均收入水平越接近时，则重叠需求的范围也就越大，两国重复需要的商品都有可能成为贸易品。如果各国的国民收入不断提高，则由于收入水平的提高，新的重复需要的商品便不断地出现，贸易也相应地不断扩大，贸易中的新品种就会不断地出现。

一定程度上影响到了带内国家间的贸易往来，因而若是想进一步加大国际贸易流量，缩小沿线国家之间的人均 GDP 差距是一个重要方面。

6.7.4 地理距离

在国际贸易中，存在一个很重要的影响因素，叫做贸易阻力，而空间距离是贸易阻力的重要组成部分。地理空间距离在国际经济活动中有着不可忽视的影响，因为距离的增加总是容易带来运输成本的增加、文化差异的扩大和信息成本的递增，故地理距离与贸易阻力两者呈现正相关的关系，距离越大，贸易阻力也会随之变大。具体来说，一方面，当距离变大，国与国之间的经济、文化等各方面交流就会比较困难，甚至产生价值观等的差异，这就有极大可能会影响到双方的供求结构，从而影响贸易；另一方面，距离也会对运输成本产生影响，当运输费用增加，贸易成本也在相应增加，考虑这一因素，贸易双方也有可能减少贸易往来。

在考虑地理距离时，又有一类特殊情况，那就是接壤情况。一方面，当两国边界紧邻，其在地理位置上是极近的，相比其他非邻近国家来说贸易成本比较低，举个例子，印度公司与中国本土公司的贸易成本肯定比英国的公司与中国本地公司的贸易成本低，这是由地理位置带来的成本优势。另一方面，越是邻近的国家，它们之间就越可能存在着相同或者相似的社会风情、风俗习惯等，而国家社会文化越是相似，居民的需求也就会越相似，故开展贸易就更为顺利。从地图上看，中国与"丝绸之路经济带"沿线 8 个国家接壤，分别是印度、巴基斯坦、俄罗斯、缅甸、阿富汗、哈萨克斯坦、塔吉克斯坦、吉尔吉斯斯坦，事实上，相比于其他沿线国家，中国与上述 8 个国家有着更为紧密的经济、政治、文化等方面的合作，地理位置的优势为中国同它们友好且频繁开展各项活动提供了天然的帮助。

以"丝绸之路经济带"范围内的一些国家为例，中亚五国中的三国（包括吉尔吉斯斯坦、哈萨克斯坦、塔吉克斯坦）都与中国的西部边界山水相连、陆路相通，而且很多民族跨界而居，地理位置所提供的便利使得这些国家成为当前和中国在经济上联系最为紧密的地区，它们是中国重要的能源、资源供应来源之一，也是中国商品销售的主要区域和投资的密集区域之一；处于亚洲大陆西部的伊朗、沙特阿拉伯、伊拉克和土耳其等国家，虽然在地理位置上和中国不相邻，但是因为这些国家有着相对发达的油气能源经济，故也是中国产品销售的潜在市场和产业转移的理想承接地，同时它们也期待通过与中国合作发展其他产业如农业等，因此减少因距离产生的贸易成本成为进一步增加与这些国家贸易往来的前提；而处于外高加索的阿塞拜疆、亚美尼亚和格鲁吉亚以及处于东欧的白俄罗斯、乌克兰等国家，由于它们与中国相距较远（大多数处在欧亚地理交界线及其邻近的地区），所以它们更倾向于同欧盟实现经济一体化，而与东、西亚的合作则被放在次要位置，如果未来它们想提升同东、西亚的合作水平，保障各个方向都能获利，那么实现各国间的交通互联互通是必要前提之一。

6.7.5　经济组织

由于经济合作组织的存在，几个经济名词越来越频繁地出现在人们生活中，例如区域经济一体化、贸易优惠待遇等。在世界经济发展历程中，国家间越来越认识到你输我赢、零和游戏的思维已经过时，和合共生、互利共赢才是打开未来的正确方式。其中一个表现为，越来越多的国家加入经济合作组织。而同属于一个经济合作组织的国家，一定程度上都会在贸易过程中享受到其他国家给自己提供的便利和优惠，例如在组织的成员国之间，经过协商订立共同遵守的条款，对两国或者多国的全部商品或部分商品给予特别的优惠（主要是关税上），或者直接建立关税同盟，成员国之间完全取消关税或者其他壁垒等，这些举措对于削减贸易成本极为有利，进而可以大大促进国际贸易的开展。

经济合作组织很多，影响力最大的莫过于WTO。以中国为例，加入世贸组织后，中国与国际经济进一步融合，使得中国很多商品的国际竞争力有了很大提升，像电器、纺织等行业的对外贸易更为顺利。同时，加入世贸组织也有利于中国吸收更多的外国投资，而且在外资流入的同时也为中国带来大量的先进管理经验，并增加就业机会，从而促进中国经济更加健康更加迅速地发展。因此开展多元化合作，通过经济组织这类平台让双边合作、三边合作、多边合作相辅相成，形成良性循环，才能更好的给世界展示"丝绸之路经济带"发展所带来的巨大成果。

6.8 研究结论与政策建议

6.8.1 研究结论

自 2013 年习近平总书记提出"一带一路"倡议，中国以及"一带一路"沿线国家的贸易发展就成了全球的关注点，贸易便利化是促成贸易畅通的关键因素。本部分从贸易便利化的视角，在构建"丝绸之路经济带"贸易便利化体系的基础上，利用面板数据建立贸易引力模型，研究了"丝绸之路经济带"沿线国家贸易便利化与中国的贸易潜力的关系，得出以下主要结论：

第一，中国与"丝绸之路经济带"核心区也就是中亚的五国的贸易依存度最高，双边贸易往来最为密切，并且有着随时间的推移越来越密切的趋势。

第二，中国以及"丝绸之路经济带"沿线国家的贸易便利化综合指数从纵向（时间线）看起伏不大。从横向来看"丝绸之路经济带"辐射区的贸易便利化综合指数大于拓展区、核心区。其中，贸易便利化指数最高的荷兰是贸易便利化指数最低的吉尔吉斯斯坦的 6 倍。虽然中国与"丝绸之路经济带"核心区的贸易发展十分紧密，但是贸易便利化的状况还有很大的上升空间。

第三，通过拓展的贸易引力模型可得，双边贸易流量与国内生产总值、贸易便利化综合指数、是否接壤、是否共同属于 SCO、WTO 等国际组织成正相关，与贸易伙伴国人口数量、两国首都间的直线距离成负相关。

第四，通过将贸易流量实际值与模拟值作比值估算，得到模拟的贸易潜力值。其中，"丝绸之路经济带"核心区国家都是潜力再造型和潜力开拓型，相对的贸易阻力较小。"丝绸之路经济带"拓展区国家都是潜力巨大型和潜力开拓型，贸易发展的潜力很大。"丝绸之路经济带"辐射区的贸易潜力值趋于多样性。

6.8.2 政策建议

"丝绸之路经济带"沿线各国的贸易便利化水平层次划分较大，但可以确定的是沿线国家在贸易便利化发展层面上都具有稳定的上升空间，从总体来说，经济发展水平和贸易便利化发展水平基本挂钩，其中最发达的欧洲国家的贸易便利化水平最高，明显优于亚洲国家，亚洲和非洲包括东欧部分地区的总体贸易便利化水平较低，在世界贸易体系的发展过程中，双边贸易和交叉多边体系的不断提升，海关效率的逐渐优化，贸易壁垒的降低，市场准入的不断完善，金融电子商务的发展都是促进贸易便利化程度和促进贸易发展的关键。

第一，针对经济规模和人均收入水平这两个方面来说，中国可以全面分享改革开放以来中国的经济发展经验，加大对沿线国家的投融资，实现贸易与投资便利化，从而缩小经济差距，谋求经济共同发展。相对于沿线大部分国家，中国的经济水平走在前沿。身为领头羊之一，中国可以有效运用自身在资金、技术、市场、产能等各个方面的独特优势，全面地分享中国在改革开放的实践过程中所积累的独特发展经验，并加大对沿线国家的投入，在进一步协助经济相对落后的国家推进自身经济发展的同时，实现国家间贸易与投资便利化，更好地打破地区经济发展可能面临的瓶颈，同时这一举措也能在一定程度上缩小"丝绸之路经济带"沿线国家人均收入水平差距，提高各国的经济发展水平，更好实现国家间的合作共赢。

第二，针对人口规模和地理位置这两个方面来说，中国可以加强对"丝绸之路经济带"沿线国家的基础设施建设，实现互联互通，建立以运输走廊为纽带的新型区域合作机制，提升运输的现代化进程。帮助改善参与国的基础民生以及创建符合高质量发展、民生需求的机制，共同创建更加紧密的伙伴网络关系。随着"丝绸之路经济带"的发展，对外贸易、交通物流、基建、金融、清洁能源、高新技术产业等行业都迎来发展机会，而加强对"丝绸之路经济带"沿线国家的基础设施建设，将这些行业联系在了一起，推动行业发展的同时，也增加了大量的就业机会。同时，这一举措可以实现国家间交通联通，减少贸易成本，方便中国与"丝绸之路经济带"沿线的贸易往来。为了使"丝绸之路经济带"发展更加顺利，国与国之间的贸易联系更加紧密，加强交通基础设施建设、减少由距离产生的贸易阻力这一举措必不可少。

第三，加强贸易法规的出台，建立完整的贸易法律机制，通过健全的法律程序，来减少贸易流程中不必要的障碍，各国深化规制环境的合作，统一标准，以相互协调为目标，推动共同的流程来实现"丝绸之路经济带"沿线各国法律环境的统一，从而提升贸易便利化的水平。

第四，加强国家之间的文化交流，为创造良好的贸易环境奠定坚实的文化基础。文化作为国家之间、民族之间的联系桥梁，能够加深国家间、民族间的了解，有利于创造良好的贸易环境，减少文化误解以及一些恶意言论，更好地促进双边贸易的开展。

第五，快速发展电商和金融等互联网新兴产业，创造新型的国家间的金融互联网融资创新平台，加快金融合作，对抗贸易风险，降低金融融资风险成本，各国除了发展金融外还要加强国际化人员交流合作，为"丝绸之路经济带"贸易便利化的提升带来新的格局。

第六，加强"丝绸之路经济带"沿线各国的海关工作合作，提升海关效率，简化清关程序，通过互联网大数据还有电子科技的发展，让买卖双方可以进行无条件的对接，各个国家的人员可以相互协调流动，分享先进技术，深化合作，建立贸易的新通道，从而减少贸易便利化中的低效率行为，促进贸易便利化的发展。

第七，"丝绸之路经济带"拓展国主要分布在南亚、西亚的发展中国家。这些国家基础设施建设落后，网络不发达，海关环境比较落后，都是潜力巨大型和潜力开拓型国家，相对贸易阻力大，贸易便利化程度低。这些落后的发展中国家对于贸易便利化的重视度、认可度不高。在这一方面，中国政府可为这些国家提供高级官员会谈、政府人员培训或者组织全球性的贸易便利化问题研讨会。同时，中国可以在资金、技术、资源、人才上为这些国家提供大力援助。例如，建立亚投行等将资金投入这些国家的基础设施建设；为这些国家的网络建设、信息建设、基础教育建设、医疗水平建设等提供技术支持；与这些国家共建产业园，在产业园内实行各类优惠的政策，实现资源、服务、要素、劳动力等共享；相对落后的国家可向中国提供劳动力解决就业问题，中国可向他们输送技能型人才为他们提供技术支持。

第八，积极寻求与辐射区国家在传统贸易模式上的突破。"丝绸之路经济带"辐射区的国家贸易便利化水平高、经济发展水平高，大多属于发达国家。这些国家基础设施较为完备、贸易手续较为简便、海关环境较为先进、贸易成本较低。特别是对于"潜力再造型"国家来说，中国与其贸易往来已经十分成熟，需要突破传统的贸易模式，寻求创新的突破口。例如，共同开发最新的互联网和电子商务技术，建设高效的海关平台，充分利用银行、保险、金融公司的作用，简化交易结算的流程和成本。同时，呼吁更多的欧洲发达国家加入"丝绸之路经济带"的基础设施建设。

CHAPTER 7

服务贸易自由化对中国制造业企业生产效率的影响

随着中国经济的不断发展，政府部门也越来越重视资源的利用率等问题。2015 年，国务院印发了《中国制造 2025》，该文件指出，需要通过"三步走"的方式实现制造强国的战略目标：第一步，在 2025 年迈入制造强国行列；第二步，到 2035 年使中国制造业整体达到世界制造强国阵营中等水平；第三步，到中华人民共和国成立百年之际，综合实力列入世界制造强国水平之中。中国凭借廉价的劳动力而使制造业发展相对具有优势，1980～2011 年制造业出口额的年平均增长率为 28.69%。随着中国人口老龄化问题的加剧和技术创新能力不足方面的逐渐凸显，在全球产业链中始终处于低端的中国制造业，由于成本的上升，竞争力逐渐下降。

服务业是制造业和其他产业在生产投入中必须具备的中间因素，生产性服务业和制造业紧密联系，并且在制造业企业的转型中影响重大。因此，研究服务贸易自由化如何影响中国制造业企业生产效率，对中国的制造业企业的转型和长期成长具有重要意义。

7.1　国内外研究现状

7.1.1　国内外对于全要素生产率的相关研究

自二战以后，国际上对生产率的研究由偏要素生产率转向全要素生产率，而索洛（Robert Solow）则是学术界公认的全要素生产率研究先驱，他在《技术变化与总量生产函数》一文中，将生产函数的计量方法及国民生产核算法相结合，推算出了相关生产函数，通过引入国民经济核算体系，巧妙地解决了生产函数中总量产出的数据获取问题。他的研究揭示了技术的进步程度也在一定程度上影响着经济的增长，在投入要素相同的情况下，技术的进步可以使经济更快地增长。除索洛外，丹尼森（Edward F Denison）对全要素生产率的研究也做出了贡献，他认为重视教育有利于生产率的提高，通过提高劳动者的受教育程度可以促进经济增长且其影响会越来越显著。美国经济学家乔根森（Dale W. Jorgenson）对生产函数中的总产量及要素投入进行了更细致的分解，在索洛生产函数的模型下，对生产要素进行了细分，如将劳动力按行业、性别、年龄、就业类别等特征进行分类，使得出数据更为精准有效。与索洛等人采用增长核算方法不同，还有一些学者采用了不同的研究方法，如 Farrell（1957）认为前沿技术的获得者还在少数，大部分生产者的生产效率与生产最优的效率存在着一定差距，这种差距被定义为技术无效率，因此他采用线性规划模型的方式求解全要素生产率，他的模型由此使生产前沿面研究形成了两个发展方向：参数方法和非参数方法。为了弥补 Farrell 模型的缺陷，Aigner、Lovell 和 Schmidt（1977）及 Meeusen 和 Broeck（1977）在该模型的基础上加入了随机扰动项以更为精确地描述生产者行为。在非参数分析方法上，数据包络分析法（DEA）更具代表性，Charnes、Cooper 和 Rhodes（1978，1981）把 Farrell 模型扩展为多投入产出的 CCR 模型，此方法的优点在于无须具体设定生产函数。

自全要素生产率引入中国以来，国内学者主要是将国内经济现状与国外的理论研究相结合进行一些实证研究。他们的主要研究多集中于资源配置效率、贸易情况、市场规模、R&D 投入等因素对全要素生产率的影响。如龚关和胡关亮（2003）结合中国 1998~2007 年的制造业数据，通过实证分析得出国有企业的生产率低于非国有企业，但差距正在缩小，这是因为资源配置正在得到合理改善。邱爱莲、崔日明和徐晓龙（2014）则对生产性服务贸易这一指标进行研究，他们认为生产性服务贸易能够通过价值链对制造业产生规模经济效应，以此可以提升全要素生产率。与邱爱莲等人的关注点不同，陈丰龙和徐康宁（2012）对本土市场规模进行了分析，并指出了本土市场规模通过资本密度、人力资本、市场开放程度等途径对全要素生产率产生影响，且不同制造行业之间有着一定的差异性。毛其淋和盛斌（2011）则从经济开放程度及区域市场整合的视角研究全要素生产率，他们通过具体的数值分析，为理解中国省际全要素生产率的变化提供了一个新的切入点，即对外开放和对内开放两个维度。杨汝岱（2015）在《中国制造业企业全要素生产率研究》中指出了国有企业与非国有企业生产效率上的差别，他认为国企改革是改善资源配置效率、实现可持续性经济增长的关键。

7.1.2 服务贸易自由化对制造业的影响

服务贸易自由化的实施使各国的研究人员逐渐开始注意并研究其如何作用于一国经济及企业。但是由于服务贸易不同于商品贸易，它的自由化程度不能通过关税和非关税壁垒等指标来衡量，所以相关文献对服务贸易方面的探究也更少，没有形成统一的理论结果。关于服务贸易自由化是否有利于国家效益增加这一论题，Help-man 和 Krugman（1985）在理论分析中并没有得出明确的结果；Cohen & Zysman（1987）在研究中发现，制造业的产出与相关部门尤其是生产性服务部门的投入密切相关，即生产性服务部门依靠制造业的需求而不断进步，而制造业的进展也会直接促进服务业的进一步完善。Francois（1990）在研究中通过建立单个部门模型，得出制造业与生产性服务业是互相作用的，即后者是通过降低前者的投入资本从而增强制造业在各行业中的竞争力。而近几年来，在分析非洲有关国家的电力、证券等相关部门的自由化对制造业生产率的作用机制的研究中，Arnold（2008）归纳出了服务贸易自由化能促进制造业生产率的增加的结论。Arnold 等（2011）在分析捷克的制造业企业在什么情况下能够增加生产率时，再次巩固了以上的结论。

相比于国外，中国对两变量之间的相互关系的研究比较晚。刚开始汪尧田和周汉民（1992）在研究服务贸易时确定了狭义和广义的定义，即"狭义的服务贸易是发生在国家之间的、符合严格服务定义的直接服务输出和输入活动，而广义的国际服务贸易既包括有形的劳动力的输入输出，也包括无形的提供者与使用者在没有实体接触的情况下的交易活动"。[1]余淼杰（2010）通过分析进口渗透率得出中国贸易的放开政策是能够作用于制造业的生产率的结论。张艳、唐宜红和周默涵（2013）从服务任务的外包效应，重组效应和技术促进效应等角度进行剖析，并得出了服务贸易自由化在一定程度上可

---

〔1〕 汪尧田、周汉民主编：《关税与贸易总协定总论》，中国对外经济贸易出版社1992年版，第175~176页。

以提高一国的制造业企业生产效率，但不同国家的影响不均匀的结论。

7.2 中国服务贸易自由化和制造业企业的现状

中国加入世界贸易组织（WTO）以及签订《服务贸易总协定》（General A-greement on Trade in Service，GATS）以来，中国对外贸易开始放宽政策，降低贸易壁垒，减轻贸易限制，服务贸易开放程度不断提高。因此，中国的国际贸易总量、制造业企业的进出口贸易总额也快速增长，到 2010 年中国就已经成为了世界上第二大贸易国。

7.2.1 服务贸易自由化的现状分析

7.2.1.1 服务贸易自由化的概念

服务贸易是指"国与国之间互相提供服务的经济交换活动，服务贸易有广义与狭义之分，狭义的服务贸易是指一国以提供直接服务活动形式满足另一国的某种需要以取得报酬的活动，广义的服务贸易既包括有形的活动，也包括服务提供者与使用者在没有直接接触下交易的无形活动。"[1] 自 1978 年以来，中国开始逐渐加强对服务业的重视，从单纯的商品贸易慢慢向服务贸易过渡。在经济全球化驱使下，中国的服务贸易自由化水平也在不断增长。

服务贸易自由化指的是通过减少甚至于消除各国阻碍服务贸易轻松、平等进行的法律法规，放松本国的服务市场的准入门槛，以使服务业能在各国或各地区间没有阻碍的进出，GATS 将服务贸易具体界定为以下四种：境外消费、跨境交付、商业存在（服务贸易中使用最多）和自然人流动。[2] 简而言之，服务贸易自由化具体表现为减少或消除这几种服务模式的贸易壁垒。

7.2.1.2 服务贸易自由化的现状

第一，服务贸易快速发展，但规模占比较少。自 1978 年改革开放以来，中国的服务贸易伴随着商品贸易的发展迅速起步，1981~2014 年，中国服务贸易进出口总额由 43 亿美元增加到 5738 亿美元；其中出口额由 23 亿美元增

---

〔1〕 何德旭、夏杰长：《服务经济学》，中国社会科学出版社 2009 年版，第 180~181 页。
〔2〕 参见董瑾主编：《国际贸易学》，机械工业出版社 2014 年版，第 294~303 页。

加到 1909 亿美元，进口额由 20 亿美元增加到 3829 亿美元。从表 7.1 中的数据对比可以看到，服务贸易的进出口总额在 GDP 中所占的比例很少，在 4%～6%之间，这也反映出服务贸易的规模比较小。

表 7.1　2001～2014 年中国服务贸易进出口额的相关情况表（单位：亿美元）[1]

年份	出口额	进口额	进出口总额	进出口差额	国内生产总值（GDP）	服务贸易开放度（STO）
2001	333	393	726	−60	16 303	4.45%
2002	397	465	862	−68	17 900	4.82%
2003	468	553	1021	−85	20 209	5.05%
2004	649	727	1376	−78	23 800	5.78%
2005	744	840	1584	−96	27 547	5.75%
2006	920	1008	1928	−88	32 270	5.97%
2007	1222	1301	2523	−79	39 740	6.35%
2008	1471	1589	3060	−118	46 988	6.51%
2009	1295	1589	2884	−294	51 335	5.62%
2010	1622	1933	3555	−311	60 740	5.85%
2011	1828	2381	4209	−553	71 956	5.85%
2012	1914	2812	4726	−898	79 466	5.95%
2013	2060	3305	5365	−1245	87 536	6.13%
2014	1909	3829	5738	−1920	94 702	6.06%

　　第二，服务贸易逆差逐渐加大，行业结构情况得到好转。由表 7.1 可看出，2001～2014 年，中国服务贸易差额呈现逆差，但是从相关资料来看，从 1982 年到 1991 年服务贸易均是顺差，[2]从顺差到持续的逆差，可以看出中国的服务贸易进口需求比较大，原因可能是中国作为发展中国家服务业基础相对薄弱，出口方面竞争力不强。但是从行业角度来看，中国的通信、计算机信息、咨询等新兴服务业发展迅速，行业结构不断改善。

──────────

　　[1]　根据国家外汇管理局《中国国际收支平衡表时间序列数据 1982～2014（BPM5）》计算得出，http://www.safe.gov.cn/safe/2015/0630/3269.html.
　　[2]　"中国国际收支平衡时间序列数据 1982～2014（BPM5）"，载 http://www.safe.gov.cn/safe/2015/0630/3269.html.

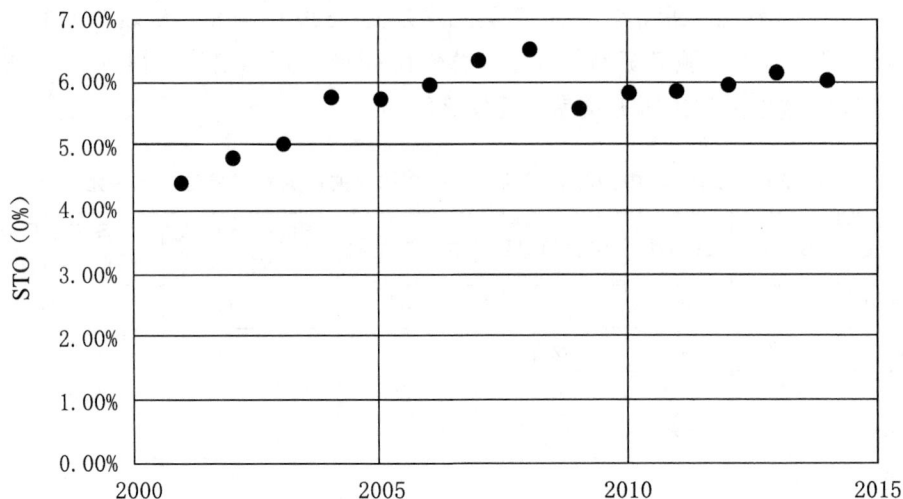

图7.1 2001~2014年中国服务贸易开放度走势图

第三，服务贸易自由化水平提高，但总体程度偏低。如图7.1，可以看出从2001年至2014年，中国的服务贸易开放度逐年上升，虽然在2008~2010年有所降低，这主要是由于全球金融危机对服务贸易的冲击，但是随后，STO还是不断上升。STO的数值越大，表明中国对外国服务进入中国市场越不限制，这也就意味着中国的服务贸易自由化水平得到了提升。但是从图中也可以看出服务贸易开放度总体水平在4%-7%之间，总体偏小，说明自由化水平总体来说并不高。

7.2.2 中国制造业企业的现状分析

7.2.2.1 对于制造业的概念划分

制造业是指将制造资源（如物料、能源、设备、工具、技术和人力等）按照市场的要求，通过一定的制造过程转化为可供人们使用或利用的大型工具、工业品与生活消费品的行业。依据不同的特征形态制造业有着不同的分类方式：

（1）按物质形态划分

制造业按物质形态可以划分为两种，离散制造业和流程制造业。离散制造业将生产过程的步骤分为多个加工任务，以部门、小组为单位，各自加工需要使用的零件，再进行最终的装配，如火箭制造业、飞机制造业、汽车制造业、电子设备制造业等都属于离散制造业。流程制造业的加工对象被不间断地通过设备生产，是一种批量生产的方式。

（2）按生产对象划分

依据生产对象的不同，制造业又可划分为 31 个行业，如农副产品加工业、烟草制造业、纺织服装业、家具制造业、食品制造业、化学原料和化学制品制造业等。

（3）按生产类型分类

按生产类型分类，则可分为按订单设计、按订单装配、按库存生产、重复生产、批量生产及连续生产这 6 种类型。

7.2.2.2 中国制造业的总体状况

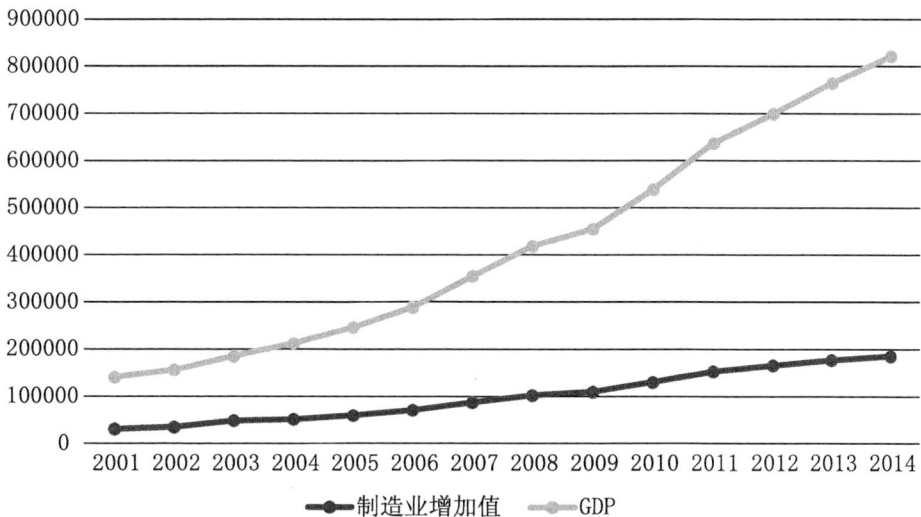

图 7.2 2001~2014 年中国 GDP 与制造业增加值

制造业作为三大产业中的第二大产业，对中国经济的增长与繁荣影响非常大。中国的制造业按照《国民经济行业分类》可以分为 31 大类，具体涉及到农业，手工业，通信及其它电子设备制造业，运输设备制造业、科学技术制造业等。中国凭着廉价劳动力，借着对外开放的东风，使得制造业强大了起来，钢铁行业、水泥生产行业、汽车制造行业、造船、服饰、集成电路、手机通信等行业发展迅猛，同时中国的高铁制造业也不断走出国门，凭借其优质的生产赢得了世界的关注。制造业的强大，也不断地刺激着劳动力的增加，提高了中国的就业率。制造业快速发展，也促进了 GDP 增长。据工信部统计，中国制造业在全球制造业中占比提升到 19.8%，其规模在世界排名第一，其拥有的 220 余种工业产品的产量都排名在世界前列，因此中国属于实至名归的"世界工厂"和全球制造业大国。[1]从图 7.2 可看出，中国制造业增加值逐年递增，而且 GDP 也以非常快的速度在增长。

7.2.2.3 按行业划分的中国制造业发展现状

改革开放以来，中国制造业获得迅猛的发展，具体可以概括为以下几个特征：

（1）各行业产能稳步提升，资本、技术密集型行业涨幅明显

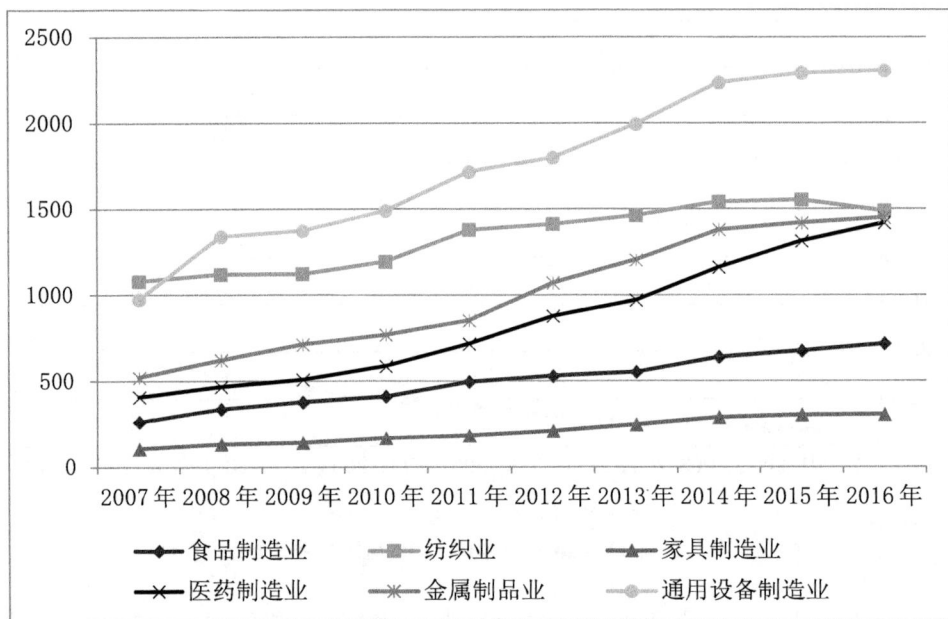

图 7.3 2007~2016 年部分制造行业规模以上工业企业产成品（单位：亿元）

---

[1] 参见王殿磊："生产者服务业自由化对中国制造业生产率的影响"，山西师范大学 2014 年硕士学位论文。

如上图 7.3 所示，中国制造业各细分行业大部分呈稳步上升的态势，通用设备制造业在 6 个行业中的变化尤为明显，由 2007 年的 975.15 亿元上涨到了 2016 年的 2304.12 亿元，且通用设备应用领域广泛，主要涵盖交通运输、航空航天等领域；医药制造业作为技术密集型产业，10 年内的增幅变化也十分明显，由 2007 年的 408.90 亿元上涨到了 2016 年的 1418.58 亿元。增长速度较慢的行业主要为劳动密集型产业，如家具制造业、食品制造业及纺织业。随着政府越来越重视制造行业的转型问题，资本、技术密集型行业的产能涨幅更为显著。

（2）科研经费投入高，创新能力不断提升

在大力提升产能的同时，制造业在科研发展上的投入也有一定比例的增加，且呈逐年增加的态势，据国家统计局统计，2007 年中国的科研经费支出为 3710.24 亿元，2016 年已达到 15676.75 亿元。如图 7.4 所示，技术密集型行业的研发投入较高。

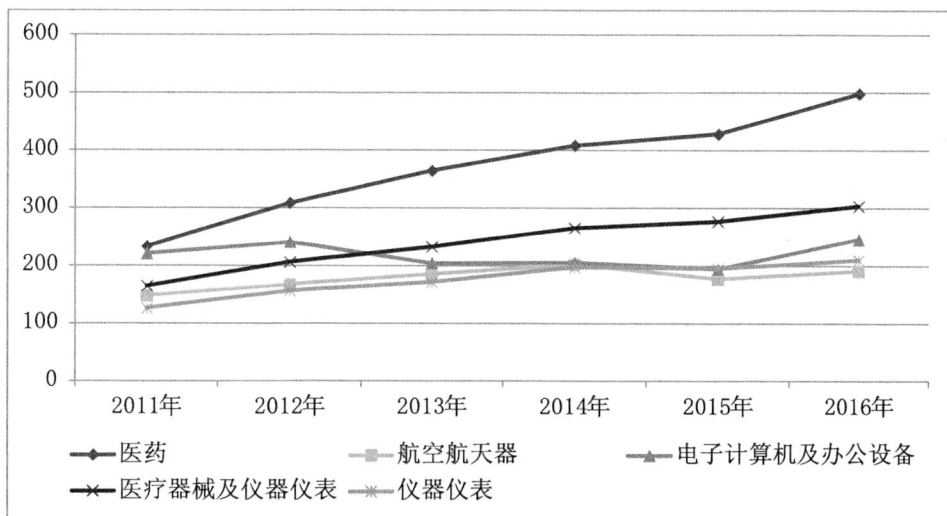

图 7.4　2011~2016 年部分制造行业高科技新产品开发经费支出（单位：亿元）

高新技术的开发项目也在不断拓宽。截至 2016 年，中国制造业新产品开发项目达到了 93141 个，其中，电子及通信设备制造业的项目数最高，达到了 42592 个，其次为医药制造业、医疗器械及仪器仪表制造业等，见表 7.2。

表7.2   2011-2016年部分制造行业高技术产业新产品开发项目数（单位：个）

指标	2011 年	2012 年	2013 年	2014 年	2015 年	2016 年
制造业总数	66606	83228	97230	94872	77167	93141
医药制造业	16440	19925	29247	24414	22106	25320
化学药品制造业	9060	10834	18579	12657	11243	12642
航空航天器制造业	4019	4338	3825	4272	1980	1979
电子及通信设备制造业	31048	40467	44751	44930	33649	42592
通信设备制造业	7332	7389	8212	8249	5076	6120
电子器件制造业	7072	7528	10049	9057	8224	10057
医疗器械及仪器仪表制造业	11079	14213	15069	16539	14430	16833

7.2.2.4　制造业发展过程中存在的问题

中国的制造业虽然在发展过程中进步比较大，但仍然存在一些急需解决的问题。其一，制造业一直处在产业链的低端，它的附加值比较低。由于中国的制造业企业本身的产品附加值低、企业技术相对落后，而且中国的制造业主要集中在产业链低端，其创造的价值被高端产业链获取，导致中国制造业企业所能获得的利润很低。其二，中国制造业在创新能力方面较弱，产业结构不完善。中国制造业发展落后于发达国家很大一部分原因就是中国的自主创新能力较差，高技术人员少，这也导致中国偏向于加工发达国家产品，或者是依赖于其他国家。同时，中国制造业产业主要集中在东南沿海地带，中部地区的发展则明显落后于沿海地区，导致地理布局结构不合理，不能充分利用好中、西部地区的资源。

以往中国劳动力人口充足且用工成本较低，因此中国的制造业多为科技含量较低的劳动密集型产业，但是随着人口老龄化问题的突出，这一优势将逐渐消失。根据国家统计局统计，2007 年中国老年抚养比[1]为 11.2%，至 2016 年已达到 15%，且制造业的劳动力数量自 2013 年起逐年递减，2016 年的增长率达到了-3.45%。劳动力的缺失导致用工成本提升，外商开始选择将

---

〔1〕　抚养比：又称抚养系数，是指在人口当中，非劳动年龄人口对劳动年龄人口数之比。抚养比越大，表明劳动力人均承担的抚养人数就越多，即意味着劳动力的抚养负担就越严重。

业务转移至劳动力成本更低的东南亚国家，由此也不难解释为何近年来中国劳动密集型产业的增速放缓，见图 7.5。

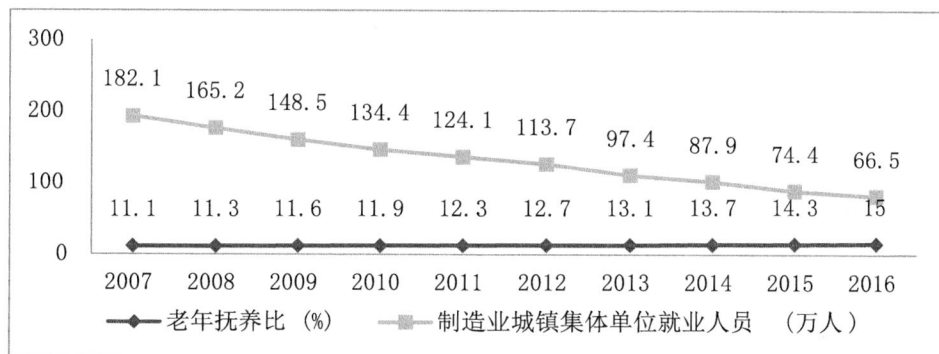

图 7.5 2007~2016 年中国人口老年抚养比及制造业就业情况

7.3 影响中国制造业全要素生产率的主要因素

中国的经济发展和发达国家仍有一定的差距，追求高品质的经济增长成为了重要议题。全要素生产率的核心关键在于技术的进步，这是用来衡量生产效率的指标。要想中国经济"有质量"地增长，就需要提升全要素生产率。资源利用效率的改善、对外贸易开放程度、规模效应及技术进步等都会对全要素生产率产生影响。

7.3.1 资源利用效率的改善

资源利用效率的改善主要从以下两个方面来影响全要素生产率增长率的提高。

7.3.1.1 资源的重新配置

僵尸企业，是由经济学家 Edwrd. J. Kane 所提出的概念，主要是指已停产、半停产、连年亏损、资不抵债，主要依靠政府补助及银行借贷的方式维持生存的企业。《中国僵尸企业研究报告》中显示，制造业的僵尸企业在全国僵尸企业中的占比较高，且以国有企业居多。僵尸企业的存在，浪费了有限的资源，阻碍了经济的有效发展。目前，中国政府也在积极推进重组整改僵尸企业的方案，如中国远洋集团与中国海运实施重组等，以此减少在僵尸企业的资源投入，使资源的投入由落后、低效产业转移至新兴、朝阳产业，从而实现全要素生产率的提高。

7.3.1.2 资源的有效利用

虽然中国的产能逐年提升，但是对资源的浪费也不可忽视，因此必须重视资源的有效利用。从宏观上看，政府部门可以通过简化税收，完善相关制度的方式来协助企业提高全要素生产率，如完善知识产权注册制度，保护制造业的技术知识产权，使企业可以无后顾之忧的投入到新科技的研发之中；从微观上看，企业可以通过改善公司管理模式的方法以提高员工的工作效率，如培养向上的企业文化、重视员工的培训发展、建立奖励机制均可以提高员工的工作积极性，从而提升劳动力资源的有效性。

7.3.2 对外贸易开放程度

对外贸易开放程度具体表现为市场的开放程度。自中国加入 WTO 以来，对外贸易往来频繁，近来"一带一路"的贸易政策更是促进了中国企业与中、东欧国家的信息交流。其一，市场开放程度的提高有利于先进科学、管理技术的引进，使中国企业学习并改善自身较为薄弱的生产管理环节；其二，由于大量具有比较优势产品的引入，势必会对国内企业造成一定的冲击，这能够间接培养国内企业居安思危的理念，重视资源利用率问题，提高生产技术，大力发展服务贸易与技术贸易领域。

7.3.3 规模经济效应

中国是制造业大国，要想向制造业强国转型，就必须重视市场的开放与经济的交流。制造业作为资本和劳动密集型产业，需要大量资本与劳动要素的投入，投入要素与产量的增加降低了生产的单位成本，规模经济效应由此产生。企业在生产环节上节省的资金投入从而可以转移投资到技术的改良与研究、人才的培养上，由此提升资源利用率。

7.3.4　技术进步

技术上的变革与创新，具体可表现为以下几个方面：首先，制造业通过跨国项目合作的方式，引进国外先进的科学技术，促进企业自身生产技术的变革，以此来减少产品的单位生产成本，提高效率；其次，企业可选择将非核心部门如信息通信、金融服务等业务外包给国内外专业的服务公司，以此将更多的经费投入核心生产部门的技术开发上，实现资源的有效利用；最后，注重高科技人才的培养，在过去的十余年中，中国高等教育规模有着显著的扩大，但教育质量有待提高，学生普遍缺乏创新思维及创新能力。因此，制造业可通过与国内外知名高校合作的方式，根据自身企业的用人要求采取点对点教学的方式培养技术型优秀人才。充足的人才储备更有利于技术的可持续进步与创新。

7.4　服务贸易自由化对制造业生产效率的影响机制

服务贸易的自由化不仅促进了中国经济的快速发展，加快中国经济走出去，同时也加速了中国各行业企业尤其是与之密切相关的制造业企业生产效率的提高。而作为服务贸易最重要部分的生产性服务贸易，以其具有的高资本密集性、创新性和中间投入性等特点，对制造业企业的扩大起到了举足轻重的作用，也加速了其在结构上的转型优化升级。服务贸易的自由化主要是通过服务外包效应、外商直接投资（FDI）效应、生产率提高效应和规模经济效应等作用于制造业生产率。

7.4.1　服务外包效应

服务外包效应的影响机制主要体现在服务的外包能够使制造业在生产过程中的投入成本降低，从而提高生产效率。具体表现为以下三个方面：第一方面，制造业企业将金融保险、信息咨询、零售服务、广告设计、通信等服务业务外包给国外一些在这些方面比较有优势的企业，使得企业能够将更多的精力放在最主要业务上，能够进行合理分工，转移风险，从而较好发挥其本身的比较优势。第二方面，企业将部分服务外包给国外企业，会促进国外企业拥有的高科技技术、管理方式等进入中国，这些技术、管理方式都是中国企业所欠缺的，因此给中国制造业企业生产带来较大压力，促使中国企业为了能够立足于激烈的竞争中而加快对科技的改革创新，提升科技创新能力，降低生产成本。第三方面，服务外包也能加快生产要素在制造业和服务业的快速流动，从而提高企业的资源优化配置效率，也间接提高生产效率。

7.4.2 外商直接投资效应

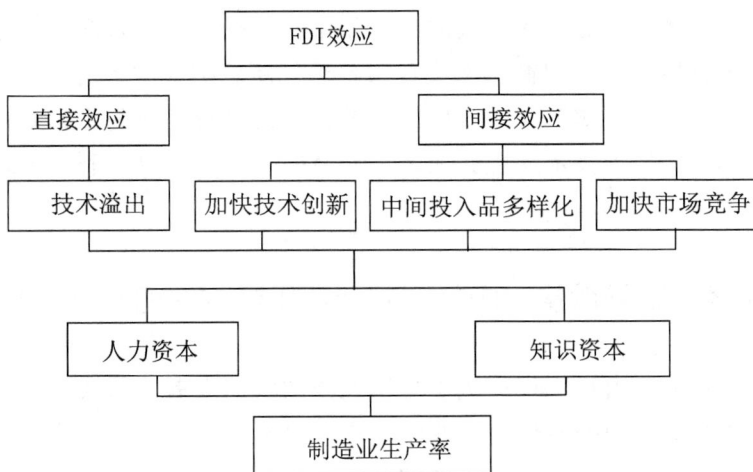

图 7.6 FDI 效应影响机制

服务贸易自由化将外商具有的先进的知识、技术以及资本等带入中国，而这些恰恰是中国企业所不具备的，因此提高了中国企业效率。FDI 效应从直接和间接两方面来对制造业效率产生一定影响。其直接效应表现为服务贸易自由化降低了外商进入中国的壁垒，减轻了市场准入的贸易限制，因此使外企将其具有的高技术、人力资本以及先进知识等带入中国，从而产生技术溢出，为中国提供更高效率、更优质量的服务，也加快中国企业对本土品牌的创新，学习先进的知识并完善其相对较为薄弱的管理方式和生产技术，从而提高生产效率。其间接效应则表现在服务贸易的开放使得外企加快到中国投资，从而使中国的服务业能够得到更好的成长，使得服务业的产业结构得到优化，有利于产出产品的多样化，也间接地提高生产率。具体则表现在加快了企业的技术创新、促进中间投入品的多样性，如生产性服务的多样化、促进市场竞争等三方面，见图 7.6。

7.4.3　生产率提高效应

在制造业的生产过程中，生产服务者扮演着中间投入的重要角色，影响着生产。它的贸易自由化会使得很多优秀的跨国企业进入中国，而跨国企业先进的技术、高端的科技、前沿的管理模式，正是国内很多企业所不具备的，因此使国内企业面临的压力增大。为了增强制造企业在国际市场的竞争力，使制造业能够紧跟时代发展的步伐，企业会加快对其管理模式的创新，加强对优秀人才的培养，增加科技研发力度，不断创新其技术，进而提高制造业的全要素生产率（TFP），即通过技术能力的进步，不断提高制造业的生产效率。

7.4.4　规模经济效应

虽然中国是制造业大国，但是仍必须高度重视的是中国仍处在产业的价值链的底端。服务贸易的开放会使得企业扩大市场范围，作为资本技术密集型产业，生产性服务业在生产中需要更多的技术和人力等要素的投入，增多的生产要素投入，会使产量增加，继而降低产出这些产品的单位投入资本，即生产性服务业产生规模经济效应，从而降低制造业的生产平均成本。企业的生产成本降低了，则有更多资金花在技术研发、高技术人才培养以及科技创新上，从而提高企业在生产过程中的效率，有利于制造业企业的发展。

7.5　服务贸易自由化对中国制造业生产率影响的实证研究

从国内外学者的相关文献以及上文对影响机制的理论分析中，可以得出服务贸易自由化能够提高制造业企业的生产效率的结论。但是为了使结果更加精准，将通过建立服务贸易的自由化与中国制造业企业的生产效率的计量经济模型，来实证分析并检验两变量之间的相关关系。

7.5.1　变量说明及数据来源

将服务贸易开放度（STO）作为自变量 X 来衡量服务贸易自由化水平，

这是因为 STO =（服务贸易进口额+服务贸易出口额）/国内生产总值，从计算公式可看出 STO 是通过服务贸易的进出口总额和表示经济发展的国内生产总值 GDP 计算得来，能够比较全面表示出服务贸易自由化水平。STO 的值越高，意味着服务商品和劳务在进出中国市场的过程中受到的阻碍越小，即服务贸易自由化水平也就越高。本部分主要是按照《中国国际收支平衡表（年度表）》和国家统计局《中国统计年鉴》中 2001~2014 年的资料来整理计算出中国的服务贸易开放度，具体数据见表 7.3。

表 7.3　2001~2014 年中国制造业总体 Malmquist 指数和分解

年份	技术进步变化（EFFCH）	技术效率变化（TECHCH）	纯技术效率变化（PECHCH）	规模效率变化（SECH）	Malmquist 指数（TFPCH）
2001	0.998	0.987	1.008	0.990	0.985
2002	1.105	0.987	1.055	1.050	1.085
2003	0.974	1.014	0.984	0.990	0.988
2004	1.178	1.014	1.081	1.097	1.191
2005	0.987	0.996	0.982	1.005	0.983
2006	1.077	1.008	0.991	1.085	1.084
2007	0.973	1.039	0.986	0.986	1.011
2008	1.002	0.977	0.997	1.005	0.979
2009	1.004	0.963	1.001	1.004	0.967
2010	1.057	0.974	1.010	1.027	1.030
2011	1.091	0.927	1.088	1.027	1.012
2012	1.087	0.951	1.064	1.021	1.033
2013	1.009	1.030	0.996	1.013	1.039
2014	1.027	1.018	1.010	1.017	1.045
平均	1.041	0.992	1.018	1.023	1.031

对于因变量 Y，即制造业企业的生产效率，之前有些比较早的做法是用资本生产率或者是劳动生产率等相关的单要素生产率来衡量制造业的生产率。然而，制造业的生产不仅包括资本、劳动的投入使用，还包括其他很多生产要素的投入，并且不同生产要素也存在相互作用关系。为了全方位地反映生

产率的综合情况，本部分选取全要素生产率作为衡量标准。全要素生产率（TFP）是指产量与全部要素投入量之比，它能够全方位地研究包含在系统中的所有要素投入，综合反映系统中投入与产出之间的转换率。[1]

李丹和胡小娟（2008）、石腾超和邹一南（2014）等在研究 TFP 时用的都是以 DEA 法为基准的 Malmquist 指数法来测量中国制造业企业的 TFP。因此本部分也参照他们的方法，并使用数据包络分析 DEAP 软件来计算制造业的 TFP。数据主要从 2001~2014 年期间的《中国工业经济统计年鉴》和《中国统计年鉴》中获得。其中，主要包括以下指标：中国各省份制造业总产值 G（亿元），将其作为衡量产出水平的指标；制造业的就业人数 L（万人），作为衡量劳动投入的指标；以及用来衡量资本投入的制造业企业的固定资产净值 K（亿元）。用 DEAP 软件对相关数据进行计算，得出的 Malmquist 指数来表示全要素生产率 TFP，即因变量 Y。计算得出的相关数据如表 7.3。

由表 7.3 中 2001~2014 年的 Malmquist 指数可以看出，中国制造业的全要素生产率在 2001 年至 2014 年的平均增速为 3.1%，对其进行分解，可从中分析得出技术效率的平均增速为 -0.8%，而技术进步和规模指数的平均增速分别为 4.1%、2.3%，这也说明技术进步和规模经济效应对生产率产生的影响非常大。

7.5.2 估计参数

基于前文的服务贸易开放度和 Malmquist 指数表示的全要素生产率等有关数值，可以具体分析服务贸易自由化与中国制造业企业的生产效率两者之间存在的数量关系。为了使得出的结论更准确，首先假设构建的模型和随机扰动项符合古典假定，同时运用普通最小二乘法（OLS）对参数进行估计，回归结果为：

$$Y = 1.006 + 0.434X$$
$$Se = (0.169)(2.951)$$
$$t = (5.928)(3.147)$$
$$R^2 = 0.531, \ F = 20.264, \ n = 14, \ DW = 2.731$$

---

[1] 参见王殿磊："生产者服务业自由化对中国制造业生产率的影响"，山西师范大学 2014 年硕士学位论文。

7.5.3　模型实证检验

经过对模型和相应参数进行估计，并且对得出的回归结果进行分析后，可从以下几个方面对其进行模型检验。

7.5.3.1　统计检验

（1）拟合优度：从回归结果中的回归方程中可以得出：可决系数 $R^2 = 0.531$，这两个数值都一定程度上表明了构建的模型能很好地与样本拟合。

（2）F 检验：对于 $H_0 : \beta_1 = \beta_2 = 0$，假设显著性水平为 $\alpha = 0.05$，在自由度分别为 1，12 的情况下，通过查 F 分布表可得 $F_{\alpha(1, 12)} = 4.75 < F = 20.264$，所以与原假设 H_0 相悖，即回归方程显著，所以说服务贸易自由化对中国制造业生产效率影响明显。

（3）t 检验：针对 $H_0 : \beta_1 = \beta_2 = 0$，通过查 t 分布表可得，$t_{0.05/2}(12) = 2.179$，回归结果中 $t(\beta_1) = 5.928 > t_{0.05/2}(12) = 2.179$，所以与原假设 $H_0 : \beta_1 = 0$ 相违背，应该拒绝，又因为 $t(\beta_2) = 3.147 > t_{0.05/2}(12) = 2.179$，所以也拒绝 $H_0 : \beta_2 = 0$，这都说明了自变量 X 对因变量 Y 的影响较为显著，即服务贸易自由化的确是有利于提升中国制造业的生产率。

7.5.3.2　经济意义检验

由回归结果 $Y = 1.006 + 0.434X$ 可知，估计参数 $\beta_1 = 1.006$，$\beta_2 = 0.434 > 0$，斜率系数 $\beta_2 = 0.434$ 说明中国服务贸易开放度 STO 每增加 1%，平均来说中国的制造业企业的全要素生产率将增加 0.434%。这也就表明了两变量之间存在着正相关的关系，即服务贸易自由化确实提高了中国制造业企业的生产效率。

7.5.3.3　自相关检验——DW 检验法

在实证分析检验模型的过程中，若存在自相关问题，但仍然假设符合古典假定，则通过用 OLS 法来估计得到的参数以及计算得到的方差都存在偏误，对模型的检验也会不可靠。因此需要对模型进行自相关检验，从回归结果中可得出 $DW = 2.731$，此模型中样本量为 $n = 14$，解释变量只有一个，在显著性水平为 $\alpha = 0.05$ 的前提下，通过查 DW 统计表可得出：$d_L = 1.045$，$d_U = 1.350$，

因此 $4-d_U < DW < 4-d_L$，由 DW 检验决策规则可知，随机误差项 u_i 之间不能判定是否存在自相关。

通过对估计结果的经济意义检验、统计检验、DW 检验等相关检验，可以得出自变量对因变量有显著影响的结论，而且影响是正向的，即服务贸易自由化提高了中国制造业企业的生产效率。

7.6　提高中国制造业全要素生产率的相关建议

通过实证分析得出的结论，不仅有利于中国更加重视对服务贸易的开放，也加速了中国制造业企业结构的转型与升级，更快地增加其生产效率。但是在理论分析中也发现了在发展过程中，中国的服务贸易和制造业存在明显的缺陷，如：服务贸易规模小，范围不广，存在明显逆差，自由化水平从总体上来说偏低；以及制造业在产业链中较弱，处于低端，创新能力差，产业结构有缺陷，缺乏高技术人才，管理方式不足，廉价劳动力优势不断减弱等。基于上述分析，提出如下相关建议。

7.6.1　政府层面

自"十三五"以来，政府部门已开始强调全要素生产率的重要性，在此提出以下建议：

7.6.1.1　放宽贸易政策，提高对外贸易开放程度

如上文所示，市场的开放程度的提高有利于科学技术的进步及 GDP 的增长。因此政府应积极鼓励国内制造业企业与国外优秀企业的贸易交流发展，在一些国家重点关注的十大领域上减免关税的征收或实行优惠税收法，鼓励中国制造业企业走出去，吸引国外优秀企业走进来，使国内企业通过借鉴外部优秀资源的方式，学习其科学的管理方式，提升国内企业的技术。通过降低贸易壁垒，减少对其的限制；对服务业的质量要进行严格把控，促进服务贸易向国外出口，从而提高服务贸易的自由化水平。

7.6.1.2　重视高科技劳动力的培养

技术的提升亦有赖于劳动资源的培养。2016 年，中国普通本科在校人数

约为 1612 万人，相较于 2007 年增长了 57.42%；博士在校学生数约为 34 万人，相较于 2007 年增长了 54.55%。国民的受教育程度大幅提升，但是高端人才的培养仍有待提高。因此，教育部应注重劳动力的培养，起到纽带作用。应当通过以下两方面提升人才质量：一是重视在校生的培养，通过协助企业与高校之间进行课程合作、设立企业奖学金扶持优秀贫困生的继续学习等方式培养复合型的技术储备人才；二是重视在职人员的继续教育，协助企业在高校开设短期培训教育课程，使有工作经验的在职人员获取最新的学术科研知识，并将其运用到实际工作中。

7.6.1.3 开拓新的融资创新集资方式

目前，企业的科研经费大部分来源于政府的补助及银行的贷款，有限的资本投入限制了无限的创造力，因此需要开拓多元化的集资方式。政府可以增加对企业的补贴力度，制造业也应加强对企业的技术研发投入力度，注重对高技能人才的引进与培养，对中国的产学研机制进行完善，形成一体化机制。支持企业加强技术方面的创新，借鉴国外企业先进的管理经营模式，并有针对性地改变存在的不足，进而不断地提高制造业的生产效率。政府还可以设立投资小组，协助社会群体、企业、个人等投资方进行项目评估审核，拓宽科研经费的来源，并重点投资有一定前景的高端科技领域，如人工智能、新能源等。

7.6.2 企业层面

对于企业而言，在政府的扶持助力之下，企业内部也需要通过变革来完成提高全要素增长率的目标实现。

7.6.2.1 重视内部管理，提升效率

其一，企业应当重视内部的管理方式，去繁从简，重视部门与部门、员工与上司、员工与员工之间沟通的有效性，如在技术开发部门采取"扁平化"的管理模式，精炼管理层级，使底层开发人员可直接与上级决策者沟通交流项目的进程，增加信息的流转速度，节省层叠沟通消耗的时间，从而提升核心技术的开发效率；其二，企业应当对投入资源进行优化管理，通过将非核心技术部门转交给外包服务商的方式，将更多的资源投入到核心技术部门

当中。

7.6.2.2　重视员工的技术培训及企业文化的培养

企业的持续有效运转离不开其中的工作人员，因此内部员工的继续教育培训不容忽视。企业可以通过设立培训部门的方式，组织员工进行定期培训，内容可涵盖业内最新前沿技术、新老员工技术交流等；应当注重企业文化的培养，如关注员工的职业发展、解决员工的衣食住行等问题、营造良好的办公环境。良好的企业文化能够调动员工的积极性，提升其工作效率。

7.6.2.3　积极参与对外贸易合作

企业可以尝试将其服务进行外包，侧重发展比较优势的方面；还可以吸引更多外商来本国进行直接投资，促进生产要素的流动，形成规模经济效应，使资源能够得到最大程度优化配置，从而促进产业结构的优化。大数据时代，信息的不断交流互通是企业得以进步的关键因素之一，因此，企业应当及时了解国内外的贸易政策，调整对外的发展策略，如近几年来的重点项目——"一带一路"。通过贸易合作，引进国外的高端技术，去其糟粕取其精华，运用到自身技术较为薄弱的环节。

CHAPTER 8

"丝绸之路经济带"建设背景下
中国产业空间布局研究

"丝绸之路经济带"倡议的提出推动了欧亚大陆各国之间的"政策沟通、道路联通、贸易畅通、货币流通、民心相通"。以"丝绸之路经济带"为轴，发挥巨大的产业集聚效应以及辐射能力，也为沿线各国的经济、文化、旅游、科技往来提供了更为广阔的合作交流平台。另一方面，中国积极地推动"丝绸之路经济带"倡议是为了更进一步实施西部大开发，同时倒逼中国东部再改革，以此平衡各区域的经济发展。产业发展是中国经济发展的原动力，借助于"丝绸之路经济带"的建设，国内段沿线省份应抓住机会，全力优化产业结构布局、积极发展西部特色产业，以此建立各省份在"丝绸之路经济带"中的重要地位。

"丝绸之路经济带"包含国内段西北五省份（陕西、甘肃、青海、宁夏、新疆）和西南四省份（重庆、四川、云南、广西），因此建设"丝绸之路经济带"是更进一步深化西部大开发战略的重要举措。2010 年 6 月 29 日，中共中央、国务院在《关于深入实施西部大开发战略的若干意见》中指出，在世界经济格局深刻变化的背景下，西部地区正面临着难得的发展机遇：其丰富的资源突出了其市场潜力的优势[1]。2014 年 12 月，中央经济工作会议提出西部地区应借助"丝绸之路经济带"的建设，积极促进各地区经济文化交流，从而协调各省份经济关系，促进和谐发展、实现互利共赢的积极局面。中国急需升级产业结构，解决日益严重的产能过剩问题，协调区域产业的发展速

---

〔1〕 参见王海运："建设'丝绸之路经济带'促进地区各国共同发展"，载《俄罗斯学刊》2014年第 1 期。

度以及区域间经济发展水平的不平衡。中央经济工作会议提出要重点实施"一带一路",无疑要借此契机,通过加快各个经济区域以及城市集群的发展,形成新的经济增长极,通过培养战略性新兴产业,促进各地产业结构调整,优化产业布局。

8.1 中国产业结构与空间布局的历史演变与现状

中国自从改革开放后,经济保持高速增长,年均 GDP 增长率超过 9%,被称为是"中国奇迹"。但是,中国快速的经济增长主要是依赖于粗放型的经济增长方式,高投入、高消耗的同时伴随着部分行业产能严重过剩,对于环境等资源的破坏也越来越大;此外,过度依赖出口拉动经济增长,极易受到国际经济波动的冲击。针对中国经济出现的问题,中国政府将"加快转变经济发展方式,推动产业结构优化升级"作为国家经济发展的新战略,强调经济增长中的"三个转变":促进经济增长由主要依靠投资、出口拉动向依靠消费、投资、出口协调拉动转变;由主要依靠第二产业带动向依靠第一、第二、第三产业协同带动转变;由主要依靠增加物质资源消耗向主要依靠科技进步、劳动者素质提高、管理创新转变。经济增长方式转变过程中核心因素就是产业结构的变革,通过产业结构优化升级来保证中国经济健康、持续发展。

8.1.1 中国产业结构与空间布局的历史演变

从历史来看,中国在经济体制改革上由高度集中的计划经济体制向社会主义市场经济转变,在发展战略上,由均衡发展到非均衡发展再到协调发展的转变。可以将 1978 年改革开放作为分界点,把中华人民共和国成立 70 年的产业发展与区域发展分为两个阶段:1949~1978 年这段时间为计划经济体制下的区域发展时期,1979 年至今则为中国经济转型时期以及建立社会主义市场经济体制下的区域发展时期。由于中国发展以工业产业为主导力量,因而要分析中国产业结构的演变历程,就必须与中国工业化的进程相结合。

8.1.1.1 计划经济体制下的产业结构与空间布局

在计划经济体制下,政府指导并直接配置全国的产业结构布局,根据要

素禀赋理论以及地理位置，政府决定重点发展内陆地区[1]，直接将建设项目
分配给各个地区，尤其是煤炭、钢铁、机械等重工业行业，从而在各地区进
行工业建设。

表 8.1 1952~1975 年中国基本建设在大区域间的分配占比（%）

时期	沿海	内地	
		总计	其中"三线地区"
"一五"	41.8	53.9	30.6
"二五"	42.3	53.9	36.9
调整时期	39.4	58.0	38.2
"三五"	30.9	66.8	52.7
"四五"	39.4	53.5	41.1
1952~1975 年	40.0	55.0	40.0

注：由于统一购置运输工具的部分地区的投资未划入地区内，因此沿海、内地的数据
总计不等于 100。

1952~1975 年间，项目建设投资重点在内陆地区且占到了 55%。而在
"三线"地区和沿海地区配置均为约 40%。从数据来看，长期发展的重点都在
内地地区，而在"三五""四五"期间差异更为明显（见表 8.1）。

此时中国的产业发展是基于政府政策指导，并非经济原理、比较优势等
理论，产业内部无法进行有效的资源配置、产业专业化分工，因而导致整体
产业经济效能低下。计划经济体制下的产业大多发展均衡，各地的经济发展
水平差距不大，发展水平普遍低下。

8.1.1.2 改革开放以来的产业结构与空间布局

（1）改革开放以来中国产业结构的演变

改革开放以来，中国产业结构发生很大的转变，三大产业的比例关系更
趋于合理化。中国第一产业在国民经济中的比重持续下降，在 2008 年下半

---

〔1〕 计划经济体制下，毛泽东在《论十大关系》中将辽宁、河北、北京、天津、河南东部、山
东、安徽、江苏、上海、浙江、福建、广东、广西归为沿海地区，剩下的省份划入内陆地区。

年，比重已下降到10.3%，比起改革开放初期下降了17.5个百分点，这说明中国对于第一产业的依赖性在减弱，而到了2014年，第一产业的份额下降到10.2%（见图8.1）。

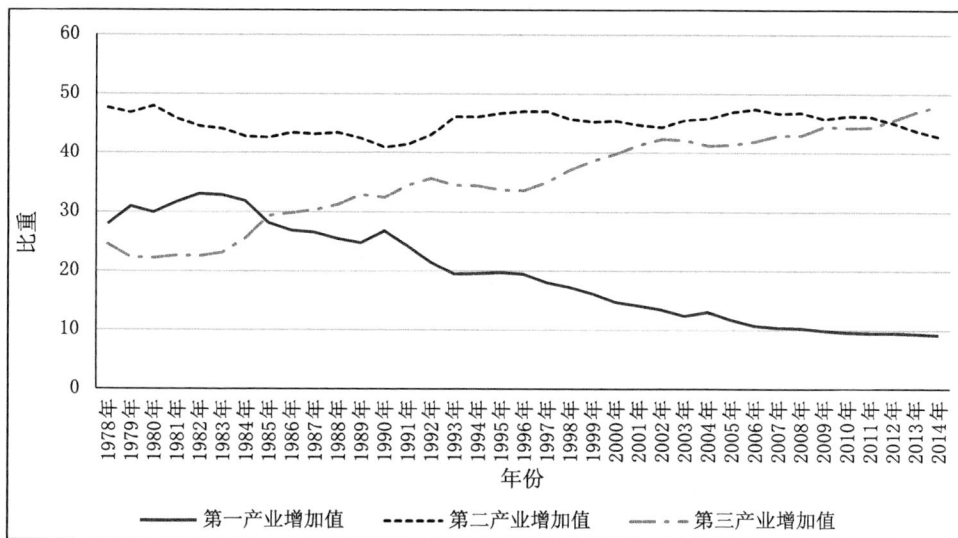

图8.1　1978~2014年中国三大产业结构变化情况

第二产业在GDP中所占比重相对比较稳定。1990年第二产业占国民经济的比重为40.9%，是改革开放以来的最低点，比1980年低了将近8个百分点，在2008年的时候，这一比值再次回升到46.8%，之后进入缓慢下降期，到2014年第二产业在经济中的比重为42.7%。

第三产业占GDP的比重表现出持续增长的趋势。20世纪80年代初，第三产业在GDP结构中所占比重不到30%。从1983年以后，第三产业的比重在国民经济中的比重一路攀升，1985年超过第一产业所占GDP比重，2012年超过第二产业在国民经济中的比重，成为拉动中国经济增长的主要动力，中国的产业结构逐渐趋向于发达国家产业结构过渡，更加符合当今世界经济发展对国家产业结构的要求[1]。

---

〔1〕参见陈璠："我国经济增长动力的演变及其对产业结构的影响"，广西师范大学2015年硕士学位论文。

（2）改革开放以来中国产业的空间布局

1978年12月中央工作会议上，邓小平提出共同富裕的构想，允许一部分人民的生活先富裕起来，以此产生示范力量带动全国各族人民。20世纪80年代后，在党的领导下，中国就由均衡发展模式转而向非均衡发展的模式推进。

政府提出优先发展沿海地区的战略指导，将政策导向投向了东部沿海地区，并加强了其资金及项目投入。在"六五"期间，中国中部地区的基本建设投资比例为29.3%，比在东部地区的基本建设投资比例（47.7%）低了16.4个百分点，超过西部地区（17.2%）12.1个百分点。东部地区当年所获得的投资额度首次超过中、西部之和。第七个五年计划中，中央政府对东部沿海地区的投资力度占到政府总投资额的53.1%，而中部、西部地区的基本建设投资份额分别仅为25.04%和16.12%。在接下来的两个五年计划里，中央政府开始将投资向中、西部倾斜，希望能将东部的优质企业以及知识和技术带到内地，促进中、西部地区更好、更快地发展。

"十二五"期间，中国确立了以上海浦东为主的自主创新试验区、以天津为试点的利用外资与发展试验区、以重庆与成都为重点的城乡统筹与综合改革试验区、以珠三角地区为重点产业转型升级试验区、以两湖经济圈为主的两型社会试验区等。同时构建沿长江中游经济带、鄱阳湖生态经济区、中原经济区和沿京广、京九、陇海铁路线的区域发展，通过改进区域间的交通基础设施来完备区域间的合作体系，进一步引导地区的专业化生产以及产业升级。

8.1.1.3 格局变化-综合分析

（1）1949～1978年，以内陆地区的重工业集聚发展为重点。

中华人民共和国成立后，国民经济开始恢复，国家将投资及建设重点放在拥有战略纵深和资源优势的内陆地区。从20世纪60年代开始，中国政府积极推进东北地区的建设，20世纪60年代到70年代进行"三线建设"，重点发展中、西部地区的工业，逐渐形成了产业集聚效应。总的来说，改革开放前的内陆地区产业经济也得以迅速发展，逐渐缩小了与沿海地区经济发展水平的差距，并且各个省份逐渐形成独立自足的产业结构体系。

（2）1986～1990年，沿海地区的制造业产业集聚效应比较明显。

这一时期，中国区域经济正式划分为三大地带，强调了东部沿海地区的经济地位。不仅是重工业，许多轻工业和制造业也逐渐形成了规模经济，产生了集聚效应，尤其是在以长江三角洲地区和珠江三角洲地区作为产业集聚区的主导地带。

（3）1991～2004 年，产业集聚水平的提升。

根据"八五"计划纲要中提出的区域经济发展战略："根据统筹规划、合理分工、优势互补、协调发展、利益兼顾、共同富裕的原则，努力改善地区结构和生产力布局……正确处理发挥地区优势与全国统筹规划、沿海与内地、经济不发达地区与较不发达地区之间的关系……"。沿海地区由于已经产生规模效应，因此产业集聚水平比较高。

（4）2005～2014 年，产业的扩散。

改革开放后，区域不断地进行产业升级以及转移，在产业集聚的效应下，在地区专业化加强的同时产业发展得以扩散。地区间的生产效率以及产值增速速度不一，从而扩大了地区间的收入差距。中、西部地区在具有丰富的劳动力以及自然资源等比较优势的情况下，较好地承接了东部地区的产业扩散[1]。

8.1.2 中国产业发展现状

到 2014 年底，从中国三次产业结构的产值来看，第一产业增加值为 58 336.1 亿元，第二产业增加值为 271 764.5 亿元，第三产业增加值为 305 810.0 亿元，分别占 GDP 比重为 9.2%、42.7%、48.1%。对比发达国家的 GDP 构成，第三产业所占比重是最大的，一般为 65% 以上，而第一产业所占 GDP 比重一般低于 5%，第二产业一般低于 30% 才为合理[2]。通过数据的对比，发现中国的国民经济还比较依赖农业，拉动经济增长的主导力量仍然偏向第二产业，第三产业虽然增速较快，但是对经济增长的贡献还有待提升。

8.1.2.1 主要产业类型的转移情况

食品制造及加工产业：由于优越的自然环境，中部地区一直是中国最重

---

〔1〕 参见任保平、马莉莉、师博主编：《丝绸之路经济带与新阶段西部大开发》，中国经济出版社 2015 年版，第 189～195 页。

〔2〕 参见王鹏主编：《2014-2015 年中国产业结构调整蓝皮书》，人民出版社 2015 年版，第 70～73 页。

要的农业生产基地。中国农业"靠天吃饭",因此对于地理位置以及自然气候非常依赖,很难进行大规模的产业转移。

纺织服装产业:主要分布在东部沿海地区,具有明显集聚效应。由于交通便利以及劳动力充足,而且江南一带主要是纺织服装业的生产源头和出口贸易集散地,因此这类产业也不太可能发生产业转移。

机械制造产业、通信电器产业以及金属材料产业:多数企业利用东部地区的区位优势形成了集聚效应,但由于生产和生活成本的上升开始部分向中部劳动力充沛的地区如安徽、湖南、江西等邻近省份转移,因此可看作是东部产业的空间扩散。

化学制品业:不同于以上产业,化学制品产业发生了明显的由东部地区跨越到西部地区发展。它不仅在东部地区形成产业集群,同时在西部地区如西藏、新疆、青海、内蒙古等省份逐步形成规模。主要原因是其在东部地区的发展中受到环境保护的要求,不得不转向矿产资源以及能源资源丰富的西部省市,且西部地区追求发展的愿望强烈,因此化学制品产业开始由东部地区逐渐转入西部地区。

8.1.2.2 地区产业结构变化

一直以来,内陆地区虽然拥有丰富的自然资源(有色金属、矿产、石油等),但是由于地处内陆深处,远离对外贸易的主要交通路线,相比东部沿海地区经济更为落后,而沿海地区依靠平原优势,积极发展物流行业以及对外贸易,经济发展较为迅速。

(1)中国东部地区产业变化

进入21世纪以来,东部地区产业结构发生显著变化,在2009年,东部地区的服务业在国内生产总值中的比重首次超过了第二产业,成为东部地区的支柱产业。2013年东部地区的第三产业在国内生产总值中的占比已经达到49.0%,反观第一产业的比重则逐步下降,2013年已经下降到6%,东部地区三大产业间的差距进一步拉大[1]。

受制于经济发展的瓶颈,同时为了追求利润最大化,传统工业、制造业加速向中、西部地区转移,而东部地区的产业开始从发展初期的纺织品等轻

---

[1] 参见杨仁科:"我国区域产业结构演变研究",载《中国经贸导刊》2015年第14期。

工业向通信设备、通信制造业转变。在第三产业内部结构上，由单一结构的餐饮、贸易行业格局，演变成结合了金融、研发、保险等现代金融行业格局。

（2）中部地区产业结构变化

中部地区整体结构优化后，第三产业的增长速度已经超过第二产业。然而中部地区的产业效益仍旧落后于东部地区。2000年来，在产业结构比重上，中部地区第一产业的比重持续下降，2013年降到11.3%；第二产业的结构比重有三次大的波动，虽然从2000年开始，第二产业结构比重一路上升并在2008年攀升到了51.0%，之后便保持在这个水平，但2011年以来结构比重却逐年下降；第三产业的结构比重有着类似的波动，2009年以来经历两年连续下降，但随后结构比重开始回升。到2014年，比重波动幅度比较小，基本维持在34.4%~37.5%范围内。总的说来，近几年其第三产业的产业结构比重已经明显超过了第二产业，中部地区二、三产业之间的差距正在不断缩小。

中部地区有着得天独厚的地理位置优势，承南启北，连接东西，交通运输十分便利。且中部地区的工业发展程度较低，人口密集，劳动力充足，因而劳动力成本比较低，因此，中部地区适合承接东部地区的劳动力密集型以及资源导向型产业，并且能够吸纳高新技术产业，进一步提高产能效率。

（3）西部地区产业结构变化

西部地区2014年共实现区域生产总值138 073.5亿元，比2013年（11 465.7亿元）净增长9.06%，分别超过东部地区以及中部地区1.1个和0.64个百分点，超过全国平均生产总值0.77个百分点。西部地区当年的第二产业生产总值比重占国内生产总值的20.18%，与2011年相比增长了0.17个百分点，缩小了与东部地区的经济差距。

西部地区以能源、原材料生产为优势。根据目前存储量，西部地区煤炭、石油、天然气和铁矿等重要资源的保有储量分别占全国的36%，12%，53%和24%。此外，西部地区金属中铬铁矿占全国73%，铜占41%，锌占44%，等等。因此新能源产业、有色金属冶炼行业、天然气开发行业等发展比较突出。

8.2 改革开放以来产业结构转型的影响因素

8.2.1 供给因素对产业结构变动的影响

8.2.1.1 自然条件和资源禀赋

国家产业结构的形成与该国的自然条件和资源禀赋存在较大的联系。如果一个国家的自然资源较为丰富，那么该国家的产业结构很有可能会受到该国自然条件的影响，而呈现一个资源开发型的产业结构。或者说该国家的自然资源较多，也有可能形成资源开发和加工的产业结构，而对于一些资源比较匮乏的地区就无法形成以资源开发为主的产业结构。一个国家或地区的自然条件和资源禀赋一般是由其自身的地理位置决定的，无法依靠人力去改变自然资源。因此，很多国家会受到自然条件和资源禀赋的制约，影响自身的产业结构。中国的大部分天然资源都有竞争优势，随着工业的发展，在 2010年，中国超过美国成为最大的能源消耗国和生产国，但是中国的能源供不应求的情况不断加剧，根据估算，中国的能源供需缺口与消费之比将由 2010 年的 9.3%上升至 2035 年的 19.8%，特别是石油方面，供需缺口与消费之比在一次能源的消费中较高，是中国目前最稀缺的资源。在此基础上，中国发展出了获取海外石油资源的国内机构，其中包括国有企业、民营企业、专业投资基金以及政策银行，改变了中国的产业结构，在此背景下，中国提出了"基于全球型本土化的中国资源全周期战略布局研究框架"，也从本土资源中尽可能寻找替代资源，比如电力资源代替石油，这些政策促进中国的工作重点向研发制造方面发展，第三产业的比重逐渐上升。

8.2.1.2 人口因素

从供给角度出发，人口规模对劳动力供给能力和人均资源拥有数量有着较大的影响。从人口和资源的角度出发，如果人口的快速增长超过了经济增长的速度，就会造成资源的分配产生变化，使得更多的资源只能满足人们的日常生活需求，会减少其他产品的供给能力，拖累第二、三产业发展的脚步，导致工业化进程放缓。因此，根据国家的经济发展水平，应该将人口增长率保持在一个较为合适的水平，发展教育提高国民的综合素质，促进产业结构的优化。随着人均收入的提高，国民对于日常休闲活动的需求也在增加，带动服务业的发展，随之而来就是第三产业在国民经济中的比重上升。在劳动力的就业方面，第一、二产业的就业人员数量逐渐下降，第三产业的从业人员数量不断上升。

8.2.1.3 技术进步

产业结构变革的重要影响因素就是技术进步。国家的产业结构在某种程度上会表现为生产技术结构，所以，当生产技术结构发生变化时就会影响国家的产业结构。在日新月异的技术变化中，技术行业的变革将会影响各个行业的发展，技术进步可以推动产业结构的不断合理化，创造新的就业岗位，提升各部门、各行业的生产效率。技术进步不仅可以通过改变生产方式促进产业结构调整，还可以通过改变产品功能和消费方式促进产业升级。

8.2.2 需求因素对产业结构变动的影响

8.2.2.1 消费需求

需求结构一般被划分为三个阶段，各个阶段的主要目的不同。第一阶段以生理性需求为主导，所以该阶段的主要目的是满足生理需求；第二阶段是以便利服务为主导，该阶段的主要目的是追求耐用消费品和相关服务；第三阶段是对自身个人化的追求。[1]消费需求的影响因素有很多，主要包括人口数量、经济发展水平和社会技术水平等方面。需求的变化主要指需求总量和需求结构的变化。这二者之间发生的变化都会对产业部门带来一定的影响。从需求总量的角度出发，消费需求的增加或者减少取决于较多的因素，如人口增长和人们对生活质量的追求，都会刺激消费需求，另外，一些技术的变革，市场环境的变化和社会发展水平都会影响消费需求。从需求结构出发，如果需求结构发生变化，按照凯恩斯的经济理论，需求创造供给，意味着供给结构会随需求结构的变化而发生变化，进一步间接导致产业结构的变化。

8.2.2.2 投资需求

投资需求是一个企业发生规模扩张的必要条件。投资结构是指企业投资

---

〔1〕 参见杨公朴主编：《产业经济学》，复旦大学出版社 2005 年版，第 325~326 页。

资金来源的联系和比例。不同来源的投资资金会对企业的盈利能力、生产方式、产品结构等有不同的要求，生产规模的扩张或收缩对企业在行业中的竞争地位、所生产产品的数量及种类都会有很大影响，不仅决定了企业自身的生产结构，而且也影响所在行业及上下游企业所在行业的构成，对地区和国家的产业结构的变化有举足轻重的作用。不仅企业有获利需求而产生投资，政府部门也会根据宏观经济运行的状况和发展战略，通过财政政策和产业政策引导企业的投资行为，从而保证企业的良性发展和宏观经济的平稳运行。

8.2.3 国际贸易因素对产业结构变动的影响

国际贸易是国家与国家之间在技术、服务、产品等方面发生资源互换的过程。国际贸易对产业结构变化的影响主要是通过出口本国的产品进而刺激国内需求增加或者是通过进口他国产品来刺激国内竞争和消费需求实现。国际贸易对产业结构的影响主要体现在弥补国内的短板、消耗国内过剩资源，进口产品能够对本国市场起到推动的作用，通过商品或生产方式的引进所附带的技术溢出效应，刺激国内相关产业的发展和市场的良好竞争。

8.3 "丝绸之路经济带"建设对中国产业空间布局的影响

8.3.1 "丝绸之路经济带"对中国产业转移的影响

中国产业转移的主要原因一般都是为降低生产成本，从东部沿海地区单向对中、西部地区转移传统产业中的初级、低端加工制造环节。近两年，鉴于"丝绸之路经济带"倡议的提出，借由铁路交通干线的建设，加强了中、西部地区之间及与东部沿海地区的联系，缩短了运输时间和运输成本，通过扩大内需的方式带动产业结构的整体提升和空间的转移。因此，在西部大开发建设基础上，"丝绸之路经济带"的建设推动了国内铁路等基础设施的发展，很大程度上降低了区域内贸易和投资的货品运输成本，为物流、贸易和投资提供便利，这将提升区内产品的竞争力，增强西部地区产业集聚力，并且大大推动东部地区产业向西部地区产业集聚区转移。

通过打破交通运输条件的硬性约束，激活了"丝绸之路经济带"沿线各城市之间的产业及商贸互动。"丝绸之路经济带"建设不仅提高了国内地区的交通运输水平，也拓展了沿线各国的交通网络。沿线国家交通基础设施的完善，优化了沿线区域内的贸易和生产要素的配置，促进了区域经济一体化，最终实现区域经济和社会同步发展。

国内段沿线地区的经济发展得益于"丝绸之路经济带"的建设，它加强了地域之间的联系，为经济区域发展不平衡问题提供新的解决路径。结合中国在贸易、文化产业、工业、旅游等各个产业的合作，促进"丝绸之路经济带"沿线省份根据自身优势对产业结构升级，从而使得产业结构在全国空间分布得到优化。

8.3.2 中国国内产业转移呈现新的特点

随着"丝绸之路经济带"的建设，一方面，东部地区对中、西部地区产业转移不局限于传统初级加工产业，已经逐步扩展到装备制造、通信设备、新能源等高科技产业，同时交通网络的便捷更是让企业注重对承接地的综合制造成本的考量，对相关产业配套能力的要求提高，也加大了对承接地区市场需求的考量；另一方面，国内产业转移可以借助"丝绸之路经济带"的通道打破长久以来东部向中、西部的单向的转移，呈现将内陆地区的石化、有色金属等部分产业落地在沿海地区的布局，而一些中、西部的龙头优质企业也开始将目光放向东部地区，希望充分利用当地的高新技术、人才资源以及总部企业的集聚优势，将资深总部和研发中心迁至东部地区。因此可以说，"丝绸之路经济带"的建设将会引导中国企业合理转移，全面优化产业链布局。

8.4 中国产业空间布局调整的政策建议

"丝绸之路经济带"建设对中国产业转型升级也存在消极的影响，比如"丝绸之路经济带"国内段沿线各西部省份的产业结构处于相对劣势状态，重工业所占比例较大，因此环境问题较为严重；产业聚集效应目前还比较弱，无法形成产业的规模经济效应。虽然西部地区具有劳动力充足且劳动为成本较低、自然资源尤其是能源以及矿产资源比较富集、土地价格低等优势状态，但西部地区的人均购买水平相比于东部沿海地区较弱，市场需求相对不足且单一。

西部地区长期处于技术落后状态，科技水平不发达，创新型技术产业在 GDP 中所占比重小，而且基础设施配套不齐全，导致相关产业发展速度缓慢；资源开发利用率低下，多为生产、制造初级产品，技术含量和经济效益低下。

中国目前正处于转轨时期，面临着较多的经济问题，如供需之间存在较大矛盾，部分行业供大于求，产能过剩，企业内部资本管理不善等，外部环境竞争逐渐激烈，国际上的一些新兴技术更新较快，为中国产业结构变动带来较大的压力。基于上述问题，提出了以下几点建议。

8.4.1 合理进行产业布局，推动产业的地域化转型与承接

东部地区由于产业规模已经形成，应积极发展高新技术产业以及服务业，推动第二产业（着重于制造业、初级加工行业等劳动密集型产业）向中、西部地区转移。

中西部地区工业水平欠发达，产能效率较低，中部地区以传统制造业以及初级加工行业为主，而西部地区结构更为单一，多数依靠矿产资源的开发与利用。因此要想做好承接产业发展的战略，中西部地区首先要积极营造地区产业的"硬环境"与"软环境"，积极做好基础设施建设，发挥中西部地区的产业联动效应，根据当地资源禀赋和区位优势，强化资源型产业规划，积极加强科技创新以及能源、资源的开发利用，逐步推进中西部地区现代煤化工、有色金属冶炼、风电创新等基地建设，由此逐渐形成产业集聚优势，发挥规模经济效应，促进当地产业结构优化升级。最后中西部地区由于资金薄弱、产业基础差因而升级速度一直比较缓慢，政府应该做好引导工作，积极投入到中西部的项目承建中，为中西部地区进行招商引资，吸引符合当地产业文化的优质企业落户两区，并且提供财政支持，大力提倡当地企业进行技术研发与创新。

8.4.2 由传统产业向现代产业体系转型升级

在西部大开发战略大背景下，众多产业和企业纷纷从东部沿海地区涌入西部，使该地区企业的数量急剧增加，此举原本可以促进西部发展，然而地方政府没有及时调整产业结构进行转型，使得西部各省份的产业内部结构趋同，相互之间差距不明显，不利于经济的发展。近几年来，这种情况得到改

善，但仍没有发挥各省份自身的比较优势，重点发展其特色经济，因此没有形成生产要素在区域间合理流动和配置的体制和机制。因而产业结构应从传统结构向现代产业体系转型升级，即从农业、传统商品制造、资源初级开发向制造业和其他现代产业转型升级。

8.4.3　充分利用自然条件，优化资源配置

需要在中国有限的自然资源背景下，优化自然资源的配置，在低碳经济背景下促进产业结构升级。中国进口资源主要是各种矿石和能源等原材料，还需要加强对新兴的技术和软硬件设施的引进，促进中国的进口结构转变为资源品和制成品并重的生产型。对于中国资源丰富的方面，提高开采技术，提高利用率，多方面寻找匮乏资源的可替代方式，相关部门应该鼓励自主创新，努力解决中国匮乏资源的高度依赖性，对自然资源进行优化配置。[1]

8.4.4　提高劳动力素质，增加人力资本

劳动力素质水平低下是制约产业结构升级、经济发展的重要因素，较高的教育水平有利于劳动力掌握新知识，将理论合理地运用于实际生产。因此，要从多方面着手提高劳动者素质，加强人力资本。首先，增强义务教育的质量，改革大学教育模式，培养高素质、高质量的人才，适应经济发展的需要；其次，加强职业教育，培养专门的技术人才；最后，注重职业培训、在职深造，帮助在职劳动者掌握最新的科技信息，有利于产业优化升级。

8.4.5　提高国内核心技术水平，激励创新

加快技术进步，推动产业结构合理化。产品结构的优化不仅是工业结构的最终目标，也是产业结构所追求的目标。产品来源于企业，所以对于产业结构的优化，其实是对企业自身发展的优化。因此，企业要认清自身主体的重要性，具备对新技术的敏感性，把握企业技术的变革。企业应该加大对科学技术的投资力度，研发核心技术，争取通过新技术来改变企业的产品结构，

---

〔1〕　参见何德旭、姚战琪："中国产业结构调整的效应、优化升级目标和政策措施"，载《中国工业经济》2008年第5期。

促进社会的消费结构的变革，推动整个社会产业结构的升级，以此逐渐改变中国进口商品结构，实现产业结构优化升级的目的。另外，企业通过引进新技术可以激励企业内部的创新浪潮。

8.4.6 从改善国际贸易方式推动产业结构升级

2001年12月11日，中国正式加入世界贸易组织。随着国际频繁的交流，国家之间的贸易也在逐渐增加。对于中国而言，进出口贸易对中国产业结构的影响力越来越强，因此，中国应该改善国际贸易结构，优化国际贸易方式，从而促进中国产业结构的调整。

第一，优化出口贸易结构。提高纺织行业、家用电器、轻工工艺等传统出口商品的附加值，积极加大对汽车行业和机器设备及产品的出口，从而逐渐提高在世界市场上的份额；加大对具有高技术含量、高附加值的高新技术产品的出口，形成一批具有国际竞争力的国际知名产品。积极调整出口市场结构，坚持走市场多元化道路，逐步降低贸易顺差过快增长的势头，实现贸易的平衡增长。

第二，资源配置合理化，完善城乡产业布局。实现合理的资源配置，就要确保在经济社会运行中，生产要素能够在省份之间、城乡之间跨区域流动，使得社会发展中所需要的生产要素能得到较好的配置和利用。同时，应该完善城乡的产业布局，让制造业和农业能够协调发展，促进城乡产业布局优化升级。

CHAPTER 9

"丝绸之路经济带"背景下的
中国西北地区区域产业分工

"丝绸之路经济带"通过交通、信息、能源等领域的交流，促进欧亚大陆间充分发挥各自优势，方便了互相之间的贸易和投资，形成全新的经济合作方式。"丝绸之路经济带"倡议提出以来，全国各城市结点根据自身的发展现状，分别提出了定位以及发展目标。西北五省份的目标和五个省会城市的定位如下：（1）甘肃提出"在密切关注丝绸之路沿线国家市场需求、调整出口产品结构的同时，通过承接产业转移，引进有实力的企业，共同建设生产、加工、出口基地"。兰州市定位于建设"丝绸之路经济带"核心结点城市。（2）陕西提出"做好陕西与韩国、俄罗斯等产业合作区工作，密切关注广东、香港、澳门等重大投资项目的后续落实工作"。西安市被定位为"丝绸之路经济带"建设的新起点。（3）新疆的地位十分重要。它不仅是第二座欧亚大陆桥的必经之地，也是中国通往国外的交通枢纽，提出"坚定不移推进'丝绸之路经济带'核心区建设"。乌鲁木齐的定位是建设"丝绸之路经济带"上的五大中心，包括交通枢纽、商贸物流、金融服务、文化教育和医疗服务中心。（4）青海提出"发挥资源优势、深化区域经济合作、争取国家政策支持、创新对外开放的体制机制"。西宁市定位于建设"丝绸之路经济带"的重要增长极。（5）宁夏提出"开放型经济试验区[1]，改善和阿拉伯地区开放的合作关系，探索和构建与'丝绸之路经济带'沿线省区及欧亚国家协作交流新制度"。银川市定位于建设"丝绸之路经济带"主要结点城市。随着倡议的不断

---

[1]（内陆）开放型经济试验区，是国家批准设立的覆盖省级全域全业的试验区。国务院在中国内陆地区先后批准设立了宁夏内陆开放型经济试验区和贵州内陆开放型经济试验区。

推进，西北五省份的交通、能源等基础设施建设将会迎来重大发展。在自然环境方面，有利于推进生态文明建设，降低土壤退化和荒漠化发生的概率。另一方面，由于旅游业和服务业的增长，就业机会增多。另外，"丝绸之路经济带"建设也有助于西北部扩大国内需求，促进冶金、能源、建材等相关行业的发展，使就业结构逐渐合理化。

9.1 西北地区区域产业分工现状的分析

区域分工是一种通过在地区间进行生产要素的交换获得自身发展所需要的材料的发展形式。其优点包括：一是能充分利用资源、要素、地理条件的优势，进行专业化生产；二是促进产出的现代化和改善，提升出口货物的质量和管理水平；三是有利于每个地区的经济效益和国民经济发展的总体效益。区域分工的宗旨是促进区域经济发展，通过区域分工突破贸易壁垒，巩固区域间的联系，形成区域协同发展。西北地区是中国"丝绸之路经济带"的重要组成部分，区域产业可以有效地保护其本地市场的安全，也有利于扩大贸易出口、增加外汇储备，在降低资金风险的同时也保证了资金安全。虽然处于中国边陲，面积辽阔，有丰富的资源，但是距离东部沿海地区较远，大多数地区经济实力薄弱、经济条件落后，交通闭塞，所以一直充当着中国资源输送区和国家重点扶贫区域的角色。鉴于如此现状，"丝绸之路经济带"的提出给西北地区经济的发展带来了历史性的机遇。

9.1.1 西北地区的工业化程度

工业化进程与产业结构的演变具有很大的联系，在国民经济中，产业结构问题中第一位的就是三次产业结构演变。从世界各国工业化进程来看，工业化初期第一产业所占比重最高，第二、第三产业所占比重相对较低。工业化进入中期后，第二产业占国内生产总值的比重急剧上升，产业结构逐步由农业向工业转型。与初期相比，第一产业占比加速下降，第三产业比重缓慢上升。进入工业化后期，第一产业比重降至最低，第二产业比重略有下降，第三产业的优势逐渐显现，比重超过第二产业。

表 9.1 是"丝绸之路经济带"西北区域 14 个核心节点城市〔1〕2011 年至 2017 年的三次产业结构变化。数据表明从 2011 年到 2017 年这 7 年间,"丝绸之路经济带"西北区域的核心节点城市的产业分工比例发生了较大变化。在第一产业数据中,宝鸡、兰州、天水、乌鲁木齐、西安、西宁、咸阳、银川、张掖这九个城市的比重呈现下降趋势,白银、酒泉、武威这三个城市呈现出先下降后上升的走势,而嘉峪关市和克拉玛依市则一直处于上升状态。在第二产业数据中,白银、嘉峪关、酒泉、克拉玛依、兰州、天水、乌鲁木齐、西安、西宁和张掖共 10 个城市呈现下降趋势,武威和银川市期间虽有小幅上涨,但最终比重还是降低了,而咸阳和宝鸡虽然有略微下降,但幅度并不大,最终第二产业比重上升。在第三产业数据中,白银、宝鸡、嘉峪关、酒泉、克拉玛依、兰州、天水、乌鲁木齐、武威、西安、西宁、银川、张掖共十三个城市均呈现上升走势,只有咸阳有短暂的下降后上升。

表 9.1 2011 年、2014 年、2017 年西北地区城市三次产业结构演变（%）

产业 城市	2011 年			2014 年			2017 年		
	一	二	三	一	二	三	一	二	三
白银	11.2	57.4	31.4	2.6	55.7	41.6	14.2	39.0	46.8
宝鸡	10.9	63.7	25.3	9.7	65.0	25.3	8.0	64.5	27.5
嘉峪关	1.3	81.9	16.8	1.6	69.8	28.6	2.2	51.8	46.0
酒泉	12.3	52.3	35.4	11.7	47.8	40.5	15.6	32.8	51.6
克拉玛依	0.5	89.7	9.8	0.7	84.9	14.4	0.7	69.4	29.9
兰州	3.0	48.3	48.8	2.8	43.3	53.9	2.4	34.9	62.6
天水	18.7	39.8	41.5	18.3	38.8	42.9	16.7	30.8	52.5
乌鲁木齐	1.2	46.0	52.8	1.2	38.1	60.7	1.1	30.2	68.7
武威	24.6	42.3	33.1	23.3	42.6	34.1	25.7	29.1	45.2
西安	4.5	43.9	51.6	3.9	40.0	56.1	3.8	34.8	61.5
西宁	3.6	53.4	43.1	3.5	52.1	44.4	3.3	43.3	53.4

〔1〕 分别是白银市、兰州市、酒泉市、嘉峪关市、武威市、张掖市、天水市、西安市、咸阳市、宝鸡市、乌鲁木齐市、克拉玛依市、银川市和西宁市。

产业 城市	2011 年			2014 年			2017 年		
	一	二	三	一	二	三	一	二	三
咸阳	18.6	54.3	27.1	15.5	58.7	25.8	13.3	58.5	28.2
银川	4.8	54.2	41.0	4.0	54.5	41.5	3.4	50.4	46.2
张掖	27.8	37.4	34.8	25.2	33.7	41.1	25.0	24.1	50.9

具体来看，乌鲁木齐和西安的第三产业占比始终超过 50%，接近于工业化中后期阶段，已经有一定的分工基础。兰州市的第三产业比重也基本在 50%左右，该地区存在一定的产业分工，且正准备进入工业化中后期。宝鸡、克拉玛依、咸阳这三个城市目前在第二产业上保持着绝对优势，但是第三产业比重却不高，还未显示出发展优势，有可能正处于产业分工形成的时期。武威市和张掖市相比于其他城市，第一产业比重仍处于较高位置，第二、三产业还有待提升，可以推断这两个城市目前仍处于工业化初期阶段。

以上数据表明，"丝绸之路经济带"西北地区这 14 个核心节点城市都正处于工业化的不同阶段，这些数据的对比主要是为了从三次产业变动的情况对这些城市的工业化进程和产业分工现状有一个较为宏观的认识，为了研究各城市中的产业分工情况，接下来会采用区位熵进行分析。

9.1.2 西北地区产业分工现状

区位熵用于衡量某一区域要素的空间分布情况，它反映了该区域内产业的专业化程度以及该区域在高水平区域中的地位和作用，被认为是一个意义重大的指标。在产业结构研究中主要用于分析区域领先专业部门的现状。

区位熵的计算公式：

$$LQ_{ij} = \frac{\dfrac{q_{ij}}{q_j}}{\dfrac{q_i}{q}} \tag{9.1}$$

其中 LQ_{ij} 是 i 产业在 j 地区的区位熵；q_{ij} 是 i 产业在 j 地区的相关指标（如产量、产值、就业人数等指标）；q_j 是 j 地区所有产业的相关指标；q_i 是 i 产业在一定范围内的指标之和；q 是一定范围内所有产业指标之和。

通过计算 LQ_{ij} 的值可以得出，LQ_{ij} 值越高，地区产业聚集水平就越高，即最有可能成为主导产业，一般来说当 $LQ_{ij}>1$ 时，认为 j 地区的 i 产业在该范围来说具有一定的优势，属于本地的专业化生产部门；当 $LQ_{ij}<1$ 时，则认为 j 地区的 i 产业在该范围内处于劣势地位，属于本地非专业化生产部门。为了方便计算，下文以就业人数为指标进行数据分析。

表 9.2　西北地区城市 2016 年产业分工情况

2016 年	白银	兰州	酒泉	嘉峪关	武威	张掖	天水
农、林、牧、渔业	1.155	0.185	4.412	10.702	2.029	8.679	2.074
采矿业	3.284	0.828	0.968	0.011	0.649	0.910	0.092
制造业	0.886	0.646	0.821	3.062	0.556	0.479	0.768
电力、燃气及水的生产和供应业	1.217	1.915	1.227	1.040	0.976	1.555	0.524
建筑业	0.831	1.458	1.168	0.555	1.531	0.768	0.936
批发和零售业	0.294	0.726	0.871	1.002	0.475	0.618	1.195
交通运输、仓储和邮政业	0.270	1.277	0.485	0.274	0.330	0.543	0.399
住宿和餐饮业	0.056	0.857	1.183	1.199	0.413	0.463	0.836
信息传输、计算机服务和软件业	0.278	0.496	0.508	0.304	0.510	0.660	0.612
金融业	1.047	0.801	0.661	0.651	0.776	0.661	0.592
房地产业	0.334	1.298	0.601	0.814	0.401	0.601	0.542
租赁和商务服务业	0.141	1.027	0.181	2.103	0.339	0.181	0.110
科学研究、技术服务和地质勘查业	0.219	1.096	0.970	0.161	0.381	0.970	0.620
水利、环境和公共设施管理业	1.321	1.360	1.956	0.460	2.389	1.956	0.648
居民服务和其他服务业	0.236	0.368	0.476	0.098	0.531	0.476	0.341
教育	1.693	0.965	1.604	0.017	1.817	1.604	1.875
卫生、社会保障和社会福利业	0.837	0.893	1.339	0.048	1.495	1.339	1.438

续表

2016 年	白银	兰州	酒泉	嘉峪关	武威	张掖	天水
文化、体育和娱乐业	0.262	1.039	1.141	0.910	0.402	1.141	0.790
公共管理、社会保障和社会组织	1.908	0.900	1.637	0.000	1.537	1.637	1.990

2016 年	西安	咸阳	宝鸡	克拉玛依	乌鲁木齐	银川	西宁
农、林、牧、渔业	0.230	0.670	1.329	0.081	3.073	3.356	0.333
采矿业	0.125	2.397	1.059	12.301	1.038	4.104	0.316
制造业	1.066	1.302	1.639	0.797	0.500	0.834	0.915
电力、燃气及水的生产和供应业	0.647	0.479	0.356	0.134	1.574	1.431	1.422
建筑业	0.878	1.171	0.843	0.519	1.078	0.519	1.142
批发和零售业	1.163	0.629	1.250	0.195	1.025	0.924	1.047
交通运输、仓储和邮政业	1.177	0.308	0.329	0.236	1.454	0.497	1.645
住宿和餐饮业	1.351	0.635	1.067	0.177	0.668	0.453	0.588
信息传输、计算机服务和软件业	1.763	0.358	0.361	0.392	0.563	0.523	1.311
金融业	1.106	0.841	0.715	0.489	0.818	1.927	1.125
房地产业	1.188	0.432	0.490	1.635	0.915	0.976	0.793
租赁和商务服务业	1.333	0.249	0.264	2.826	0.998	0.939	0.624
科学研究、技术服务和地质勘查业	1.458	0.306	0.311	0.283	0.809	0.614	1.090
水利、环境和公共设施管理业	0.778	1.411	1.297	0.460	0.578	1.376	0.784
居民服务和其他服务业	1.767	0.344	0.379	3.110	0.738	0.471	0.524
教育	0.940	1.420	1.180	0.427	0.850	0.990	0.851
卫生、社会保障和社会福利业	0.823	1.146	1.425	0.420	1.196	1.274	1.371
文化、体育和娱乐业	0.902	0.771	0.650	0.308	1.394	1.481	1.123
公共管理、社会保障和社会组织	0.649	1.298	1.022	0.714	1.781	1.328	0.841

表 9.2 是对西北地区经济带 14 个核心结点城市的 19 个主要行业的区位熵的测算，将结果划分出三个范围" LQ_{ij} <1""1< LQ_{ij} <1.5"" LQ_{ij} >1.5"。" LQ_{ij} <1"说明该城市的此产业不具有竞争力，LQ_{ij} 值介于 1 和 1.5 之间说明该城市的此产业有一定的竞争力，大于 1.5 说明该城市在此产业具有很强的竞争力，可以成为该地区的主导型产业。

兰州、乌鲁木齐、银川、西安、西宁作为省会城市，至少有 8 个产业具有竞争力，主要集中在"电力""交通运输""文化""建筑业""批发和零售业""金融业""科学研究""卫生"。这表明和其他结点城市相比，省会城市具有更强的竞争力，更好的发展结构和更高的工业化程度。其中，兰州在"电力"更具有优势，乌鲁木齐在"农、林、牧、渔业""电力"两个产业有更高的竞争力，银川、西安和西宁分别在"采矿业""信息传输""交通运输"具有优势。

其他非省会城市也具有各自的优势产业，比如酒泉市、嘉峪关市在"农、林、牧、渔业"具有优势，白银市、武威市、克拉玛依市的"采矿业"占比颇高，可以说是他们的主导型产业，武威市、张掖市在"公共管理"产业上处于优势地位。

结合省份角度来看，甘肃可能在"农、林、牧、渔业""电力""水利""公共管理""教育业"方面具有较强的优势，陕西的优势可能主要集中在"制造业"，新疆、宁夏和青海的优势可能主要是"采矿业""金融业""交通运输"。

9.1.3 西北地区产业分工的特点

通过前两部分的分析发现，主要结点城市过去 7 年产业结构变化总体趋势是：第一，第一产业仍占很大比例，第二产业的比例已明显增加，城市整体上处于工业化加速时期，第三产业变化较小，平均占 GDP 的比重仅增加了 12.7 个百分点。

第二，省会城市在各产业的竞争力明显高于其他非省会城市，除了工业化进程较快之外，已经拥有了较明确的产业分工结构。当然其他非省会城市也在某几个产业上表现出了较高竞争力，产业分工也在逐渐建立。

从行业层面来说，"制造业"和"电力"在绝大多数城市都表现出了良好的竞争优势，对处于工业化进程中的西北地区来说，为将来更优的产业分工合作打下了不错的基础。然而作为"经济带"发展的重点区域来说，西北地区的交通运输条件比较薄弱，位于劣势地位，为了为国内外贸易往来提供更好的基础条件，此产业还需要进一步得到重视。

第三，西北地区轻工业、重工业、加工业和工业产品结构具有较高的集聚性，不同区域之间的协调较弱，没有促进和互补的关系。想要形成具有独特优势和特色的产业结构是一个难题。其负面影响导致区域间市场的封锁和分割，与平等竞争、优胜劣汰原则相悖，妨碍了产业分工和市场经济的发展。因此，迫切需要找到一个合理的产业结构体系。

9.2 影响西北地区产业分工的因素

地区生产总值是一个地区所有常住单位在一定时期内生产活动的最终结果。地区生产总值较高的地区具有较强的生产要素配置和利用能力，可以更好地实现资源的合理配置，更好地进行分工，加强主导产业，促进周边地区的经济发展。区域分工的强化需要区域内各个地区合理利用自身拥有的生产要素、资源等，使效益最大化。由此可见，促进地区产业分工的基础其实就是提高区域经济的发展水平，将动力提供给区域产业分工，使其不断深化。

9.2.1 生态环境的制约

西北五省份环境的复杂性很大程度上取决于它们的地理位置和地形。

首先，西北地区深居中国内陆，具有地广人稀的特点，占据了中国 1/6 的土地面积，主要环境都以沙漠、雪山、荒山、高原为主，较为恶劣。其资源分布主要是油气、煤炭、有色金属，在"丝绸之路经济带"建设中，应以重化工为特色产业进行开发。

其次，基于中国极不合理的人口地区分布现状，处于"黑河—腾冲"线以西的人口不足中国人口总数的 6%，人口密度非常小，人口向西北部地区移动是"丝绸之路经济带"建设的必然结果。如此一来，一旦超过该地区生态环境对人口的可承载能力，粮食、柴火、干草的缺乏就会导致人们滥垦、滥牧，进而引起生态环境的恶性循环。同时，对地表水、地下水的过度开采造成草原退化、土地沙漠化，严重限制了农、林、牧的发展。除此以外，对土地、水利、电力的开发、利用与建设也产生了影响。

再次，全球气候变化和人类活动也将加重生态环境危机。根据 WorldClim[1] 气候数据分析显示，"丝绸之路经济带"的西北大部分地区年平均降水量不足500毫米，水资源匮乏，导致热浪、干旱等天气和气候灾害可能频繁发生。

最后，西北经济带沿线存在着明显的污染问题。受"丝绸之路经济带"上空西风带的影响，污染和灰尘从西向东传播。过去5年，沿线单位国家国内生产总值平均碳排放量比全球平均水平高出50%，二氧化碳排放总量的增长速度远远超过了世界平均水平。因此，西北经济带沿线城市绿色转型刻不容缓，必须秉持生态文明理念，致力于绿色经济带的建设。

9.2.2　基础设施的落后

区域产业分工的根本是商品流动和信息交换在空间内可以自由实现，只有克服区域内城市间商品流动和信息交流的障碍，才能使要素在区域间自由流动得到实现，促进产业分工的实现。

中国西北地区是关键的生态涵养地区，以保护生态环境为宗旨，大规模建设基础设施具有极大的挑战性。另一方面，西北地区百般复杂的地理环境也为西北地区基础设施建设增添了难度。以铁路运输为例，发展前的西北地区还未形成规模性的铁路运输网络，极大程度上制约了经济发展。西北地区蕴藏着丰富的有色金属、煤炭和大量的农副产品。据有关数据显示，甘肃省镍储量占全国的62%，青海省钾储量占全国的97%。这些资源的运输对铁路高度依赖。

"丝绸之路经济带"倡议提出之前，除了铁路交通枢纽甘肃省，新疆和青海只有几条干线，如青藏线和兰新线。兰新线普通列车从兰州到乌鲁木齐最快也需要18小时，货物的运输以及人们的出行非常不便利。特别是在春运等高峰期或有自然灾害发生时，外贸企业长时间不能发货是普遍存在的现象，制约了南北经济的均衡发展。

综上所述，基础设施建设是生产要素自由流动的基础，是区域资源配置

---

〔1〕　是一组全球气候层（网格气候数据），空间分辨率约为 $1km^2$。这些数据可用于映射和空间建模。

的必要条件。倘若某地区的基础设施越完善，那么随着要素流动的效率的升高，经济增长加快，区域之间的经济关系得到强化，产业分工程度深化。

9.2.3 人力资本的缺乏

劳动力是重要的生产要素之一，一个城市的劳动力数量与质量很大程度上也影响着产业分工结构。西北地区在人力资本方面存在问题，第一，是教育发展缓慢，儿童失学率高，缺乏好的师资力量，教学配套设施落后，无法大规模培养出能够支撑西北地区经济发展的技术人才；第二，东部地区的专业技术人才不愿意放弃发达地区的就业机会支援诸如青海、新疆、甘肃等落后地区。即使是西北地区培养出来的人才，由于当地基础设施落后、收入不高等条件的差异，人才源源不断的流入东部沿海地区，导致东、西部地区人才差距愈发显著。

以陕西为例，身为教育大省，即使坐拥许多教育机构，培育出了很多高素质人才，但缺乏吸引力，难以留住人才，所以陕西专业型、创新型人才短缺。这也导致当地企业不能在品牌建设上施展拳脚，无法提高产品附加值和树立品牌形象，长此以往，对外贸易难以发展。

9.3 "丝绸之路经济带"对西北地区产业分工的影响

"丝绸之路经济带"的提出使西北五省份矿产资源能得到充分挖掘，旅游资源能得到充分利用，为西北地区带来了全新的发展前景。地方产业分工的改善必须以"丝绸之路经济带"建设为基础，使城市在合作共赢的基础上进一步提升产业竞争力，成为经济发展的重要支柱。

9.3.1 对生态环境的改善

在生态保护方面，中国与"丝绸之路经济带"沿线国家的合作在多个方面不断扩大，人们的生态保护意识也在逐步加深。从政府、企业到民间志愿者，多渠道保护"丝绸之路经济带"的青山绿水的行动正在走向制度化。

环境的保护和修复是中国生态建设的短板，对西北地区的可持续发展造成直接影响。在建设"丝绸之路经济带"的背景下，地方政府和相关部门把改善生态环境作为长期目的，联系人民群众的切身利益，提高了人民群众的积极性和主动性。同时大力宣传节能减排，尽量减轻重点区域和重点行业的环境污染，强化政府行为实现统一管理，以防污染的加重或新污染的产生。

例如，中国已经长期实施"天然林保护工程""三北防护林工程""生态移民"等，这些都可以作为生态自我修复的依托，为生态修复创造良好的人文、社会环境。坚持生态自我修复与人工治理相结合的原则。中国西北地区在生态环境综合治理方面已经做了大量工作，如水土保持、土壤改良、滴灌技术等，积累了丰富的治理经验。《"一带一路"生态环境保护合作规划》的出台提供了行动纲领和建设指南，对生态环境国际合作及沿线国家生态环境共建发挥了重要作用。中国绿色基金会已于2018年启动"一带一路"杨树森林修复工程和国际生态管理合作基金。据报道，到2030年，预计将在中国西北"丝绸之路核心区""中巴经济走廊""中亚西亚经济走廊"建设3个胡杨林生态恢复区。以胡杨生态修复带建设为中心，中国拟推出十大重点优先开展项目："丝路胡杨"生态风景林百万亩造林工程、胡杨绿色河岸走廊修复工程、大型胡杨生态旅游景区、胡杨保护区能力援建项目、胡杨护路防沙综合生态治理工程、胡杨良种基地建设、大额济纳河畔胡杨森林康养基地、胡杨森林小镇（城市）绿化工程、"大漠胡杨"汽车越野拉力赛以及"丝路胡杨"生态扶贫项目。

在改善环境的同时，通过吸引投资可以促进西北地区农、林、牧更好的进行产业化经营，发挥规模效益；各城市的招商引资、引进先进科技与提升经营管理技术能更好进行；同时出口需求推进轻工业的发展，使轻、重工业得到均衡发展，可以说是一举多得。

9.3.2 对基础设施的改善

自共建"丝绸之路经济带"倡议提出以来，"高铁经济带"的建设得到加强，从起点陕西西安一路向西，到达新疆乌鲁木齐，一条长达2300多公里的"高铁丝路"已全线贯通。

以兰新高铁为例，兰新高铁作为西北地区的首条高铁，在2014年12月26日通车，始发站是兰州，乌鲁木齐为终点站，全程大概7个多小时，相较原来缩短近13个小时，可以说这条线路的贯通有着里程碑式的意义。

截至 2017 年，兰新高铁的安全行驶里程累计已经超过 4000 万公里，运送旅客高达 3000 万人次之多。它的开通，除了减轻兰新铁路的货运压力之外，也降低了货物运输成本与企业生产成本。兰新高铁以客流运输为主，实现了乘客和货物的分流之后，兰新铁路的运输能力是以前的两倍多，物资和人才资源加快流动，推动了地区经济发展。

兰新高铁途经的甘肃、青海和新疆均处于"丝绸之路经济带"的重要地段，新疆毗邻中亚的石油输出大国，这些国家在经济上有很多方面和中国形成互补，是中国通往西亚和欧洲的重要通道，具有重要意义。

兰新高铁对西北地区的旅游业产生了很大的推动作用。对处于高铁必经之路的西北三省份的人民来说，随时随地出游不再是梦想，不仅极大的改善了出行条件，更节约了出行时间。

此外，高铁车站的设置非常贴心，不仅创造了一条绝佳的旅游线路，也为展示西北文化特色搭建了更高的平台。据甘肃省旅游局统计，自兰新铁路开通以来，甘肃的主要旅游景点迎来的游客数量实现了井喷式增长。

9.3.3 对人力资本的影响

建设"丝绸之路经济带"背景下，不是所有变化都对产业分工起到积极作用，前文所提到的交通运输变得便利，促进了物资的流通，同时也带来了人才的流失。由于东西部的经济发展存在差距，人力资本会从西北欠发达的城市流入东部发达地区，从中小城市流入大城市，进一步拉大了区域间的差异。

2017 年以来，西部城市与中部城市上演了一场场激烈的"抢人大战"，相继出台人才政策。新疆为了吸引内地高校新疆籍少数民族毕业生及南疆四地州毕业生，统筹谋划推进，力促毕业生就业创业。比如提高"三支一扶"[1]大学生的生活工作补贴；对参加"三支一扶"的大学生服务期满一定月份的，给予一次性安家费等。通过多渠道的手段措施、福利政策，来吸引毕业生回到新疆就业创业。

陕西省不断完善体制机制，创新政策措施，同样鼓励高校毕业生就业创

---

〔1〕 "三支一扶"，是指大学生在毕业后到农村基层从事支农、支教、支医和扶贫工作。计划的政策依据是《关于组织开展高校毕业生到农村基层从事支教、支农、支医和扶贫工作的通知》。

业。此外还对想创业的高校毕业生、海归及高校在校硕士生、博士生设立了"陕西省高校毕业生创业基金"，按规定提供一定数目的无息贷款；成功创业还可享受相关补贴等。

甘肃省积极引导高校毕业生到中小微型企业就业，同时大力鼓励创新创业，驱动创新发展，并深入贯彻落实"三支一扶"政策。除了鼓励高校毕业生自主创业；健全高校毕业生基层服务保障体系之外，逐渐提高"三支一扶"等基层服务项目人员的生活补贴标准，全方位实现提供社会保险、能力提升培训等政策。对在艰苦边远地区工作的高校毕业生，可提高相应工资档次并落实乡镇工作补贴。

宁夏深入贯彻西部计划和"三支一扶"政策；鼓励中小微型企业就业、创新创业。针对未就业的高校毕业生给予免费的服务，如政策咨询、培训补贴、岗位推荐、创业指导、人事档案托管等。

青海鼓励高校毕业生就业创业以及多渠道就业，并保障自主创业的高校毕业生申请创业担保贷款的权利。对取得营业执照并正常经营规定时间以上的给予相应的补贴或奖励；招聘并录用困难人员就业也会给予一定的补贴。

以西安为例，在如此政策的扶持下，在 2018 年开始的短短 5 个月内，吸引 40 余万人才落户。同时，西安还在不断推进教育公平，实施 13 年免费教育，平衡城乡义务教育资源配置，推广"名校+"模式，通过"名校+农校""名校+薄校""名校+新校"等多种形式，加快城市和农村教育联盟的形成。到 2021 年，城乡学校互建联合体达到 140 个。学前教育毛入学率稳定在 98.5%左右，高中阶段教育毛入学率稳定在 98.3%以上，三类残疾儿童和少年入学率达到 90%以上。

9.3.4 全方位对外开放

2018 年以来，随着"丝绸之路经济带"建设的深入，越来越多的人流、物流、资金流、信息流相互堆积和重叠。陕西对外开放加快扩张，伴随建设"丝绸之路经济带"而来的机遇不断被放大、改善，成为陕西发展的重要动力。截至目前，共有 239 家境外机构在陕西设立了 355 家境外企事业单位。"中国制造"和"陕西制造"令人眼花缭乱，正沿着经济带源源不断的运往中亚和欧洲。

甘肃也积极融入经济带建设，加快推进三大陆港、三大空港和国际陆海贸易新通道建设，组建"丝绸之路经济带"信息港和国际知识产权港，兰州也获批全国跨境电子商务综合试验区试点[1]。目前已经成功举办了中国兰州投资贸易洽谈会、敦煌文博会、中国（甘肃）中医药产业博览会等节会，全省进出口总额394.7亿元、增长21%，对"一带一路"倡议沿线国家贸易增长22.9%。

宁夏作为中国第一个内陆开放型经济试验区，与62个沿线国家开展了经贸交流。2018年宁夏外贸进出口总值249.2亿元，其中对"丝绸之路经济带"沿线国家进出口73.4亿元，占29.5%。除了成立了中国在阿拉伯国家投资最大的工业园区——阿曼（Oman），宁夏还相继在5个阿拉伯国家建立了技术转移分中心，并向近10个国家转让和出口了一批先进适用技术和设备，建立了一批技术示范基地和联合创新实验室。

对于青海来说，对外竞争优势不断增强。至今，青海省已成为中国单一产品包装最多的省份，开通了5列单向货品中欧班列和南向通道。2013年9月至今，新设外商投资项目50个，投资总额16.93亿美元，合同利用外资5.39亿美元。

新疆是中国离欧洲、中亚、西亚国家和地区最近的省份。近年来，新疆着力于拓展"空中丝绸之路"，从加密至中亚、西亚、南亚等多条国际航线已经开通，搭建了更多"丝绸之路经济带"沿线城市和亚欧腹地的"空中通道"。截至2018年3月，新疆机场集团拥有航班250架次，其中国际旅客航班22架次，新疆人民出国旅游更加方便。

"丝绸之路经济带"沿线地区的食品方面，乌鲁木齐市的西域特产进口食品批发商城内，不仅有中亚各国的食品，还有欧洲的红酒、韩国的咖啡等。农业方面，中亚国家尤其是哈萨克斯坦对中国蔬菜需求非常高，利用新疆的水土光热资源及口岸优势，大力发展外向型设施农业，一跃成为中国西部蔬菜出口重要基地。一批果蔬出口企业顺势成立，把中国新疆新鲜的蔬菜和水果送到中亚乃至欧洲居民的餐桌，并通过"公司+农户"的模式，不仅带动了

---

〔1〕 中国跨境电子商务综合试验区是中国设立的跨境电子商务综合性质的先行先试的城市区域，旨在跨境电子商务交易、支付、物流、通关、退税、结汇等环节的技术标准、业务流程、监管模式和信息化建设等方面先行先试。

当地果蔬种植、加工业的发展，也为农民开辟了增收的新渠道。

9.4　优化西北地区产业分工的建议

合理且有效的区域产业分工与区域内各主体的共同努力密不可分，优化区域产业结构，击破贸易壁垒，多角度全方位的构建合作平台，使区域内资源得到有效配置，实现生产要素自由流动，构建最适合西北地区的产业分工机制。

9.4.1　发展优势产业

西北虽然自然条件恶劣，但其农林、牧业、矿产资源的优势是得天独厚的。只要把握住自身的优势产业，优化升级已有的产业结构，比如大力开发可再生能源，发展肉、蛋、奶等食品加工业，不断进行创新改革，加强与"丝绸之路经济带"沿线其他国家的往来贸易，终可以提高区域经济发展水平，为产业分工提供动力。

另外，可以依靠"高铁丝路"的优势大力发展旅游业，虽地处内陆，却有着沙漠、草原、湖泊、山川各种景色，吸引着海内外大量的游客。在建设"丝绸之路经济带"的背景下，中国应该抓住高速铁路带来的机会，大力发展旅游经济，完善沿线站点的旅游服务设施，提升服务品质和游客体验，推动西北地区的经济发展，创建"丝绸之路经济带"旅游的黄金品牌。

9.4.2　提高人力资本

在建设"丝绸之路经济带"背景下，西北地区的经济发展水平日益增高，对外贸易开放程度扩大，对人才的需求也越来越高。基于目前东部地区生活成本持续不断的高涨，西部地区生活配套设施正在逐步升级、完善，预计将会有更多的人才选择到西北地区发展。

为了防止人才向东部发达地区和中心城市转移，西北地区应发挥在自然、资源、文化、区位方面的独特优势，以"人无我有，人有我优，人优我新"为宗旨，避开和东部发达地区发生同类竞争，使市场对人才的配置作用得到充分发挥，改善目前西北地区人才紧缺的现状。另外，政府可以实施提供补贴、发放福利等措施，给予他们优厚的待遇和发挥才能的空间。除了从外部引进人才，西北地区必须加大对教育的资金投入，改善教学条件，引进优良的师资力量，提高教学质量，想办法从本地培养出高素质人才，推动区域经济发展，为产业分工提供活力。

最后，应积极向国家争取相关配套扶持政策，建设面向中、西亚的产权、资本、技术、期货交易平台，依托高铁优势，建设中西亚金融、贸易物流中心和交通枢纽。

9.4.3 加强国内外联系

西北地区相比国内其他地区来说更具有区位优势和便利的交通运输，随着基础设施的逐步完善，为产品出口提供了更好的平台。

对于地方政府来说，需要更多地对内外经济联系进行加强，在制定未来发展计划时，应从长远的眼光考虑，减少地区政府间不必要的利益冲突，共同构建完善的产业分工框架，使产业优势最大化，这样不仅能实现地区间公共利益最大化，同时也能缓解地区之间的紧张关系，彻底实现区域产业分工与合作。

对于欧美等其他国家和地区来说，西北地区应该以"丝绸之路经济带"建设为契机，改善对外贸易的环境，完善对外贸易的制度。中国可以采用各种各样的应对方式来应对贸易壁垒，采用有指向性的贸易问题解决办法。加强行业的自主性，加强标准企业的出口经营秩序，消除恶性竞争。通过各业界协会、主管部门发布信息、提供咨询服务、适时引导出口企业控制出口数量和价格，创办重要产品进口数量、价格监视系统以尽可能消除国内的隐患。

同时在对外贸易过程中确定沿线国家的贸易需求，积极调整出口商品的贸易结构和生产结构来匹配其他国家的市场，如此一来就能实现优势互补、出口扩大，最终达到产业结构升级、实现区域经济快速可持续发展、深化区域间产业分工的目的。

CHAPTER 10

基础设施投资规模与经济增长

基础设施作为城乡生存和发展的物质载体，在拉动国家经济增长中起着不可替代的作用。基础设施投资加快了生产要素的流通和人口的流动，在推动城镇化进程中，起着先导性和基础性作用。基础设施投资规模的增长在加速城镇化进程的同时，反过来又刺激了社会经济发展对于基础设施本身的需求。由于受到计划经济体制的制约，中国的基础设施投资长期以来存在着投资规模小、效率低的缺陷，社会经济发展的硬件条件无法满足需求，因此在一定程度上抑制了经济的增长和城乡的发展。改革开放以来，中国的基础设施实现了跨越式发展，尤其是"九五"以来，在国家积极的财政政策和扩张性货币政策调控下，基础设施投资规模逐渐扩大，建设速度大大提高，极大程度上为社会经济的发展提供了良好的生产条件，它已然成为中国经济发展的重要基石。基础设施投资规模大小关系着社会生产生活的进行，对经济发展进程产生直接影响，对国民经济的发展起重要推动力。鉴于基础设施投资是拉动中国经济增长的主要动力之一，在研究基础设施投资规模变化与经济增长变化之间关系的基础上，解释并验证基础设施对经济增长的影响，具有重要意义。

10.1 相关概念及文献综述

10.1.1 基础设施的概念

对基础设施（Infrastructure）概念的解读在人类的发展历史中经历了层次和范围上的变化。基础设施这一术语最早出现在工程技术上，与建筑物承重结构相关。第二次世界大战后，这一词用于军事领域的研究，《韦氏词典》中指出"基础设施"是"指用于部队军事行动的基地、服务训练设施等构成的系统"。人类对"经济基础"的正式研究（或者说从经济学角度研究）始于20世纪40年代中后期，第二次世界大战刚刚结束，参战各国基础设施遭受大面积破坏，严重影响着经济的恢复和发展。西方的经济学家开始将"基础设施"一词作为主要的研究对象，并引入理论研究中。早期重农主义经济学家魁奈提出了"原预付"概念，亚当·斯密（Adam Simith）在《国民财富的性质和原因的研究》一书中提到的桥梁、运河等就是基础设施。保罗·罗森斯坦·罗丹（Paul Rosenstein-Rodan）最早对基础设施进行了经济学解释，他认为基础设施是"社会先行资本[1]"，强调了"在一般的产业投资之前，一个社会应在基础设施方面有所积累"。艾伯特·赫希曼认为广义的社会间接资本应该包括公共设施、运输、法律、农业系统以及教育等公共服务方面。发展经济学家对于基础设施概念的阐释随着社会经济的发展，其范围和内容进一步扩大和丰富，在经济制度、法律体系以及政治制度等中均有所涉及。参照国内外学者研究，基础设施大致分为社会基础设施和经济基础设施。社会基础设施包括文化、教育、福利、医疗、保险等人力开发设施和系统；经济基础设施则包括公共工程、公共设施以及其他交通设施三个方面，《1994年世界银行发展报告》对这三方面包括的内容作了详细阐述，公共工程包括公路、大坝、灌溉和排水渠道工程；公共设施主要指电力、通信、电信、环境卫生设施和排污、固体废弃物的收集和处理。在一般的经济学研究中，基础设施通常指的是经济基础设施，本书也将沿用这一概念，研究经济基础设施对经济发展的重要性。

10.1.2 相关文献综述

早期关于基础设施作用的讨论可以在经典的经济学文献中找到。Rosenstein-Rodan, Paul N（1957），Nurkse, Ragnar（1952）和 Hirschman, Albert O（1957）主张在其他类型的投资得到保证之前，大量的基础设施投资将对经济增长发挥积极作用。但由于需要大量的经济支出以及考虑到基础设施建设的公共性，他们主张基础设施建设的投资由政府提供。

Aschauer D. A（1989）是提出减少美国公共服务建设投入是导致美国生产增长率整体下降的重要因素的人。同样的，基础设施建设也是希腊经济活

---

〔1〕 社会先行资本旨在强调在一般的产业投资之前，一个社会应具备的在基础设施方面的积累。

动的重要组成部分，经济学家估计，公共基础设施建设可以降低大多数制造业的成本，有效的基础设施建设投资不仅可以促进经济增长、提高生活质量，还对国家安全至关重要。研究人员甚至分析了基础设施建设在各个方面的影响：区域竞争力，经济增长，收入不平等，产出，劳动生产率、环境、社会福利等。一些经济学家认为，对基础设施建设的投资可以深化政府管理层结构性改革，公共基础设施建设为广大人民提供了更广阔的就业市场，它深入地影响了市场和资源，有助于推动国家的可持续化发展，为人们的日常生活带来便利。

在中国基础设施发展的研究中心，清华大学经济管理学院院长白重恩和钱颖一（2010）对整个国家的电力、高速公路和铁路基础设施发展进行了研究，但没有进行计量经济学分析。国际食物政策研究所所长樊胜根（2002）研究了基础设施投资对中国农村经济发展的影响。Demurger Sylvie（2001）分析了 1985 年至 1998 年中国交通基础设施的发展及其与 24 个省份区域经济增长的关系。樊胜根（2006）分析了道路基础设施对中国经济增长的贡献。丁磊（2008）研究了电信基础设施建设对中国区域融合的作用。Banerjee 和 Abhijit（2012）研究了县级交通运输基础设施建设对经济增长的影响。

10.2　中国经济发展和基础设施投资规模概况

10.2.1　中国经济发展概况

中国的经济自改革开放后快速增长，GDP 和居民消费水平同比显著上升，在经历了近 30 年的发展后，中国已然成为一个经济强国，2010 年中国 GDP 超过日本成为世界第二大经济体，2017 年中国经济占世界经济比重达到了 15.3%。改革创新推动着需求结构、产业结构以及投资结构的优化，经济结构上的变化大大增强了经济的稳定性和韧性，中国的经济已经从高速增长阶段转向了高质量发展阶段。

10.2.1.1　GDP 年度增速

1979~2016 年中国 GDP 平均增长速度达到 9.6%，2013~2016 年，中国年均经济增长速度达到 7.2%，在保持高增速的同时，实现了低通货膨胀率以及低失业率。2017 年，中国 GDP 比去年增加了 83537 亿元，折合美元相当于

2016 年世界排名 14 的澳大利亚的 GDP 总量。中国作为拥有十几亿人口的大国，经济发展运行态势受到国内外大量学者的关注，尤其是自从改革开放以来，"中国奇迹"充分彰显了中国经济的飞速发展。研究者们把中国经济增长奇迹主要归结为财政和行政上的分权改革、工业化和贸易的发展以及由经济增长方式的转变而导致的全要素生产率的变化这三种因素。

　　1990~2017 年中国 GDP 年度增速如图 10.1 所示。可以发现 1990~1992 年，1999~2007 年两段时间内中国 GDP 增长速度迅速上升，1993~1998 年，2008~2017 年中国 GDP 增长速度呈下降趋势，并从 2012 年开始趋于稳定。1988 年中国发生严重通货膨胀，政府通过各种手段来紧缩投资和货币投放，因此到 1990 年 GDP 的增长速度达到了改革开放以来最慢。1991 年开始，为防止经济的进一步下滑，政府放松了宏观经济政策，GDP 逐渐上升。1992 年邓小平"南方谈话"推动了改革的新一次热潮，国民经济开始新一轮高涨。房地产热、股票热等经济气泡[1]开始出现，经济出现过热的情况，通货膨胀又开始横行，政府再一次实行了紧缩的货币政策和财政政策，到 1996 年，高通货膨胀大幅度回落，GDP 增速也大幅下降，回归正常水平。2000 年后 GDP 又开始大幅度上升，2008 年金融危机中国采取积极的财政政策和货币政策，经济从高速增长转向中高速增长，GDP 增速逐渐放缓，处于一个稳定区间，这表明中国经济正在稳定增长。

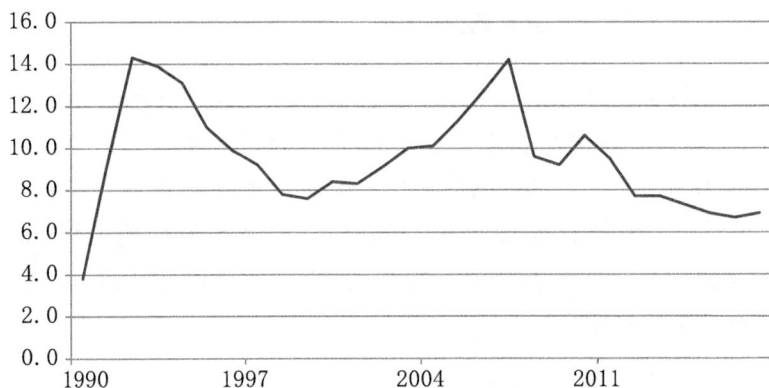

图 10.1　1990~2017 年中国年度 GDP 增速

　　〔1〕　经济气泡是指一系列资产价格膨胀，其市场价格远超过实际代表的价值，形成含有过多"泡沫"的经济总量。

中国经济进入"新常态",经济从高速增长阶段转入中高速增长阶段,2018年中国GDP增速达到6.6%,较2017年回落0.3个百分点,这已经是将近24年以来的最低增幅。自2009年以来,中国被视为投资驱动型经济体,2018年全年全国固定资产投资(不含农户)635 636亿元,比上年增长5.9%,投资占GDP的比率超过45%,远远超过其他发展中国家和发达经济体。

10.2.1.2 人均可支配收入增长情况

2010~2017年城镇居民和农民居民人均可支配收入增长情况可见图10.2。2010~2017年中国城镇居民和农村居民的人均可支配收入呈上升趋势,其中城镇居民人均可支配收入增长速度较快,城乡居民收入差距在扩大,但从整体上来说,人均可支配收入在逐年增加,且增速平稳,从侧面反映中国经济水平在逐渐提高。

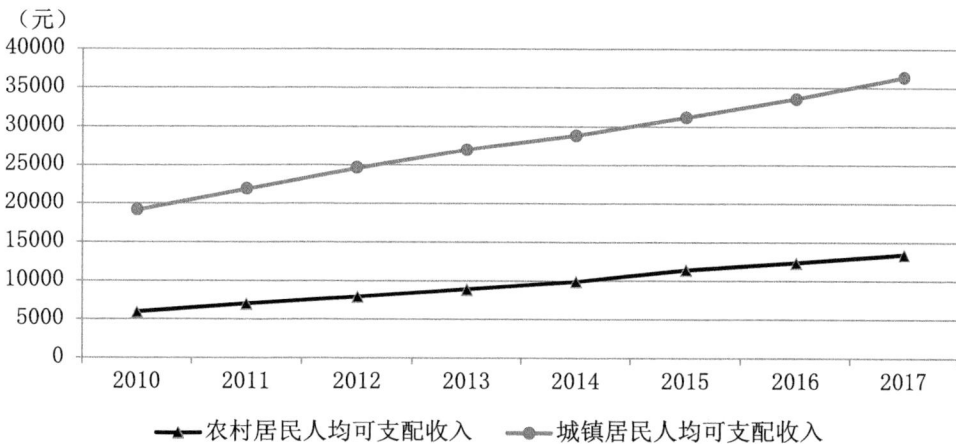

图10.2 2010-2017年城镇和农村居民人均可支配收入

10.2.2 中国基础设施投资概况

10.2.2.1 基础设施投资金额不断增加

改革开放后中国基础设施投资逐渐增加,基础设施建设速度也大幅提高。截至2016年底,能源生产总量已达到346000万吨标准煤,较之1978年的62 770万吨标准煤增加了4.5倍。在交通运输业中,铁路营业里程为12.40万公里，公路里程为469.63万公里，高速公路长度达13.10万公里，内河航道里程为12.71万公里，客运量总计达到1 900 194万人。邮政业务总量为7397.2亿元，电信业务总量为15 617.0亿元。农村水电建设和发电量的投资额达到了2 493 935万元，年末发电设备容量为77 910 629千瓦。从表10.1的基础设施建设数据来看，中国的水、气、路、车等各方面基础设施规模在快速扩大。

表10.1 中国基础设施建设的情况

年份 \\ 类别	1990	1995	2000	2005	2010	2015
年供水总量（亿立方米）	382.3	481.6	553.1	563.3	602.2	610.3
天然气供应量（亿立方米）	64.2	67.3	82.1	210.5	487.6	1040.8
排水管道长度（万公里）	5.8	11.0	14.2	24.1	36.9	53.9
人均道路拥有面积（平方米）	3.1	4.4	6.1	10.9	13.2	15.6
公共交通运营车数（万辆）	6.2	13.7	22.6	31.3	38.3	50.3
垃圾清运量（万吨）	6767	10 671	11 819	15 577	15 805	19 142

中国经济行业的划分标准自改革开放后发生多次变动，因此基础设施的统计口径也发生相应变化，主要分为以下几个时间段的统计口径：1985~2002年，包括电力、煤气及水的生产和供应业、水利管理业、交通运输、仓储和邮电通信业、社会服务业。2003~2016年，包括电力、热力、燃气及水生产和供应业，交通运输、仓储和邮政业，信息传输、软件和信息技术服务业，水利、环境和公共设施管理业。

由于统计口径的变化，为保证数据的标准的统一性，选取了1998~2016年中国统计年鉴的数据，经整理做出28省份基础设施投资总额的变化趋势图10.3。总体来说，28省份的基础设施投资呈上升趋势，且增幅较大。这从整体上说明中国在基础设施上的投资规模在快速扩大，国家通过实施宽松的财政政策加大在基础设施上的投资，为经济发展奠定更为牢固的基石，为生产提供先进的技术支持、便捷的交通、丰富的能源，为人们的生活提供便利和保障。

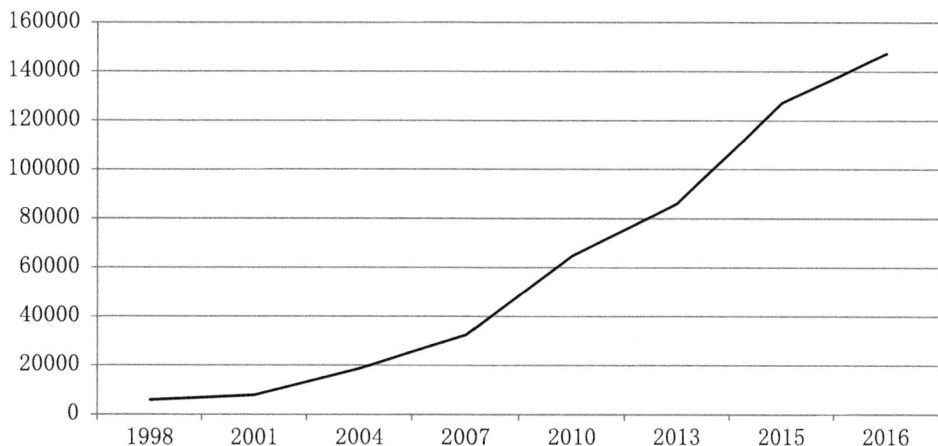

图 10.3　1998~2016 年全国基础设施投资情况

随着中国社会经济发展的需要，对基础设施的投资继续保持上升趋势。基础设施投资的增长为中国经济增长起促进和支撑作用，而经济的高速增长也为基础设施的进一步投资提供了条件，二者相辅相成、相互促进。1998 年开始，基础设施的投资额有了明显增长，这是中国政府实施积极的宏观经济政策的结果。1997 年亚洲金融危机暴发，政府实施了一揽子应对金融危机、刺激经济的措施，加大了基础设施建设投入以支撑经济持续快速增长。在指导性文件中指出要调整投资计划、扩大投资规模，加大了对铁路、公路、城市、农业和水利等基础设施建设。在 2008 年金融危机下，中国进一步通过增加基础设施投资以扩大内需、刺激经济，2009 年全社会的固定资产投资为224 846 亿元，比 2008 年增长了 30.1%，2010 年更是达到了 278 140 亿元和23.8%，基础设施投资增长率不断上升。

10.2.2.2　基础设施投资的地区差异显著

伴随着经济快速增长和人民生活水平显著改善的是基础设施投资的相应繁荣。根据世界银行（1995 年）的数据，1993 年中国的基础设施支出约占国内生产总值的 6.5%，远远高于同期其他发展中国家占国内生产总值的 4% 的平均水平。到 2017 年，沿海省份对能源、运输、电信、水和污水等基础设施部门的投资达到国内生产总值的 27%。2017 年全国一般公共预算教育经费203 330.03 亿元，占一般公共预算支出的比例为 14.71%，比上年的 14.75% 降低了 0.04 个百分点。

将区域和时间作为可能同时影响基础设施建设发展和经济增长的因素。从地区来看，表 10.2 中的数据对比可以看出，基础设施密度在东部、中部和西部存在很大差异，这些差异会通过基础设施与经济增长之间紧密的联系而传导到经济增长上，体现为经济发展水平的差异。

表 10.2　按区域划分的三类基础设施建设密度

地区	运输基础设施（公里/平方公里）			能源基础设施（吨标准煤/人）			电信基础设施（元/人）		
	2003	2013	2018	2003	2013	2018	2003	2013	2018
东部	0.481	1.385	8.020	2.234	2.991	3.507	440.437	2553.342	4589.614
中部	0.243	0.958	5.070	1.427	3.333	4.072	156.131	976.722	2246.833
西部	0.118	0.444	3.410	2.001	6.059	8.223	156.526	1226.106	2813.116

10.3　基础设施投资对经济增长影响的作用机制

经济增长的实现原因、作用机制以及实现途径一向是国内外学者的研究热点，基础设施长久以来被认为是推动经济增长的重要原因，部分学者在参考国内外理论研究和文献的基础上总结出以下三种基础设施投资对经济增长影响的作用机制：需求效应、结构效应以及外部溢出效应。

10.3.1　需求效应

基础设施投资需求作为一种中间需求，其变化能够对消费以及生产领域产生乘数效应，从而推动 GDP 和 GNP 的增长。基础设施的投资可以直接派生其他需求，如加大公共基础设施的投资会引起人们在交通、消费、公共服务上需求的增长；又如生活基础设施的改变会引致人们对水电供应以及耐用消费品需求的变化。基础设施投资规模的扩大为生产和消费创造了更多的需求，产生了明显的乘数效应。工业化阶段是所有国家经济发展阶段中必不可少也是最重要的阶段。工业化程度直接决定了国民经济发展的基础，而工业对基础设施的要求远远高于其他行业，工业化生产中能源、材料的供给受基础设施完善程度的影响，依托于硬件基础设施的发展，基础设施的完善可以促进生产效率的提高。魁奈（Quesnay）认为应该把基础设施和固定资产同样作为生产资本对待[1]。从另一方面来说，工业化发展为基础设施的完善提供了现代化技术支撑，两者相互促进、相辅相成。工业化中交通运输业的发展形象地代表了社会生产和经济发展状况，在工业化初期阶段，重工业的发展对煤炭、石油的需求量十分大，因此对交通设备的需求与日俱增，火车这一新型交通运输工具为生产所需材料的供给提供了便利，在工业化中有着不可替代的地位。有了交通运输业发展的支撑，制造业、钢铁业迅速发展，带动了其他行业的发展。一些学者认为基础设施投资对社会财富增长和聚集、商业发展、航海贸易受港口、运输等基础设施投资有影响。托马斯·孟（Thomas Mann）就指出影响贸易发展的一大重要因素就是航运业的发展。

10.3.2　结构效应

发展经济学家认为基础设施和生产性投资[2]是促进经济增长的两个有机构成部分，其中基础设施是经济增长的构件。W·W·罗斯托在《经济成长阶段》中提到基础设施是社会变革、生产力发展和经济增长的前提条件，因此，基础设施是经济增长的基础。赫希曼的"不平衡增长理论"认为在保证基础设施最低所需的前提下，将资本集中于投资生产，生产所得收益再投入基础设施建设，如此循环，经济和基础设施都能够得到发展。经济结构的转变能够加速经济的增长，基础设施是能够引起结构变化以及社会变革的物质基础和决定性因素。就交通运输业与工业化二者变化过程中的关系来说，交通运输业在极大程度上受工业中制造业结构发展的影响。工业化初级阶段以轻工业为主，生产资料以棉花、麻等纺织品原料为主，因此就货物大小和运输量来说对交通运输工具的要求并不高。当重工业时代来临之后，生产原料以钢铁、煤炭等为主，对货物需求量和运输速度的要求越来越高，对交通运输工具的要求就提高了，而且此时处于工业化重要阶段的国家会将材料的供给源扩展到更远的他国，此时交通工具本身运输速度要快的需求，以及对多

---

〔1〕　生产资本是以生产资料和劳动力的形式存在的资本，是产业资本在其循环过程中所采取的一种职能形式。

〔2〕　生产性投资是指投入到生产、建设等物质生产领域中的投资，最终形成生产性资产。

途径运输的要求，比如水路运输和铁路运输的发展，使得交通运输业结构发生了极大的变化。在技术密集型工业时期，工业产品不再是大宗物件，产品在轻便的基础上具有更大的附加值，因此原材料的需求下降，基于消费者的需求，除了产品本身，对产品的运输速度有了更大的需求，航空和公路运输就成为这些产品的主要运输方式。从交通运输业结构的变化来看，运输工具的发展受生产资料大小和需求量影响，铁路和水路运输的发展对应的大宗物件，空运和公路对应的是轻便且对运输速度有要求的货物，所以工业化产业结构的变化会影响交通运输业的发展。随着交通运输工具的改善，运输时间和成本降低，产品的生产和消费者需求的增加，推动经济的发展。

10.3.3　外部溢出效应

罗默、卢卡斯和 Barro 通过内生增长模型从理论上支持基础设施对经济增长具有正外部性。内生经济增长理论认为，基础设施投资的外部性是促进经济长期增长的根本，Barro 在现代内生增长模型中发现基础设施的公共物品性质对私人资本具有溢出效应，政府可以通过基础设施建设来维持并提高经济长期增长率。基础设施的发展有利于人力资本的聚集以及 FDI 的引进吸收，Borjas（1995）、Arrken 和 Harrison（1999）已证明这两者对经济增长具有溢出效应，所以基础设施也应当对经济增长有溢出效应。国外有相当多关于基础设施对经济增长作用的相关文献，而国内研究基础设施对经济增长溢出效应的文献较少，一些国内学者诸如范九利、白暴力（2004）等研究了基础设施对中国经济增长的产出弹性，刘生龙（2011）在《基础设施与经济发展》一书中沿用 Hulten（2006）等的研究框架，研究分析了基础设施对中国经济增长的溢出效应，通过实证模型，他认为交通基础设施和信息基础设施对 TFP 有显著正向促进作用，并指出改革开放以来中国经济高速发展的重要源泉之一是交通基础设施的跨越式发展。Baum（1998）使用增长会计法估算了德国交通运输的正外部效应，发现 1950~1990 年，国民收入增长有 49% 来自交通运输，交通运输基础设施的外部溢出效应对国民经济增长的贡献率约为 24.5%。信息基础设施的外部溢出效应体现在其发展能够减少信息不对称问题，市场中信息不对称是阻碍市场有效运行的一大问题，信息基础设施的发展有利于企业的管理和生产，提高了经济效率。

10.4　基础设施建设对经济增长的影响

基础设施包括两个要素——"资本性"和"公共性"。我们对基础设施的资本密集程度和社会意义进行了分类（表 10.3）。

表 10.3　城市基础设施按基本密集程度和公共性划分

公共性 ＼ 资本密集程度	高	低
高	道路、铁路、机场、港口、电力、供水、污水处理、电信	学校、医院、公园、法院、博物馆、剧院、图书馆、大学
低	工业基础设施	喷泉、雕像

公共基础设施的建设通常被视为建立经济的基础，经济学家们对可持续发展政策的实施进行了分析，他们指出基础设施建设是社会经济发展战略规划领域最重要的方面之一。公共基础设施建设是保证生活质量的基础：良好的道路状况减少了事故的发生率，确保了公共安全；良好的水力系统降低了疾病的滋生、传播的可能性，保证了使用者的健康状况；有效的废物处理、污水处理系统改善了环境状况，为人类赖以生存的生活环境助力。

经济学家研究了基础设施建设与健康和教育之间的关系，并证明基础设施建设对于确保健康状况、教育和受教育的质量起着至关重要的作用。基础设施建设作为国家发展的重要方面之一，它可以直接或间接地影响社会经济活动和其他领域的生产要素。

正确有效的基础设施建设投资政策是国家可持续发展政策的一个必要非充分条件：它不能保证国家经济竞争力一定会因为基础设施建设的投资扩大而进步，但它为国家经济建设的发展创造了许许多多的条件——劳动、生态、生产、健康等。将基础设施确定为国家区域竞争力的指标之一，指的是有形基础设施，包括了运输基础设施建设、能源基础设施建设、生态基础设施建设、电信基础设施建设等。

10.4.1 提高运输基础设施效率

高速有效的运输基础设施建设可以加速经济活动、加快经济发展。发达的交通基础设施建设可以促进一国的国际竞争力及其经济增长，中国这样一个大型的、开放的经济体来说尤为重要。

中国是世界第二大经济体，根据 2018 年世界贸易组织的数据，中国的外贸不断发展壮大，中国进出口总额增长 14.2%，增幅创 6 年来新高，重新成为世界第一货物贸易大国。中国经济的开放性以其高生产率为基础，是其财富的重要来源。对于这样一个开放的经济体而言，有效的运输基础设施建设实现区域和全球连通性是一项重要的经济资源。大部分陆路、水路、港口和机场交通基础设施都被视为中国的战略基础设施。经过多年持续快速发展，中国运输基础设施建设发展日趋完善（表 10.4）。这些经济和地理优势特征鼓励许多外国公司在中国发展。

表 10.4　中国运输基础设施建设状况（2003~2015 年）

年份	铁路线路里程数（万公里）	高铁线路里程数（万公里）	公路里程数（万公里）	高速公路里程数（万公里）	港口万吨级及以上泊位数（个）	民航机场数（个）
2003	7.30	−	180.88	2.97	899	126
2004	7.44	−	187.07	3.43	944	133
2005	7.54	−	193.05	4.10	1034	135
2006	7.71	−	345.70	4.53	1203	142
2007	7.80	−	358.40	5.39	1337	148
2008	7.97	0.07	373.00	6.03	1416	152
2009	8.55	0.27	386.10	6.51	1554	165
2010	9.12	0.51	400.80	7.41	1661	175
2011	9.32	0.66	410.60	8.49	1762	178
2012	9.76	0.94	423.80	9.62	1886	180
2013	10.31	1.10	435.60	10.44	2001	190

年份	铁路线路里程数（万公里）	高铁线路里程数（万公里）	公路里程数（万公里）	高速公路里程数（万公里）	港口万吨级及以上泊位数（个）	民航机场数（个）
2014	11.18	1.60	446.40	11.19	2110	200
2015	12.13	1.90	457.70	12.35	2221	206

港口、机场和道路建设的反对者往往关注这些扩建对环境带来的负面外部影响，他们也质疑这些运输基础设施建设对经济增长的积极影响。在关于运输基础设施建设和运输基础设施投资对经济增长的影响的文献中存在着许多不同的观点，正如一枚硬币的两面性，并不存在着一种无可争议的一致性论断。

10.4.2　有利于发展可持续的生活方式

不可否认的是，当国家在进行出口、进口活动时，会大大提高运输基础设施的利用率，从而提高其效率。因此，提高运输基础设施的效率有利于进一步发展国家的进出口贸易，快速的贸易发展也随之提高了政府对运输基础设施建设的投资。但是，如果没有良好治理，仅仅提高对运输基础设施的投资并不会带来更有效的发展。各国需要采取更有力的政策来减少相关部门的腐败，并提高相关部门的行政能力。更开放的国家也可能享有更好的政府治理制度，对运输基础设施建设的投资也更有效，贸易发展也更迅速。因此，发展运输基础设施建设时，要先从根本的方面抓起，只有更好的、更透明的政策扶持，才能使运输基础设施的建设更好地带动城市经济建设的进步。

可以根据基础设施对政治影响的定位划分为五个领域（见表 10.5）。

表 10.5　基础设施对政治影响的定位划分

领域一	在国家间竞争和合作的背景下根据能源基础设施建设产生的地缘政治、经济
领域二	以地方、区域或全球范围内的能源基础设施建设导致的社会经济不平等为侧重点，分析经济不平衡发展的产生
领域三	能源基础设施的建设，与现代化和国家进步的前进轨迹的关系

续表

领域四	能源基础设施的建设作为影响或共同构成社会政治秩序的关键要素之一
领域五	"聚集力量"和重要的政治中介本身就是塑造人民和整个社会的权利

确保可靠的、经济的、环境可持续的能源供应是 21 世纪的重大挑战之一。能源基础设施正处于这一重大挑战之中，这是有关经济增长和国家安全到缓解气候变化和社会不平等的广泛政策目标的融合点[1]。能源基础设施建设的挑战从难度到规模上来说都非常大。国际能源机构估计到 2040 年期间，新能源供应基础设施建设需要 44 万亿美元，每年需要 450 亿美元的开支来解决联合国可持续发展目标，并提供可承担、可持续、可靠的现代化能源服务。在欧洲，开发和升级电力和天然气输送系统预计在 2022 年之前将耗资约 2100 亿欧元；在美国，2016 年至 2025 年期间发电、输电、配电的"基础设施投资"估计为 1770 亿美元。呼吁开发或扩大社会经济、政治、环境中的能源基础设施建设，不仅有利于促进经济增长、确保国家安全，更有利于发展可持续的生活方式。因此，对能源基础设施的投资能够进一步促进国家经济的高速发展。

10.4.3 有效整合经济发展的措施

城市是一种复杂的自然生态系统，是最密集的人类活动所在地。现在超过一半的世界人口居住在城市。中国的城市人口所占比例从 1978 年的 17% 飙升至 2010 年的 50%。现今，中国的城市化进入了一个人口城市化、经济城市化、空间城市化的关键时期。经济发展对土地的使用需求日益增加，导致中国在短短十年的时间里耕地面积减少 830 万公顷，湿地面积减少 340 万公顷。湿地、绿地作为城市生态基础设施建设，其结构在城市化的进程中发生了巨大的变化，水污染、空气污染愈发严重，热岛效应加剧，导致物种灭绝接连发生。

中国传统的粗放式城市化发展模式是不可持续的，1992 年，在里约热内

---

[1] 欧盟 2011 年基础设施一揽子计划旨在支持新能源基础设施，以实现能源安全，能源市场自由化和脱碳等多个目标。根据里斯本条约，能源基础设施建设成为成员国和欧盟委员会之间的共识。

卢的环境与发展大会上通过的《21世纪议程》[1]，提出了促进可持续和协调发展的经济、社会、资源以及保护环境的目标。中国作为第二大经济体、最大的能源消费者，具有超高的碳排放量，需要意识到城市生态基础设施建设是城市可持续发展的基本，同时也是促进城市生态系统的关键组成部分。正确实施生态基础设施建设投资的方法，可以全面地从水质、水量、能源供应、污水处理、土地的合理分配利用、发展新能源等方面帮助中国走全面可持续发展道路。

随着城市可持续发展的意义逐渐显现，应当通过制定有效的、正确的政策促进、激励基础设施建设投资，推动社会进步和经济发展。城市生态基础设施建设不仅是促进城镇居民身心健康的重要方面，也是刺激经济和社会发展基本的物质条件。此外，随着经济和人口的快速增长，城市的迅速扩张将对生态环境产生巨大的影响。因此，不同规模的城市应加大对公共服务的投入，平等分享公共资源，政府和企业应逐步加强教育和医疗服务，扩大就业渠道，改善社会管理系统，提升整体生态基础设施建设水平。

10.5　基础设施投资规模与经济发展关系的实证分析

实证研究数据主要来自中华人民共和国国家统计局官网发布的《中国统计年鉴》，从中选取相关数据，由于有些年份的数据并不被记录在内，或者不同年份的统计年鉴对相同的指标的计算方式不同导致数据有所差异，因此在研究分析中可能存在一定误差，没有数据记录的年份将通过分析前后变化趋势进行估计，将误差控制在一定范围内。从其他文献或者网站选取的数据仅作为研究分析的参考。

10.5.1　模型设定和估计

使用回归分析作为估计变量之间关系的方法，重点是国内生产总值

---

〔1〕《21世纪议程》是一份没有法律约束力、800页的旨在鼓励发展的同时保护环境的全球可持续发展计划的行动蓝图，它于1992年6月14日在里约热内卢的环境与发展大会上通过。地球首脑会议的组织者说，这项计划若实施，每年将耗资1250亿美元。文件包括有关妇女、儿童、贫困和其他通常与环境无关联的发展不充分等方面问题的章节。

（GDP）与 6 个自变量之间的关系。从前述大量国内外经济学家的相关研究成果中，可以推测出基础设施建设对经济增长的影响。因此选取了 2010 年到 2018 年的可能影响国内生产总值的因素的数据（表 10.6），提出假设：基础设施建设的投资将对经济增长起到促进作用。

表 10.6 运输基础设施建设投入对经济增长的影响

时间	GDP（万亿元）	基础设施投资（万亿元）	FDI（万亿元）	进出口总额（万亿元）	人均受教育水平	第三产业占 GDP 比率	人口密度（人／平方公里）
2010	39.80	11.13	0.7158	20.17	0.98	0.43	139
2011	47.16	12.46	0.7493	23.64	0.94	0.43	140
2012	51.95	14.99	0.7052	24.42	0.95	0.45	141
2013	56.88	17.85	0.7283	25.82	0.95	0.46	141
2014	63.65	20.48	0.7344	26.42	0.95	0.48	142
2015	68.91	22.48	0.7865	24.55	0.94	0.50	143
2016	74.41	24.26	0.8369	24.34	0.94	0.52	144
2017	82.08	25.65	0.8848	27.81	0.95	0.52	144
2018	91.93	25.83	0.8932	30.51	0.95	0.52	145

建立简单多元线性回归方程，即：

$$Y = \beta_0 + \beta_1 X_1 + \beta_2 X_2 + \beta_3 X_3 + \beta_4 X_4 + \beta_5 X_5 + \beta_6 X_6 + \mu \quad (10.1)$$

其中因变量 Y，即国内生产总值（GDP），自变量 X 分别是：基础设施投资（X_1），外商直接投资（FDI）（X_2），进出口总额（X_3），人均受教育水平（X_4），第三产业占 GDP 比率（X_5），人口密度（X_6）。因为国内生产总值还受其它一些因素的影响，如区域因素、政策因素等，所以我们在模型构建过程中加入了随机扰动项 μ，使得回归结果能更好的表现自变量与因变量之间的关系。

10.5.2 回归结果分析

10.5.2.1 模型回归结果

使用普通最小二乘估计法（OLS）对（10.1）式参数进行估计，得到回归结果：

$$Y = -574.467 + 0.844\,X_1 + 46.294\,X_2 + 1.208\,X_3 + 75.406\,X_4 -$$
$$14.807\,X_5 + 3.452\,X_6$$

$R^2 = 0.999,\ F = 7829.276,\ n = 9,\ DW = 2.597$

由回归结果可知，假定其他变量不变时：

第一，中国基础设施投资每增加 1 万亿元，平均来说中国国内生产总值增加 0.844 万亿元。第二，中国外商投资每增加折合人民币 1 万亿元，平均来说中国国内生产总值增加 46.294 万亿元。第三，中国进出口贸易总额每增加 1 万亿元，平均来说中国国内生产总值增加 1.208 万亿元。由此可以说明，中国基础设施投资与国内生产总值正相关，即基础设施建设的投资将对中国经济增长起到促进作用。

10.5.2.2 统计检验

由回归结果可知：可决系数 $R^2 = 0.999957$，修正后的可决系数 $R^2 = 0.999830$，说明构建的模型能很好地与样本拟合。对于 $H_0 : \beta_0 = \beta_1 = \beta_2 = \beta_3 = \beta_4 = \beta_5 = \beta_6 = 0$，假设显著性水平为 $\alpha = 0.05$，自由度为 k-1=5，n-k=3，在自由度分别为 5 和 3 的情况下，通过查 F 分布表可得 $F_{\alpha(5,\ 3)} = 9.01 < F = 7829.276$，所以拒绝原假设，说明回归方程显著。

10.5.2.3 对基础设施投资规模和 GDP 的进一步分析

为进一步研究基础设施投资规模与 GDP 的关系，画出 lnY 与 $ln\,X_2$ 的散点趋势图，如图 10.4 所示。

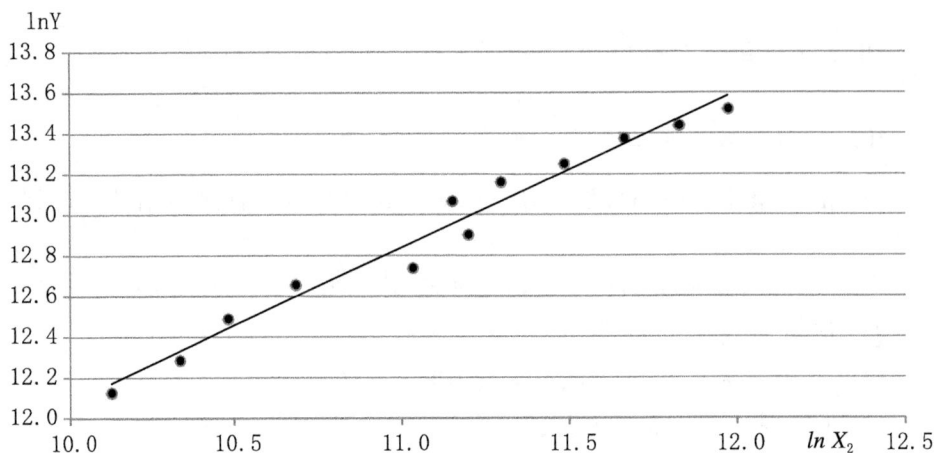

图 10.4 ln$Y$ 与 ln X_2 的散点趋势图

从图 10.4 中可以看出二者增长趋势具有趋同性，散点较均匀分布在趋势线两侧，说明二者之间存在正相关的近线性关系。这与在多元线性回归中的结果相近，结合回归结果可以很好地说明基础设施投资的增长确实对经济增长有影响，且存在一定的线性相关关系，二者变化趋势相近，是正相关关系。此结果支持了经济现实以及有关于基础设施和经济增长的理论研究。

10.6 促进中国基础设施发展的政策建议

基础设施是在国民经济行业中为满足生产、生活需要而必需的基础结构和公共设施。基础设施包括社会基础设施以及经济基础设施。自改革开放以来，中国基础设施建设取得了较大成就，随着社会经济的增长，对基础设施投资需求快速提高，政府在基础设施上的投资也逐渐增加。

结合内生增长理论以及外部溢出效应，可以认为基础设施是促进经济增长的重要源泉，经济增长依靠一定的物质基础，物质基础包括货物运输所依靠的交通运输、原材料加工的机器硬件、生产生活所需的房屋土地等，这些物质基础是否完善直接影响着经济的发展。无论在哪一个经济发展阶段，基础设施在经济发展中都扮演着不可或缺的角色，不同的阶段对基础设施的需求也不同。基础设施投资的变化除了能直接影响经济，还能从消费、进出口、投资等方面间接影响国民经济的发展。

实证分析验证了基础设施投资对经济发展所起的促进作用。随着中国经济的不断发展，经济发展对基础设施投资的需求将进一步加大，如何调控好基础设施投资额、区域投资额、行业投资额是政府面临的一大难题。区域经济发展不平衡，调整基础设施投资规模是平衡区域经济发展的一项必要措施，只有更完善的基础设施建设才能为社会经济发展提供强有力的支撑。

第一，对于城市生态基础设施建设来说，更需要由市场力量驱动，而不仅仅是政府。首先应该增加生态基础设施建设投资额和它在中国 GDP 中的占比，来促进环境保护技术升级和减少污染排放。其次，应该建立有效的监督管理机制。最后，可以实施一些管理机制，通过目标监督制度，定期公开污染控制报告有助于确保生态基础设施建设的顺利实施。促进法治，优化财政政策和调整生态基础设施投资结构也是有效措施。

第二，在可持续发展综合能力方面，中小城市在经济发展、社会进步、基础设施建设等方面的发展成效都是最快的。城市规模越小，可持续发展的潜力越大。中国应该把重点放在现阶段属于中小城市的区域。此外，不同规模的城市还应进一步开展合理的分阶段的规划，实现可持续发展需要在经济、社会和生态等各方面同步发展。

第三，政府应提高计划和实施基础设施建设的成本的透明度，包括改进支持相关文件对于普通纳税人的可读取性、可理解性。把每一位公民都视为利益相关者，支持大众对基础设施投资项目提出合理建议的权利。透明度还应扩展到公共采购流程以及预算执行阶段。行政能力较弱的地方政府应该寻求中央政府的帮助，获得技术援助。虽然改善治理不是一件容易的事情，但如果想要更广泛地受益于基础设施建设投资带来的增长促进作用，那么改善治理将是刻不容缓的任务。

CHAPTER 11

"丝绸之路经济带"倡议下
中国与中亚国家能源合作

　　"丝绸之路经济带"倡议提出以后，中国与中亚国家的能源合作主要是中国与土库曼斯坦、乌兹别克斯坦、哈萨克斯坦、塔吉克斯坦四国的能源合作。中国与中亚国家之间的能源管道建设是"丝绸之路经济带"建设中一个重要的投资项目，中亚国家拥有极为丰富的油气资源，同时地质、环境、气候等多个方面因素的共同影响使得这里拥有极度充足的矿产资源。由于当地经济发展水平相对较低、人口规模不大，自然资源的使用远小于开采数量，当地的供过于求现象使得该资源的出口成为资源的利用难题，加强必要的能源管道建设势在必行。通过进行能源管道的基础设施建设，双方各取所需，加大中国与中亚国家在能源方面的合作和贸易，既提高了中亚地区能源出口的渠道、扩大了能源消费的市场，又增加了中国能源进口渠道，满足日益增长的能源消费需求。

11.1　能源价格影响中国经济增长的传导机制

11.1.1　能源价格通过行业生产成本传导影响中国经济增长

　　在其他条件不变的情况下，一般来说，商品的价格越高，生产者的供应量就增大，反之，商品价格越低，生产者的供应量就减少，这是供给规律。石油所具有的商品属性决定了影响其价格的主要因素为市场供给因素。但是，石油这一重要工业原料作为不可再生资源，供给量会随着时间推移变得越来越少，最终会导致石油价格越来越高。

中国石油消费量在 2014 年达到 5.18 亿吨，其中石油进口量为 3.18 亿吨，石油对外依存度为 59.9%。2015 年，中国的石油需求量为 5.34 亿吨，而石油对外依存度更是突破了 60%，其中，对成品油需求量首次突破了 3 亿吨，在石油对外依存度超过 50% 的情况下，国际石油价格波动对中国经济的影响程度更大了。

国际石油价格的波动，会对石油相关的生产行业的生产成本造成影响，石油作为基础能源和工业原料，涉及众多产业链。随着国际石油价格的增长，相关行业的生产成本也会随之增加，又因其涉及的产业链庞大，进而推动几乎所有行业的生产成本的提高。其中，石油化工业这一与石油密切相关的产业，受油价上涨的影响，上游原料上涨的幅度远大于塑料制品、化学纤维以及橡胶等下游产业的价格上涨幅度，对产业链上游的企业造成巨大的冲击。而中国很多企业多处于微利状态，因此，石油价格的上升，通过提高生产成本这一传导机制，对中国经济增长影响是巨大的。

11.1.2 能源价格通过消费传导影响中国经济增长

国际石油价格变动对消费的传导是从消费行为、消费支出结构、消费需求结构进行的。

从消费行为分析，国际油价上涨会影响消费者的消费心理。一般来说，在总收入不变的情况下，油价上涨会抑制消费者的消费欲望，进而导致社会总消费水平下降。另一方面，石油价格上涨会加深通货膨胀，社会总体价格水平也会随之增长，而实际收入水平则会相对下降，促使消费者减少对石油相关产品的消费，增加替代品的购买力。

从消费支出结构分析，石油价格上涨，居民会减少与石油使用密切相关的产业的消费品购买量，例如汽车这一主要以燃料油为能源的产品，随着石油价格上涨，汽车使用的成本会随之增加，消费者对于汽车的购买量也会随之降低，汽车的销量也会受到影响，消费者在汽车方面的预计消费也会转向其他行业的消费。

从消费需求结构分析，石油价格上涨，对于石油开采部门来说，其所需要的劳动与资本的需求会随之增加，而对于石油密集型部门而言，劳动与资本需求会相对下降。反之，石油价格下跌，石油开采部门的劳动与资本需求会下降而石油密集型部门劳动与资本需求会相对上涨。

11.1.3 能源价格通过投资传导影响中国经济增长

国际石油价格波动通过投资传导影响中国经济的增长，体现在影响投资者的投资意向方面。

从工业投资需求分析，石油产业链的生产成本会随着国际石油价格上涨而增加，进而影响投资者对这一产业的投资意向，投资者会以更加谨慎的心态对待该产业链，就会使这一产业链投入的生产投资受到影响，随之受到冲击的行业就是与石油产业相关行业，如石油化工，交通运输，汽车销售行业等，投资者对石油相关产业的投资也会相对减少。

从公共产品投资分析，国际油价上涨，将会形成输入型通货膨胀，政府的实际财政收入也会下降，导致政府在公共产品方面的投资预算也会随之下降。政府为了应对通货膨胀，会采取减少投资的手段来降低膨胀水平，政府的总投资下降，对公共产品的投资也会大幅下降，社会福利水平也会随之下跌。

11.2 中国能源消费与 GDP 之间的关系

研究能源消费和 GDP 之间的关系对于一国的政策制定者而言具有重要的应用价值。一方面政府高度关注经济增长的速度，另一方面，政府担忧环境的破坏和资源的过度消耗或匮乏。如果能源消费对 GDP 没有显著的影响，那么政府可以更容易的制定保护环境和资源的政策，而不必担忧经济增速下降。如果两者之间存在显著的相关关系，那么环境和资源方面的政策将会影响到经济的增长和居民的生活水平，政策的实施将十分困难。

能源消费与 GDP 之间的关系不仅受到政策制定者的重视，也引起了众多学者的关注，他们使用不同国家和地区的数据，结合各种计量经济方法进行研究，得到的结果也各不相同。目前学术界认为能源消费与 GDP 之间的关系存在四种情况：第一种是环境保护假说，认为 GDP 的变动是能源消费变动的原因，因此，任何保护环境和资源的政策都不会影响经济的增长；第二种是增长假说，认为能源消费是 GDP 变动的原因，因此，任何减少能源消费的政策都会降低 GDP 的增长；第三种是反馈假说，认为能源消费与 GDP 之间存在双向因果关系；第四种是无关假说，认为能源消费与 GDP 之间没有因果关系。

由于以往的研究没有得到可靠的一致结论，这使得政策制定者很难抉择采取什么政策进行调控。以往大多数的研究都是基于缺少经济理论支撑的单方程模型，主要考查变量之间的单一方向的因果关系，缺少对变量之间同期相互作用机制的探讨；同时，以往研究大多使用时间序列数据进行分析，而现实中经济变量的变化往往表现出非平稳的非线性特征，例如生产函数等，因此研究结论的稳健性受到了极大的质疑。本部分基于中国 1990~2015 年的省际年度数据，利用面板数据联立方程模型，探讨能源消费与经济增长之间是否存在系统内的因果关系，为政策制定者准确制定促进经济增长、提高能源使用效率、保护环境的政策提供参考依据。

11.2.1 相关研究学术史

对能源消费与经济增长之间关系的研究可以追溯到 20 世纪 70 年代。Kraft& Kraft（1978）在他们开创性的研究中，运用美国 1947~1974 年的数据发现 GNP 是能源消费变动的原因。随后，各国学者使用不同国家的时间序列数据对经济增长与能源消费之间的因果关系进行了分析（Akarca & Long，1979；Akarca & Long，1980；Yu & Hwang，1984；Yu & Choi，1985；Erol & Yu，1987a），结果发现两者之间的影响方向并非固定不变，研究结论各不相同。在大多数情况下，对经济增长与能源消费关系的研究都是使用普通最小二乘法估计对数线性模型，并进行系数统计检验，其缺陷是没有考虑时间序列数据的非平稳特征，因此上述研究得到的结论可能是有误的。

在过去的几十年中，时间序列分析方法有了快速的发展和进步，同时面板数据模型的引入也提高了估计结果的稳健性，对能源消费与经济增长之间关系的研究，借助新的方法和数据得到了不同的结论。这一时期的研究多基于 Engle-Granger 检验、Johansen 协整检验、向量误差修正模型和向量自回归模型，分析时间序列数据和面板数据（Hwang& Gum，1991；Yu & Jin，1992；Masih & Masih，1996，1997；Cheng & Lai，1997；Glasure & Lee，1997；Yang，2000；韩智勇等，2004；吴巧生等，2005；吴巧生等，2008；王筱琼，2009），对包括中国在内的各国时间序列数据和面板数据分析后得到的结论仍然不一致。上述研究结果存在差异的主要原因是分析过程中使用了不同的计量经济学方法，例如，吴巧生等 2005 年使用时间序列数据发现中国 GDP 单向影响能源消费，而 2008 年使用面板数据发现中国 GDP 与能源消费之间存在双向因果关系。

从 2000 年开始，部分学者在研究经济增长与能源消费的关系过程中加入其他经济变量模拟现实经济的变动影响。最初，部分学者将价格作为重要变量引入模型，考查价格、经济增长与能源消费之间的关系（Asufu–Adjaye，2000；Hondroyiannis 等，2002；Soytas & Sari，2003；Altinay & Karagol，2004；方毅和张筱婉，2013）；其后，随着全球气候变暖、厄尔尼诺现象频繁出现，部分学者在前人研究的基础上进一步加入了碳排放，研究碳排放、经济增长和能源消费三者之间的关系（Ang，2007；Apergis & Payne，2009，2010；）；经济全球化的趋势使得国际贸易在一国经济发展中的作用日益重要，部分学者在以往研究的基础上增加了贸易开放度，研究碳排放、GDP、能源消费和贸易开放度之间的关系（Ang，2009；Halicioglu，2009；Jalil & Mahmud，2009；）所得结论依然各不相同。

通过整理上述的研究成果可以发现，对同一个国家的相同指标进行检验也会得到不同的结论，究其原因可能是研究的时期不同或者是所使用的方法不同。最可能的原因是研究的样本数据不足。运用时间序列数据模型的大多数研究的时间跨度是 30~40 年，样本点较少导致统计检验的可靠性较低，研究的结果不具有一致性。为了解决时间序列数据模型由于样本点少导致的统计缺陷，面板数据方法被应用于能源消费与经济增长关系的研究中。但是面板数据方法的应用也带来了新的问题，将不同国家作为一个同质的整体而不是独立的个体看待进行研究，无法识别出能源消费和收入在这些国家中表现出的不同动态关系。由于每个国家经济发展水平的不同，在加入其他解释变量进行研究时，能源消费与经济增长之间的关系也会各不相同。

由于有关中国能源消费与 GDP 关系的研究相对较少，同时，随着"供给侧"改革、贸易自由化和城镇化的不断推进，其对能源消费与经济增长的影响也有待考察，因此，本部分采用中国省际面板数据建立包含资本存量、城镇化率、贸易自由化率为外生变量的 GDP 与能源消费的联立方程模型，既改善了时间序列模型样本点少所造成的统计缺陷，又避免了面板数据中异质个体的问题。在依据经济理论构建模型和提高研究结果统计可靠性的同时，也描绘出不同指标变量间的动态变化关系。

11.2.2 中国能源消费与 GDP 之间关系的实证检验

11.2.2.1 数据和变量的选取

本部分选用中国 1990~2018 年 30 个省、自治区、直辖市的人均生产总值、人均能源消费、人均资本存量、城镇化率、贸易开放度数据[1]，建立面板数据联立方程模型研究经济增长与能源消费的关系。各变量使用 GDP 平减指数作为价格变化的衡量指标，对相关变量进行不变价调整，为保持数据的连贯性和时效性，选取 2018 年作为基期。其中，各省份资本存量利用各省份地区生产总值占全国的比重换算后，通过永续盘存法计算得到；城镇化率通过城镇人口与总人口的比值计算得到，贸易开放度通过进出口贸易总额与 GDP 的比值计算得到。

11.2.2.2 数据的平稳性检验

为了构建联立方程模型，首先必须考察变量的平稳性，进行单位根检验。由于人均 GDP、人均能源消费、人均资本存量这三个变量的时间序列数据表现出很强的趋势性，因此将三者取对数后进一步研究，而城镇化率和贸易开放度是比例数据，没有表现出趋势，故使用原始值进行后续研究。建立模型之前首先对全部五个变量进行 PP-Fisher 面板数据单位根检验，数据的平稳性检验结果见表 11.1，其中 *lgdp* 表示人均 GDP 对数，*lec* 表示人均能源消费对数，*lcap* 表示人均资本存量对数，*to* 表示贸易开放度，*urb* 表示城镇化率。表 11.1 中各变量水平值的检验统计量均小于 5% 的显著性水平临界值，表明存在单位根，即序列非平稳；一阶差分后的变量的检验统计量均大于 5% 的显著性水平临界值，表明所有变量经过一阶差分后平稳。

表 11.1 PP-Fisher 面板单位根检验结果

	lgdp 统计量	*lec* 统计量	*lcap* 统计量	*to* 统计量	*urb* 统计量
水平序列	28.5700	40.8100	37.1100	68.1500	70.5700

---

[1] 由于西藏缺失能源消费数据，因此面板数据联立方程模型仅包含 30 个省级单位的数据。

续表

	lgdp 统计量	*lec* 统计量	*lcap* 统计量	*to* 统计量	*urb* 统计量
一阶差分	157. 2300	214. 3400	117. 2400	567. 5000	304. 4200

11. 2. 2. 3　面板协整检验

为了分析经济增长与能源消费在整个经济系统中所表现出的关系，首先需要确定经济增长与能源消费是否存在协整关系，将人均资本存量、贸易开放度和城镇化率作为外生变量，对人均 GDP 和人均能源消费进行面板协整检验。根据表 11. 2 中迹检验和最大特征根检验结果的统计 p 值大小，表明 *lgdp* 和 *lec* 之间存在协整关系。

表 11. 2　Johansen 协整检验结果

	迹检验		最大特征根检验	
	统计量	P 值	统计量	P 值
不存在协整	25. 8700	0. 0010	23. 8900	0. 0010
至少有一个协整	1. 9800	0. 1590	1. 9800	0. 1590

11. 2. 2. 4　面板 Granger 因果检验

为了构建经济增长和能源消费的联立方程模型，还需要考察人均 GDP 和人均能源消费之间是否存在双向因果关系，如果两者不存在双向因果关系，就无法构建联立方程模型。因此进一步对 *lgdp* 和 *lec* 之间进行面板数据 Granger 检验。表 11. 3 中检验结果的统计 p 值均小于 5% 显著性水平，表明人均 GDP 与人均能源消费之间存在双向因果关系，可以进一步建立联立方程模型。

表 11. 3　面板 Granger 检验结果

零假设	F 统计量	P 值
lec 不是 *lgdp* 的 Granger 原因	12. 4600	0. 0000
lgdp 不是 *lec* 的 Granger 原因	3. 5100	0. 0300

11.2.2.5 联立方程模型的构建及估计

根据前面逐步进行的各项检验结果，考虑建立包含五个变量、由总量生产函数与库兹涅茨能源消费函数共同构成的联立方程模型[1]。本部分提出一个含有能源消费对生产率溢出效应的总量生产函数模型，这里假设能源消费作为生产的重要投入要素，将各省份经济的总量生产函数设定为以下形式：

$$GDP_{it} = CAP_{it}^{\beta}(A_0 POP_{it})^{1-\beta} EC_{it}^{\gamma} \tag{11.1}$$

其中 GDP_{it} 是各省份实际地区生产总值，CAP_{it} 是各省份实际资本存量，POP_{it} 是各省份人口数，EC_{it} 是各省份人均能源消费数。A_0 是初始技术水平，$\beta(0<\beta<1)$ 和 $\gamma(-1<\gamma<1)$ 是待估参数。如果 $\gamma=0$，意味着能源消费对经济增长没有溢出效应，总量生产函数表现为规模报酬不变；如果 $\gamma<0$，意味着经济增长表现为规模报酬递减，能源的消耗对经济增长有反向溢出效应，即当前生产方式下对能源的使用限制了经济的发展，低效率的能源使用及石化资源的约束限制降低了产出；如果 $\gamma>0$，意味着总量生产函数表现为规模报酬递增，能源对经济增长有正向的溢出效应，能源使用效率的提高促进了产出的增加。对（11.1）式取对数并添加随机扰动项后可表示为：

$$lgdp_{it} = c + \beta \cdot lcap_{it} + \gamma \cdot lec_{it} + u_{it} \tag{11.2}$$

其中 $lgdp_{it} = \ln(GDP_{it}/POP_{it})$ 是省际人均生产总值的对数；$lcap_{it} = \ln(CAP_{it}/POP_{it})$ 是省际人均资本存量的对数；$lec_{it}=\ln(EC_{it})$ 是省际人均能源消费的对数；$c=\ln(A_0)$ 是截距项，表示初始技术水平；u_{it} 是随机扰动项。

随着中国政府在国际上倡议"一带一路"建设，促进沿线国家互联互通、加强贸易往来，在国内提出城镇化，加速农村人口向城镇转移，提高全民生活水平的同时扩大消费，带动经济增长，贸易开放度和城镇化率对能源消费和经济增长的影响不容忽视。因此，参考 Hossain（2011）的研究，建立相应的包含城镇化率和贸易开放度的环境库兹涅茨曲线的能源消费方程形式如下：

$$lec_{it} = \beta_0 + \beta_1 lgdp_{it} + \beta_2 lgdp_{it}^2 + \beta_3 urb_{it} + \beta_4 to_{it} + \varepsilon_{it} \tag{11.3}$$

其中 lec_{it} 是省际人均能源消费的对数，$lgdp_{it}$ 是省际人均 GDP 的对数，

---

[1]　因为能源消费已经折合成标准煤的消耗，此处使用能源消费代替碳排放，提出库兹涅茨环境函数形式的能源消费方程。

urb_{it}是省际城镇化率，to_{it}是省际贸易开放度，ε_{it}是随机扰动项。β_1、β_3和β_4的符号为正，表示经济产出水平、城镇化率和贸易开放度的提高都会增加能源使用量；如果环境库兹涅茨曲线假说成立，预期β_2的符号为负，表示经济发展到一定程度后，能源的消费总量开始下降，经济增长方式由粗放式转为集约式。

由于传统的计量经济学模型估计方法，如普通最小二乘法、工具变量法和极大似然法等，都有各自的局限性，其参数估计量必须在模型满足某些假设条件时才具有良好的性质。例如，只有当模型的随机误差项服从正态分布或某一已知分布时，极大似然法的参数估计量才是可靠的估计量。而广义矩估计方法（Generalized Method of Moments，GMM）允许随机误差项存在异方差和序列相关，所得到的参数估计量比其他参数估计方法更合乎实际。同时，GMM 方法不需要知道扰动项的确切分布，所以 GMM 估计量是非常稳健的。因此，选用 GMM 方法估计面板数据联立方程模型，结果见表 11.4。

表 11.4　联立方程 GMM-HAC 方法估计结果

式（2）估计结果		式（3）估计结果	
lec_{it}	−0.1584	$lgdp_{it}$	2.0813 ***
	（0.0529）		（0.4275）
$lcap_{it}$	0.4938 ***	$Lgdp_{it}^2$	−0.0623 ***
	（0.0639）		（0.0203）
		urb_{it}	0.0020 *
			（0.0012）
		to_{it}	0.0003 *
			（0.0002）
截距项	8.0415 ***	截距项	−7.9865 ***
	（1.2528）		（2.3960）
$Adj.\ R^2$	0.9992	$Adj.\ R^2$	0.9923
DW	1.8451	DW	2.0105

注：*** 和 * 分别表示 1% 和 10% 的显著性水平，括号中为相应统计量的标准差。

（11.2）式的估计结果表明，人均资本存量和人均能源消费对人均 GDP

有显著的影响，人均资本存量每增长 1%，人均 GDP 将增长 0.4940%，这也表明，资本存量的产出弹性与人口的产出弹性基本相等[1]。人均能源消费的系数 $\gamma = -0.1580$ 小于 0，表示在当前经济发展过程中，能源消费对 GDP 有反向溢出效应，经济增长受到能源使用效率的影响，表现为规模报酬递减。

（11.3）式中 β_1 和 β_2 的估计结果表明，环境库兹涅茨曲线假说在中国成立，人均实际 GDP 增加 1%，人均能源消费增加 2.0813%，从长期来看，人均实际 GDP 达到 17963497.2700 元时人均能源消费才会开始下降，意味着中国按照目前的产业结构、生产方式和能源政策，不可能单纯依靠经济发展水平的提高来降低能源的消耗。城镇化率的系数为正，且在 10% 的显著性水平下通过假设检验，表明城镇化率提高 1 个百分点，人均能源消费将增加 0.2%，城镇化的提高虽然会增加能源消费总量，但是其影响效果非常微弱。贸易开放度的系数为正，且在 10% 显著性水平下通过假设检验，表明贸易开放度提高 1 个百分点，人均能源消费将增加 0.03%，表明加强贸易合作可以提高中国能源使用效率，降低能源消费总量。

11.3 "丝绸之路经济带" 倡议下中国与中亚国家能源合作现状

11.3.1 合作标的物、合作领域以及合作方式

中国与中亚国家能源合作分为三个基础部分。分别是合作标的物、合作领域与合作方式，三者是很重要的合作前提条件。

11.3.1.1 中国与中亚各国能源合作的合作标的物

中国与中亚各国能源合作的主要标的物是不一样的，根据中亚各国的能源储量和中国的能源储量情况与需求状况，在中亚各国中中国的进口侧重点不尽相同。中国从哈萨克斯坦同时进口原油和天然气，从土库曼斯坦和乌兹别克斯坦主要进口天然气。

---

[1] 由于中国的就业率长期稳定在 4%，假定劳动力占人口的比率是固定的，因此在建立模型的时候用人口数近似代替劳动力的数量。

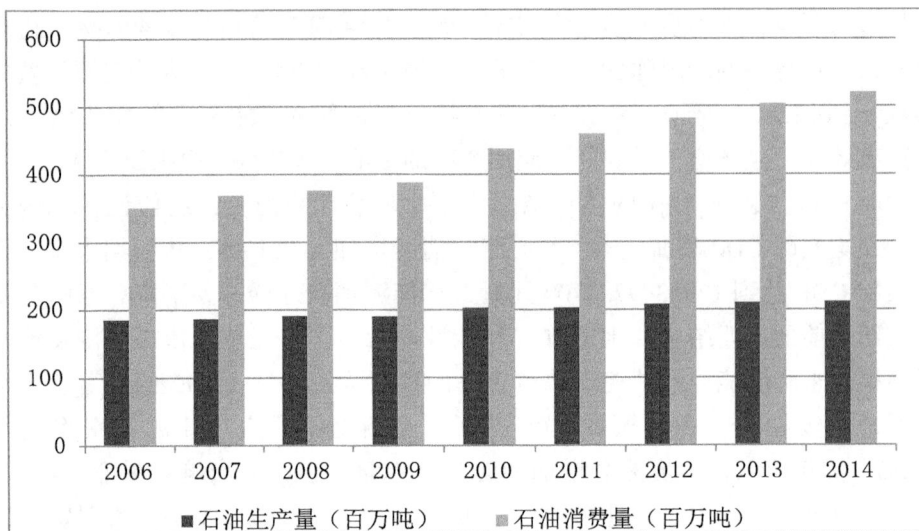

图 11.1　中亚石油近年生产量和消费量

　　从《世界能源统计年鉴 2018》发布的数据来看，到 2017 年年底，哈萨克斯坦石油产量年均增长率是 10.8%，储产比[1]高达 44.8；哈萨克斯坦 2017年的天然气产量年均增长率为 18.6%，储产比为 42.2。土库曼斯坦 2017 年的天然气产量年均增长率为 −7.1%，虽然年均增长率为负数，但是在占比上土库曼斯坦仍占大头，并且储产比达到了 314.1。乌兹别克斯坦 2017 年的天然气产量年均增长率为 0.8%，储产比为 22.7。从这一系列数据可以看出，中国进口原油、天然气的优选国家在中亚地区主要为哈萨克斯坦，除此外还与俄罗斯有较大的合作项目，进口天然气的首选国家为土库曼斯坦和乌兹别克斯坦。

──────────

　　[1]　又称储采比。油（气）田剩余可采储量与当年产量之比。储产比是量度油气田生产能力的一项指标，在编制油气生产计划和规划时必须考虑这一因素。

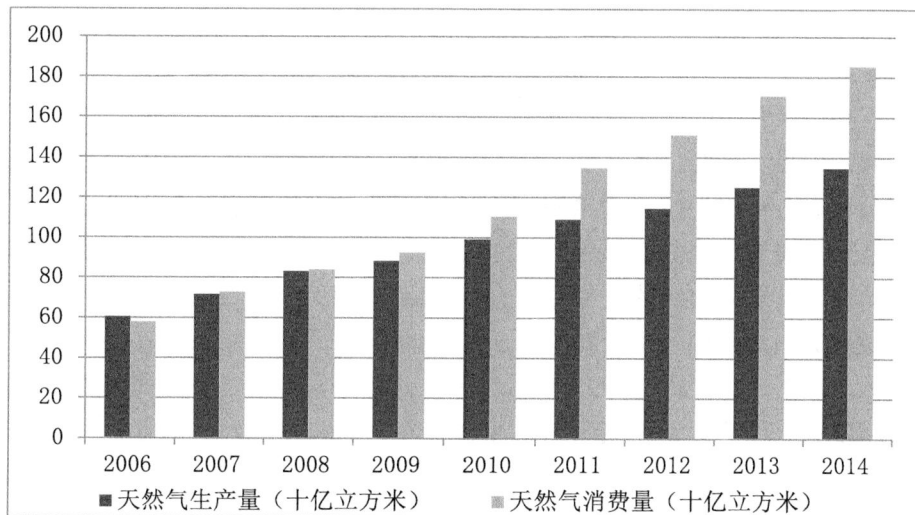

图 11.2 中亚天然气近年生产量和消费量

中亚国家主要能源生产量和消费量见图 11.1 和图 11.2。从数据上可以明显地看出，中亚资源十分丰富，生产量和消费量存在很大的差距，中国与中亚各国加强该领域的合作，不仅能够打开当前双方电网合作的新局面，同时还能有效解决中亚油气开采峰值临近的问题，不仅打破了以往能源供应的束缚，而且在一定程度上超越了原有的开采水平，极大提高了效率。

11.3.1.2 中国与中亚各国能源合作涉及领域

中国与中亚能源合作具有互补性，在合作中所涉及的领域主要集中在油气合作上，一般合作领域分别为：石油贸易领域、油气资源勘探开发领域、油气产品加工技术领域。

哈萨克斯坦是中国最早期的石油合作伙伴，其所获得的技术服务是最全面的。随着中国与土库曼斯坦天然气管道建设的开始，中国也加强了与土库曼斯坦在天然气技术服务领域的合作。中国在对乌兹别克斯坦的油气技术服务层面上，也已经从出口石油设备零配件以及提供物探、钻井、测井等技术服务等逐渐发展到提升老油井采收率等高端油气工程技术领域。

11.3.1.3 中国与中亚各国能源合作方式

目前来说中国与中亚国家的能源合作主要通过以下几种方式：（1）通过

购买油气资源或购买使用权。即由中国的能源企业通过资金购买中亚其他国家所属公司所持有的资源许可证或使用权的权益。（2）收购部分股权双方企业进行合作经营。中国在哈萨克斯坦能源合作一般采用这一形式。这一形式既能保证中哈双方的权益，也能促进技术交流和资源交流。如中油勘探开发有限公司在 2019 年 11 月和哈萨克斯坦国家石油天然气股份公司成立合资公司，各自出资为 50%，并随后商议购买了曼格什套油气公司 100% 股份，之后由两个国家共同协商经营该公司。（3）收购公司的全部股份进行并购。在中亚其他国家当地直接收购能源公司股份进行并购，成为能源的直接管理者和控制人。（4）建立合资公司，与第二个方式不一样的是，该方式是直接在想要进行能源合作的国家与该国的企业合资在当地建立公司，双方各占有一定的股份。如中国石油天然气勘探开发公司在 2004 年 7 月和哈萨克斯坦国家石油运输股份公司，通过各参股 50% 的形式成立了目前的中哈管道有限责任公司。

在能源合作过程中，伴随着合作方的增多，能源合作方式在不断变更增多，在基础的合作方式上实现了更高的效率以及更高的稳定性。

11.3.2　中国与中亚国家能源合作的概况

中国与中亚国家能源合作很早就开始进行，在共建"丝绸之路经济带"倡议提出后，中国与中亚国家以及俄罗斯的能源合作在不断发展变化。

11.3.2.1　中国与哈萨克斯坦的能源合作

2003 年 6 月，当时作为中国国家主席的胡锦涛在访问哈萨克斯坦时签署了合作意向协议，开启了中哈能源合作的序幕。中哈石油管道从哈萨克斯坦西部的阿特劳开始，最后到达新疆的克拉玛依市的独山子区域，每年平均输送原油 2000 万吨。中哈石油通道是连接里海油田到中国内陆城市的尤其重要的跨国运输原油管道，是中国在中亚地区与其他国家进行能源博弈的重要筹码之一。中哈石油管道一期工程（阿塔苏至阿拉山口段）自 2004 年 9 月开始建设工程，到 2010 年 12 月 16 日，中哈管道累计向中国输送原油 3000 万吨。在中国企业和官方的共同努力下，卡沙甘油田[1]项目的日产量已超 32 万

---

[1] 卡沙甘油田发现于 2000 年，由四个区块组成，即，卡沙甘、卡拉姆卡斯、阿克托德和卡伊兰，被认为是 1968 年在阿拉斯加发现"普鲁特赫本"油田之后世界上最大的油田。

4000 桶,预测到 2024 年可达 45 万桶。如今哈萨克斯坦已同中国企业开展油气合作长达 10 多年时间。中国企业在哈萨克斯坦累计生产的原油已超 3 亿多吨。

中哈不仅在石油管道方面合作颇多,在天然气管道方面也达成了密切合作。中亚天然气管道的哈萨克斯坦国段的天然气管道由哈萨克斯坦与乌兹别克斯坦边境开始出发,最后到达中国新疆霍尔果斯地区,与中国境内的西气东输两条线连接,哈萨克斯坦国境内线程全长约 1300 公里。哈萨克斯坦段的天然气管道于 2008 年 7 月 9 日开启建设工程,到 2012 年 10 月为止已经具备每年平均达到 300 亿立方米的天然气输送能力。按目前的输送能力每年实际输气达到 220 亿~260 亿立方米。

中商产业研究院于 2018 年 11 月 14 日发布在中商情报网的数据显示:在出口方面,中国作为哈萨克斯坦的四大出口国之一,哈萨克斯坦对中国出口的主要产品是矿产品,包括原油、天然气、煤炭,2018 年 1~9 月出口额为 18.3 亿美元,增长 29.3%,占哈萨克斯坦对中国出口总额的 43.3%。这一系列数据均表明了哈萨克斯坦与中国之间的贸易合作密切。

11.3.2.2　中国与中亚地区其他国家的能源合作

在能源合作进程中,中国与土库曼斯坦在 2006 年签署了关于输气管道建设与长期天然气供应的框架协议。土库曼斯坦总统 2007 年 6 月在访问中国期间签署了加速 2006 年签署的天然气管道项目建设的协议。土库曼斯坦于 2007 年 7 月正式加入原有的中哈石油管道。

中国—中亚天然气管道起于阿姆河右岸的土库曼斯坦和乌兹别克斯坦边境,经乌兹别克斯坦中部和哈萨克斯坦南部,进入中国霍尔果斯,管道全长约 10 000 公里,其中土库曼斯坦境内长 188 公里,乌兹别克斯坦境内长 530 公里,其余约 8000 公里位于中国境内。管道分 AB 双线敷设,单线长 1833 公里,是世界上最长的天然气管道。2016 年,ABC 三条管道一共输送了 350 亿立方米天然气。截至 2017 年 6 月底,中国—中亚天然气管道累计输送天然气超过 1924 亿立方,其中向中国输气 1841 立方米。

在"丝绸之路经济带"倡议提出后,中国与俄罗斯也进行了密切的能源合作,俄罗斯逐渐提供给中国越来越多原油等能源,至 2017 年,俄罗斯已一跃成为中国第一大原油和电力进口来源国,合作发展极其迅速。

中国与中亚其他国家以及俄罗斯的能源合作紧随着中国与哈萨克斯坦合作的脚步，越来越密切，涉及的领域越来越广。由于土库曼斯坦的天然气能源丰富，中国与土库曼斯坦的天然气管道建设对于中国国内推广清洁能源、进行环境建设有着很积极的作用，是促进中国能源结构优化进程中不可缺少的一环。

在"丝绸之路经济带"的倡议下，中国通过与沿线上各个国家的能源合作不断地缓解国内的油气资源紧张危机，通过能源进口渠道的增多保障了能源安全，不断促进国内能源结构调整。

11.3.3　"丝绸之路经济带"倡议对中国能源结构的影响

"丝绸之路经济带"倡议对中国能源通道建设产生了深远的影响，并且对国内经济发展起到了积极的促进作用。

表 11.5　2014~2017 年中国能源生产总量情况表

年份	能源生产总量（万吨标准煤）	占能源生产总量的比重			
		原煤	原油	天然气	一次电力及其他能源
2014	361866	73.6	8.4	4.7	13.3
2015	361476	72.2	8.5	4.8	14.5
2016	346037	69.8	8.2	5.2	16.8
2017	359000	69.6	7.6	5.4	17.4

从表 11.5 中可以看出，中国能源生产中原煤一直是主要能源产物，2014年占能源生产总量的 73.6%，至 2017 年占比 69.6%，四年间下降了 4%。原油占比总体上同样为下降趋势，2014 年占比 8.4% 至 2017 年占比为 7.6%，四年间下降了 0.8%。与原煤原油不同，天然气产量占能源生产总量的比重四年间一直在增加，由 4.7% 增至 5.4%，一次电力能源及其他能源由 2014 年的13.3% 占比增加至 2017 年的 17.4%。

表 11.6　2014~2017 年中国能源消费增量表

年份	能源消费总量（万吨标准煤）	占能源消费总量的比重			
		煤炭	石油	天然气	一次电力及其他能源
2014	425 806	65.6	17.4	5.7	11.3
2015	429 905	63.7	18.3	5.9	12.1
2016	435 819	62.0	18.5	6.2	13.3
2017	449 000	60.4	18.8	7.0	13.8

　　从表 11.6 的中国能源消费增量中可以看出，能源消费总量由 2014 年的 425 806 万吨标准煤迅速增长至 2017 年的 449 000 万吨标准煤。但是能源消费结构内部细分下，煤炭消费总量占能源消费总量的比重 2014~2017 年下降了 5.2%，由 65.6% 降至 60.4%；而石油消费总量占能源消费总量的比重 2014 年至 2017 年四年间增长了 1.4%，由 17.4% 增至 18.8%；天然气消费总量占能源消费总量的比重由 2014 年的 5.7% 增长至 7.0%，一次电力及其他能源消费占比由 2014 年的 11.3% 增长至 2017 年的 13.8%。原煤、原油在能源消费过程中所产生的气体杂质对于环境的污染极其严重，需要对原煤、原油的生产以及消费进行控制，调节生态系统。而天然气在能源消费过程中产生的污染较轻，有利于环境建设，所以四年间一直增长。

　　通过对表 11.5 和表 11.6 的分析，2014~2017 年，每年中国油气的生产量远不及中国油气的消费量。建设"丝绸之路经济带"的倡议在能源合作中起到了积极的促进作用，哈萨克斯坦一直作为中国的主要油气进口国，土库曼斯坦和乌兹别克斯坦后续成为中国的主要天然气进口国，这些"丝绸之路经济带"沿线上的中亚国家不断的往中国输送着"工业的血液"等资源，满足了中国经济增长对能源的需求。

　　"丝绸之路经济带"倡议提出后中国能源生产结构和能源消费结构在逐渐改变。2017 年能源生产结构中，原煤产量占比 68.6%，原油产量占比 7.6%，天然气产量占比 5.5%，水电、核电、风电等产量占比为 18.3%。2014~2017 年四年间，天然气和水电、核电、风电等清洁能源生产占比持续上升，清洁能源在能源供应结构中比重增加。2017 年能源消费结构为：煤炭消费量占能源消费总量的 60.4%，比上年下降 1.6 个百分点；天然气、水电、核电、风电等清洁能源消费量占能源消费总量的 20.8%。同样的，在近 4 年的变化中，清洁能源消费比重持续上升，发展潜力大。与"丝绸之路经济带"倡议提出之前相比，能源结构得到了缓慢的优化，煤炭的生产消费比例在下降，清洁能源的生产消费比例在持续上升，利于国内的生态环境建设。

11.4 "丝绸之路经济带"倡议下能源合作存在的问题

11.4.1 油气对外依存度上升，能源安全性降低

近年来，中国一跃成为全球第一油气消费大国，面对快速增长的消费量，中国内部的油气生产量已经完全无法满足经济增长的需要。从图 11.3 可以看出，在有着哈萨克斯坦、土库曼斯坦以及乌兹别克斯坦的大量油气供应的前提下，中国在近几年来，石油（天然气）对外依存度一直处于上升趋势。石油对外依存度从 2007 年至 2018 年由 50.40% 增长至 69.80%，天然气对外依存度由 2.01% 增长至 45.30%，石油对外依存度上升速度略有减缓，但是天然气对外依存度上升一直处于提速状态。由中国石油集团经济技术研究院在北京发布的《2018 年国内外油气行业发展报告》预测中国油气发展情况表示，2019 年中国油气对外依存度还将继续上升，分别达到 71.7% 和 46.4%。

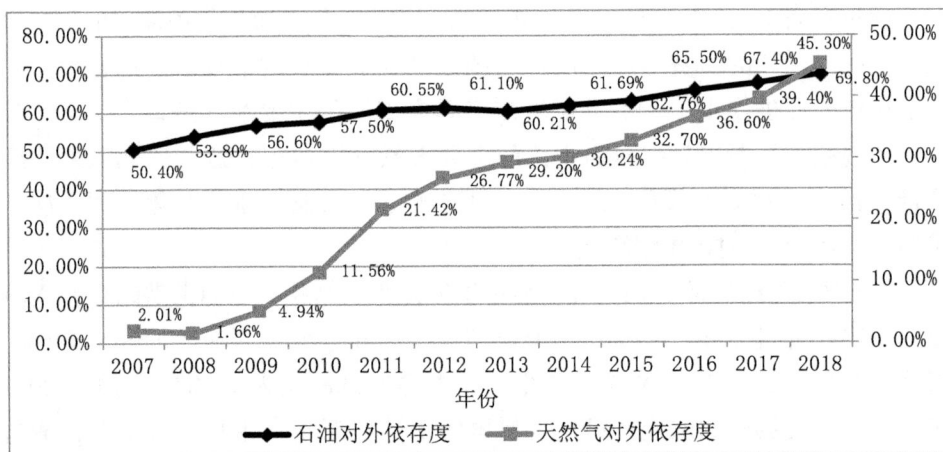

图 11.3 2007~2018 年中国油气对外依存度变动表

伴随着油气对外依存度的快速上升，中亚地区国家以及俄罗斯等国通过石油运输管道、天然气运输管道、海上运输不断为中国提供油气。作为净进口油气最多的国家，中国需要意识到一旦失去良好油气供应国的支持或者供应国所提供的油气出现质量问题，面对着国内的巨大油气消费量，能源来源渠道的安全性降低是一个难以解决的问题。

11.4.2　天然气进口国较少，能源进口国单一化

中国的石油进口国目前来说数量较多，2017年1~9月期间，中国总共从44个国家进口原油，其中中东地区有9个国家、非洲地区有14个国家、北里海地区有3个国家、南美洲地区有5个国家。

相比石油进口，目前中国的天然气进口国较为单一。从图11.4看出，2018年1~11月中国管道气进口来源中，土库曼斯坦作为中国的天然气第一大进口来源国占比69%，哈萨克斯坦占比12%，乌兹别克斯坦占比13%，缅甸占比6%。截至2018年11月，包括液化天然气进口来源在内，总共进口国大约16个，其中土库曼斯坦和澳大利亚分别是管道气和液化天然气的进口来源大国，远超其他14个国家。天然气进口来源国的单一化，是中国目前存在的一大隐患。这个隐患也是在当前世界格局下需要解决的主要问题，预防在今后发展进程中，出现天然气供不应求的情况。

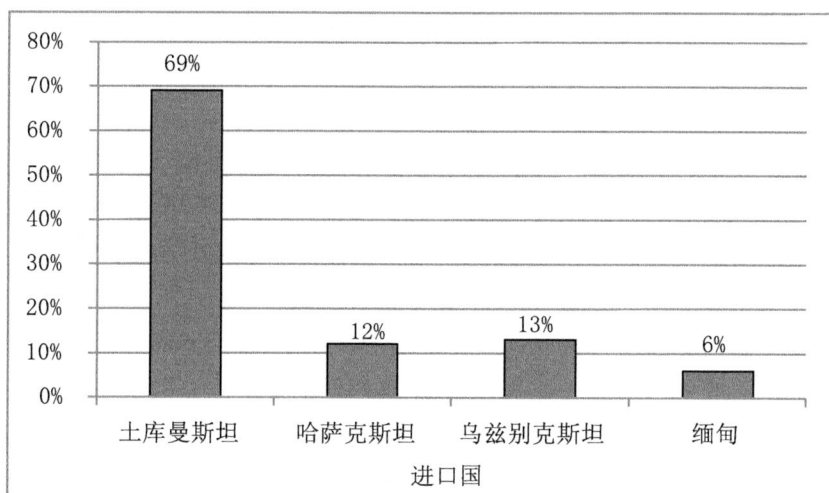

图11.4　2018年1~11月中国管道气进口来源

11.4.3　潜在的生态环境风险

在能源生产、储存、精炼、加工和使用过程中，由于各种原因，存在着油烃溢出和排放的可能性。例如，油田开发过程中的井喷事故、油轮的泄漏事故、石油管道和储罐的泄漏事故、炼油和石化生产装置的维护、油井的清蜡和油田地面设备的维护等。当石油烃类出现溢出的情况时，应该尽可能地被回收，但在某些情况下，它将很难被回收。即使中国尽最大努力循环利用，其中仍有一部分会污染环境。中亚国家的地质地貌比较复杂，当地的生态环境也比较的脆弱，如果不恰当地开展能源合作无疑将对"丝绸之路经济带"沿线国家的生态环境产生不可避免的影响，增加环境负担，这可能让当地百姓对与中国的合作产生排斥，阻碍合作进程。

11.4.4　国际上对中亚国家能源的争夺

苏联解体后，俄罗斯将中亚作为保障其西南地区安全的缓冲地带。在本国相对完善的能源输送设备的帮助下，俄罗斯增加了对中亚国家能源产出的依赖。美国是一个能源消费的大国，也对中亚地区的能源虎视眈眈，中亚地区与美国的亚洲战略紧密相连。它提出了连接中亚、阿富汗和南亚的"新丝绸之路计划"。作为一项跨区域的经济发展计划，这条线路可以有效地绕过俄罗斯，利用这条迂回的路线从中亚出口石油和天然气，形成与俄罗斯的博弈局面。作为能源消费不断增长的新兴国家，印度对石油和天然气进口的依赖程度也在上升，并且还在尝试实施能源进口多元化战略。资源贫乏的日本也十分重视中亚地区的能源资源，并不断尝试以投资和技术换取资源。地处欧亚大陆交通枢纽，又作为资源提供者的中亚国家，是大国利益相冲突和资本相互竞争的第一现场。在大国博弈中，中亚国家是拥有比较优势的一方，有自由选择的权力。因此，在资源开发过程中，中亚国家不仅考虑投标资金的数额，而且会更加重视其他国家对当地经济社会发展的影响以及对基础设施建设的贡献。在中国与中亚国家能源合作过程中，中方有时会更注重能源的政治属性，追求经济效益，从而忽略了积累社会资本和社会效益。这或多或少给中亚国家政府、企业和居民带来了相对不友好的印象。在某种程度上，他们也降低了合作的意愿。

11.5 促进能源合作及解决现存问题的政策建议

通过实证分析得出在控制资本存量、城镇化率和对外开放度的条件下，中国的 GDP 与能源消费之间不仅互为因果关系，而且 GDP 与能源消费在经济系统中是相互影响、内生存在的，因此，使用单方程模型研究两者定量关系所得到的结论是不准确的。研究还发现，伴随着经济总量的增加，对能源的需求使得能源的消费大幅提高，在自身资源稀缺的条件下，由于生产方式相对落后、对环境的破坏和污染，能源消费的增长对经济发展表现出一定的反制作用，导致经济增长出现规模报酬递减，上述结果既符合经济增长与能源消费之间的理论关系，也符合当前中国经济发展的现状及特征。能源作为经济发展不可或缺的重要投入要素，单纯为降低使用数量而提出的保护政策会对经济增长产生不利影响，同时，能源价格的波动、能源的短缺等都会不同程度地减缓中国经济的增长。因此，政府应该正确引导整个社会生产方式的转变，提高能源的使用效率，降低能源消费过程中对环境的污染，减少对单一能源产品的依赖，否则不断增长的能源消费对经济增长的制约效应会不断扩大。"丝绸之路经济带"倡议的提出在中国与中亚国家能源合作过程中发挥很大的助推作用，但在接下来的能源发展进程中，依然可以采取一些政策来预防能源安全问题的发生以及促进能源合作的进行。

第一，转变考核地方政府观念，运用财政政策，优化产业结构。中央政府不再唯 GDP 增长率作为衡量地方政府执政能力的指标，而应该以福利水平取而代之，从可支配收入、健康、教育、环境等方面综合考量。通过税收优惠和政府购买等偏向性政策的实施，扶持生产节能环保型产品的企业，对购买和使用节能产品的企业和个人进行补贴，倡导并推广节能产品的使用。政府在发挥节能减排示范作用的同时，在初始阶段对环保节能产业提供有效需求，鼓励新技术、新材料的应用，促进企业的技术创新，带动整个行业的发展。政府在推进产业结构优化的过程中，一方面要贯彻执行"供给侧"改革，对过剩产能行业进行调整，另一方面也要对高能耗、高污染行业和企业进行限制。通过法律、法规、技术标准限制或淘汰高能耗、高污染企业的生产和存在，取消高能耗、高污染生产工艺及产品的各项补贴和税收优惠，特别是以出口为导向的企业，摒弃"先发展，后治理"的传统观念。从宏观角度科学地调整经济结构、优化产业布局、倡导节能的生产和消费模式，保持经济增长的同时提高使用效率，降低能源的消耗。

第二，拓宽能源供给品种和渠道，多手段建立激励机制。中国能源使用的结构中过度依赖于煤炭和石油的使用，由于自给能力有限，大部分原料来自进口，国际油价和煤价的提高和波动，对国民经济的正常运行影响很大。在今后的发展过程中，从能源消费结构入手，合理开采和使用煤炭、石油资源，逐步减少煤炭的消费比例，提高煤炭和石油的利用效率，通过技术手段和经济措施有效降低使用煤炭和石油所带来的环境污染问题。鼓励企业走出去，开发国外能源资源，拓展中国能源供给的途径。同时，在国内推进城镇化过程中，不能只是单纯的迁移人口，应该因地制宜地发展不同类型能源的供应和使用，如西部地区的风能和太阳能、沿海地区的潮汐能、自然资源匮乏地区的核能等，同时提高能源传输效率，使各式能源在地区间合理配置和转移。利用法律法规和经济手段建立综合利用新型能源的激励机制，在不牺牲环境质量的情况下实现经济的持续增长，必须改变传统的能源生产和消费方式，走开发和利用的可再生、清洁之路。

第三，借助"一带一路"，推动区域能源合作。能源安全不仅涉及能源供应问题，也涉及与环境有关的可持续发展问题，中国正面临着这两方面难题的挑战，因此应当借鉴发达国家的经验，实施有保障的、多元化的能源供应新战略，保证经济和社会的健康有序发展。为保障中国的能源安全，可以从三方面着手实施：首先，借鉴发达国家能源安全战略，建立能源储备制度，缓冲国际能源价格和供给对经济的损害，保证能源的可持续性消费；其次，在区域范围内推动"一带一路"能源合作，尤其是与上海合作组织成员国的能源对话与合作，共同探讨解决地区油气交易、调配及运输的方案与措施，合理协调区域内国家的政治和经济利益，避免区域内的能源冲突与竞争风险；最后，积极参与国际能源的开发与合作，加强贸易往来，对于以往高能耗、低效率、低附加值的产品，由国内生产转为国外购买。

11.5.1 注重技术创新寻求能源产业升级路径

能源产业链主要包括能源勘探和采矿，基础设施建设，能源生产和加工以及产品销售。目前，中国与中亚国家能源合作主要集中在第一和第二阶段，重点是石油和天然气的相关贸易，都是技术含量低，附加值低的粗加工产品，在下游环节缺乏合作，例如能源精细加工和能源产品销售这些高附加值的项目接触较少，处于不利的国际竞争地位。

中国应该抓住"丝绸之路经济带"能源合作和区域经济一体化的机遇，实现与中亚国家石油天然气资源合作的纵向一体化，加强各国之间的交流，逐步实现在能源高层次加工和相关技术开发等领域的全方位合作。同时，要注重技术创新和人才培养，发展先进的关于能源勘探和加工技术的高级装备，提高能源开发效率，实现节能，摆脱对发达国家技术和装备的依赖，通过出口技术和精加工产品来获取更多的利润，实现中国能源产业的结构升级。

11.5.2　加强开发建设过程中的生态环境保护

能源勘探开发及相关工程建设必然会对区域生态环境产生影响。如果在开发建设过程中不重视生态环境的保护，中国与中亚国家能源合作将面临极大的民生障碍，这有可能会影响到双方合作的进程。因此，有必要避免低层次、粗放的开发和建设方法，提高工程建设的环境和生态效率，建立清洁、现代的能源开发和运输体系，建立能源通道生态环境建设指标检验制度，及时解决建设项目对沿线国家和地区的生态环境影响。沿线国家之间不仅仅是贸易的对象，还是政治、经济、文化、科技等方面相互依赖、共同发展的友好邻邦。作为"丝绸之路经济带"沿线国家和地区之间能源合作中的重要一环，中国需要发挥自己的大国优势，给予"丝绸之路经济带"沿线国家和地区技术和资金上的支持，在这些国家和地区宣扬绿色、低碳、循环、可持续的发展方式，共同建设与创造新型清洁能源以及发展绿色环保产业。让"丝绸之路经济带"沿线国家和地区意识到，优质的能源合作有利于经济发展和提高生活水平的同时，能够降低对环境的破坏。

11.5.3　能源应急机制

为应对国际石油和天然气价格波动的重大影响，国际能源机构规定出的核心机制之一正是"应急机制"。"应急机制"规定成员国必须履行"紧急储备义务"，即各成员国确保其石油库存超过或等于该国90天的石油进口数，从而减少成员国在石油供应短缺时可能造成的损失。中国目前正在建设能源储备基地，因此在中国与中亚国家油气资源合作的过程中也可以尝试建立类似的机制，以便在能源合作中一方遇到紧急供需时，也能直接帮助对方减少损失，在一定程度上可以增加中国对世界石油价格的影响。

11.5.4 培养"丝绸之路经济带"专业人才

在中国与中亚国家油气资源合作中，专业人员的培训和交流也是非常重要的。"丝绸之路经济带"的建设包含各个方面，例如经济，制度，政治，社会等各个领域，每个领域的专业人才都是必不可少的。除加强从业人员的业务再培训和国民教育，诚信教育，思想教育外，还要重视培养具备对外贸易、管理、法律、经济等专业的精通型专门技术人才，以及上述方面都较为优秀的复合型人才。同时，为保证各种复杂工程建设项目的顺利、高效完成，在建设"丝绸之路经济带"的过程中，还需要各类专业的工程技术人员。为促进中国与中亚国家的交流合作顺利进行，在人才培养过程中，要注意与当地实际情况相结合，人才的国际化和人才的本土化都要兼顾。录用部分当地人，不仅是企业用人需要，更在一定程度上解决了当地的部分就业问题，这些民生方面的贡献给中国企业的社会形象增光添彩。

CHAPTER 12

中国对"丝绸之路经济带"沿线国家直接投资的风险分析

2013 年 9 月和 10 月，中国国家主席习近平在出访哈萨克斯坦和印度尼西亚时，先后提出了共建"丝绸之路经济带"和"21 世纪海上丝绸之路"两大倡议。中国政府将其概括为"一带一路"倡议，并且通过成立丝路基金、亚洲基础设施投资银行、举办"一带一路"国际合作高峰论坛等一系列政策措施推动"一带一路"倡议。

2018 年，中国企业与"一带一路"沿线 61 个国家新签对外承包工程项目，其中，新签合同 7217 份，合同额 1443.2 亿美元，占同期中国对外承包工程新签合同额的 54.4%，同比增长 14.5%；完成营业额 855.3 亿美元，占同期总额的 50.7%，同比增长 12.6%。

随着"丝绸之路经济带"倡议的推进，更多的中国企业走出国门，亲身参与，中国对沿线国家的直接投资不再仅限于周边的相邻国家，而是扩大至中亚、西亚，投资规模变得越来越大。在产业的分布上，主要集中在油气矿产开发和基础设施建设，如今高科技和服务类等产业比重也在增加，变得越来越多样化了。大部分参与投资的企业仍然是国有大中型企业，但一些中小型民企也渐渐加入投资队伍，民间资本的力量正在逐步地壮大起来。虽然整体的投资形势向好，但同时中国对"丝绸之路经济带"沿线国家直接投资也存在着目标国政治局势动荡的风险、企业内部经营的障碍和国内外政策不明朗等种种困难和问题。识别和防范这些投资风险，不仅关乎中国企业的投资收益，还关乎"丝绸之路经济带"建设的未来。近年来，关于"丝绸之路经济带"的讨论层出不穷，但关于中国企业对"丝绸之路经济带"沿线国家直接投资的风险分析仍有大量议题亟需探讨。

12.1 中国对"丝绸之路经济带"沿线国家直接投资的现状

12.1.1 中国对"丝绸之路经济带"投资的规模和增速

中国对"丝绸之路经济带"沿线国家直接投资规模不断增大，对沿线国家直接投资存量由2005年年末的33.9亿美元增长到2015年年末的1156.8亿美元，是2005年的34倍。对外直接投资存量的增速一直维持在20%以上（见图12.1）。

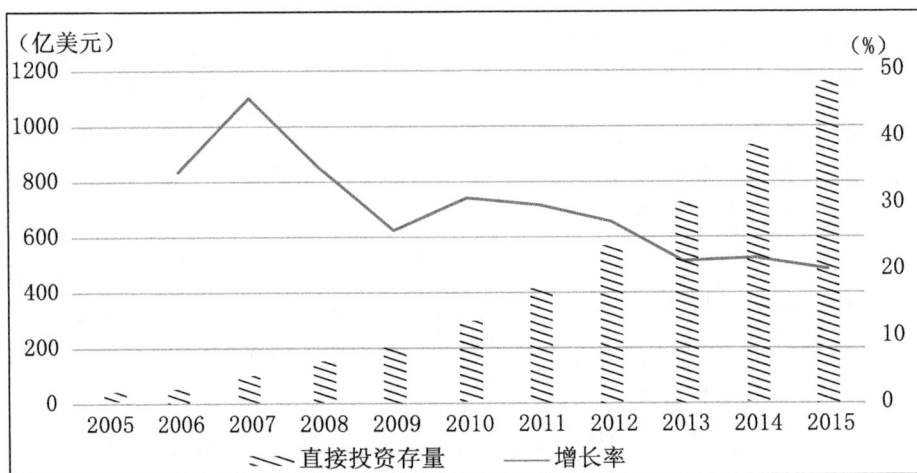

图12.1 中国对"丝绸之路经济带"沿线国家直接投资存量及增速

中国对"丝绸之路经济带"沿线国家直接投资流量由2005年年末的9.1亿美元增长到2015年年末的189.3亿美元，是2005年的21.5倍（见图12.2）。对外直接投资流量的增速波动很大，2013年增速为-12.46%，2014年为5.27%，2015年为10.2%，说明2013年年末正式提出的"丝绸之路经济带"倡议起到了积极的作用，带动了对沿线国家直接投资存量的增长。

虽然中国对"丝绸之路经济带"沿线国家直接投资增长较快，但是与"丝绸之路经济带"沿线国家吸收外资的总量相比，规模仍然较小。截至2015年底中国对"丝绸之路经济带"沿线国家的直接投资存量占"丝绸之路经济带"沿线国家吸收FDI总量的2.61%，未来还有很大的发展空间。

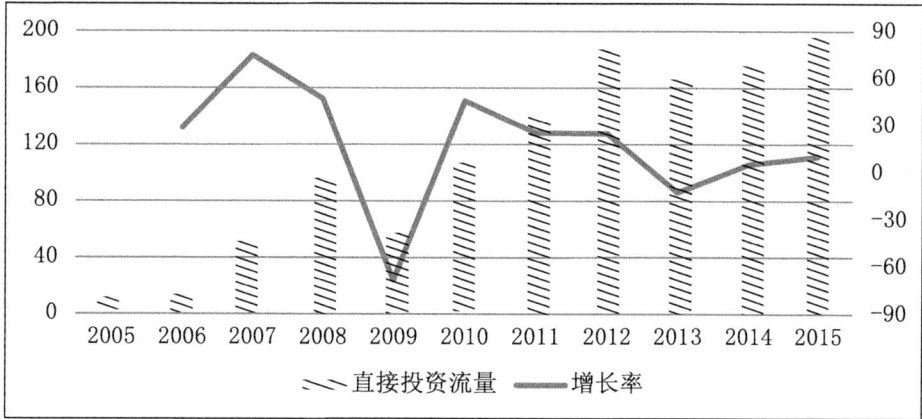

图 12.2　中国对"丝绸之路经济带"沿线国家直接投资流量及增速

　　由表 12.1 可以看出，从直接投资存量角度，中国对"丝绸之路经济带"沿线国家的直接投资占其吸引外商直接投资的比重在逐年增加，未来增长潜力很大。

表 12.1　"丝绸之路经济带"沿线国家吸收外商直接投资存量（2005~2015 年）

年份	沿线国家吸收外商直接投资存量（亿美元）	中国对沿线国家直接投资存量（亿美元）	中国投资占沿线国家吸收外资的比重（%）
2005	13794.69	33.92	0.25
2006	18709.85	51.99	0.28
2007	26766.73	96.10	0.36
2008	26361.77	148.47	0.56
2009	31903.89	200.71	0.63
2010	37493.52	290.32	0.77
2011	37936.25	413.30	1.09
2012	43018.43	568.57	1.32
2013	45400.77	723.05	1.59
2014	44671.44	925.16	2.07
2015	44338.07	1159.05	2.61

12.1.2　投资产业的分布

中国对"丝绸之路经济带"沿线国家直接投资的产业分布涵盖了能源类、矿产类、技术类、交通业、金融业、不动产以及化学业等。对于中东地区，该地区国家有着丰富的石油和天然气资源、矿产资源，缺乏完善的通信、基础设施，因而中国对其能源类、矿产类、通信类、基础设施建设类投资较多。对东南亚地区的投资，主要以能源类、矿产类、基础设施建设为主，东南亚有着丰富的石油与天然气资源，有助于保障中国的能源安全，但同时约有20%的东南亚国家人口缺乏电力供应，而中国在水电、火电领域技术先进。截至2013年，中国对东南亚地区国家在电力热力生产供应业、矿产类的投资占其总投资的17%和15%。[1]对于中东欧、东盟地区经济较为发达的国家，中国直接投资增长依托于金融危机、欧债危机背景，主要以房地产、技术类、金融类投资为主。

就整体情况而言，中国在"丝绸之路经济带"沿线国家和地区投资的大型项目主要以能源为主（见表12.2），同时也涵盖了金属矿石、不动产、交通、高科技、农业、金融、化学等行业，和开始时只有单一的能源行业相比变得更多样化了。能源类的投资份额占到了55.3%，始终是中国对"丝绸之路经济带"沿线国家投资比重最大的行业，其次是金属矿石和交通行业，投资份额分别为9.9%和10.4%；对化学和其他诸如娱乐旅游的投资最少。近年来，中国对"丝绸之路经济带"沿线地区的交通业、金融业、高科技类行业的投资增长较快，而对金属矿石和化学业的投资减少。截至2016年，中国对能源、金属矿石、交通和不动产等行业的大型项目投资存量占投资总额的比例远远高于中国对农业、高科技、化学、金融等行业的直接投资存量。

表12.2　中国对"丝绸之路经济带"沿线国家大型投资项目行业结构（单位：亿美元）

年份	能源	金属矿石	不动产	交通	高科技	农业	金融	化学	其他
2005	46.9	0.0	0.0	0.0	0.0	0.0	0.0	0.0	0.0
2006	60.0	9.4	13.0	9.7	0.0	0.0	0.0	0.0	1.2

---

〔1〕 参见郑蕾、刘志高："中国对'一带一路'沿线直接投资空间格局"，载《地理科学进展》2015年第5期。

年份	能源	金属矿石	不动产	交通	高科技	农业	金融	化学	其他
2007	20.1	43.2	0.0	1.5	2.8	0.0	0.0	0.0	0.0
2008	72.2	21.6	0.0	49.1	0.0	2.0	0.0	0.0	0.0
2009	184.6	4.8	2.8	4.7	5.0	3.0	5.3	0.0	2.0
2010	40.5	21.4	16.0	1.5	3.0	14.1	0	1.9	0.0
2011	115.9	27.4	19.9	14.3	0.0	1.0	1	19.2	1.2
2012	57.2	28.8	29.3	10.2	16.5	0.0	10	0.0	2.4
2013	174.4	21.3	35.5	9.1	3.5	20.4	2.0	1.1	5.2
2014	84.9	11.9	5.0	15.2	30.6	15.6	3.2	0.0	9.4
2015	217.5	20.4	13.2	48.1	19.3	4.4	17	0.0	29.1
2016	121.7	4.1	16.7	61.7	19.2	17.6	21.2	0.0	66.7
合计	1195.9	214.3	151.4	225.1	99.9	75.1	59.7	22.2	117.2

12.2 中国对"丝绸之路经济带"沿线国家直接投资的风险分析

中国企业在走出国门参与"丝绸之路经济带"建设时难免会遇到很多挑战。这些挑战可以分为外部挑战和内部挑战。外部挑战主要是东道国的政治风险、基础设施不够完善、政府的干预以及大国间的博弈等问题。内部挑战包括了运营风险和市场风险，主要是企业本身对海外发展规划不当，缺乏海外投资经验，国际化人才不足，对于当地情况不够了解，信息不对称以及风险控制能力不足等问题。

12.2.1 外部风险

12.2.1.1 政治风险

由于政治局势动荡、政权变更等风险造成的投资亏损远大于其他风险造成的损失。评估投资目标国政治风险的主要指标是政治环境是否稳定，东道国的政治风险主要包括政局变动、恐怖袭击或武装冲突等状况。这些政治风险可能会导致投资者投入的资金全部付之东流或者被东道国占为已有，因此评估投资目标国的政治风险是非常重要的。

"丝绸之路经济带"倡议涉及的沿线国家大都是发展中国家，激烈的领土纷争时有发生。政局动荡、政权变更、民族冲突和恐怖主义袭击更是一些国家的常态。中亚国家自独立后，政治不稳定就是跨国企业在中亚投资所面临的重要风险。比如，持续多年的塔吉克斯坦内战、多次暴发的吉尔吉斯斯坦选举动荡等都曾使包括中国企业在内的跨国企业遭受财产损失。由于地处要地，大国在乌兹别克斯坦、吉尔吉斯斯坦和塔吉克斯坦相互竞争，存在较大的政治风险，投资机遇不多。哈萨克斯坦的经济规模较大、国内政局相对稳定，又和中国建立了良好的经贸关系，因此投资风险较低。

西亚国家中阿联酋凭借较低的政治风险，成为中西亚地区风险最低的国家，沙特阿拉伯紧随其后。伊朗由于和美国抗衡的大国博弈风险而具有较高的社会政治风险，也门由于面临较大的反恐压力加之战乱不断，国内局势动荡也具有较高的政治风险，因此两国都处于中国海外投资的高危区。

"丝绸之路经济带"沿线地区被国际恐怖主义长期盘踞，时常发生恐怖主义袭击事件，恐怖势力在此十分猖狂。近年来兴起的新型恐怖组织例如 ISIS，严重威胁了沿线地区的安全。"丝绸之路经济带"沿线还有许多国家因为国内同时存在多种宗教参与执政从而产生碰撞，导致了严重的宗教冲突和民族冲突。其中聚集了数量庞大的民族和部落的中亚地区，宗教冲突和民族冲突尤为激烈。由于南北矛盾突出，吉尔吉斯斯坦国内时常发生政治动乱，和乌兹别克斯坦的关系也十分紧张。

"丝绸之路经济带"沿线国家之间还常常发生领土纠纷，在中亚地区就有所体现，例如吉尔吉斯斯坦和塔吉克斯坦之间有超过 70 个的争议地区。

随着"丝绸之路经济带"倡议的提出，各国间的经济合作投资与地区内不稳定因素的碰撞将是避无可避的。在投资合作中，政治风险是中国对"丝绸之路经济带"沿线国家投资面临的重要挑战。

12.2.1.2 基础设施不完善

基础设施建设的投入是"丝绸之路经济带"倡议成功实施的前提条件。基础设施建设得好，则沿线地区经济建设能取得长足的进展；基础设施建设得不好，会造成一定程度的资源浪费，影响该地区经济的发展。基础设施投资具有投资大、周期长、回报率低的特点，并且基础设施建设和开发的成本可能远远超过单纯的经济成本。因此，虽然基础设施投资能够带来较大的社会收益，但对于一般企业而言，建设和运营基础设施缺少承受能力和推进动力。因此，基础设施建设的投入主要应由政府承担，同时引入民间资金参与以及政府给予足够的补贴来支持。

中亚地区部分国家的交通设施现在还很短缺，在布局和建设上都存在许多问题，比如中亚的乌兹别克斯坦、土库曼斯坦没有高速公路，西亚的阿曼、阿联酋没有铁路。另外在水电输送方面也不够完善，部分国家经常发生断水断电的情况，水电匮乏带来了诸多不便。再比如中亚的通信设施还不能覆盖到国家内的大部分地区，空港车站等枢纽运转能力有限，这一系列问题都严重制约了国内经济的发展，也是中国在"丝绸之路经济带"沿线国家投资要面临的挑战。

12.2.1.3　政府干预

现如今世界的经济活动已经超越了国界，因此国家安全除了代表传统的军事安全以外，还指代了国家的经济安全。《世界贸易组织协定》及众多双边投资协定都接受了在双边投资协定中加入例外条款，用来保护东道国的经济安全和公共利益不被外来投资者所损害。但该条款没有明确的规范标准且由国家自行判断，因此尽管国际习惯法要求国家在履行条约时必须善意，国家安全条款还是时常被滥用。[1]

东道国担心外来的企业会给本国产业带来冲击，为了保护本国产业的生存和发展不受影响，就会利用一些政策手段来进行干预。例如对跨境贸易征收高额关税，对当地原材料、零部件采取适用比例政策、施行特别污染法和资金回流政策等，这些都是对"丝绸之路经济带"沿线国家投资的风险。

12.2.1.4　大国博弈风险

"丝绸之路经济带"沿线的地理位置十分特别，有着丰富的自然资源，是大国们进行博弈的重要地区。2011年，美国提出"能源南下""商品北上"为口号的"新丝绸之路计划"。随后，针对中国提出的"丝绸之路经济带"倡

---

[1]　参见余劲松："国际投资条约仲裁中投资者与东道国权益保护平衡问题研究"，载《中国法学》2011年第2期。

议，美国又提出"亚太再平衡战略"，并且积极拉拢印度、越南、缅甸和蒙古国等国家，计划构造以美国为首的全球战略体系，来抑制中国陆地和海上的崛起，这对中国提出的共建"丝绸之路经济带"倡议构成了挑战。2013 年，韩国总统朴槿惠提出建设"丝绸之路快车""欧亚经济统合""欧亚能源网"战略构想，这三大计划和中国提出的共建"丝绸之路经济带"倡议相互交叉。日本也在"丝绸之路经济带"沿线地区利用经营多年累积的海外投资经验，实施平行基建项目和中国竞争。

作为"丝绸之路经济带"参与国的俄罗斯和印度，虽然与中国存在着经济合作方面的互惠共利，但又与中国有着强烈的竞争关系。中亚地区是俄罗斯的战略要地，2000 年，俄罗斯等国发起"南北走廊计划"，2016 年又主动推进"欧亚经济联盟"，强化对独联体国家的影响，对中国等其他国家进入中亚地区设有戒备。"丝绸之路经济带"倡议最初被提出时印度就有所顾虑，一直没有得到印度积极回应。2014 年，莫迪政府提出发展印度自己的丝绸之路，计划通过跨印度洋海上航路与文化景观计划来拓展在印度洋地区的影响力。因此，在推进"丝绸之路经济带"倡议进程中，中国企业必须要重视这些来自其他大国的博弈风险。

12.2.2 内部风险

12.2.2.1 运营风险

境外投资企业的国际化人力资源不足，从母公司外派到东道国的企业中的高层管理人员由于不够了解当地环境、法律、市场情况等，容易导致冲突和经营决策失误。并且要雇佣当地的劳动力需要符合当地的劳动法，在工作时限和工伤保险等方面的规定也需要去了解，雇佣本国劳工还要办理劳工签证，这无疑会增加企业的用工成本。受到上游供应商的制约，企业采购设备和原材料时的价格存在许多不确定因素，使得企业在东道国的生产所需资源形成的生产成本不稳定，会导致生产供应链风险。企业由于不了解当地的文化和习俗而对消费者行为研究失误，还会造成生产需求链风险。

此外，企业初到国外还没有建立一个完善的风险预警机制，人才方面都没有足够的跨国经营的经验，对于可能突然发生的事件缺少防范意识，在采取应对措施时不够及时，从而导致风险管理障碍。有的企业虽然想到了要建立风险信息预警机制,但是在陌生的国度没有人脉关系,能够收集到数据的渠道又十分有限,获取信息要耗费大量的时间和人力,风险信息预警能力十分受限[1]。"丝绸之路经济带"沿线国家关于经营投资的法律都不尽相同,如果不对其中的差异多加了解和防范,企业投资必然会困难重重。

12.2.2.2 市场风险

本土企业在本国已经拥有了一定的品牌知名度、稳定的顾客来源以及熟悉的业务关系,在各方面都要比新加入市场的中国企业有优势,因此一旦竞争策略失败,中国企业将会丢失市场份额并要承担竞争成本。此外,如果和上游的原材料供应商不能很好的把价格商议到合理范围内,就会造成原材料价格风险;市场上的变化也是日新月异,不能把握好供求关系的变化就会造成需求价格风险;企业在融资时采用的方式、获取资金的渠道来源和资产结构上存在的问题等都会造成资金价格风险。

"丝绸之路经济带"沿线国家有着多样化的体制,很多处于经济结构转型期的发展中国家有严重的贸易保护倾向。例如中亚的哈萨克斯坦、吉尔吉斯斯坦等国的进出口程序都很繁复,需要耗费几个月的时间来完成手续。还有一些国家甚至视中国为贸易竞争对手,频繁地对中国发起反倾销和反补贴调查。例如印度在1994年到2013年间对华反倾销诉讼逐年增多,年平均增长率高达11%,是对中国发起反倾销诉讼最多的国家。

"丝绸之路经济带"沿线国家中不少都存在汇率波动较大、不良贷款比例较高的问题,金融体系非常脆弱。2010~2014年,白俄罗斯货币兑换美元的汇率由0.286卢布比1美元贬值为1.1900卢布比1美元,缅甸货币兑换美元的比率由5.36缅元比1美元贬值为1030缅元比1美元。2014年,超过半数的"丝绸之路经济带"沿线国家的银行不良贷款比例都高于国际通行安全标准,其中哈萨克斯坦、塔吉克斯坦等国的银行不良贷款比例超过20%。较差的金融体系以及严重的贸易保护,意味着中国对"丝绸之路经济带"沿线国家直接投资将要面临巨大的市场风险。

---

[1] 参见刘国栋:"企业风险防控管理浅析",载《企业改革与管理》2015年第23期。

12.3　中国对"丝绸之路经济带"沿线直接投资的对策与建议

12.3.1　政府完善保障机制

对东道国政府来说，为了减少企业对沿线国家直接投资风险的顾虑，应该尽力着手打造一个开放、良好、稳定的投资环境，完善体系和准入政策，减少不确定性。尤其是在一些基础设施项目建设中，当地政府可以通过合理机制承担、消除诸如政治、环境、法律、监管等方面的风险，从而降低项目风险溢价与参与门槛，提高投资者的参与热情和信心。沿线国家政府还可以建立有效的风险分担与激励机制，通过风险补偿、抵押担保等方式，建立与投资企业的风险共担机制，并通过一系列优惠政策诸如减免税收、财政补贴、合理设定公共设施付费等来为企业提供支持，提升项目的吸引力。

在发达国家，基础设施领域私人部门融资比重超过公共部门，而在发展中国家，70%的基建资金都来自公共部门。因此对于"丝绸之路经济带"沿线基础建设投资短缺的问题，从优化融资结构角度考虑，应该采取有效措施吸引银行以外的私人部门资金，尤其是机构投资者等长期资本投入基础设施领域。

对于本国政府来说可以改进的有以下几个方面，一是推进政府保障机制建设，为民企"走出去"提供保障，协调全国及各级工商联、海外侨商协会等为民间的境外投资提供指导服务；二是打造集信息服务、市场调研、项目评估、投融资对接、项目落地服务于一体的海外分区域孵化中心，提高办事效率，促进项目精准落地；三是建立绿色审批通道，简化办理申报流程，帮助企业从繁琐的流程中抽身，集中精力在海外投资和经营事务，提高投资效率；四是加大财政扶持，设立专项基金，对于一些能带动中国出口贸易、提升中国商品国际品质、具有未来市场发展潜力的绿色企业等，提供专项基金扶持；五是放宽融资条件，政府应在企业对贷款行选择的限制、进出口银行的贷款申请难度及优惠政策、使用海内外资本等方面，加大与相关金融机构的沟通协调力度，加强扶持力度，给予企业更多的支持。

12.3.2　企业先行市场调研，加强品牌建设，合理培养人才

首先，企业在"走出去"前要对"丝绸之路经济带"建设的相关政策进

行充分研究和调查，分析可行性，充分利用国家已有的鼓励政策，对目标地区的政治和经济形势、法律和税收政策以及投资风险等有充分了解[1]，避免投资决策失误，学会运用法律保护自己的合法权益。还要有长远的规划和全局眼光，注重服务当地社会经济发展，将生态文明理念融入对外投资贸易中，与沿线国家共同打造绿色丝绸之路。中国企业在投资过程中一定要贯彻绿色发展这一理念，注重环保和节约资源，降低生产工艺对环境的影响，为企业树立良好的市场信誉和口碑，给所在国带去了良好的社会经济效应。

其次，企业还应该加强品牌建设，通过服务和品牌口碑取得竞争力。中国企业的产品往往被印上质低价廉的标签，只有通过严抓产品质量和服务质量，逐渐累积口碑，打响“中国制造”的品牌口号。

最后，企业应该加强国际化人才的培养，实行有弹性的激励机制。对于负责开拓国外市场的员工来说，虽然短时间能积累大量行业资源和市场经验，但要面临陌生的异国环境文化带来的身心压力，以及境外治安问题带来的安全隐患。因此，企业为了避免人才流失给企业带来重创，应该规划清楚人才培养路径，建立利益一体化制度和事业归属感，加强对海外经理人与员工的关怀，才能更有效地培养人才忠诚度。

12.3.3　大民企带动小民企

大企业可以通过产业链的整合，带动中小民营企业一起“走出去”[2]。因此，可以培养一大批能够帮助中小民营企业“走出去”的大民企，激励行业中的龙头企业带领它的上下游中小企业共同发展。

民企参与“丝绸之路经济带”建设既是企业转型升级、转向国际化的需要，也是企业响应政府倡议的体现。政府和企业都应该顾全大局，积极作为，密切合作，共同面对跨国投资过程中存在的政治安全、法律政策、社会经济和文化环境方面的风险，使得国内以及参与国的民众能够从“丝绸之路经济带”的建设中互惠共赢。

---

〔1〕 参见叶晓楠、高博扬：“民企谈‘一带一路’投资：充分调查、诚信经营、防控风险是前提”，载《人民日报》2017年3月24日，海外版。
〔2〕 参见闵杰：“‘一带一路’上的民企：换个姿势影响世界”，载《中国新闻周刊》2017年第18期。

无论从地域、产业还是投资方式来看，中国在"丝绸之路经济带"沿线国家的对外投资都日趋多元化。从地域来看，中国对沿线地区的 FDI 主要集中在紧邻中国的周边国家，其他地区分别在不同产业上吸引着中国的对外投资。从产业来看，中国对沿线地区的直接投资活动囊括了能源类投资、运输类投资、矿产类投资、技术类投资、金融类投资、房地产投资等。从投资方式来看，中国对沿线国家的直接投资还是以产能合作为主，同时也日趋多元化。

"丝绸之路经济带"倡议的提出是为了通过中国和沿线国家的经济投资项目对接来实现共赢发展。"丝绸之路经济带"建设能给沿线国家带来许多预期收益，近年来，沿线国家的经济增长状况良好，主要体现在经济增长和城镇化发展两方面。不过存在预期收益并不意味着中国企业在"丝绸之路经济带"沿线国家的投资能轻而易举地成功。外部风险是导致收益不确定的主要因素。虽然已经有许多成功"走出去"的企业案例能够给予后来的企业鼓励和启发，但短期内包括中亚五国在内的许多沿线国家的政治现实依旧严峻。因此，"丝绸之路经济带"既是"机遇带"也是"风险带"，想要进入的中国企业要做好应对各种风险的准备，选择合适的投资方式对风险较小的地区和产业进行投资，深入了解东道国的政治局势、法律文化和经济环境，做好防范政治风险的措施，并且加强品牌建设，秉持绿色发展理念，合理规划国际人才，降低投资中可能遇到的运营风险和市场风险。

参考文献

中文参考文献

[1] 白雪梅："教育与收入不平等：中国的经验研究"，载《管理世界》2004 年第 6 期。

[2] 蔡昉、都阳："中国地区经济增长的趋同与差异——对西部开发战略的启示"，载《经济研究》2000 年第 10 期。

[3] 蔡昉、杨涛："城乡收入差距的政治经济学"，载《中国社会科学》2000 年第 4 期。

[4] 才国伟：《中国区域经济增长决定因素分析》，科学出版社 2010 年版。

[5] ［美］查尔斯·I·琼斯：《经济增长导论》，舒元等译，北京大学出版社 2002 年版。

[6] 陈安平、李国平："中国地区经济增长的收敛性：时间序列的经验研究"，载《数量经济技术经济研究》2004 年第 11 期。

[7] 陈继勇、刘燚爽："'一带一路'沿线国家贸易便利化对中国贸易潜力的影响"，载《世界经济研究》2018 年第 9 期。

[8] 陈钧浩："全球化经济的要素流动与国际贸易理论的发展方向"，载《世界经济研究》2013 年第 11 期。

[9] 陈秀山、孙久文主编：《中国区域经济问题研究》，商务印书馆 2005 年版。

[10] 程云洁："'丝绸之路经济带'建设给我国对外贸易带来的新机遇与挑战"，载《经济纵横》2014 年第 6 期。

[11] ［美］戴维·罗默：《高级宏观经济学》，苏剑、罗涛译，商务印书馆 2001 年版。

[12] ［美］戴维·N·韦尔：《经济增长》，金志农、古和今译，中国人民大学出版社 2007 年版。

[13] 董先安："浅释中国地区收入差距：1952—2002"，载《经济研究》2004 年第 9 期。

[14] 段平忠、刘传江："人口流动对经济增长地区差距的影响"，载《中国软科学》2005 年第 12 期。

[15] ［美］多恩布什、费希尔、斯塔兹：《宏观经济学》，范家骧等译，中国人民大学出版

社 2000 年版。

[16] [美] 菲利普·阿吉翁、彼得·霍依特:《内生增长理论》,陶然等译,北京大学出版社 2004 年版。

[17] 傅征:"教育与人力资本分布状况对我国经济增长的影响",载《武汉大学学报(哲学社会科学版)》2006 年第 6 期。

[18] 高如峰:"重构中国农村义务教育财政体制的政策建议",载《教育研究》2004 年第 7 期。

[19] 高铁梅主编:《计量经济分析方法与建模——Eviews 应用及实例》,清华大学出版社 2006 年版。

[20] 高志刚、江丽:"'丝绸之路经济带'背景下中哈油气资源合作深化研究",载《经济问题》2015 年第 4 期。

[21] 谷克鉴:《中国的经济转型与贸易流动》,中国人民大学出版社 2006 年版。

[22] [美] 古扎拉蒂:《计量经济学》,林少宫译,中国人民大学出版社 2000 年版。

[23] 郭庆旺、贾俊雪:"中国区域经济趋同与差异的因素贡献分析",载《财贸经济》2006 年第 2 期。

[24] [以] 赫尔普曼:《经济增长的秘密》,王世华、吴筱译,中国人民大学出版社 2007 年版。

[25] 黄继忠:《区域内经济不平衡增长论》,经济管理出版社 2001 年版。

[26] 焦建国:"农村教育与二元经济社会结构——城乡教育比较与我国教育当前急需解决的问题",载《学习与探索》2005 年第 3 期。

[27] 孔庆峰、董虹蔚:"'一带一路'国家的贸易便利化水平测算与贸易潜力研究",载《国际贸易问题》2015 年第 12 期。

[28] 李春玲:"社会政治变迁与教育机会不平等-家庭背景及制度因素对教育获得的影响(1940-2001)",载《中国社会科学》2003 年第 3 期。

[29] 李翠萍、张文中:"'一带'背景下核心区货币合作研究——基于中亚视角",载《经济问题探索》2017 年第 1 期。

[30] 李敬等:"'一带一路'沿线国家货物贸易的竞争互补关系及动态变化——基于网络分析方法",载《管理世界》2017 年第 4 期。

[31] 李坤望:《经济增长理论与经济增长的差异性》,山西经济出版社 1998 年版。

[32] 李坤望、陈雷:"APEC 经济增长收敛性的经验分析",载《世界经济》2005 年第 9 期。

[33] 李实、罗楚亮:"中国城乡居民收入差距的重新估计",载《北京大学学报》2007 年第 2 期。

[34] 李小宁:《经济收敛的逻辑》,北京航空航天大学出版社 2006 年版。

［35］李晓钟、吕培培："我国装备制造产品出口贸易潜力及贸易效率研究——基于'一带一路'国家的实证研究"，载《国际贸易问题》2019 年第 1 期。

［36］李双杰：《效率与生产率度量方法及应用》，经济科学出版社 2010 年版。

［37］李子奈、潘文卿编著：《计量经济学》，高等教育出版社 2005 年版。

［38］李子奈、叶阿忠编著：《高等计量经济学》，清华大学出版社 2000 年版。

［39］林毅夫、刘明兴："中国的经济增长收敛与收入分配"，载《世界经济》2003 年第 8 期。

［40］林志伟："我国城乡收入差距与教育差距的协整性分析"，载《山西财经大学学报（高等教育版）》2006 年第 4 期。

［41］刘俊、张亚斌："丝绸之路经济带贸易便利化时空差异及其贸易效应——基于空间引力模型的实证研究"，载《经济问题探索》2016 年第 10 期。

［42］刘强："中国经济增长的收敛性分析"，载《经济研究》2001 年第 6 期。

［43］刘夏明、魏英琪、李国平："收敛还是发散？——中国区域经济发展争论的文献综述"，载《经济研究》2004 年第 7 期。

［44］刘伟、张辉："中国经济增长中的产业结构变迁和技术进步"，载《经济研究》2008 年第 11 期。

［45］陆铭、陈钊："城市化、城市倾向的经济政策与城乡收入差距"，载《经济研究》2004 年第 6 期。

［46］［美］罗伯特·J·巴罗、哈维尔·萨拉伊马丁：《经济增长》，何晖、刘明兴译，中国社会科学出版社 2000 年版。

［47］［美］罗伯特·M·索洛：《经济增长理论：一种解说》，胡汝银译，上海三联书店 1989 年版。

［48］马凤琴：《中国对外贸易政策与管理》，对外经济贸易大学出版社 1995 年版。

［49］孟健军、川田康治："中国地区经济趋同研究——横断面以及时间序列分析的统计检验"，载《开发研究》2003 年第 4 期。

［50］孟令杰、顾焕章："度量生产率变化的非参数方法"，载《数量经济技术经济研究》2001 年第 2 期。

［51］聂华林、马红翰：《中国区域经济格局与发展战略》，中国社会科学出版社 2009 年版。

［52］聂江："以基尼系数衡量的教育不平等与中国的实证研究"，载《市场与人口分析》2006 年第 4 期。

［53］潘士远、林毅夫："发展战略、知识吸收能力与经济收敛"，载《数量经济技术经济研究》2006 年第 2 期。

［54］彭国华："中国地区收入差距、全要素生产率及其收敛分析"，载《经济研究》2005 年第 9 期。

［55］ 彭连清：《我国区域经济增长溢出效应研究——一个理解区域经济差距的新视角》，科学出版社 2009 年版。

［56］ 任保平、马莉莉、师博主编：《丝绸之路经济带与新阶段西部大开发》，中国经济出版社 2015 年版。

［57］ 沙安文、沈春丽、邹恒甫主编：《中国地区差异的经济分析》，人民出版社 2006 年版。

［58］ 申海："中国区域经济差距的收敛性分析"，载《数量经济技术经济研究》1999 年第 8 期。

［59］ 沈百福、王红："2000-2002 年我国义务教育完成率和义务教育经费问题分析"，载《教育发展研究》2003 年第 9 期。

［60］ 沈坤荣："改革二十年我国所有制结构变动对产业结构变动的影响分析"，载《管理世界》1999 年第 2 期。

［61］ 沈坤荣：《体制转型期的中国经济增长》，南京大学出版社 1999 年版。

［62］ 沈坤荣等：《新增长理论与中国经济增长》，南京大学出版社 2003 年版。

［63］ 沈坤荣、耿强："外国直接投资、技术外溢与内生经济增长——中国数据的计量检验与实证分析"，载《中国社会科学》2001 年第 5 期。

［64］ 沈坤荣、马俊："中国经济增长的'俱乐部收敛'特征及其成因研究"，载《经济研究》2002 年第 1 期。

［65］ 盛斌、果婷："亚太区域经济一体化博弈与中国的战略选择"，载《世界经济与政治》2014 年第 10 期。

［66］ 宋学明："中国区域经济发展及其收敛性"，载《经济研究》1996 年第 9 期。

［67］ 孙巍："基于非参数投入前沿面的 Malmquist 生产率指数研究"，载《中国管理科学》2000 年第 1 期。

［68］ 覃成林："中国区域经济增长趋同与分异研究"，载《人文地理》2004 年第 3 期。

［69］ 覃成林：《中国区域经济增长分异与趋同》，科学出版社 2008 年版。

［70］ 谭清美、王子龙：《区域创新经济研究》，科学出版社 2009 年版。

［71］ 王德文："中国农村义务教育：现状、问题和出路"，载《中国农村经济》2003 年第 11 期。

［72］ 王焕清："农村义务教育经费负担主体研究"，载《湖湘论坛》2006 年第 1 期。

［73］ 王韧、王睿："二元条件下居民收入差距的变动与收敛——对我国'倒 U'假说的存在性检验"，载《数量经济技术经济研究》2004 年第 3 期。

［74］ 王蓉："我国义务教育投入之公平性研究"，载《经济学季刊》2003 年第 2 期。

［75］ 王善迈、杜育红、刘远新："我国教育发展不平衡的实证分析"，载《教育研究》1998 年第 6 期。

［76］ 王维国、杜修兰："新经济增长理论、新制度经济学与经济增长的收敛性——中国经

济增长的经验分析",载《统计与信息论坛》2005 年第 4 期。

[77] 王绍光、胡安钢:《中国:不平衡发展的政治经济学》,中国计划出版社 1999 年版。

[78] 王小鲁、樊纲:"中国地区差距的变动趋势和影响因素",载《经济研究》2004 年第 1 期。

[79] 王小鲁、樊纲主编:《中国地区差距:20 年变化趋势和影响因素》,经济科学出版社 2004 年版。

[80] 王小鲁、樊纲:"中国收入差距的走势和影响因素分析",载《经济研究》2005 年第 10 期。

[81] 王远林、杨竹莘:"基于固定影响的中国区域经济增长收敛性分析",载《财经理论与实践》2005 年第 4 期。

[82] 王志刚、聂秀东:"面板数据的单位根检验与增长收敛",载《统计与决策》2006 年第 12 期。

[83] 王中美:"全球贸易便利化的评估研究与趋势分析",载《世界经济研究》2014 年第 3 期。

[84] 魏后凯:"中国地区经济增长及其收敛性",载《中国工业经济》1997 年第 3 期。

[85] 魏后凯主编:《现代区域经济学》,经济管理出版社 2006 年版。

[86] 魏后凯等:《中国地区发展——经济增长、制度变迁与地区差异》,经济管理出版社 1998 年版。

[87] 文新华:"我国义务教育均衡发展研究及政策制定中的两个理论问题",载《教育科学研究》2005 年第 12 期。

[88] 吴仁林:"教育公平:教育政策抉择的重要取向",载《教育探索》2006 年第 2 期。

[89] [美] 小罗伯特·E·卢卡斯:《经济发展讲座》,罗汉、应洪基译,江苏人民出版社 2003 年版。

[90] 徐现祥、李郇:"中国城市经济增长的趋同分析",载《经济研究》2004 年第 5 期。

[91] 颜鹏飞、王兵:"技术效率、技术进步与生产率增长:基于 DEA 的实证分析",载《经济研究》2004 年第 12 期。

[92] 杨俊、李雪松:"教育不平等、人力资本积累与经济增长:基于中国的实证研究",载《数量经济技术经济研究》2007 年第 2 期。

[93] 易丹辉:《数据分析与 Eviews 应用》,中国统计出版社 2002 年版。

[94] 余淼杰:"中国的贸易自由化与制造业企业生产率:来自企业层面的实证分析",载《经济研究》2010 年第 12 期。

[95] 袁振国:"缩小教育差距,促进教育和谐发展",载《教育研究》2005 年第 7 期。

[96] 袁志刚、宋铮:《高级宏观经济学》,复旦大学出版社 2001 年版。

[97] 翟博:"中国基础教育均衡发展实证分析",载《教育研究》2007 年第 7 期。

[98] 〔美〕詹姆斯·D.汉密尔顿：《时间序列分析》，刘明志译，中国社会科学出版社 1999 年版。

[99] 张长征、李怀祖："中国教育公平与经济增长质量关系实证研究：1978~2004"，载《经济理论与经济管理》2005 年第 12 期。

[100] 张海峰："城乡教育不平等与收入差距扩大——基于省级混合截面数据的实证分析"，载《山西财经大学学报》2006 年第 2 期。

[101] 张焕明：《我国经济增长的地区性趋同理论及实证分析》，合肥工业大学出版社 2007 年版。

[102] 张健：《中国地区经济发展差距变动趋势的探索——从要素积累到技术进步》，上海社会科学院出版社 2013 年版。

[103] 张健、何斌："产出缺口的生产函数法估计及经验分析"，载《黑龙江社会科学》2007 年第 2 期。

[104] 张健、何斌："中国地区收入差距趋于收敛还是发散？"，载《学习与探索》2007 年第 3 期。

[105] 张军、章元："对中国资本存量 K 的再估计"，载《经济研究》2003 年第 7 期。

[106] 张理娟等："中国与'一带一路'沿线国家的产业转移研究"，载《世界经济研究》2016 年第 6 期。

[107] 张秀英："城乡二元义务教育体制与乡镇负债——兼论农村义务教育的可持续发展"，载《兰州大学学报》2005 年第 2 期。

[108] 张幼文、薛安伟："要素流动对世界经济增长的影响机理"，载《世界经济研究》2013 年第 2 期。

[109] 张志勇："教育的区域差距与政策选择"，载《北京师范大学学报（社会科学版）》2005 年第 3 期。

[110] 周黎安："晋升博弈中政府官员的激励与合作——兼论我国地方保护主义和重复建设问题长期存在的原因"，载《经济研究》2004 年第 6 期。

[111] 周振华：《产业结构优化论》，上海人民出版社 2014 年版。

[112] 朱勇：《新增长理论》，商务印书馆 1999 年版。

[113] 左大培、杨春学主编：《经济增长理论模型的内生化历程》，中国经济出版社 2007 年版。

英文参考文献

[114] Moses Abramovitz, "Resource and Output Trends in the United States Since 1870", *American Economic Review*, Vol. 46, 1956.

[115] Moses Abramovitz, "Catching Up, Forging Ahead, and Falling Behind", *Journal of Eco-*

nomic History, Vol. 46, 1986.

[116] Daron Acemoglu, "Directed Technical Change", *Review of Economic Studies*, Vol. 69, 2002.

[117] Daron Acemoglu, Simon Johnson, James A. Robinson, "The Colonial Origins of Comparative Development: An Empirical Investigation", *American Economic Review*, Vol. 91, 2001.

[118] Alan S. Milward, "Was the Marshall Plan Necessary?", *Diplomatic History*, Vol. 13, 1989.

[119] Alwyn Young, "The Razor's Edge: Distortions and Incremental Reform in the People's Republic of China", *Quarterly Journal of Economics*, Vol. 115, 2000.

[120] Theodore W. Anderson, *An Introduction to Multivariate Statistical Analysis*, John Wiley and Sons, 1984.

[121] Andrew B. Bernard, Charles I. Jones, "Technology and Convergence", *Economic Journal*, Vol. 106, 1996.

[122] Andrew B. Bernard, Steven N. Durlauf, "Convergence in International Output", *Journal of Applied Econometrics*, Vol. 10, 1995.

[123] Anthony B. Atkison, Joseph E. Stiglitz, "A New View of Technological Change", *Economic Journal*, Vol. 79, 1969.

[124] Richard E. Baldwin, "Measurable Dynamic Gains from Trade", *Journal of Political Economy*, Vol. 100, 1992.

[125] Badi H. Baltagi, *Econometric Analysis of Panel Data*, John Wiley and Sons, 2005.

[126] A. Banerjee, "Panel Data Unit Roots and Cointegration: An Overview", *Oxford Bulletin of Economics and Statistics*, Vol. 61, 1999.

[127] Robert J. Barro, "Economic Growth in a Cross Section of Countries", *Quarterly Journal of Economics*, Vol. 106, 1991.

[128] Barro R. J., *Macroeconomics*, John Wiley & Sons, 1993.

[129] William J. Baumol, "Productivity Growth, Convergence, and Welfare: What the Long-run Data Show", *American Economic Review*, Vol. 76, 1986.

[130] Dan Ben-David, "Convergence Clubs and Subsistence Economies", *Journal of Developmental Economics*, Vol. 55, 1998.

[131] Dan Ben-David, Ayal Kimhi, "Trade and the Rate of Income Convergence", *Journal of Internationd Trade & Economic Develepment*, Vol. 13, 2000.

[132] D. Benjamin, L. Brandt, J. Giles, "The Evolution of Income Inequality in Rural China", *Economic Development and Cultural Change*, Vol. 53, 2005.

[133] Andrew B. Bernard, Steven N. Durlauf, "Convergence of International Output Movements", *NBER Working Paper*, No. 3717, 1991.

[134] Andrew B. Bernard, Steven N. Durlauf, "Convergence of International Output", *Journal*

of Applied Econometrics, Vol. 10, 1995.

[135] J. Breitung, W. Meyer, "Testing for Unit Roots in Panel Data: Are Wages on Different Bargaining Levels Cointegrated?", *Applied Economics*, Vol. 26, 1994.

[136] Elise S. Brezis, Paul R. Krugman, "Tsiddon Daniel. Leapfrogging in International Competition: A Theory of Cycles in National Technological Leadership", *The American Economic Review*, Vol. 83, 1993.

[137] D. Cass, "Optimum Growth in an Aggregate Model of Capital Accumulation", *Review of Economic Studies*, Vol. 32, 1965.

[138] J. Chen, Betton M. Fleisher, "Regional Income Inequality and Economic Growth in China", *Journal of Comparative Economics*, Vol. 22, 1996.

[139] Cheng Hsiao, *Analysis of Panel Data*, Cambridge University Press, 1986.

[140] Chow Gregory C, "Capital Formation and Economic Growth in China", *Quarterly Journal of Economics*, Vol. 108, 1993.

[141] Gregory Chow, An-loh Lin, "Accounting for Economic Growth in Taiwan and Mainland China: A Comparative Analysis", *Journal of Comparative Econonics*, Vol. 30, 2002.

[142] David T. Coe, E. Helpman, "International R&D Spillovers", *European Economic Review*, Vol. 39, 1995.

[143] David T. Coe, Willy A. Hoffmaister, "Are There International R&D Spillovers Among Randomly Matched Trade Partners? A response to Keller", *Working Paper*, No. 18., 1999.

[144] Dan Ben-David, "Equalizing Exchange: Trade Liberalization and Income Convergence", *Quarterly Journal of Economics*, Vol. 108, 1993.

[145] Danny T. Quah, "Twin Peaks: Growth and Convergence in Models of Distribution Dynamics", *Economic Journal*, Vol. 106, 1996.

[146] J. Bradford Delong, "Productivity Growth, Convergence and Welfare: Comment", *American Economic Review*, Vol. 78, 1988.

[147] Dongchul Cho, "An Alternative Interpretation of Conditional Convergence Results", *Journal of Money, Credit and Banking*, Vol. 28, 1996.

[148] Steve Dowrick, Duc-Tho Nguyen, "OECD Comparative Economic Growth 1950-85: Catch-up and Convergence", *American Economic Review*, Vol. 79, 1989.

[149] Steven N. Durlauf, Paul A. Johnson, "Local Versus Global Convergence across National Economies", *NBER Working Paper*, No. 3996., 1992.

[150] Chris Edmond, "Some Panel Cointegration Models of International R&D Spillovers", *Journal of Macroeconomics*, Vol. 23, 2001.

[151] Paul Evans, "Using Cross-country Variances to Evaluate Growth Theories", *Journal of E-*

conomic Dynamics and Control, Vol. 20, 1996.

[152] Paul Evans, "Using Panel Data to Evaluate Growth Theories", *International Economic Review*, Vol. 39, 1998.

[153] Paul Evan, Georgios Karras, "Do Economies Converge? Evidence From a Panel of U. S. States", *The Review of Economics and Statistics*, Vol. 78, 1996.

[154] Paul Evan, Georgios Karras, "Convergence Revisited", *Journal of Monetary Economics*, Vol. 37, 1996.

[155] Mitton Friedman, "Do Old Fallacies Ever Die?", *Journal of Economic Literature*, Vol. 30, 1992.

[156] Mark Funk, "Trade and International R&D Spillovers among OECD Countries", *Southern Economic Journal*, Vol. 67, 2001.

[157] Gene M. Grossman, Ethanan Helpman, *Innovation and Growth in the Global Economy*, The MIT Press, 1993.

[158] G. S. Maddala, *Econometrics*, McGraw–Hill International Inc, 1986.

[159] Hadri Kaddour, "Testing for Stationarity in Heterogeneous Panel Data", *Econometrics Journal*, Vol. 3, 2000.

[160] Andrew C. Havey, *Time Series Models*, Wiley Press, 1993.

[161] Kyung So Im, M. Hashem Pesaran, Y. Shin, "Testing for Unit Roots in Heterogeneous Panels", *Journal of Econometrics*, Vol. 115, 2003.

[162] J. Bradford De Long, "Productivity Growth, Convergence, and Welfare: Comment", *The American Economic Review*, Vol. 78, 1988.

[163] James D. Hamilton, *Time Series Analysis*, Princeton University Press, 1994.

[164] Jeffrey G. Williamson, "Globalization, Convergence, and History", *The Journal of Economic History*, Vol. 56, 1996.

[165] S. Johansen, "Estimation and Hypothesis Testing of Cointegration Vectors in Gaussian Vector Autoregressive Models", *Econometrica*, Vol. 59, 1991.

[166] John S. Wilson, Catherine L. Mann, Tsunehiro Otsuki, "Trade Facilitation and Economic Development: A New Approach to Quantifying the Impact", *The World Bank Economic Review*, Vol. 17, No. 3., 2003.

[167] Kao C, "Spurious Regression and Residual–based Tests for Cointegration in Panel Data", *Journal of Econometrics*, Vol. 90, No. 1., 1999.

[168] Kao C., Chiang M. "On the Estimation and Inference of a Cointegrated Regression in Panel Data When the Cross–section and Time–series Dimensions Are Comparable", Working paper, Department of Economics, Syracuse University, 1997.

［169］Kao C. , Chiang M. , Chen B. , "International R&D Spillovers: An Application of Estimation and Inference in Panel Cointegration", *Oxford Bulletin of Economics and Statistics*, Vol. 61, No. S1. , 1999.

［170］Keller W. , "Are International R&D Spillovers Trade Related? Analyzing Spillovers among Randomly-Matched Trade Partners", *European Economic Review*, Vol. 42, No. 8. , 1998.

［171］Keller W, Pedroni P. , "Does Trade Affect Growth? Estimating R&D Driven Models of Trade and Growth at the Industry Level", Working paper, Department of Economics, Indiana University and University of Texas, 1999.

［172］Kelly M. , "On Endogenous Growth with Productivity Shocks", *Journal of Monetary Economics*, Vol. 30, No. 2. , 1992.

［173］Kevin Lee, M. Hashem Pesaran, Ron Smith, "Growth and Convergence in a Multi-Country Empirical Stochastic Solow Model", *Journal of Applied Econometrics*, Vol. 12, 1997.

［174］Kevin Lee, M. Hashem Pesaran, Ron Smith, "Growth Empirics: A Panel Data Approach—A Comment", *The Quarterly Journal of Economics*, Vol. 113, No. 1. , 1998.

［175］Larsson R. , J. Lyhagen, M. Löthgren. , "Likelihood-based Cointegration Tests in Heterogeneous Panels", *Econometrics Journal*, Vol. 4, No. 1. , 2001.

［176］Levin A. , C. Lin, C. Chu. , "Unit Root Tests in Panel Data, Asymptotic and Finite-sample Properties", *Journal of Econometrics*, Vol. 108, No. 1. , 2002.

［177］Lichtenberg F. R. , B. van Pottelsberghe, "International R&D Spillovers: A Re-examination", *European Economic Review*, Vol. 42, No. 8. , 1998.

［178］Li H, Huang Y, Tian S, "Risk probability predictions for coal enterprise infrastructure projects in countries along the Belt and Road Initiative", *International Journal of Industrial Ergonomics*, Vol. 69, 2019.

［179］Hongbin Li, Li-An Zhou, "Political Turnover and Economic Performance: the Incentive Role of Personnel Control in China", *Journal of Public Economics*, Vol. 89, No. 9 - 10. , 2005.

［180］Liu Z, Xin L. "Has China's Belt and Road Initiative promoted its green total factor productivity? ——Evidence from primary provinces along the route", *Energy Policy*, Vol. 129, 2019.

［181］Lucas R. E. , "On the Mechanics of Economic Development", *Journal of Monetary Economics*, Vol. 22, No. 1. , 1988.

［182］McCoskey S. , C. Kao. , "A Residual-based Test of the Null of Cointegration in Panel Data", *Econometric Reviews*, Vol. 17, No. 1. , 1998.

［183］Maddala G. S. , Wu Shaowen, "A Comparative Study of Unit Root Tests with Panel Data and a New Simple Test", *Oxford Bulletin of Economics and Statistics*, Vol. 61, 1999.

[184] Marco Bianchi, "Testing for Convergence: Evidence from Non-Parametric Multimodality Test", *Journal of Applied Econometrics*, Vol. 12, No. 4., 1997.

[185] M. D. Intriligator, R. G. Bodkin, Cheng Hsiao, *Econometric Models, Techniques, and Applications*, Prentice-Hall International Inc., 1995.

[186] Moses Abramovitz, "Catching up, Forging Ahead, and Falling Behind", *Journal of Economic History*, Vol. 46, No. 2., 1986.

[187] Nazrul Islam, "Growth Empirics: A Panel Data Approach", *The Quarterly Journal of Economics*, Vol. 110, No. 4., 1995.

[188] Nazrul Islam, "Growth Empirics: A Panel Data Approach—A Reply", *Quarterly Journal of Economics*, Vol. 113, No. 1., 1998.

[189] Necita A., M. Olarreaga, "Trade and Production, 1976-99", Working Paper, The World Bank, Washington DC, 2001.

[190] Oded Galor, "Convergence? Inferences from Theoretical Models", *The Economic Journal*, Vol. 106, No. 437., 1996.

[191] Paul Evans, Georgios Karras, "Do Economies Converge? Evidence from a Panel of U. S. States", *Review of Economics and Statistics*, Vol. 73, No. 3., 1996.

[192] Paul Evans, "How Fast do Economies Converge", *Review of Economics and Statistics*, Vol. 79, No. 2., 1997.

[193] Pedroni P, "Panel Cointegration: Asymptotic and Finite Sample Properties of Pooled Time Series Tests, with an Application to the PPP Hypothesis", *Econmetric Theory*, Vol. 20, No. 3., 2004.

[194] Pedroni P, "Critical values for cointegration tests in heterogeneous panels with multiple regressors", *Oxford Bulletin of Economics and Statistics*, Vol. 61, No. S1., 1999.

[195] Pedroni P, "Panel Cointegration: Asymptotic and Finite Sample Properties of Pooled Time Series Tests with an Application to the Purchasing Power Parity Hypothesis", *Econometric Theory*, Vol. 20, No. 3., 2004.

[196] Peter C. B. Phillips, Hyungsik R. Moon, "Linear Regression Limit Theory for Nonstationary Panel Data", *Econometrica*, Vol. 67, No. 5., 1999.

[197] Phillips P. S. N. Durlauf, "Multiple Time Series Regression with Integrated Processes", *Review of Economic Studies*, Vol. 53, No. 4., 1986.

[198] Phillips P., Hansen B, "Statistical Inference in Instrumental Variables Regression with I (1) Processes", *Review of Economic Studies*, Vol. 57, No. 1., 1990.

[199] Phillips P., Loretan M., "Estimating Long-run Economic Equilibria", *Review of Economic*

Studies, Vol. 58, No. 3. , 1991.

[200] Quah D. , "Empirics for Economic Growth and Convergence", *European Econonic Review*, Vol. 40, No. 6. , 1996.

[201] Quah D. , "Empirical Cross-section Dynamics in Economics Growth", *European Economic Review*, Vol. 37, No. 2-3. , 1993.

[202] Quah D. , "Galton's Fallacy and Tests of the Convergence Hypothesis", *The Scandinavian Journal of Economics*, Vol. 95, No. 4. , 1993.

[203] Quah D. International Patterns of Growth: 1 Persistence in Cross Country Disparities. Mimeo. , 1990, March.

[204] Robert J. Barro, Xavier Sala-i-Martin, "Convergence across States and Regions", *Brookings Papers on Economic Activity*, Vol. 22, No. 1. , 1991.

[205] Robert J. Barro, Gregory Mankiw, Xavier Sala-I-Martin, "Capital Mobility in Neoclassical Models of Growth", *American Economic Review*, Vol. 85, No. 1. , 1995.

[206] Romer P. M. , "Increasing Returns and Long-run Growth", *Journal of Political Economy*, Vol. 94, No. 5. , 1986.

[207] Solow R. M. , "A Contribution to the Theory of Economic Growth", *Quarterly Journal of Economics*, Vol. 70, No. 1. , 1956.

[208] Steve Dowrick, Duc-Tuo Nguyen, "OECD Comparative Economic Growth 1950-85: Catch-up and Convergence", *American Economic Review*, Vol. 79, No. 5. , 1989.

[209] Steven N. Durlauf, "Controversy on the Convergence and Divergence of Growth Rates", *Economic Journal*, Vol. 106, No. 437. , 1996.

[210] Takeshi Arnemiya. *Advanced Econometrics*, Harvard University Prus, 1985.

[211] Tamura R. , "Income Convergence in an Endogenous Growth Model", *Journal of Political Economy*, Vol. 99, No. 3. , 1991.

[212] Jonathan Temple, Paul A. Johnson, "Social Capability and Economic Growth", *Quarterly Journal of Economics*, Vol. 113, No. 3. , 1998.

[213] Yan Wang, Yudong Yao, "Sources of China's Economic Growth 1952~1999: Incorporating Human Capital Accumulation", *China Economic Review*, Vol. 14, No. 1. , 2003.

[214] William J. Baumol, "Productivity Growth, Convergence, and Welfare: What the Long-Run Data Show", *American Economic Review*, Vol. 76, No. 5. , 1986.

[215] William J. Baumol, Edward N. Wolff, "Productivity Growth, Convergence, and Welfare: Reply", *American Economic Review*, Vol. 78, No. 5. , 1988.

[216] Wolff E. N. , "Capital Formation and Productivity Convergence over the Long Term", *American Economic Review*, Vol. 81, No. 3. , 1991.

［217］ Xavier X. Sala-i-Martin, "The Classical Approach to Convergence Analysis", *The Economic Journal*, Vol. 106, No. 437., 1996.

［218］ Young A., "The Razor's Edge: Distortions and Incremental Reform in the People's Republic of China", *The Quarterly Journal of Economics*, Vol. 115, No. 4., 2000.

后 记

　　本书以"丝绸之路经济带"建设为背景，研究跨国援助和投资、基础设施建设、贸易开放度、对外能源合作等因素对中国地区经济发展差距的影响机制，丰富了经济增长理论中导致经济发展差异的理论内涵；从经济学角度、利用经济学方法论对国际问题进行理论分析和实证研究，并尝试运用博弈论中的机制设计理论指导制定中国的经济发展政策。提出"丝绸之路经济带"建设过程中各级政府所需采取的政策和措施，如何进一步促进中国西部地区的市场开放度和基础设施水平的提高，促进东部低效率生产性资源向西部转移，通过降低资源的流入和产品的输出成本，提升中国经济发展的效率，缩小地区经济发展差距。研究"丝绸之路经济带"倡议对中国地区经济发展差距的现实影响与长期后果，探讨"丝绸之路经济带"沿线国家的根本需求与现实困难对复兴整个区域的意义、寻找中国新的经济增长点、缩小中国地区间发展差距的影响，寻求可行的政策建议，对于促进中国经济的增长与缩小地区经济发展差距、提高经济发展效率和居民福利水平、带动"丝绸之路经济带"沿线国家经济腾飞、提升中国在欧亚地区的影响力都具有重要的应用价值。

　　全书研究内容的创新性主要体现在三方面：第一，对比地区人均生产总值、人均可支配收入等指标准确度量经济发展差距；对比分析当前测度区域经济变化趋势的各种计量经济学方法的适用性，以准确的衡量中国地区经济发展差距的变化趋势。第二，以增长理论、贸易理论为基础探索影响地区经济发展差距的因素。在"丝绸之路经济带"建设背景下，实证分析产业结构、能源、生产率、人力资本、投资、基础设施、贸易开放度等诸多因素对中国地区经济发展差距形成的影响。第三，利用博弈论方法探讨如何维持好中国、美国和俄罗斯在中亚地区的利益关系；中国如何促进与中亚国家的能源合作；采取何种策略可以避免或降低在"丝绸之路经济带"沿线国家投资的风险；如何推进东部发达省份支持"丝绸之路经济带"建设；如何从东部地区向西部地区引资；如何推行中央和地方多层级的改革，将各级政府透明度、责任制、民众参与等都必须纳入到计划中。

由于项目本身的复杂性，部分统计数据可得性的限制，以及分析问题时所用理论模型假设过于严格的影响，还有很多内容还有待进一步深入研究，行文中疏漏和不足之处在所难免，殷切地希望得到社会各界朋友的批评指正！